27.9.18

Liebe Isolde

Von Herzen wünsche ich Dir viel Glück und beste Gesundheit

Ursula

Das Streben nach Wohlbefinden

Ein Ratgeber zur Erlangung totaler Wellness

Enthält wissenschaftliche Studien und Informationen

Ursula Notari
Das Streben nach Wohlbefinden
Ein Ratgeber zur Erlangung totaler Wellness

Heilen Sie sich selbst mit dem umfassenden
Leitfaden zur Behandlung von Krankheiten von A bis Z

Alle Rechte vorbehalten.

© 2018 Ursula Notari

www.eu.notari-health.expert
publisher@notari-health.expert

Diese Arbeit ist mit einem Copyright versehen und darf gemäß australischem Urhebergesetz 1968 nur mit schriftlicher Zustimmung der Autorin reproduziert werden.

Erstveröffentlichung: 2018 durch UNESCO-APNIEVE Australien, Adelaide, Südaustralien

Eintrag in der National Library of Australia Cataloguing-in-Publication: Hardcover

Erstellerin: Notari, Ursula, Autorin.

Titel: Das Streben nach Wohlbefinden: Ein Ratgeber zur Erlangung totaler Wellness

ISBN: 978-3-033-06792-9 (Hardcover)

Themen: Gesundheit. Wohlbefinden.

Grafikdesign: Matthew Wiseman

Illustrationen: Raymund Dudek

Layout, Realisation und Lektorat:
RTK Medientechnik AG, www.rtk.ch

Druck: GRAPHICOM, www.graphicom.it

Die in diesem Buch und durch die Autorin gemachten Angaben sind ihrem Wesen nach allgemein und dienen ausschließlich Bildungs- und Informationszwecken.

Die in diesem Buch übermittelten Informationen sind nicht dazu vorgesehen, Evaluation, Beurteilung, Diagnose, Vorsorgemaßnahmen oder medizinische Betreuung eines Arztes, Kinderarztes, Therapeuten und/oder irgendeines anderen medizinischen Leistungserbringers zu ersetzen oder auszuwechseln.

Die Autorin kann nicht für die ungenaue oder unangebrachte Umsetzung jeglichen Inhaltes dieses Buches durch jedwede Person haftbar gemacht werden.

Je ein Exemplar dieses Buches ist im Bestand der State Library of South Australia und The National Library of Australia vorhanden.

Die verwendeten Bezeichnungen und die Präsentation der Inhalte in dieser Publikation stellen keinerlei Meinungsäußerungen der UNESCO beziehungsweise von UNESCO-APNIEVE hinsichtlich des Rechtsstatus eines Landes, eines Territoriums, einer Stadt oder eines Gebiets oder deren Behörden oder hinsichtlich von Grenzverläufen dar.

Für die Auswahl und Präsentation der Inhalte dieses Buches und die hierin zum Ausdruck gebrachten Meinungen, die nicht notwendigerweise jenen der UNESCO oder von UNESCO-APNIEVE entsprechen und die Organisationen nicht binden, ist allein die Autorin verantwortlich.

Laudatio

Dieses großartige Buch «Das Streben nach Wohlbefinden» stellt Ursula Notaris Vermächtnis in Form ihres «Opus Magnum» dar – ein umfassendes Meisterwerk, das mit Liebe und Leidenschaft geschaffen wurde und das Wissen und die Erfahrung im Bereich Naturmedizin und Toxikologie eines ganzen Menschenlebens umfasst. Dies ist ein unermessliches und vollständiges Nachschlagewerk über die uns umgebenden Ursprünge und Emissionsquellen von Toxinen, deren Wirkungen auf das Wohlbefinden und die Möglichkeiten, Gesundheit wieder zu erlangen.
Derart komplexe Informationen werden in leicht lesbarer und verständlicher Form und Sprache dargeboten, sodass sowohl Fachleute als auch Privatpersonen Anleitung finden, was in einer bestimmten Situation getan werden kann.
Dieses Buch ist wirklich ein Geschenk für den Bereich der natürlichen Gesundheit und wird allen ans Herz gelegt, die in der Naturmedizin tätig sind oder denen Gesundheit und Wohlbefinden von sich und ihren Nächsten wichtig sind. Sie werden es gar nicht mehr aus der Hand legen können!

Dr. Joy de Leo
Gründungspräsidentin von UNESCO-APNIEVE
(Asia Pacific Network for International Education and Values Education)
[Asiatisch-Pazifisches Netzwerk für Internationale Bildung und Werteerziehung]

Über die Autorin

Ursula Notari wurde 1953 in Zürich in der Schweiz geboren. 1986 wanderte sie mit ihrer Familie ins australische Adelaide aus.

«Als ich vierzig wurde, veränderte sich mein Leben dramatisch. Zwei meiner Familienmitglieder waren chronisch krank und in der Hoffnung, zu ihrer Gesundung beitragen zu können, nahm ich das Vollzeitstudium in Naturheilkunde auf. Schnell erkannte ich, dass dies meine Passion, meine Überzeugung und Bestimmung war.»

Um ihrem Mann und ihrer Tochter bei deren Gesundheitsproblemen helfen zu können, beschloss Ursula, sich einem sechsjährigen Studium zu widmen, und erwarb schließlich ein Diplom für Angewandte Wissenschaften in Naturheilkunde und ein Diplom für Angewandte Wissenschaften in Westlichen Heiltherapien. 1996 eröffnete Ursula mit ihrer Familie eine eigene Klinik: The Adelaide Hills Natural Health Centre, wo sie Tausenden von Patienten half, zu Gesundheit und Wohlbefinden zurückzufinden.

Ursula schrieb auch den Ernährungskurs für das Ausbildungszentrum für Pflegekräfte in Adelaide und hielt viele Seminare über Ernährung, Stress sowie den Einfluss von Toxinen auf unsere Gesundheit und unser Leben.

Ihre Passion war und ist, Krankheitsursachen zu finden und zu beseitigen, nicht nur Symptome zu behandeln. Für sie ist es wichtig, ihre Patienten und die Öffentlichkeit über die Bedeutung von Umwelt- sowie Lebensstilfragen zu informieren und weiterzubilden und sowohl diesen – als auch Ihnen – dadurch zu ermöglichen, ein besseres, gesünderes Leben zu führen!

Widmung

Ich habe dieses Buch mit dem leidenschaftlichen Wunsch geschrieben, dass Sie ein gesünderes und besseres Leben führen können, indem ich Sie befähige, sich mit natürlichen Heilmitteln selbst zu helfen, indem ich Ihnen das Wissen über die Hauptursachen von Krankheiten sowie wissenschaftliche Informationen vermittle, damit Sie die Krankheiten verursachenden Faktoren besser verstehen und kennen lernen. Mein Wunsch und mein Ziel ist ebenfalls die Eindämmung von Umweltverschmutzung, einer der Faktoren, die uns und unserem wunderbaren und erstaunlichen Planeten Krankheiten verursachen. Mit diesem Buch kann ich ein breiteres Publikum erreichen als mit meinen naturheilkundlichen Kliniken in Australien und in der Schweiz. In diesem Buch teile ich mein Wissen aus mehr als 20 Jahren Erfahrung und aus Tausenden von Konsultationen im Bereich Naturmedizin und Toxikologie mit Ihnen.

x

Danksagung

Ohne die Unterstützung und den Einfluss der folgenden Menschen wäre dieses Buch nie geschrieben worden.

Zuerst möchte ich meiner Familie, besonders meinem verstorbenen Mann Gino und unseren wunderbaren Kindern Tiziana und Luciano, von ganzem Herzen danken. Eure bedingungslose Liebe, unendliche Unterstützung und euer Glaube an mich haben mir Kraft gegeben und geholfen, durchzuhalten. Ihr wart der Grund, warum ich ursprünglich begann, Naturheilkunde zu studieren: Um euch bei euren gesundheitlichen Problemen zu helfen. Dieses Studium hat sowohl mir als auch euch eine ganz neue Welt eröffnet.

Ein sehr großer Dank geht auch an meinen Ehemann Fredy Gloor, der mich in den vergangenen Jahren unterstützt und ermutigt hat. Du gabst mir Liebe, Zeit, viele hilfreiche Beiträge und finanzielle Unterstützung – kurz: das richtige Umfeld –, damit ich dieses Buch schreiben konnte. Viele Tausende von meinen Patienten haben mir geholfen, mein Wissen zu vertiefen und Jahre der Erfahrung zu sammeln. Ich konnte von jeder und jedem von Ihnen lernen, da Sie alle Ihre ganz eigenen Gesundheitsprobleme und Symptome hatten. Ich danke Ihnen sehr für Ihr Vertrauen und dafür, dass Sie mich zu einem kleinen Teil Ihres Lebensweges werden ließen.

Und ein ganz großes Dankeschön an all meine Freunde und alle, die zu meinem Buch beigetragen haben. Auch ihr habt mich auf dieser Lebensreise ermutigt und unterstützt. Ich danke euch allen dafür, dass ihr so ein wichtiger Teil von mir seid, und werde euch nie vergessen!

In Liebe und Dankbarkeit
Ursula

Laudatio v
Über die Autorin vii
Widmung ix
Danksagung xi
Einführung 1
Was bedeutet Wohlbefinden? 3

Teil 1

Verschmutzung & Umweltgifte 4

Was sind Toxine? 6
Anzeichen und Symptome von Toxizität 7
Chemische Stoffe im eigenen Heim 9
Haushaltsreiniger 10
Formaldehyd 10
Flüchtige organische Verbindungen (VOCs) 11
Elektrosmog 12
Mikrowellenstrahlung 13
Chemikalien in Körperpflegeprodukten 15
Vorsicht vor schädlichen Inhaltsstoffen 18
Butylhydroxyanisol 18
Butylhydroxytoluol 18
2-Bromo-2-Nitropropan-12 18
Butylgruppe 18
Diethanolamin und Monoethanolamin 19
FD- & C-Farbstoffe 19
Mineralöle 19
Natriumlaurylethersulfat und Ammoniumlaurylsulfat 19
Parabene 19
Propylenglykol 20
Kunststoff 21
Chemische Stoffe in unserer Nahrung 22
Künstliche Farbstoffe 26
Tartrazin 26
Gelborange 27
Chinolingelb 27
Red 2G 27
Mononatriumglutamat 29
Konservierungsmittel 33
Nitrite und Nitrosamine 35
Natriumnitrat und -nitrit 35
Kaliumnitrat und -nitrit 36
Benzoesäure 36
Calciumbenzoat 36
Zitronensäure 37
Monoglyceride und Diglyceride 37
Parabene 37
Propylgallat 37
Sulfat- und Sulfitfamilie 38
Schwefeldioxid 38
Künstliche Geschmacksstoffe 39
Acetaldehyd 39
Butylaldehyd 39
Aldehyd 39
Zimtaldehyd 40
Benzylacetat 40
Allylsulfid 40
Amylacetat 40
Maltol 41
Künstliche Süßstoffe 42
Aspartam 42
Acesulfam-K 43

Mannit 43
Saccharin 44
Sorbitol 44
Sucralose 44
Studien zu Aspartam
und seinen Bestandteilen 47
Ein heißes Thema
von der Vitamin C Foundation 53

Chemikalien in unserer Luft 57

Chemikalien in unserem Wasser 59

Fluorid (Fluor) 61
Wissenschaftliche Studien
zu Fluorid 63
Chlor 65
Ursachen von Übersäuerung 68

Chemikalien in unserem Körper 69

Toxische Metalle 70
Aluminium 71
Arsen 72
Studie zu Arsen 74
Cadmium 75
Blei 76
Quecksilber 77
Studien zu Quecksilber 79
Nickel 88

Xenoestrogene 89

Pestizide 94

Herbizid (Unkrautvernichtungs-
mittel) Glyphosat 95
Dichlorphenoxyessigsäure 96
Fungizide 96
Insektizide 96
Pyrethroid 97
Propoxur 99

**Die Vergiftung
meiner Tochter Tiziana** 100

Meine Klinikerfahrung 102

Meine Erfahrung als Opfer 105

Interessante Studien 108

Dioxine 110

**PCB und Dioxine
in Lebensmitteln** 112

Pestizide 114

Verschiedenes 118

Teil 2

Die sechs Hauptursachen chronischer Erkrankungen 126

Toxine und Metalle 129

Chronische Infektionen 130

Pilze 131
Candida albicans 131
Aflatoxin 133
Aspergillus fumigatus 134

Parasiten 136
Dickdarmegel 136
Dünndarmegel (Fasciolopsis buski) 136
Leberegel (Fasciola hepatica) 137
Nierenegel 137
Lungenwürmer 138

Chronische Virale Infektionen 138
Herpes Simplex I 138
Herpes Simplex II 138
Das Epstein-Barr-Virus 139
Das Cytomegalo-Virus 139
Gürtelrose (Herpes Zoster) 139
Das Ross-River-Virus (RRV) 139

Bakterien 145
Borrelia 145
Helicobacter pylori, Campylobacter und Chlamydien 155

Burnout durch chronischen Stress 156
Was ist Stress? 158
Nebennieren 160
Was ist adrenale Erschöpfung (Hypoadrenie)? 162
Ernährungsumstellung 164
Nahrungsergänzungsmittel 165
Heilkräuter 165
Homöopathische Mittel 166
Bachblüten 166
Entspannung 167
Aromatherapie 168
Farbtherapie 168
Affirmationen nach Louise Hay 170

Nährstoffmangel 171

Emotionen/Geist/Seele 174

ROS (Freie Radikale) 176
Die Ursache aller Krankheiten 176

Teil 3

Ernährung 178

Die Physiologie der Verdauung 180
Die Absorption von Nährstoffen 184

Kohlehydrate 185

Ballaststoffe 187

Fette 188
Die Trans-Fettsäuren 189

Cholesterin 190

Proteine 193

Vitamine 195

Mineralstoffe 198

Brauchen wir wirklich Nahrungsergänzungsmittel? 202

Mannigfache Gründe für die Einnahme von Ergänzungsmitteln 203

33 einfache Regeln: Was soll ich essen und was nicht? 211

Grundsätze der gesunden Ernährung & Lebensführung 218

Die Wichtigkeit der Alkalinität für Ihre Gesundheit 220

Basisch 224
Tabelle basischer Nahrungsmittel 224

Sauer 226
Tabelle saurer Nahrungsmittel 226

Das Märchen von der Kuhmilch 230

Nährstoff-Tabellen

Vitamine 233
A — Retinol 234
B1 — Thiamin 234
B2 — Riboflavin 235
B3 — Niacin 235
B5 — Pantothensäure 236
B6 — Pyridoxin 236
B12 — Cobalamin 237
Beta-Carotin 237
Bioflavonoide — Vitamin P 238
Biotin — Vitamin H 238
C — Ascorbinsäure 239
Cholin 239
D-1, 25-Dihydroxy-Cholecalciferol,
D2-Ergocalciferol,
D3-Cholecalciferol 240
E — Tocopherol 240
Folsäure 241
Inosit 241
K, K1, K2 natürlich, K3 synthetisch 242
PABA — Para-Aminobenzoesäure 242

Mineralstoffe 243
Bor 244
Calcium 244
Chlorid (Chlor) 244
Chrom 245
Eisen 245
Fluor (Fluoride) 246
Jod 246
Kalium 247
Kupfer 247
Magnesium 248
Mangan 248
Molybdän 249
Natrium 249
Phosphor 250
Selen 250
Silizium 251
Vanadium 251
Zink 252

Aminosäuren 253
Alanin 254
Arginin 254
Asparaginsäure 255
Carnitin 255
Cystein 256
Glutamin und Glutaminsäure 256
Glutathion 257
Glycin 257
Histidin 257
Isoleucin 258
Leucin 258
Lysin 259
Methionin 259
Phenylalanin 260
Prolin 260
Serin 260
Taurin 261
Threonin 261
Tryptophan 262
Tyrosin 262
Valin 263

Teil 4

Körper und Geist gesund und fit halten 270

Enzyme & andere nützliche wichtige Nährstoffe 265
Acidophilus/Lactobacillus 266
Ballaststoffe 267
Bromelain (Enzym) 268
D-Glucarsäure (Enzym) 268
Liponsäure 268
Mucopolysaccharide 269
Phosphatidylserin 269

Körperliche Übungen 273
Gehirntraining 278
Bürstenmassage 280
Dusche oder Vollbad 282
Sonnenbaden 283

Teil 5
Die Schild-drüse 284

Die Schilddrüse 286

Teil 6
Richtig entgiften 292

Das Detox-Programm 295
Detox-Phase I 295
Detox-Phase II 297

Weiteres zur Unterstützung von Körper, Geist und Entgiftung 300
Aromatherapie 300
Infrarotsauna (FIR) 302
Bioresonanztherapie 303
Ganzkörper-Lehmwickel 303

Teil 7
Leitfaden von A–Z 304

Quellen-
verzeichnis 412

Selbsthilfe zur guten Gesundheit 306
Kleines Begriffslexikon 308

xx

Einführung

Bereits im ersten Jahr meiner Ausbildung zeigte ich reges Interesse am Fach Umweltmedizin – der Erforschung von Toxinen. Und durch die jahrelange Erfahrung als Naturheilpraktikerin wurden mir die gesundheitlichen Probleme, die schädliche Chemikalien hervorrufen können, immer bewusster.

Hier sprechen wir nicht nur von reinen Umweltgiften, sondern auch über chemische Verbindungen in unserer Nahrung, unserem Wasser und in Produkten, die wir auf unsere Haut auftragen.

Ich habe dieses Buch geschrieben, um allen zu helfen, die sich für ihre Gesundheit interessieren und sich selbst behandeln, Krankheiten vorbeugen und Wohlbefinden erlangen möchten. Um dies zu erreichen, sollten Sie die Wahrheit über die tatsächlichen Krankheitsursachen kennen. Nach jahrelanger Praxiserfahrung, gewonnen aus über 60 000 Konsultationen, möchte ich mein Wissen an Sie weitergeben und Sie auf Ihrem Weg zu Gesundheit und Wohlbefinden stärken.

Die führenden politischen Parteien und die pharmazeutische Industrie haben kein Interesse daran, Ihnen die Wahrheit zu sagen. Pharmaunternehmen sind eher darauf aus, Symptome zu behandeln, als Krankheitsursachen zu finden. Sie haben für fast jedes Symptom ein Medikament entwickelt und streben nur danach, eine schnelle Lösung für jedes Problem zu bieten – ohne je wirklich die zugrundeliegende Ursache anzugehen. So verbleibt die Ursache oder die Krankheit im Körper und verursacht weiterhin Defizite, Infektionen und Toxine. Wenn diese Pathogene und Unausgewogenheiten unentdeckt bleiben, belasten sie weiter die Organe und richten in unserem Körper schweren Schaden an. Die Medikamenteneinnahme mag das Symptom zum Verschwinden bringen, aber die zugrundeliegende Ursache manifestiert sich ganz einfach auf eine andere Art und Weise und es werden immer neue Symptome entstehen. So treten neue Beschwerden auf, die neue Bezeichnungen erhalten und die dann mit neuen Pharmaka und Medikamenten behandelt werden. Die gesundheitliche Abwärtsspirale geht weiter und die fortlaufende Verschlechterung Ihrer Gesundheit ist vorprogrammiert.

Mit jedem Symptom, das Sie spüren, versucht Ihr Körper mit Ihnen zu kommunizieren und es kann mit einem Hilferuf verglichen werden, um Ihnen mitzuteilen, dass etwas schief läuft und der Aufmerksamkeit bedarf. Einfach Medikamente einzunehmen, unterbricht diese Kommunikation und Sie hören den Hilferuf nicht mehr. An diesem Punkt haben Sie die Kontrolle über Ihre Fähigkeit, auf Ihren Körper zu hören und sich selbst zu heilen, verloren!

Das Geheimnis guter Gesundheit ist daher, Toxine und Infektionen aus Ihrem Körper zu eliminieren und gleichzeitig bestehende Nährstoffmängel auszugleichen – auf diese Weise geben Sie Ihrem Körper eine Chance zur Selbstheilung!

Kein Medikament und kein Arzt kann Sie heilen und Ihnen Gesundheit schenken. Aber Sie können sich selbst heilen, indem Sie die Ursache Ihrer Krankheit in Erfahrung bringen und lernen, wie Sie diese loswerden können. Sie verdienen es, ein gesundes und erfülltes Leben zu führen, darum habe ich dieses Buch für Sie geschrieben!

Zugleich möchte ich betonen, dass dieses Buch nur zu Informationszwecken dienen soll. Es soll weder für die Diagnose noch die Verschreibung von Medikamenten und/oder Therapien verwendet werden. Ich bin jedoch der Überzeugung, dass jeder Mensch das Recht hat, die Wahrheit zu kennen, gesund zu bleiben und die Macht zu haben, für sich selbst und die Natur Verantwortung zu übernehmen.

Was bedeutet Wohlbefinden?

Wohlbefinden ist nicht einfach nur die Abwesenheit von Krankheit; es bedeutet viel mehr. Wohlbefinden ist ein Zustand des körperlichen, intellektuellen, emotionalen und geistigen Wohlseins, weit entfernt von allen offensichtlichen Krankheitssymptomen wie Müdigkeit, Lethargie, Kopfschmerzen, Hautproblemen, Stimmungsschwankungen, Schlafstörungen, Verdauungsproblemen, Angst und Unruhe, Schmerzen usw. Wohlbefinden bedeutet Vitalität, beständig voller Energie zu sein, gut zu schlafen, positiv zu denken, sich gut zu fühlen und sich guter Gesundheit zu erfreuen!

Gute Gesundheit bedeutet einfach, dass:
» Sie nicht an chronischen Erkrankungen leiden, wie Herzerkrankungen, Autoimmunkrankheiten, Krebs, Atemwegserkrankungen usw.
» Sie leichte Erkrankungen gut verkraften und sich schnell davon erholen.
» Sie Stress gut bewältigen können.

Würden Sie sich gern bis ins hohe Alter bester Gesundheit erfreuen?
Wenn ja, dann müssen Sie es zu Ihrem Ziel erklären und damit so umgehen wie mit jedem anderen Ziel, das Sie sich selbst gesetzt haben. Entwickeln Sie einen Plan und arbeiten Sie an der Erreichung des Zieles.

Zuerst müssen Sie verstehen, was Krankheiten verursacht, und Sie müssen die potentiellen Gefahren und Gesundheitsprobleme erkennen. Dann können Sie überhaupt erst verstehen, warum Ihr Körper und Geist nicht optimal arbeiten! Es liegt jetzt an Ihnen, mehr herauszufinden, wenn Sie Ihre und die Gesundheit Ihrer Familie wirklich schützen wollen. Dieses Buch bietet Ihnen die Hilfsmittel und Lösungen, die Sie brauchen, um Ihr Leben bis ins hohe Alter gesund zu gestalten. Mein Ziel ist es, uns alle dazu zu bringen, bis ins hohe Alter ein gesundes Leben zu führen!

Teil 1

Verschmutzung & Umweltgifte

Was sind Toxine?

Es gibt zwei Hauptkategorien von Toxinen: Eine umfasst die endogenen Toxine (die im Körper entstehen) – dazu gehören Hormone und andere Stoffe, die der Körper produziert, sowie durch Bakterien und Viren im Verdauungssystem, zum Beispiel in der Leber, im Magen, Dünn- und Dickdarm produzierte Stoffe, die in den Blutstrom gelangen und Krankheiten verursachen können.

Die andere Kategorie machen die externen Toxine aus, d. h. Giftstoffe, die aus der Umwelt kommen und unsere Luft, den Boden, die Nahrung, das Wasser und unseren Körper belasten. Auch Arzneimittel und Partydrogen fallen in diese Kategorie. Toxische Stoffe können unseren Körper schädigen und zu einer Überlastung unseres Ausscheidungssystems wie Leber, Nieren, Darm, Haut und Lungen führen. Wir alle sind vielen Hunderten und Tausenden von synthetischen Stoffen, die auf dem Markt sind, ausgesetzt – obwohl nicht einmal ein Prozent davon auf ihre Auswirkungen auf die menschliche Gesundheit geprüft wurde! Und jedes Jahr kommen Tausende neue chemische Stoffe hinzu. Viele von ihnen sind wohlbekannt dafür, karzinogen (Krebs verursachend), teratogen (zu angeborenen Fehlbildungen führend) und mutagen (die DNA schädigend) zu sein.

Zudem sind wir täglich vielen Stoffen ausgesetzt, die nur leicht giftig sind und durch unseren Körper eliminiert werden, ohne dass sie uns je wirklich schaden. Doch wenn wir mit großen Mengen dieser leicht giftigen Stoffe in Berührung kommen, können sie unseren Körper im Lauf der Zeit überfordern und seine Fähigkeit zur Entgiftung beeinträchtigen. Und dann müssen wir uns noch der ernüchternden Tatsache stellen, dass wir häufig Substanzen ausgesetzt sind, die extrem giftig sind, wie zum Beispiel Arsen, das auch in Kunstdünger enthalten ist.

Ich habe die unmittelbaren schrecklichen Wirkungen dieser Chemikalien an mir selbst und an vielen meiner Patienten, die damit in Berührung kamen, erlebt. Wir alle tragen Hunderte von Umweltstoffen in unserem Körper, die auch unsere Schilddrüse, unser Nerven- und Immunsystem schädigen und in unserem Hormonsystem verheerende Schäden anrichten. Der Umweltverschmutzung kann man sich nicht entziehen, sie kommt in den entlegensten Gegenden vor, weit entfernt von ihrem Ursprung in den Industrienationen. Selbst in den Meeren der Antarktis und der Muttermilch von Inuitfrauen ist sie zu finden.

Das Problem ist, dass Chemikalien aus Plastik, Metallen und Pestiziden (Unkrautvernichtungsmittel wie Organophosphat, Insektizide und Fungizide) ein Leben lang in unserem Körper verbleiben und sich ansammeln. So bemerken wir häufig erst Jahrzehnte später Symptome und leiden plötzlich an einer chronischen Erkrankung. Hier spreche ich von langlebigen Schadstoffen, also von chemischen Stoffen, die in die Umwelt abgegeben wurden und werden (zum Beispiel in den Boden und ins Wasser und als natürliche Folge von dort aus in unseren Körper) und dort aufgrund ihrer Stabilität bis zu 30 Jahre oder länger verbleiben. Umweltgifte sind die Ursache ALLER Erkrankungen von Mensch und Tier.

Anzeichen und Symptome von Toxizität

Die Menge und die Art der Toxine, denen Sie ausgesetzt sind, beeinflusst die Reaktion Ihres Körpers und die Auswirkungen auf Ihre Gesundheit. Doch es spielt auch eine wichtige Rolle, wie gut Ihr Körper in der Lage ist, zu entgiften. Dies ist der Grund dafür, dass Menschen unterschiedlich auf dieselbe oder ähnliche Belastung durch Toxine reagieren.

Während eine Person keine spürbaren Wirkungen erfährt, kann eine andere eine akute Reaktion zeigen und letztlich an einer chronischen Erkrankung leiden.

Faktoren mit Einfluss auf die Entgiftungsfähigkeit des Körpers:

- » Absorption von Nahrung/Nährstoffen
- » Darmtätigkeit
- » Ernährungsweise
- » Immunfunktion
- » Leberfunktion
- » Lymphfunktion
- » Nierenfunktion
- » Schlaf
- » Stress
- » Wasserzufuhr und -qualität

Wussten Sie schon?
Von der Regierung in Auftrag gegebene Studien der US-Umweltschutzbehörde (EPA) zeigten, dass von Hunderten von untersuchten Fettgewebeproben 100% mit Umweltgiften wie Dioxin, Dichlorbenzol, Styrol und Xylen kontaminiert waren, von denen die meisten stark karzinogen sind. Es gibt kein Entrinnen; da hilft nur Entgiftung.

Einige der häufigsten Anzeichen und Symptome für Toxizität, die ich in meiner Klinik beobachtet habe:

- Akne
- Allergien
- Angst
- Arthritis
- Asthma
- Autoimmunerkrankungen
- Blähungen
- Chronischer Husten
- Depression
- Erschöpfung
- Fibromyalgie
- Flatulenz
- Gelenkschmerzen
- Hautausschlag
- Hormonungleichgewicht
- Konzentrationsschwierigkeiten
- Kopfschmerzen
- Körpergeruch
- Krämpfe
- Laufende Nase
- Lethargie
- Mundgeruch
- Nebenhöhlenverstopfung
- Rückenschmerzen
- Schilddrüsenprobleme
- Schlaflosigkeit
- Stimmungsschwankungen
- Trockene Haut
- Übelkeit
- Übergewicht
- Wiederkehrende Infektionen
- und weitere

Leider schöpfen die meisten von uns nicht ihr ganzes Potential aus und sind durch Stress, schlechte Ernährung und einen Mangel an Bewegung und erholsamem Schlaf geschwächt. Hinzu kommt die Belastung durch Umweltgifte, der wir ausgesetzt sind.

Ab einem gewissen Punkt wird uns alles zu viel und wir schaffen es nicht, uns zu sportlicher Betätigung aufzuraffen und uns um unseren Lebensstil zu kümmern. Sobald sich unsere Gesundheit in einer Abwärtsspirale befindet, sinkt durch Stress, schlechte Ernährung und zu wenig Bewegung die Fähigkeit unseres Körpers, sich zu entgiften und das Gleichgewicht aufrechtzuerhalten. Dann treten Gesundheitsprobleme auf und unser Körper ruft durch bestimmte Symptome um Hilfe.

In der Vergangenheit praktizierten verschiedene Religionen und Kulturen Entgiftung und einige kennen dieses Ritual, das ein- oder zweimal jährlich durchgeführt wird, heute noch, zum Beispiel in der Fastenzeit, in der einige Religionen den Verzehr von tierischen Produkten untersagen. Leider sind solche gesunden Praktiken in der modernen westlichen Welt verloren gegangen.

Wussten Sie schon?
Die Weltgesundheitsorganisation (WHO) hat Metalltoxizität als Ursache von 90% der meisten Krankheiten identifiziert. Zigaretten zum Beispiel enthalten Kadmium und Arsen, zwei der giftigsten bekannten Metalle.

VERSCHMUTZUNG & UMWELTGIFTE

Chemische Stoffe im eigenen Heim

Wir verbringen den Großteil unserer Zeit zuhause. Hier zähle ich natürlich auch die Zeit dazu, in der wir schlafen. Und genau hier, in unserem Zuhause, haben wir den stärksten Einfluss darauf, welchen Dingen wir ausgesetzt sind.

Leider verschwenden die meisten Menschen nicht viele Gedanken daran, welche Art von Produkten sie zuhause verwenden. Das ist schade, denn unser Zuhause ist der Ort, an dem wir uns am sichersten und geschütztesten fühlen sollten. So wird zum Beispiel kaum über die Gefahren nachgedacht, welche die Benutzung von Insektenschutzmitteln, Luftverbesserern, Farben, Lösungsmitteln, Gasheizöfen, Benzinkanistern, Möbelpolituren, Teppichen, Matratzen, Sofas, Bücherregalen und anderen Möbelstücken voll von jeder Menge Formaldehyd, Plastikfolien, Aluminiumfolien, Plastikflaschen (PET-Flaschen) und andere Dinge des täglichen Bedarfs mit sich bringt. Und es gibt noch viel mehr zu berücksichtigen, zum Beispiel von Computern, Mikrowellengeräten, Klimaanlagen und anderen Geräten ausgehenden Elektrosmog usw. Und weil diese Dinge so weit verbreitet sind, denken wir kaum über ihre Benutzung nach.

Die Hersteller machen uns über die Medien glauben, dass dies eben der Lebensstil normaler Menschen sei und dass es vollkommen sicher sei, derlei Chemikalien und Geräte zu verwenden. Natürlich wollen sie uns allen so viel wie möglich verkaufen, ohne Rücksicht auf die Folgen für die Umwelt und Ihre Gesundheit. Es geht nur ums Geschäft, Geld und Macht!

Wussten Sie schon?
Die US-Umweltbehörde EPA untersuchte die Luft in Innenräumen, im Außenbereich, die Atemluft und die Umgebungsluft von insgesamt 780 Personen auf das Vorhandensein von 20 flüchtigen organischen Verbindungen (VOC), gemeinhin als Lösungsmittel bekannt. Proben von der Luft, welche die Testpersonen direkt umgab, wurden durch das Anbringen von Kartuschen an die Kleidung der betreffenden Personen gewonnen. Diese wiesen eine sehr hohe Belastung durch elf VOCs mit viel höheren Werten auf, als gestützt auf diejenigen in der Außenluft erwartet worden wären. Die stärkste Quelle der Belastung stammte aus der Luft in den Innenräumen, die vor allem nachts viel höhere VOC-Werte aufwies, als die Messungen im Hinterhof desselben Hauses im gleichen Zeitrahmen ergaben.

Haushaltsreiniger

Im Haushalt verwendete Reinigungsmittel enthalten im Allgemeinen sehr viele Stoffe wie Lösungsmittel, die Ihnen, Ihrer Familie und Ihren Haustieren schaden, da sie täglich verwendet werden. Diese Chemikalien können leicht vermieden werden, denn natürliche Reinigungsmittel sind leicht erhältlich. Sie können sie sogar selbst herstellen!

Übliche schädliche Stoffe in Haushaltsprodukten sind: Formaldehyd und VOCs (flüchtige organische Verbindungen), wie beispielsweise:

- » Benzol
- » Chloroform
- » Ethylbenzol
- » Methylacetat
- » Styrol
- » Toluol
- » Trichlorethylen
- » Trichlormethan
- » Xylol

Mein Tipp: Ein leicht herzustellendes natürliches Produkt

Zur Reinigung und Desinfektion von Küche, Badezimmer und Toilette und ein toller Luftverbesserer: Verdünnen Sie Wasser mit 5% ätherischem Orangenöl und schütteln Sie es vor Gebrauch gut. Vorsicht! Nicht auf gestrichenen Oberflächen, Leder und Holzmöbeln verwenden. Im Zweifel testen Sie es auf einer kleinen, nicht sichtbaren Stelle. Auch ätherisches Pinienöl ist ein hervorragendes Desinfektionsmittel und kann zur Reinigung und Desinfektion verwendet werden. Achtung! Einige Menschen reagieren allergisch auf Pinie, es könnte zu einer Reizung der Atemwege kommen.

Formaldehyd

Formaldehyd ist chemisch einfach aufgebaut (zwei Wasserstoff-, ein Sauerstoff- und ein Kohlenstoffatom) und hat vielseitige Eigenschaften. Daher wird es in vielen Produkten als Konservierungsmittel und Antimikrobiotikum verwendet. Bei der Mischung mit bestimmten anderen Produkten ergibt es sogar einen starken Klebstoff. Daher kommt Formaldehyd in praktisch allen Innenräumen vor.

Diese Chemikalie ist bei geringer Konzentration stark toxisch und wird mit dem Sick-Building-Syndrom (SBS) in Verbindung gebracht. Der Kontakt verursacht vielerlei Reizungen, zum Beispiel der Augen, der Haut und der Atemwege. Zu den Symptomen gehören Atemgeräusche, Husten, Asthma, Heuschnupfen, Allergien und auch Übelkeit, Schwindel, Kopfschmerz und Lethargie. Formaldehyd gilt auch als potentielles Karzinogen! Es kommt in Pressplatten wie Sperrholz und Spanplatten (einem Ersatz für massives Holz), Farben, Lacken und Klebern vor. Die Freisetzung von Formaldehyd nimmt bei Feuchtigkeit und höheren Temperaturen zu, wie in Badezimmern, Küchen, kleineren und schlecht belüfteten Räumen, zum Beispiel in Wohnwagen und transportablen Bauten.

Flüchtige organische Verbindungen (VOCs)

VOCs sind Chemikalien auf Kohlenstoffbasis, die bei Raumtemperatur verdunsten und daher leicht eingeatmet werden. Sie sind in allem zu finden, was von Menschen erbaut wurde, in Häusern, Büros, Geschäften, Autos, Zügen und so weiter, überall, wo Materialien wie Sperrholz, Firnis, Farbe, Lack und Teppichboden verwendet werden. Doch große Mengen an VOCs werden auch von Reinigungsmitteln, Wachsen, Möbelpolituren und Versiegelungen von Parkett und Holzböden abgegeben.

Diese chemischen Cocktails stellen besonders für das Atmungssystem ein Gesundheitsrisiko dar, können aber auch viele andere Symptome verursachen. Die häufigsten sind Reizungen der Schleimhäute von Augen, Nase und Hals. Ebenfalls verursachen sie Atembeschwerden und Asthma, da sie eine Entzündungsreaktion hervorrufen. Kopfschmerzen, geistige Erschöpfung, Konzentrationsschwierigkeiten und Denkstörungen ebenso wie einige neurologische Wirkungen wie Schläfrigkeit, Zuckungen und Zittern sind häufige Symptome der Belastung durch VOCs. Und diese Stoffe sind die Hauptursache des so genannten Sick-Building-Syndroms (SBS). Unglücklicherweise sind wir diesen Chemikalien täglich und überall ausgesetzt, sie kommen selbst in unserem Wasser (Chlor), in Kosmetika und Pflegeprodukten, Waschmitteln, Desinfektions- und Reinigungsmitteln, Plastik einschließlich Lebensmittelverpackungen und Trinkflaschen und in chlororganischen Pestiziden vor.

Elektrosmog

In meiner klinischen Praxis habe ich viele Patienten erlebt, die unter Elektrosmog litten. Die größten Nebenwirkungen, die ich dabei beobachtete, betrafen das Nerven- und Immunsystem, führten zu Schlafproblemen, chronischem Reizhusten und regelmäßiger Erkältung und Grippe.

Unser Körper hat eine Frequenz von 0,5 Hz, wenn wir schlafen, und bis zu etwa 30 Hz, wenn wir sehr wütend und aufgebracht (in Rage) sind. Jede einfache Steckdose schwingt mit 50 Hz und wenn Sie ihr sehr nahe sind – zum Beispiel am Kopfende des Bettes –, sind Ihr Immun- und Nervensystem durch diese hohe Frequenz permanentem Stress ausgesetzt.

Die meisten meiner Patienten verwendeten Geräte, von denen sie nie gedacht hätten, beeinträchtigt zu werden, zum Beispiel:

- » Einen digitalen Radiowecker direkt am Bett
- » Eine elektrische Heizdecke, um sich warm zu halten
- » Das Mobiltelefon neben dem Bett als Wecker und im Boden oder der Wand verlegte Elektroleitungen nahe beim Bett

Für diese alltäglichen «Bedürfnisse» gibt es leichte Abhilfe. So kann der digitale Radiowecker durch einen einfachen Wecker ersetzt oder so weit wie möglich vom Bett entfernt aufgestellt werden. Die Heizdecke können Sie ausschalten, bevor Sie zu Bett gehen. Das Bett ist dann trotzdem kuschelig warm und Sie können bis zum nächsten Morgen behaglich schlafen. Dasselbe gilt für das Mobiltelefon. Es muss entweder ausgeschaltet oder am anderen Ende des Raumes abgelegt werden, wenn es wirklich notwendig ist, es eingeschaltet zu lassen. Um sich gegen die Elektrokabel unter oder hinter dem Bett zu schützen, können Sie Kupferfolie verwenden, die Sie hinter das Kopfteil, an das Bettende oder unters Bett, wenn Leitungen durch den Boden verlaufen, legen.

Doch ich habe auch viele Patienten erlebt, die sehr nah an oder unter einer Hochspannungsleitung wohnen. Auch hier gilt: Nicht alle Menschen reagieren gleich auf diese Einflüsse. Dies ist abhängig von der Gesundheit ihres Immun- und/oder Nervensystems. Bei Menschen, die bereits durch Stress, Chemikalien oder Nährstoffmangel geschwächt sind, kann dies ernste Schädigungen hervorrufen.

Mikrowellenstrahlung

Das große Problem an Mikrowellen ist, dass die enorme Hitze viele empfindliche Vitamine und Proteine zerstört. Die Schäden werden durch Oxidation verursacht (siehe Kapitel über ROS [Freie Radikale], Seite 176), doch auch durch folgenden Mechanismus: Die Mikrowelle bringt die Moleküle dazu, millionenmal pro Sekunde zu rotieren. Die dabei entstehende Reibung ist die Hauptursache für die Erhitzung der Lebensmittel. Strukturen innerhalb dieser Moleküle werden dabei auseinandergerissen, deformiert und qualitativ beeinträchtigt. Nun sind die Lebensmittel krebserregend und gefährden Ihre Gesundheit.

Die Gefahr der Mikrowellenstrahlung wird auch durch ein Experiment verdeutlicht, das zuhause durchgeführt wurde und bestätigte, dass Mikrowellen nicht nur für Menschen, sondern auch für Pflanzen gefährlich sind: Gefiltertes Wasser wurde in zwei Portionen unterteilt. Ein Teil wurde in der Mikrowelle erhitzt und dann abgekühlt einer Pflanze verabreicht, der zweite Teil wurde auf einem herkömmlichen Herd erhitzt und abgekühlt zum Gießen einer anderen Pflanze derselben Art verwendet. Das Ergebnis nach neun Tagen war schockierend: Die Pflanze, die mit Mikrowellen-Wasser gegossen wurde, war praktisch vollständig verkümmert, während die zweite Pflanze wunderbar gedieh.

Ein weiteres großes Problem ist die Verwendung von Plastikbehältern oder Plastikfolie zum Erhitzen in der Mikrowelle. Dieser Plastik gelangt auch in die Speisen und produziert synthetische Östrogene (Xenoestrogene). Siehe Kapitel «Xenoestrogene» auf Seite 89.

Interessante Studie

Der Kinderarzt John Kerner und Kollegen an der Stanford University stellten fest, dass Milch an Lysozym-Aktivität und Antikörpern einbüßte und das Wachstum potentiell pathogener Bakterien förderte. Anfang der 1990er Jahre verteilte ein Krankenhaus in Minneapolis, Minnesota, Merkblätter, die vor der Erhitzung von Säuglingsnahrung in der Mikrowelle warnten, weil diese die Nahrung verändert und einige Vitamine verloren gehen können. Die Erhitzung von Muttermilch in der Mikrowelle kann einige ihrer schützenden Eigenschaften zerstören.

Interessante Studie

Einige russische Forscher berichten von einem massiven Rückgang des Nährwertes um 60% bis 90% in allen getesteten Lebensmitteln. Dies schließt Vitamine des B-Komplexes, Vitamin C und E, essentielle Mineralstoffe und Lipotrope ein. Lipotrope sind Stoffe, die der abnormen Fettansammlung vorbeugen! Das könnte bedeuten, dass Mikrowellen-Nahrung tatsächlich zu Gewichtszunahme führt!

Wenn wir uns anschauen, was mit unseren Nahrungsmitteln geschieht, die wir in der Mikrowelle zubereiten, erkennen wir, dass:

» Die meisten Lebensmittel, die für die Mikrowelle bestimmt sind, bereits auf vielerlei Weise verarbeitet wurden und schon viele wichtige Nährstoffe verloren haben.
» Das Einfrieren dieses «Fast Foods» definitiv zur weiteren Verschlechterung der Qualität der Mahlzeit beiträgt.
» Wir große Mengen an Nährstoffen durch Erhitzung in der Mikrowelle noch weiter zerstört werden, wodurch wir Nahrung erhalten, die uns nicht die wichtigen, gesunden Nährstoffe bietet, die wir brauchen, um zu wachsen, gesund zu bleiben und unseren Körper, Geist und unsere Seele zu ernähren. Im Gegenteil, so erhalten wir Nahrung, die viele schädliche Chemikalien enthält, die wiederum Krebs erregend sind.

Es ist eine Tragödie

Die westliche Gesellschaft ist fast so mangelernährt wie Menschen in der Dritten Welt. Das ist nicht überraschend, wenn wir den ungesunden Zustand der westlichen Welt mit ihren Herzerkrankungen, Krebs, Diabetes, Depressionen und vielen anderen Krankheiten betrachten.

Ich bin fest davon überzeugt, dass der Ausspruch «Du bist, was du isst!» wahr ist. Für uns ist es das Wichtigste, täglich nahrhafte, gesunde Mahlzeiten zu genießen, die es uns immer noch erlauben, uns ab und an mit kleinen «Sünden» zu verwöhnen, die Geist und Gaumen erfreuen, wie zum Beispiel kleine Mengen an Süßigkeiten, Alkohol usw. Unser Körper reagiert darauf, was wir Tag für Tag zu uns nehmen. Wenn wir also unserem Körper die hochwertigen Nahrungsmittel und Nährstoffe geben, die er täglich braucht, wird er uns die kleinen, ungesunden Ausnahmen hier und da verzeihen. Unser gesunder Zustand wirkt wie ein Gegengewicht. Wenn wir uns aber jeden Tag ungesunder, nährstoffberaubter Ernährung und Snacks hingeben, wenn wir zu viel Alkohol trinken und zu viele Zigaretten rauchen, leidet unser Körper und wir müssen mit den Konsequenzen leben, die von Unwohlsein bis zu Krankheiten und Schlimmerem reichen können. Denn nun leidet der Körper nicht nur an einem Mangel an Nährstoffen und Antioxidantien, die notwendig sind, um die Ausscheidungs- und Schutzorgane zu unterstützen, sondern es mangelt ihm auch an Widerstandskraft gegen die tägliche Verschmutzung, Stress und Chemikalien, denen er ausgesetzt ist.

Interessante Studie
Wissenschaftler an der Fakultät für Ernährungswissenschaft und Lebensmitteltechnik der Chinesischen Agrarwirtschaftlichen Universität in Peking fanden heraus, dass bei der Behandlung in der Mikrowelle mehr Acrylamid, ein Krebs erregender Stoff, entsteht als beim Kochen oder Braten (bei 180 °C) und dass bei Geräten mit 750 Watt mehr Acrylamid entsteht als bei Modellen mit 500 Watt.

Interessante Studie
In der Ausgabe Januar/Februar 1990 des «Nutrition Action Newsletter» wurde über das Einsickern zahlreicher toxischer Stoffe aus der Verpackung üblicher Mikrowellenspeisen, die für die Suszeptorerwärmung geeignet sein sollen, wie Pizza, Pommes und Popcorn berichtet. Bei den hier erreichten hohen Temperaturen wandern die chemischen Verbindungen aus dem Plastik in die Nahrungsmittel. Dazu gehören Polyethylenterephtalat (PET), ein Erdölerzeugnis, und andere bekannte oder vermutliche Karzinogene wie Benzol, Toluol und Xylol.

Chemikalien in Körperpflegeprodukten

Dies ist für mich ein sehr wichtiges Kapitel, da ich bei vielen meiner Patienten Reaktionen auf Haut- und Körperpflegeprodukte beobachte. Sie leiden unter Ausschlag, Ekzemen, Akne und selbst Brustkrebs.

Haut- und Körperpflegeprodukte werden von den meisten Menschen täglich genutzt und über die Haut, unser größtes Organ, werden bis zu 80% davon vom Körper absorbiert.

Nehmen wir zum Beispiel Deodorants, von denen die meisten viele fiese Chemikalien und Konservierungsstoffe wie antimikrobielle Wirkstoffe, Duftstoffe, Formaldehyd, Aluminium und viele andere enthalten, die eingesetzt werden, um die Schweißproduktion unter den Achseln zu begrenzen. Achselgeruch entsteht auf natürliche Weise, wenn Bakterien den Schweiß zersetzen. Deodorants überdecken diesen Geruch und verlangsamen die Aktivität der in den Achseln befindlichen Schweißdrüsen. Aluminium stoppt tatsächlich erfolgreich die Schweißbildung, doch es kann auch durch die Haut in das Lymphsystem, das sich sehr nahe am Brustgewebe befindet, eindringen.

Die Akkumulation von Aluminium im Brustgewebe kann zu zahlreichen Brusterkrankungen führen, da Aluminium Vitamin D und Mineralien bindet, die für die Gesundheit von Brust und Immunsystem wichtig sind.

Außerdem ist es gut, die Verbindung zwischen Alzheimer und Aluminium zu bedenken. Eine Studie stellte fest, dass die Aluminiumkonzentration in den Gehirnen von Alzheimerpatienten 50-mal höher war als bei Nichtbetroffenen. Eine andere Studie zeigt auch einen starken Zusammenhang zwischen Epilepsie und Aluminium! Wenngleich die Debatten noch andauern, nimmt das Bewusstsein für die Vorbehalte gegenüber der Verwendung von Aluminium in Kosmetika und Pflegeprodukten zu, da diese die größte Aluminiumquelle sind. Natürlich sind auch andere in Deodorants enthaltene chemische Verbindungen in der Lage, ins Lymphsystem zu gelangen und lebenswichtige Organe und Drüsen zu schädigen.

Sie werden jetzt vermutlich sagen: «Aber ich verwende doch nur ganz wenig.» Bitte glauben Sie mir, dass diese kleine Menge, die Sie täglich oder vielleicht sogar mehrmals täglich anwenden, sich im Lauf der Zeit ansammelt und zu einer großen Menge wird, denn für unseren Körper ist es sehr schwierig, Metalle zu eliminieren (siehe Kapitel über toxische Me-

Interessante Studien
Dr. C. Garcia-Viguera (2003, 2007) stellte fest, dass Brokkoli in der Mikrowelle 97% seiner Antioxidantien (Vitamin C) verlor und die enthaltenen Phenolverbindungen und Glucosinolate reduziert wurden. Der Mineraliengehalt blieb hingegen stabil. Seine Schlussfolgerung war, dass man die längsten Zubereitungszeiten in der Mikrowelle und größere Mengen an Kochwasser vermeiden sollte, um den Nährstoffverlust zu minimieren.

talle, Seite 70). Dasselbe gilt für Hautpflegeprodukte für Gesicht und Körper, Lippenstift, Make-up, Grundierung usw. Auch sie enthalten Stoffe und Metalle, die durch die Haut absorbiert werden und dann über das Lymphsystem zum nächsten Organ, zu Fettzellen oder Drüsen transportiert werden, um an einem «sicheren» Ort verwahrt zu werden.

Alles, was der Körper nicht eliminieren kann, transportiert er an einen Ort, der in diesem Moment der sicherste ist – und das sind normalerweise die Fettdepots, zum Beispiel in Brust, Oberschenkeln, Gesäß und Oberarmen, und natürlich das die Organe umgebende Fett (siehe Kapitel über toxische Metalle, Seite 70). Da die Haut das größte Organ unseres Körpers und dasjenige ist, das unser Wohlbefinden am meisten widerspiegelt, glaube ich, dass es sehr wichtig ist, sich gut darum zu kümmern. Nachdem ich bei mehreren Patienten beobachtet hatte, dass sie an Hautreaktionen auf schädliche Inhaltsstoffe in Haut- und Körperpflegeprodukten reagierten, fand ich, dass es an der Zeit sei, etwas zu ändern. Damals begannen wir, unsere eigene Handcreme zu produzieren.

Gegen Ende des Jahres 1998 begannen meine Familie und ich, kleine Gläser natürlicher Handcreme als Weihnachtsgeschenke für unsere Patienten herzustellen. Im Lauf der Jahre stieg die Nachfrage nach unserer Handcreme und die Palette unserer Hautpflegeprodukte wurde größer. Ehe wir es uns versahen, war dies die am besten verkaufte Pflegeproduktreihe in unserem Shop, mit vielen glücklichen Kunden.

Während meiner zwanzigjährigen Tätigkeit habe ich Tausende von Patienten erlebt, die unter gesundheitlichen Problemen im Zusammenhang mit Toxinen litten. Es wurde immer deutlicher, wie wichtig es ist, Toxine so weit wie möglich zu vermeiden und regelmäßig zu entgiften, um Wohlbefinden, Lebensqualität und Lebenserwartung zu erhalten beziehungsweise zu verbessern.

Reinheit in einer verschmutzten Welt

Aus unserer «Hausmarke» wurden die Swiss Wellness Skin Care Products. Diese wurden ganz integer und aufrichtig für anspruchsvolle Kunden entwickelt. Sie sind 100% natürlich und wenn möglich auch biologisch. Wir haben alle Produkte so konzipiert, dass sie auch tatsächlich wirksam sind. Sie wurden nicht an Tieren getestet. Sie sind hoch konzentriert, pH-neutral und versorgen die Haut nicht nur mit Feuchtigkeit, sondern auch mit Nährstoffen und wirken so auch gegen Hautalterung. Sämtliche Produkte sind für alle Hauttypen geeignet. Das war mir sehr wichtig, da ich es eher verwirrend finde, wenn man beim Einkaufen nach Produkten suchen muss, die nur für einen bestimmten Hauttyp geeignet sind. Außerdem wollte ich, dass diese Hautpflege heilend und therapeutisch für die Haut

---

Wussten Sie schon?
Die Haut, das größte Organ unseres Körpers, produziert auch Enzyme, um Toxine wasserlöslich zu machen, wodurch diese dann in den Blutkreislauf gelangen und über die Nieren oder den Körperschweiß ausgeschieden werden können. Täglich werden bis zu 450 Gramm Toxine über die Haut ausgeschieden.

ist. Wir entwickelten sie, um Schönheit durch Gesundheit zu erlangen, und gemäß der neuesten wissenschaftlichen Erkenntnis; mit ganzem Herzen und im Geist der Großzügigkeit; mit Enthusiasmus und einer Leidenschaft dafür, dass Menschen sich bester Gesundheit erfreuen können. Die Pflegeprodukte sollten Nahrung für die Haut sein, die aktive Enzyme und intensive Nährstoffe, Pflanzenextrakte und ätherische Öle enthält. Sie können mit frischer und gesunder Nahrung verglichen werden, die uns satt macht, die Bedürfnisse unses Gehirns befriedigt, unseren Körper und unsere Seele nährt und die uns zugleich gesund und vital erhält und vor Stressoren schützt. Hautpflegeprodukte, die chemische und synthetische Stoffe enthalten, können mit stark verarbeiteter Dosennahrung verglichen werden, die viele Zusatzstoffe wie Konservierungsmittel sowie künstliche Farb- und Geschmacksstoffe enthält. Diese macht uns zwar satt, verursacht dafür aber Mangelernährung, enthält toxische Stoffe und verursacht so Krankheiten und beschleunigt die Alterung.

Vorsicht vor schädlichen Inhaltsstoffen

Wir alle sind vielen Hunderten und Tausenden synthetischer Chemikalien ausgesetzt, die auf dem Markt sind – obwohl nicht einmal ein Prozent davon auf ihre Auswirkungen auf die menschliche Gesundheit getestet worden sind! Und jedes Jahr kommen Tausende neuer Chemikalien hinzu. Von vielen ist bekannt, dass sie karzinogen (Krebs verursachend), teratogen (zu angeborenen Fehlbildungen führend) und mutagen (die DNA verändernd) sind.

Im Folgenden finden Sie eine Liste der häufigsten und gefährlichsten Inhaltsstoffe, die ich erstellt habe: Alle davon werden über die Haut absorbiert, sind akkumulativ und werden im Körper gespeichert, zum Beispiel in Leber, Gehirn, Brust usw. Sie können Dermatitis oder Ausschlag, Asthmaanfälle oder Atembeschwerden, Erschöpfung, Leber- und Nierenüberlastung, Hirnschäden und mehr verursachen. Und sie sind allesamt karzinogen, teratogen und mutagen.

Butylhydroxyanisol (BHA)

BHA ist eines der zehn am häufigsten in Kosmetika verwendeten Konservierungsmittel. Es beeinflusst den Östrogenspiegel (Xenoestrogene) störend, indem es die Östrogenrezeptoren blockiert.

Butylhydroxytoluol (BHT)

BHT ist ein aus Kohlenteerfarbstoff und Erdöl gewonnenes Konservierungsmittel. Es ist in Schweden verboten und viel giftiger als BHA.

2-Bromo-2-Nitropropan-12 (Bronopol oder BNPD, Onyxide 500)

Dies ist ein antimikrobieller Wirkstoff, der Formaldehyd und Nitrate löst.

Butylgruppe (1-Butanol, 2-Butanol und tert-Butanol)

Diese chemischen Verbindungen sind Duftstoffe, die hochgiftig für das Nervensystem sind und Augen, Nase und Hals reizen.

Wussten Sie schon?
Viele Hautpflegeprodukte enthalten Harnstoff, ein Produkt des Eiweißstoffwechsels, das aus menschlichem Urin abgesondert wird. Bei hohen Konzentrationen kann Harnstoff die Hautfunktion beeinträchtigen und eine Verdünnung der Epidermis verursachen. Er kommt in Deodorants, Handcremen, Shampoos, Mundspülungen usw. vor.

Wussten Sie schon?
Dass Xenoestrogene eine Hauptursache von Brustkrebs sind?

Diethanolamin (DEA) und Monoethanolamin (MEA)

Dies sind die am häufigsten verwendeten Chemikalien in Kosmetika. Sie werden gewöhnlich als Schäumstoffe und zur pH-Balance in Reinigungsmilch, Seifen, Feuchtigkeitslotionen, Cremen, Shampoos und Haarspülungen eingesetzt.

FD- & C-Farbstoffe

Dies sind synthetische, aus Kohleteer hergestellte Farbstoffe. Kohleteer enthält Petrochemikalien wie Benzol, Xylol, Toluol sowie auch Schwermetallsalze. Kohleteer ist eine bekannte karzinogene Substanz, welche das Risiko von Haut- und Lungenkrebs erhöht.

Mineralöle

Mineralöle sind Erdöl-Nebenprodukte, welche die Poren so verschließen, als würde man sie mit Plastikfolie (Frischhaltefolie) abdecken. Mineralöle hemmen die Absorption von Nährstoffen und die Ausscheidung von Toxinen. Sie sind billig und beschleunigen die Alterung!

Natriumlaurylethersulfat (SLES) und Ammoniumlaurylsulfat (ALS)

Natriumlaurylethersulfat gilt als milder als Ammoniumlaurylsulfat, enthält jedoch 1,4-Dioxan, ein Karzinogen. Es wird als schaumbildender Wirkstoff verwendet und ist auch in Autowäschen, Motorraumreinigern, Garagenbodenreinigern und anderen Produkten, die schäumen sollten, enthalten.

Parabene (Methyl-, Propyl-)

Parabene sind die am häufigsten in Kosmetika und Körperpflegeprodukten enthaltenen Konservierungsstoffe.
1998 wurden sie als Xenoestrogene identifiziert.

Propylenglykol (1-, 2-Propandiol)

Propylenglykol wird in Pflegeprodukten als Lösungs- und Befeuchtungsmittel und zur Hautverbesserung eingesetzt. Es ist ein Erdölderivat, kommt auch in Kosmetika, Antibiotika, Waschmitteln, als industrielles Frostschutzmittel usw. zum Einsatz und löst Akne und Hautreizungen aus.

Kunststoff

Plastik ist in der heutigen Gesellschaft allgegenwärtig: in Wasser-, Saft- und Limonadenflaschen, Frischhaltefolien, in der Auskleidung von Konservendosen oder in Plastikverpackungen/Flaschen von Erdnussbutter, Senf, Mayonnaise, Honig, Essig und vielem, vielem anderen; die Liste ist endlos.

Doch wir finden Kunststoff auch unter Teppichen, in Styropor, synthetischem Gummi, Reifen und Holz, zum Beispiel in Möbeln, Haushaltsgeräten, Schuhen, Handtaschen, Plastikflaschen für Babys, Rasseln, Schnullern und Kauspielzeug, in Kleidung, Kosmetika, Toilettenbrillen, Duschvorhängen und an zahlreichen anderen Stellen.

Ebenso gelangen Kunststoffe in einige Zahnfüllungen, Prothesen und Brücken sowie in Medikamente. Nicht zu vergessen, dass sie sich ebenfalls in Pestiziden befinden, die wir als Rückstände auf der Nahrung zu uns nehmen und am Straßenrand oder im Garten einatmen, wenn sie von uns selbst oder von unseren Nachbarn und im größeren Stil in der Landwirtschaft versprüht werden. Auch hier ist die Liste endlos.

Der gemeinsame Nenner heißt Styrol, das aus Plastik und Benzin (Kraftstoff für Autos) austritt. Das bedeutet, dass jegliches Plastik Benzol enthält. Sobald Benzol aufgenommen oder eingeatmet wird, verwandelt es sich in Xenoestrogen, ein synthetisches Hormon, das unser natürliches Östrogen nachahmt.

Diese endokrinen Disruptoren sitzen auf der Zellmembran an den Hormonrezeptoren und hemmen die Sekretion unserer echten, natürlichen Hormone, wodurch unseren eigenen Hormonen und unserer Gesundheit verheerender Schaden zugefügt wird.

Xenoestrogene sind eine Hauptursache von östrogenbedingtem Brust- und Prostatakrebs. Sie verursachen Unfruchtbarkeit und Impotenz bei Männern und mangelnde Libido bei Frauen, zudem führen sie zu Verwirrung hinsichtlich der sexuellen Orientierung, verursachen Hyperaktivität, Depressionen oder schädigen sogar die Hirnfunktion und führen zu Schilddrüsenunterfunktion – selbst wenn die diesbezüglichen Blutwerte normal sind. Zudem sind Xenoestrogene hoch karzinogene Hormone.

Interessante Studie
Susan Brewster, Privatdozentin für Lebensmittelchemie an der University of Illinois, befürchtet, dass bestimmte Weichmacher als endokrine Disruptoren wirken könnten, was heißt, dass sie menschliche Hormone nachahmen oder gar mit ihnen konkurrieren und die Fruchtbarkeit beziehungsweise das Risiko einer Krebserkrankung beeinflussen können.

Wussten Sie schon?
Wenn Plastikfolie in der Mikrowelle erhitzt wird, steigt die Menge der Xenoestrogene um das etwa 400-Fache an. Auch das Wiederauffüllen von Plastikflaschen mit Quellwasser ist ein weiterer Ursprung von Xenoestrogenen.

Chemische Stoffe in unserer Nahrung

Selten sieht man Menschen beim Einkauf die Etiketten von Lebensmitteln und Getränken studieren. Jedes Mal, wenn ich die Inhaltsangaben lese – und glauben Sie mir, wenn ich je ein industriell verarbeitetes Lebensmittel kaufe, tue ich dies –, dann schenke ich diesem Vorgang schon deshalb meine volle Aufmerksamkeit, weil ich meine Brille aus der Handtasche kramen muss, um die extrem klein geschriebenen Inhaltsangaben überhaupt lesen zu können.

Lesen Sie die Angaben auf den Lebensmittelpackungen und Getränkeflaschen, die Sie kaufen? Prüfen Sie die Inhaltsstoffe der Medikamente, die Sie einnehmen? Und wissen Sie, ob die Zusätze und chemischen Stoffe, die Ihren Speisen, Getränken und Medikamenten zugesetzt wurden, Wechselwirkungen haben oder einander entgegenwirken?

Wie schlimm sind allein die Rückstände von Pestiziden und künstlichen Düngemitteln auf unserer Nahrung, die mit all dem oben Genannten reagieren? Natürlich sind diese Chemikalien in den Inhaltsangaben nicht einmal aufgeführt! Einige davon können sich binden und neue, sehr giftige Verbindungen im Körper eingehen, die weitere Krankheiten verursachen, zu anderen neuen und unbekannten Erkrankungen oder gar zum Tode führen können. Inwiefern ist unser Körper in der Lage, dies zu tolerieren und zu akkumulieren, bevor er reagiert, weil er vergiftet ist? Werden Gifte durch andere Gifte verstärkt und wenn ja, durch welche? Und wie schlimm reagieren diese?

Wenn Sie zum Beispiel nach dem Essen Ihre verschriebenen Medikamente einnehmen, wie stark reagieren dann die chemischen Stoffe und Zusätze aus den Speisen mit Ihren Medikamenten oder wirken diesen entgegen? Natürlich gibt es darauf keine Antwort, doch die Frage sollte von den Herstellern beantwortet werden. Ich weiß, dass dies ziemlich viele Fragen auf einmal sind. Aber es gibt nicht eine Studie, die Antworten auf all meine genannten Sorgen findet! Diese Situation bedarf der Erforschung! Bedeutet dies, dass wir das Risiko einfach auf uns nehmen müssen, bis etwas passiert, bis wir krank werden und an einer ernsten Krankheit leiden oder gar sterben? Einige gefährliche Zusatzstoffe wurden durch die Gesundheitsbehörden erkannt und verboten, aber in der Zwischenzeit gibt es Tausende von neuen, welche die Volksgesundheit bedrohen.

Es ist offensichtlich, dass die Hersteller von Chemikalien wie Zusatzstoffen und Pestiziden reich werden wollen – und dies auf Kosten der Gesundheit der anderen. Diese Gesinnung beobachte ich mit eigenen Augen und ich glaube, wenn Sie mein Buch gelesen haben, werden Sie derselben Überzeugung sein: Dass reine Gier nach Geld und Macht tatsächlich kriminell ist. Das ist kriminell, aber es wird nichts dagegen unternommen. So ist es zu einem legalisierten Verbrechen geworden. Ich werde nie vergessen, dass meine Schwiegermutter tatsächlich glaubte, dass alles, was sie vom Regal des Supermarktes kaufte, ihr keinen Schaden zufüge. Selbst als ich sie vor künstlichen Farbstoffen (Tartrazin oder E-102) in den Keksen warnte, die sie so sehr mochte, aber auf die sie so stark reagierte, antwortete sie einfach: «So schlimm können sie gar nicht sein; die Regierung würde nie zulassen, dass etwas Gesundheitsschädliches verkauft wird.» Sie vertraute der Regierung, wie so viele andere auch!

Doch tun Sie dies nicht! Wir können nicht zulassen, dass Behörden oder Unternehmen, Ärzte und/oder andere uns unsere Verantwortung abnehmen. Wir sind verantwortlich für unsere Gesundheit und unser Leben, darum müssen wir logisch denken und uns fragen, ob etwas gesund für uns ist oder nicht. Wie kann eine Chemikalie im Essen, in der Luft oder unserem Trinkwasser gesund für uns sein? Es ist verständlich, dass wir manchmal pharmzeutische Arzneimittel brauchen, um eine ernsthafte Erkrankung zu überwinden, doch langfristig können diese unserer Gesundheit auch schaden. Da die Tabakindustrie einige Male für Raucher, die an Krebs erkrankten, teuer bezahlen musste, warnt sie inzwischen mit unglaublichen und eindeutigen Bildern und Warnungen auf der Verpackung davor, was Rauchern widerfahren kann. Wenn jetzt jemand Krebs bekommt, weil er Tabak raucht, kann er die Tabakhersteller nicht mehr verklagen. Hier wird also sehr deutlich, dass Rauchen ein Gesundheitsrisiko darstellt und die Verantwortung bei den Rauchern liegt.

Die Bilder gehen jedoch zu weit, da sie dem Raucher jedes Mal, wenn er die Packung ansieht, unbewusst suggerieren, dass er eine solche Krankheit bekommen wird. Dies ist ein gefährliches Spiel mit dem Unterbewusstsein, da wiederholte Botschaften und/oder Gedanken dazu führen können, dass diese sich bewahrheiten. Auch hier gilt: Übernehmen Sie Verantwortung und hören Sie entweder auf zu rauchen oder stecken Sie die Zigarettenschachtel in ein Etui, so dass Sie diese Botschaften nicht mehr sehen.

Ich bin der tiefen Überzeugung, dass dieselbe Art von Warnungen (allerdings ohne solch krasse Bilder) für alle Zusatzstoffe in Lebensmitteln verwendet werden sollte, für Chemikalien wie Pestizide und künstliche Düngemittel, die zum Hausgebrauch oder in der Landwirtschaft eingesetzt werden, und selbst für das mit Chlor und Fluor versetzte Trinkwasser, das wir verwenden und trinken, da sie alle Gesundheitsrisiken darstellen und viele Krankheiten und selbst Todesfälle verursachen.

Wie sollen Menschen fundierte Entscheidungen treffen und Verantwortung übernehmen, wenn sie nichts über die schädlichen Wirkungen dieser chemischen Stoffe wissen? So stellt sich die Frage, wem all die durch diese Toxine verursachten Krankheiten und Todesfälle zur Last gelegt werden können und wer dafür verantwortlich ist. Ist es die Regierung? Oder das Unternehmen, das die Chemikalien entwickelt und herstellt?

Selbst unser Gelbhaubenkakadu (eine in Australien beheimatete Art) namens Cockeli wusste genau, was gut für ihn war und was ihm schadete. Er kam als federloses, ängstliches, kleines Wesen zu uns, das vermutlich einige unangenehme Begegnungen und Erfahrungen mit Menschen gemacht hatte. Damit sich sein Federkleid erhole, gaben wir ihm Walnüsse, da sie sehr nährstoffreich sind und Vitamine, Mineralien und essentielle Fettsäuren (die guten Fette) enthalten. Anfangs fütterte ich ihn mit den Nüssen, die wir von einem wildwachsenden und absolut chemikalienfreien Baum sammelten. Er liebte sie und es war offensichtlich, dass er spürte und vielleicht sogar instinktiv wusste, dass sie ihm gut taten. Als unser Cockeli irgendwann alle Nüsse von dem Baum gegessen hatte, mussten wir jedoch losziehen, um welche für ihn zu kaufen. Zuerst gingen wir in den Supermarkt. Die Nüsse da waren größer und sahen nicht so schmutzig aus wie die vom Baum gepflückten, weil sie gewaschen und gebleicht waren. Doch unser Vogel schaute entsetzt, als wir ihm diese Walnüsse vorsetzten, drehte sich weg und ignorierte sie, als wären sie giftig.

Zunächst dachten wir uns nichts weiter dabei und vermuteten, dass Cockeli einfach einen schlechten Tag hatte. Aber am nächsten Morgen lagen die Nüsse immer noch unberührt auf dem Boden seines Käfigs und am Tag darauf auch, bis wir begriffen, dass er sie wirklich nicht fressen würde.

Zu dem Zeitpunkt nahmen wir an, dass Cockeli sie nicht fressen wollte, weil sie gekauft waren. Als ich das nächste Mal im Bioladen unsere Lebensmittel einkaufte, fand ich dort auch biologisch angebaute Walnüsse und kaufte sie ihm. Natürlich kosteten sie ein wenig mehr als die konventionellen, aber zu unserer Überraschung fand sie unser Vogel großartig! Er war außer sich vor Freude, wenn er diese leckeren Nüsse knackte, und es war offensichtlich, dass sie ihm schmeckten.

Nun wollten wir herausfinden, warum Cockeli die Walnüsse aus dem Supermarkt nicht fraß. Zunächst versuchten wir, sie ihm noch einmal zu geben – aber vergeblich: Er rührte sie nicht einmal an! Dann entdeckten wir, dass die Supermarktnüsse zum einen nicht biologisch angebaut waren und zum anderen mit gechlortem Wasser gewaschen und gebleicht

---

Eine interessante britische Studie zeigt, dass beinahe 80% aller hyperaktiven Kinder allergisch auf Tartrazin sind, und eine Studie der US-amerikanischen Behörde für Lebensmittel- und Arzneimittelsicherheit besagt, dass 1 Mensch pro 10 000 allergisch auf Tartrazin ist und angenommen wird, dass 15% der Bevölkerung allergische Reaktionen zeigen.

worden waren. Wir mussten zugeben, dass unser Vogel besser wusste als wir, was gut und was nicht gut und vorteilhaft für uns alle war. Er hatte es uns gezeigt und wir konnten etwas von ihm lernen.

Viele meiner Patienten, vor allem Kinder, zeigen Reaktionen auf chemische Stoffe in Lebensmitteln wie künstliche Farbstoffe, als MNG (Mononatriumglutamat) oder Hühnchenaroma bekannte Geschmacksverstärker und auf Konservierungsstoffe. Diese Reaktionen sind mitunter umfassend und reichen von Hyperaktivität und Asthma bis zu Konzentrationsproblemen und Aggressivität. Wenn ich derlei Reaktionen bei Kindern feststelle, tun nicht nur sie mir leid, sondern auch ihre Eltern, weil solche Situationen ausufern können und die einzige Lösung für sie zu sein scheint, abzuwarten, bis diese Wutanfälle vorbeigehen. In der Zwischenzeit müssen sie so gut wie möglich damit zurechtkommen.

Die Kinder wissen nicht, was mit ihnen los ist, da sie in einer Situation gefangen sind, wodurch sie sich schrecklich unwohl fühlen und fast hysterisch werden, sich hilflos fühlen. Sie sehen und spüren auch, wie dies ihre Eltern und andere Menschen um sie herum stresst.

Mein Mann und ich erlebten ähnliche Reaktionen bei unserer Tochter und erkannten, dass sie auf MNG reagierte. Innerhalb weniger Minuten, nachdem sie Chips mit MNG gegessen hatte, bildeten sich Bläschen auf ihren Lippen und sie bekam Atemschwierigkeiten. Die Ironie an der Geschichte ist, dass wir unseren Kindern immer nur die gesunde Version von Junkfood gaben, indem wir zum Beispiel Chips kauften, auf denen stand: «Ohne Zusatz von MNG, Farb- und Konservierungsstoffen usw.» Durch diesen Vorfall wurde uns bewusst, dass der Hersteller Gewürze verwendete, die MNG enthielten, ohne dass MNG selbst auf der Liste der Inhaltsstoffe aufgeführt wurde. Wem können wir also vertrauen? Wir können nur uns selbst trauen, indem wir frische Lebensmittel verwenden, die nicht verarbeitet wurden! Auch ich reagiere sehr stark auf MNG und künstliche Farbstoffe wie Tartrazin und Gelborange. Sie lösen bei mir sofort leichte Kopfschmerzen aus, verursachen Depression, Unruhe, schlaflose Nächte und sogar Atembeschwerden. Für mich besteht die einzige Lösung darin, alle Inhaltsangaben zu studieren, bevor ich ein neues Produkt kaufe, sowie nur frische Lebensmittel zu essen und Saucen und Dressings in Restaurants sowie Kuchen mit gelber Farbe zu meiden.

Sollen wir mit diesen chemischen Stoffen zurechtkommen? Sollen wir all dieses Zeug wirklich essen? Ich bin der festen Überzeugung, dass die Antwort Nein lautet: Nein aufgrund all der Erfahrungen, die ich mit meinen Patienten, meinen Kindern und selbst gemacht habe, und Nein aufgrund all der im Folgenden aufgeführten Gründe, Fakten und Studien.

Künstliche Farbstoffe

Viele künstliche Farbstoffe werden in unseren Lebensmitteln verwendet, und damit meine ich unsere industriell verarbeiteten Lebensmittel! Ich werde an dieser Stelle nur die wichtigsten vier Farbstoffe erwähnen, hinsichtlich derer ich massive Reaktionen bei meinen Patienten erlebt habe, wobei wir mit den gelben Farbstoffen beginnen:

» Tartrazin (auch am häufigsten als 102 bzw. E 102 und in den USA als FD&C Yellow No. 5 bezeichnet)
» Chinolingelb (wohlbekannt unter der Nummer 104 oder als E 104)
» Gelborange (auch als 110 oder E 110 beziehungsweise Sunsetgelb FCF bezeichnet)
» RED 2G (auch als E 128 bekannt)

Die Liste der Symptome dieser allergischen Reaktionen ist endlos und schließt folgende ein:

Tartrazin

Die häufigsten Symptome sind:
» Aggressives Verhalten von Kindern
» Asthma
» Atembeschwerden
» Chromosomenschäden
» Heuschnupfensymptome
» Hyperaktivität
» Lymphozytisches Lymphom
» Hautausschlag
» Schilddrüsentumore
» Schlafprobleme (Schlaflosigkeit)
» Sehtrübung
» Verwirrung

Gelborange S (E 110)

Dies ist ein Azofarbstoff, der als karzinogen (Krebs erregend) gilt und eine Vergrößerung der Nieren verursachen kann. Menschen mit Aspirinallergie und/oder Asthma können allergische Reaktionen aufweisen.

Gelborange S (E 110) ist in Großbritannien seit 1977 verboten.

Die häufigsten Symptome sind:
- » Asthma
- » Bauchschmerzen
- » Chromosomenschäden
- » Erbrechen
- » Hautausschlag
- » Nierentumore
- » Verdauungsprobleme wie Magenverstimmung

Chinolingelb

Fällt unter dieselbe Kategorie wie Gelborange. Ein Azofarbstoff, der von Menschen, die sensibel auf Aspirin reagieren, gemieden werden sollte.

Die häufigsten Symptome sind:
- » Asthma
- » Ausschlag
- » Hyperaktivität

Red 2G

Ebenfalls ein Azofarbstoff und Karzinogen, das Sie meiden sollten, wenn Sie sensibel auf Aspirin reagieren, hyperaktiv sind oder an Asthma leiden.

Red 2G ist inzwischen in vielen Ländern verboten, so in Österreich, Australien, Belgien, Dänemark, Neuseeland, der Schweiz, den USA, Deutschland und Japan.

Die häufigsten Symptome sind:
- » Anämie
- » Asthma
- » Hautausschlag
- » Hyperaktivität

Weitere Azofarbstoffe:

» Amaranth oder 123 bzw. E 123 (roter Farbstoff)
» Braun FK oder E 154 (eine Mischung aus 6 Azofarbstoffen)
» Braun HT oder 155 bzw. E 155
» Brillantschwarz BN oder 151 bzw. E 151
» Rubinpigment oder E 180
» Scharlachrot oder 124 bzw. E 124
» Schokobraun HT oder E 155
» Zitrusrot No. 2

Doch ganz allgemein gilt: Alle synthetischen Farbstoffe können zu allergischen Reaktionen führen und sollten gemieden werden. Wenn wir nur hin und wieder Nahrung zu uns nehmen, die schädlich ist oder schädliche Inhaltsstoffe enthält, können wir unsere Reaktion darauf gut beobachten. Wenn wir solche Speisen jedoch täglich zu uns nehmen, können wir nicht mehr mit Gewissheit sagen, was genau uns krank macht. Heutzutage ist es viel einfacher, wieder auf natürlich gefärbte Lebensmittel zurückzugreifen, da viele Produzenten inzwischen Produkte herstellen, die gesünder und frei von Zusatzstoffen sind. Sie haben die verantwortungsvolle Aufgabe übernommen, keine Speisen und Getränke mehr auf den Markt zu bringen, die Menschen krank machen – und genau das sollten wir auch tun!

Mononatriumglutamat

(MNG – E 621) Geschmacksverstärker!
MNG wird in der Lebensmittelindustrie als Geschmacksverstärker in der Geschmacksrichtung Umami zur Intensivierung des fleischigen, herzhaften Geschmacks von Nahrungsmitteln eingesetzt. Natriumglutamat wurde erstmals durch den japanischen Biochemiker Kikunae Ikeda hergestellt, der versuchte, den herzhaften Geschmack von Kombu, einer essbaren Meeresalge, die als Grundlage vieler japanischer Suppen dient, zu isolieren und zu duplizieren. 1909 nahmen die Brüder Suzuki die kommerzielle Produktion von MNG als Aji-no-moto («Essenz des Geschmacks») auf. Besonders in der koreanischen, japanischen und chinesischen Küche ist es sehr beliebt.

Reines MNG soll nicht besonders gut schmecken. Erst in der Kombination mit einem herzhaften Geschmack entwickelt es seine Fähigkeiten. Doch zwischen MNG und Salz (Natriumchlorid) sowie anderen Substanzen gibt es ebenfalls Wechselwirkungen, die möglicherweise der Grund für bestimmte Reaktionen bei Menschen sind.

MNG wird durch bakterielle Fermentation, ähnlich wie Essig oder Joghurt, hergestellt. Während der Fermentation sondern Korynebakterien – die mit Ammoniak und Kohlenhydraten aus Zuckerrohr, Zuckerrüben, Tapioka oder Molassen kultiviert werden – Aminosäuren in eine Kulturbrühe ab, aus der L-Glutamat isoliert wird.

Heraus kommt nach Filterung, Sättigung, Versäuerung und Kristallisation Glutamat, Natrium und Wasser; ein weißes, geruchloses, kristallines und wasserlösliches Pulver, das sich in einer Lösung in Glutamat- und Natriumionen auflöst.

Die schädliche Wirkung von Glutamat auf das zentrale Nervensystem (ZNS) wurde erstmals 1954 von Th. Hayashi beobachtet, einem japanischen Wissenschaftler, der feststellte, dass direkt ins ZNS gegebenes Glutamat Anfälle verursachte. Doch sein Bericht fand keine Beachtung, bis D. R. Lucas und J. P. Newhouse 1957 die Toxizität von Glutamat beobachteten: Durch die subkutane Injektion von Mononatriumglutamat bei neugeborenen Mäusen wurden die Neuronen in der inneren Schicht der Netzhaut zerstört. Später, im Jahr 1969, entdeckte John Olney, dass die Zerstörung nicht auf die Netzhaut beschränkt war, sondern sich auch im gesamten Hirn vollzog, und prägte den Begriff Excitotoxizität.

Nun wissen Sie, dass MNG ein Excitotoxin ist und dass dieses Excitotoxin zahlreiche Krankheiten, einschließlich Autoimmunerkrankungen, verursachen und sogar tödlich sein kann!

Excitotoxizität kann durch im Körper produzierte Stoffe hervorgerufen werden. Glutamat ist ein Paradebeispiel für ein Excitotoxin im Gehirn. Unter normalen Bedingungen kann die Glutamatkonzentration ansteigen und innerhalb von Millisekunden wieder sinken. Wenn die Glutamatkonzentration im Gehirn aber nicht gesenkt werden kann oder ein höheres Niveau erreicht, stirbt das Neuron einen Zelltod, der auch Apoptose genannt wird.

Höhere extrazelluläre Glutamatwerte führen zu biochemischen Reaktionen. Eine der Reaktionen kann dazu führen, dass die Mitochondrien anschwellen und reaktive Sauerstoffspezies freisetzen (siehe Kapitel über ROS [Freie Radikale], die Ursache aller Krankheiten, Seite 176) sowie andere Proteine, die zu Apoptose führen können. Zudem kann die Produktion von Adenosin-Triphosphat (ATP) (siehe Kapitel über adrenale Erschöpfung auf Seite 162) gestoppt werden und die ATP-Synthase kann tatsächlich beginnen, ATP zu hydrolysieren statt zu produzieren. (Auszüge aus wikipedia.org)

Haben Sie schon einmal chinesisch gegessen und sich kurz darauf nicht recht wohl gefühlt? Vielleicht haben Sie sich selbst die Schuld gegeben und es darauf geschoben, dass Sie zu viel gegessen oder getrunken haben! Ich brauchte Jahre um herauszufinden, dass es das MNG im chinesischen Essen war, weshalb ich mich so schlecht fühlte. Jedes Mal litt ich unter einer schlaflosen Nacht und Kopfschmerzen, Kurzatmigkeit und Unruhe.

Dann probierte ich ein chinesisches Restaurant aus, das damit warb, kein MNG zuzusetzen – bis ich herausfand, dass in ihren fertigen Saucen wie Sojasauce und anderen Produkten bereits MNG enthalten war! Das war für mich das Ende: Kein chinesisches Essen in Restaurants mehr. Heute koche ich es selbst, verwende frische Zutaten und kaufe Saucen, die kein MNG enthalten.

MNG kommt in nahezu allen Saucen, Bouillons (Brühen), Bratensaucen und in den meisten konservierten und/oder verarbeiteten Lebensmitteln vor, die viele Zutaten haben. Besonders traurig und fast schon kriminell finde ich, dass MNG in den USA gar nicht als Inhaltsstoff angegeben werden muss, da die Regierung den Herstellern erlaubt, diesen gesundheitsschädlichen Stoff in anderen Inhaltsstoffen zu verstecken, es sei denn, das Produkt enthält 100% MNG.

Dr. Blaylock führt in seinem Buch «Excitotoxins – The Taste That Kills» die folgenden Inhaltsstoffe auf, die immer MNG enthalten:

- » Autolysierte Hefe
- » Calciumcaseinat
- » Hefeextrakt
- » Hydrolysiertes Hafermehl
- » Hydrol. pflanzliches Eiweiß
- » Hydrolysiertes Protein
- » Mononatriumglutamat
- » Natriumcaseinat
- » Pflanzeneiweißextrakt
- » Texturiertes Protein

Produkte, die oft MNG enthalten:

- » Bouillon
- » Geschmacksstoffe in Brühen
- » Gewürze
- » Malzaroma
- » Malzextrakt
- » Natürliche Aromen
- » Natürliches Hühner- oder Rinderaroma
- » Würzmittel

Diese Produkte können MNG enthalten:

- » Carrageenan
- » Enzyme
- » Hefeextrakt
- » Molkenprotein-Konzentrat
- » Sojaprotein-Isolat
- » Sojaprotein-Konzentrat
- » Zitronensäure oder 330 bzw. E 330

An dieser Stelle möchte ich kurz auf Zitronensäure eingehen, da leicht der falsche Eindruck entstehen könnte, wenn auf dem Etikett Zitronensäure steht, dass diese aus Zitrusfrüchten hergestellt wurde. Tatsächlich wird Zitronensäure durch die Fermentation von Rohzuckern, aus der kristallinen Säure verschiedener Zitrusfrüchte oder durch die Fermentation von Molassen hergestellt. Während dieses Fermentationsprozesses wird das verbleibende Protein hydrolysiert, wodurch verarbeitete freie Glutaminsäure (MNG) entsteht.

Auch hier können wir mit ein wenig Zeit und Mühe verarbeitete Lebensmittel kaufen, die mehr oder weniger «natürlich» sind. Auf ihnen steht «glutamatfrei» oder «frei von Zusatzstoffen», doch achten Sie bitte darauf, dass «ohne Zusatz von Glutamat» darauf steht, denn wenngleich der Hersteller vielleicht kein MNG als solches zugesetzt hat, kann dieses bereits in den verwendeten Gewürzen und Aromen enthalten sein.

Natürliche Lebensmittel schmecken viel besser! Doch es ist nach wie vor wichtig, zunächst die Inhaltsangaben zu lesen. Wenn Sie einmal ein Produkt gefunden haben, das kein MNG und keine Zusatzstoffe enthält und Ihnen und Ihren Geschmacksnerven zusagt – bleiben Sie dabei!

MNG führt zu einer Verengung der Blutgefäße, wodurch der Blutdruck steigen kann. Dies kann für schwangere Frauen, Ältere, Menschen mit Hypoglykämie oder mit Gefäßerkrankungen ein Gesundheitsrisiko darstellen.

Ich habe bei vielen meiner Patienten, besonders bei hyperaktiven Kindern, Reaktionen auf diesen Geschmacksverstärker beobachtet. MNG ist auch als excitotoxisch und neurotoxisch bekannt, was bedeutet, dass dieser künstliche Geschmack das Nervensystem schädigt. Laut der Forschung im Rahmen der DPIM-Studie ist MNG auch teratogen (Fehlgeburten verursachend).

Die häufigsten nachteiligen Symptome sind:

- » Allgemeine Schwäche
- » Aufstoßen
- » Bauchblähung und Unwohlsein
- » Herzklopfen
- » Kalter Schweiß und Spannung auf beiden Seiten des Kopfes
- » Taubheitsgefühl im Nacken, das sukzessive in beide Arme und den Rücken ausstrahlen kann
- » Schwere Gesichtsschwellung
- » Unbegründetes Völlegefühl nach dem Essen

Symptome, die ich in meiner Klinik, an meinen Kindern und mir selbst beobachtet habe:

- » Aggressivität
- » Asthma
- » Belastung der Nieren
- » Bläschen auf den Lippen
- » Brennende Zunge
- » Depression
- » Durst
- » Einschlafschwierigkeiten
- » Erschöpfung
- » Hautjucken
- » Kopfschmerzen
- » Spannungen im Brustbereich
- » Trockener Mund
- » Unruhe
- » Unruhiger Schlaf

Die meisten dieser nachteiligen Symptome halten bis zu 12 Stunden an. Was für eine scheußliche Chemikalie!

Dies beweist nur einmal mehr, dass die einzige mehr oder weniger «sichere» Möglichkeit ist, selbstgemachte und nicht verarbeitete Nahrung zu sich zu nehmen. Unser Lebensstil ist derart eskaliert, dass wir die Kontrolle darüber, was mit uns geschieht, verloren haben.

Heute geht es im Leben nur noch um Zeit und zeitsparende Maßnahmen. Wohin führt uns das? Was geschieht mit uns? Wir versuchen, mit Geräten, industriell verarbeiteten Lebensmitteln, Fast Food, schnellen Computern und Mobiltelefonen Zeit zu sparen – aber wir haben trotzdem nicht mehr Zeit. Tatsächlich ist das genaue Gegenteil der Fall! Indem wir der Zeit hinterherjagen, vergessen wir zu leben! Da wir nicht genügend Zeit haben, um zu beobachten, was um uns herum geschieht, sehen wir nicht, dass wir in einer sehr verschmutzten Welt leben und dass wir sie mit all den Tausenden von Chemikalien, die täglich im Haushalt, im Essen, in Pflegeprodukten, in der Industrie und so weiter zum Einsatz kommen, weiter verschmutzen. Ich bin sicher, dass Sie inzwischen wissen, was ich meine; also muss ich all dies nicht noch einmal aufzählen!

Konservierungs-
mittel

Im Laufe der Geschichte industriell verarbeiteter Lebensmittel werden Konservierungsmittel seit recht langer Zeit und auch in hausgemachten Lebensmitteln verwendet. Bei natürlichen Konservierungsstoffen konnten nie negative Auswirkungen auf die menschliche Gesundheit nachgewiesen werden, chemische Konservierungsmittel haben hingegen viele Nebenwirkungen. Schädliche Konservierungsmittel sind für viele Gesundheitsrisiken von leichten Kopfschmerzen bis zu den ernstesten Krankheiten wie Krebs verantwortlich gemacht worden. Dennoch sind nicht alle Konservierungsmittel schädlich, insbesondere wenn sie unter kontrollierten Bedingungen hergestellt und in den von den Lebensmittelgesetzen erlaubten Mengen verwendet werden. Doch müssen wir die Menge an derlei Stoffen, die wir konsumieren, berücksichtigen. Wenn wir sie täglich und oft zu uns nehmen, können wir weit über den zulässigen Mengen liegen. Außerdem müssen wir bedenken, dass die Wirkungen von Konservierungsmitteln auf den menschlichen Körper je nach Alter und Gesundheitszustand variieren können. Auch sollten wir nicht vergessen, dass Lebensmittelchemikalien kumulativ sind. Sie sammeln sich im Körper an, und wenn ein bestimmtes Niveau erreicht ist, können Krankheiten und sogar der Tod die Folge sein. Lebensmittelkonservierungsmittel sollen Lebensmittel sicherer machen, weswegen ihre Verwendung vom Gesetz erlaubt ist, wenn auch in begrenzten Mengen und die schädlichsten von ihnen verbietend. Allgemein ausgedrückt, begrenzen, verzögern oder stoppen Konservierungsstoffe das Wachstum von Mikroorganismen wie Bakterien, Hefen, Pilzen und Schimmel, die in Lebensmitteln vorkommen oder in sie gelangen können. So beugen Konservierungsmittel dem Verderb oder der Toxizität von Lebensmitteln vor und verlängern die Haltbarkeit von Nahrungsmitteln. Nebenwirkungen können jedoch bei unangemessener Verwendung und extrem hohem Konsum spürbar werden.

Laut der Datenbank H.A.C.S.G. der Surrey University werden über 70% hyperaktiver Kinder durch Konservierungsmittel beeinträchtigt. Das National Toxicology Program berichtet, dass Propylgallat – ein Konservierungsmittel, das häufig zur Stabilisierung bestimmter fetthaltiger Kosmetika und Lebensmittel eingesetzt wird – Tumore in Gehirn, Schilddrüse und Bauchspeicheldrüse verursachen kann.

InChem, eine Organisation, die von Fachleuten geprüfte Informationen zu Chemikalien und Schadstoffen bietet, stellt fest, dass Nitrosamine, einschließlich Nitrate und Nitrite, zur Entwicklung bestimmter Krebs erregender Verbindungen führen können, wenn sie mit den natürlichen Magensäuren interagieren.

InChem berichtet ebenfalls, dass einige Menschen in Folge der Verwendung von Konservierungsmitteln Schäden am Herzen erleiden können. Die Harvard School of Public Health stellt fest, dass Natriumnitrate zu verengten und steiferen Blutgefäßen führen können. Nitrate können sich auch auf den Stoffwechsel von Zucker im Körper auswirken und könnten für die Entstehung einiger Diabetestypen verantwortlich sein.

Es ist verständlich, dass es schwierig sein kann, überhaupt keine Konservierungsstoffe mehr zu sich zu nehmen, doch die größtmögliche Reduktion ihrer Aufnahme kann für diejenigen von Vorteil sein, die chronische Erkrankungen vermeiden möchten.

Die einzige Möglichkeit, weniger Konservierungsmittel zu verzehren, besteht darin, mehr frisches Obst, Gemüse, Vollkornerzeugnisse, Fleisch und Milchprodukte in den täglichen Speiseplan aufzunehmen. Meiden Sie abgepackte Produkte und lesen Sie die Inhaltsangaben, wenn Sie welche kaufen.

Wenn Sie die Nebenwirkungen schädlicher Konservierungsstoffe kennen, wird Ihnen das definitiv helfen, die Lebensmitteletiketten gründlicher zu studieren und zu entscheiden, ob Sie ein Nahrungsmittel, das ein schädliches Konservierungsmittel enthält, kaufen wollen oder nicht.

Im Folgenden führe ich die im Moment gefährlichsten und häufigsten in unseren Lebensmitteln verwendeten Konservierungsmittel auf:

Nitrite – E 249 bis E 252 – und Nitrosamine

Diese Nitrite werden als Konservierungsmittel und Farbstabilisatoren eingesetzt. Wenn sie in den Körper aufgenommen werden, reagieren sie mit der Nahrung und produzieren Nitrosamine, die karzinogen (Krebs erregend) sind.

Diese Nitrosamine verursachen die Zerstörung der sehr wichtigen Vitamine und schützenden Antioxidantien A, C und E.

Eine Studie in Los Angeles (1980 bis 1987) kam zum Schluss, dass in den Körper aufgenommene Nitrite und Nitrosamine zu Mangelernährung, geringerer Lebenserwartung, Wachstumsverzögerung und Beeinträchtigung der Fortpflanzungsfähigkeit führen.

Bei Kindern, die mehr als zwölf Hotdogs pro Monat aßen, stieg das Risiko, Leukämie im Kindesalter zu bekommen, um das Neunfache; bei Schwangeren, die einen oder mehrere Hotdogs pro Woche verzehrten, war der Anteil an Säuglingen und Kleinkindern mit Hirntumoren größer; und Kinder, die einmal pro Woche einen Hamburger aßen, wiesen ein höheres Risiko auf, an lymphatischer Leukämie zu erkranken.

Natriumnitrat – 251 bzw. E 251 – und Natriumnitrit – 250 bzw. E 250

Sie werden als Konservierungsmittel, künstliche Farbstoffe, Farbstabilisatoren, Aromen und Mineralsalze verwendet. Beide sind ebenfalls sehr toxisch und können sich im Körper in Nitrosamine umwandeln.

Sie können verursachen:
- » Asthmaanfälle
- » Hyperaktivität
- » Sofortreaktionen wie leichte bis schwere arthritische Schmerzen

Kaliumnitrat – 252 bzw. E 252 – und Kaliumnitrit – 249 bzw. E 249

Beide fallen in dieselbe Anwendungskategorie und führen zu denselben Reaktionen im Körper wie Natriumnitrat und -nitrit, da sie sich auch in der Nahrung oder im Körper in Nitrosamine umwandeln.

Laut DPIM-Studien haben Nitrite teratogene Eigenschaften.

Kaliumnitrat kann verursachen:
- » Erbrechen
- » Gastroenteritis
- » Hyperaktivität
- » Muskelschwäche
- » Schwindel
- » Starke Bauchschmerzen
- » Unregelmäßiger Puls

Benzoesäure – 210 bzw. E 210

Sie wird als Konservierungsmittel, Aromastoff, antibakterielles Mittel, Antipilzmittel und Süßstoff verwendet. Die Umweltorganisation Environmental Defense Fund (EDF) vermutet, dass Benzoesäure ein Neurotoxin ist.

Benzoesäure hat dieselben Wirkungen wie die Salze Kaliumbenzoat und Natriumbenzoat, doch sie reagieren mit dem Konservierungsmittel Natriumbisulfit und verschärfen die Auswirkungen noch.

Symptome dieser Chemikalien sind:
- » Hautreizungen
- » Krebs
- » Magen-Darm-Erkrankungen
- » Neurologische Störungen
- » Reizung der Augen

Calciumbenzoat – 213 bzw. E 213

Dies ist ein konservierendes, antibakterielles, antimykotisches Calciumsalz der Benzoesäure.

Calciumbenzoat stellt für Menschen, die an Heuschnupfen und Asthma leiden oder sensibel auf Aspirin reagieren, ein Gesundheitsrisiko dar.

Es ist als Ursache oder Auslöser von Nesselsucht (einem Hautausschlag) wohlbekannt.

Zitronensäure – E 330

Wird künstlich aus Schwefelsäure hergestellt und ist auch ein schädlicher Lebensmittelkonservierungsstoff.

Nebenwirkungen dieser chemischen Verbindung sind Asthmaanfälle und allergische Reaktionen.

Monoglyceride und Diglyceride – E 741

Dies sind synthetische Fette, die zur Konservierung von Keksen, Kuchen, Brot, Torten, Erdnussbutter, trockenen gerösteten Nüssen, mit Sauce abgepacktem Gemüse, Backfett, Margarine, Erfrischungsgetränken, Bonbons, Fruchtgummis, Schlagsahne und Eiscreme verwendet werden.

Ihre Nebenwirkungen sind Geburtsfehler und Krebs.

Parabene

Zum Beispiel Methylparaben – 218, Propylparaben und Methylhydroxybenzoat – E 218

Dies sind die in den USA am häufigsten in Lebensmitteln und Kosmetika vorkommenden Konservierungsstoffe.

Sie können allergische Hautreaktionen hervorrufen. Die größte Gefahr ist jedoch, dass sie Östrogenen ähneln und synthetisches Östrogen kann, wie bereits erwähnt, Brustkrebs bei Frauen und Männern, Prostata- und Hodenkrebs, Eierstock- und Gebärmutterhalskrebs verursachen. Halten Sie sich von diesen Parabenen fern!

Propylgallat – E 310

Dies ist ein in Fleischprodukten, mit Sauce abgepackten Gemüsen, Sauerkonserven, pflanzlichem Bratfett, Ölen und Kaugummis verwendetes Konservierungsmittel.

Propylgallat ist als schädlicher Konservierungsstoff bekannt, es kann Geburtsfehler und Leberschäden verursachen.

Die Sulfat- und Sulfitfamilie der Konservierungsstoffe:

» Kaliummetabisulfit – 224 bzw. E 224
» Kaliumsulfat – 515 bzw. E 515
» Kaliumsulfit – 225 bzw. E 225

Sie verursachen bekanntermaßen alle Asthma, Hautausschlag, Magenreizung, Übelkeit und Durchfall.

Schwefeldioxid – 220 bzw. E 220

Schwefeldioxid ist ein Konservierungsmittel, Antioxidans, bakterieller Hemmer und Bleichmittel. Es wird als Konservierungsstoff in Trockenobst und Wein verwendet.

Diese chemische Verbindung ist bekannt dafür, Kopfschmerzen zu verursachen. Beim Verzehr von zu vielen mit Schwefeldioxid konservierten Trockenfrüchten oder dem Genuss von zu viel Schwefeldioxid enthaltendem Wein kann der Schwefel dazu führen, dass wir uns verkatert fühlen. Auch führt qualitativ minderwertiger Wein mit zu viel Schwefel schnell zu Kopfschmerzen.

Dieses Konservierungsmittel kann auch verursachen:	» Asthma » Atembeschwerden » Hautreizungen » Hyperaktivität und Zerstörung von Vitamin B1 » Rückenschmerzen » Übelkeit

Menschen mit Atembeschwerden wie Bronchitis, Bronchialasthma, Emphysem, Herz-Kreislauf-Erkrankungen oder Nierenproblemen sollten Schwefeldioxid meiden.

500 ml Wein können den akzeptablen Wert von 0,7 mg Schwefeldioxid pro Kilogramm Körpergewicht bereits überschreiten.

Künstliche Geschmacksstoffe

Es sind über 2000 Geschmacksstoffe auf dem Markt, von denen die meisten nicht hinreichend und einige gar nicht getestet worden sind. Laut der US-Behörde für Lebensmittelüberwachung und Arzneimittelzulassung sind nicht einmal 30% derer, die getestet wurden, sicher. Es sind nur etwa 500 Lebensmittelaromen auf dem Markt, die natürlich sind. Wenn die Schulen in New York City alle Lebensmittel verbieten würden, die viel Zucker, künstliche Geschmacks-, Farb- und Konservierungsstoffe enthalten, würden die standardisierten California-Leistungsprüfungen (zu vergleichen mit der PISA-Studie) innerhalb eines Jahres um 15% besser ausfallen. Toll! Was für eine Leistung!

Acetaldehyd – ein künstlicher Aromastoff

Es gilt als mögliches Karzinogen für Menschen und verursacht laut EDF eine viel stärkere Unterdrückung des zentralen Nervensystems als Formaldehyd.

Wie die meisten Aldehyde verursacht es Reizungen des Magen-Darm-Traktes und der Haut.

Butylaldehyd – ein üblicher Inhaltsstoff von Naturkautschuk

Wird in Eiscreme und als Nussaroma verwendet.

Aldehyd C17

Eine Flüssigkeit, die in Gummi und Plastik vorkommt!

Wird auch in Eiscreme und als Kirscharoma verwendet.

Über 70% der hyperaktiven Kinder sind von diesen Chemikalien betroffen!

Zimtaldehyd

Dieser Aromastoff wird aus Holz zersetzenden Pilzen gewonnen.

Wird in Eiscreme, Erfrischungsgetränken, Zahncreme und anderem verwendet.

Auch hier gilt: verursacht Reizungen des Magen-Darm-Traktes, der Haut und der Schleimhäute.

Benzylacetat – ein künstlicher Aromastoff

Eine Nitratlösung, die in Backwaren als Fruchtaroma und in Eiscremes Verwendung findet.

Die Aufnahme in den Körper kann zu folgenden Symptomen führen:
- » Augenreizung
- » Bronchialreizung
- » Durchfall
- » Erbrechen
- » Hautreizung

Allylsulfid – künstliches Trauben- und Fruchtaroma

Allylsulfid kann Reizungen der Augen und Atemwege hervorrufen.

Bei Langzeiteinwirkung kann es Leber- und Nierenschäden verursachen.

Amylacetat

Bananenaroma in Eiscremes, aber auch Lösungsmittel für Farben!

Kann verursachen:
- » Erschöpfung
- » Hautreizungen
- » Heuschnupfensymptome
- » Kopfschmerzen
- » Schmerzen im Brustkorb
- » Unterdrückung des Zentralnervensystems
- » Vermutlich laut EDF neurotoxisch

Maltol – 636 bzw. E 636 – ein Geschmacksverstärker und künstlicher Süßstoff

Maltol wird auch in Backwaren verwendet, um ihnen einen frisch gebackenen Geschmack zu verleihen.

Maltol kann die Absorption von Aluminium ins Gehirn um das 9-Fache erhöhen!
Es steigert also das Risiko, an Alzheimer zu erkranken, beträchtlich!

Künstliche Süßstoffe

Neben Mononatriumglutamat und Impfungen sind künstliche Süßstoffe für eines der größten Verbrechen an der Volksgesundheit dieses Jahrhunderts verantwortlich. Künstliche Süßstoffe kommen in nahezu allen Arten von Lebensmitteln, Getränken (hauptsächlich Erfrischungsgetränken), Säften, Kaugummis, Bonbons, Fruchtgummis und in allem vor, worauf (hoffentlich) steht, es enthalte «keinen Zucker» oder «keinen Zuckerzusatz». Sie werden auch als Tafel-Süßstoffe angeboten und sind in fast allen Zahncremes enthalten. Bevor ich näher auf dieses Thema eingehe, möchte ich zunächst die unterschiedlichen Arten von Süßstoffen, die auf dem Markt sind, erläutern:

Aspartam – 951 bzw. E 951, auch als «NutraSweet» bekannt

Diese chemische Verbindung wird im Körper in Phenylalanin, Asparaginsäure und Methanol aufgespalten. Phenylalanin kann neurotoxisch wirken und Anfälle hervorrufen, Asparaginsäure kann dem sich entwickelnden Gehirn schaden und Methanol wandelt sich in Formaldehyd um (Informationen zu diesem Stoff finden Sie im Kapitel über Formaldehyd auf Seite 10). Aspartam verteilt sich im gesamten Körper und allen lebenswichtigen Organen.

Im Zusammenhang mit dem Verzehr von Aspartam sind über 90 Symptome dokumentiert:

- » Angstattacken
- » Unregelmäßiger Herzschlag
- » Asthmaanfälle
- » Chronisches Erschöpfungssyndrom
- » Depressionen
- » Gedächtnisverlust
- » Gehörverlust
- » Gelenkschmerzen
- » Gewichtszunahme
- » Hautausschläge
- » Krampfanfälle
- » Menstruationsunregelmäßigkeiten
- » Muskelkrämpfe
- » Ödeme
- » Reizbarkeit
- » Schlaflosigkeit
- » Schwindel
- » Sehprobleme
- » Selbstmordgedanken
- » Stimmungsschwankungen
- » Tinnitus
- » Übelkeit
- » Verwaschene Sprache

Interessante Forschung

Die FDA bekundet, dass 85% aller Beschwerden, die bei der amerikanischen FDA eingehen, die Nebenwirkungen im Zusammenhang mit Aspartam betreffen.

Aspartam kann auch folgende Beschwerden auslösen und imitieren:

- » ADS
- » ALS
- » Alzheimer
- » Basedowsche Krankheit
- » EMS
- » Epilepsie
- » Epstein Barr
- » Fibromyalgie
- » Hyperthyreose
- » Lupus
- » Lyme-Borreliose
- » Ménière-Krankheit
- » Multiple Sklerose
- » Non-Hodgkin-Lymphom
- » Post-Polio-Syndrom

Doch es sind noch andere synthetische Süßstoffe auf dem Markt, die alle dieselben Reaktionen in unserem Körper hervorrufen und daher nach Möglichkeit gemieden werden sollten:

Acesulfam-K – E 950/Acesulfamkalium – 950

Dieser Stoff ist 200-Mal süßer als Zucker, karzinogen und möglicherweise schädlicher als Aspartam oder Saccharin. Eventuell verschärft er die reaktive Hypoglykämie und erhöht Cholesterin, er könnte Lungen-, Brust- und andere Tumore verursachen sowie Leukämie und chronische Erkrankungen der Atemwege.

Mannit – 421 bzw. E 421

Obwohl dies ein in der Natur weit verbreiteter Zuckeralkohol ist, stellt er dennoch ein Gesundheitsrisiko dar. Therapeutisch wird dieser Stoff als Diuretikum verwendet und kann in relativ kleinen Mengen Durchfall verursachen.

Kann Ursache sein von:
- » Blähungen
- » Durchfall
- » Erbrechen
- » Kann gesunde Darmbakterien zerstören
- » Nierenfunktionsstörungen
- » Übelkeit

Aspartam-Forschung

Aspartam ist die technische Bezeichnung für die Markennamen NutraSweet, Equal, Spoonful und Equal-Measure. Es wurde 1965 zufällig entdeckt, als der für die G.D. Searle Company tätige Chemiker James Schlatter ein Medikament gegen Geschwüre testete.

Saccharin – 954 bzw. E 954

Saccharin ist eine Krebs fördernde Substanz, die auch unsere normale Blutgerinnung (lässt das Blut dicker werden), unseren natürlichen Blutzuckerspiegel und unsere Verdauung beeinträchtigt.

Kann Ursache sein von:	» Hautausschlag
	» Hirn- und Blasenkrebs
	» Hodenatrophie
	» Hypoglykämie
	» Kopfschmerzen
	» Niedrigem Testosteronspiegel

Diesen Stoff führt der EDF als bekanntes Karzinogen auf!

Sorbitol 420 bzw. E 420

Dies wird aus Zuckeralkohol aus Früchten und Pflanzen gewonnen, ist aber nur halb so süß wie normaler Zucker.

Bereits eine kleine Menge kann Durchfall und Blähungen verursachen.

Gefährlich ist, dass es auch die Absorption anderer Medikamente verändern kann, wodurch diese entweder weniger giftig oder aber toxischer werden. Sorbitol sollte von Diabetikern nicht verwendet werden.

Sucralose – 955

«Splendar» ist der Markenname von Sucralose, die 600-mal süßer als Zucker ist.

Das Problem ist, dass zur Herstellung von Sucralose Chlor eingesetzt wird, wodurch wir mit der Sucralose geringe Mengen chlorhaltiger Pestizide aufnehmen – was bedeutet, dass die Basis von Sucralose wie DDT ist.

Die Langzeitnutzung dieses Süßstoffes kann Probleme mit dem Immun- und dem Nervensystem hervorrufen.

Die US-amerikanische Behörde FDA hat «Splendar» 1998 zugelassen, nachdem sie 110 an Menschen und Tieren durchgeführte Studien geprüft hat. Es liegen jedoch keine Langzeitstudien über Sucralose vor!

Bei einigen vor der Zulassung durchgeführten Tierversuchen wurden 40% Schrumpfung der Thymusdrüse und Vergrößerung von Nieren und Leber festgestellt! Wir werden nach wie vor leise vergiftet durch Süßstoffe in kaubaren und evaneszenten Vitamin- und Mineralpräparaten, in Hustensirups, anderen flüssigen Medikamenten und Sportgetränken. Über 9000 auf dem Markt befindliche Produkte enthalten Aspartam! Ich habe auch herausgefunden, dass einige homöopathische Globuli mit künstlichen Süßstoffen versetzt werden, da mir ein paar Probepackungen von einem Händler zum Testen mitgegeben wurden. Die Reaktion meines Körpers war sehr unangenehm; mir wurde innerhalb von 10 Minuten übel und mein Zuckerspiegel sank innerhalb einer halben Stunde, wodurch ich zitterte und Kopfschmerzen bekam. Diese Reaktionen verzeichnete ich, nachdem ich nur zwei dieser kleinen Globuli eingenommen hatte – einfach unglaublich! Ich war schrecklich enttäuscht, dass eine Firma aus Deutschland, die Gesundheitsprodukte verkauft, künstliche Süßstoffe verwendet, trotz der überwältigenden Beweise aus der ganzen Welt, die zeigen, dass diese Stoffe Millionen von Menschen zu Invaliden machen und töten.

Was Sie nicht wissen, WIRD Sie schädigen. Beschäftigen Sie sich mit den gefährlichen Wirkungen von künstlichen Süßstoffen auf Ihre Gesundheit. Aspartam wurde 1981 für Trockenprodukte und 1983 für kohlensäurehaltige Getränke zugelassen. Ursprünglich wurde es für Trockenprodukte bereits am 26. Juli 1974 zugelassen, aber im August 1974 veröffentlichte Bedenken des Neurowissenschaftlers Dr. John W. Olney und des Verbraucheranwalts James Turner sowie Untersuchungen von G.D. Searles Forschungslabor führten dazu, dass die US-amerikanische Behörde für Lebensmittelkontrolle und Arzneimittelzulassung (FDA) die Zulassung von Aspartam aussetzte (5. Dezember 1974).

Aspartam ist für über 85 Prozent der Unverträglichkeitsreaktionen auf Lebensmittelzusätze, die der FDA berichtet wurden, verantwortlich. Viele dieser Reaktionen sind sehr ernst, sie schließen Krampfanfälle und Todesfälle ein.

Einige der 90 verschiedenen dokumentierten, in dem Bericht der FDA als Teil der Gefahren von Aspartam aufgeführten Symptome sind:

- » Angstattacken
- » Atembeschwerden
- » Depression
- » Erschöpfung
- » Gedächtnisverlust
- » Gehörverlust
- » Gelenkschmerzen
- » Gewichtszunahme
- » Hautausschlag
- » Herzklopfen
- » Kopfschmerzen
- » Krampfanfälle
- » Migräne
- » Muskelkrämpfe
- » Reizbarkeit
- » Schlaflosigkeit
- » Schwindel
- » Sehprobleme
- » Tachykardie
- » Taubheitsgefühl
- » Tinnitus
- » Übelkeit
- » Verlust des Geschmackssinns
- » Verwaschene Sprache

Laut Wissenschaftlern und Ärzten, welche die negativen Auswirkungen von Aspartam erforschen, können folgende chronische Erkrankungen durch die Einnahme von Aspartam ausgelöst oder verschlimmert werden:

- » Alzheimer
- » Chronisches Erschöpfungssyndrom
- » Diabetes
- » Epilepsie
- » Fibromyalgie
- » Geburtsfehler
- » Hirntumore
- » Lymphom
- » Mentale Retardierung
- » Multiple Sklerose
- » Parkinson

Aspartam besteht aus drei chemischen Stoffen: Asparaginsäure, Phenylalanin und Methanol. Das Buch «Prescription for Nutritional Healing» von James und Phyllis Balch führt Aspartam unter der Kategorie «chemisches Gift» auf. Und Sie werden sehen, dass es genau das ist.

Studien zu Aspartam und seinen Bestandteilen

Asparaginsäure (40 Prozent von Aspartam)

Dr. Russell L. Blaylock, Professor für Neurochirurgie an der Medizinischen Universität von Mississippi, veröffentlichte jüngst ein Buch, das die Schäden detailliert beschreibt, die durch die Aufnahme von zu viel in Aspartam enthaltener Asparaginsäure verursacht werden. Blaylock nutzt knapp 500 wissenschaftliche Referenzen, um zu zeigen, wie zu viele freie exzitatorische (anregende) Aminosäuren wie Asparaginsäure und Glutaminsäure (sie macht etwa 99 Prozent von Mononatriumglutamat oder MNG aus) in unseren Lebensmitteln ernste chronische neurologische Störungen und unzählige andere akute Symptome verursachen.

Wie Aspartat (und Glutamat) Schäden verursachen

Aspartat und Glutamat wirken im Gehirn wie Neurotransmitter, welche die Übertragung von Informationen von Neuron zu Neuron ermöglichen. Zu viel Aspartat oder Glutamat im Gehirn tötet bestimmte Neuronen, da sie es ermöglichen, dass zu viel Calcium in die Zellen gelangt. Dieser Zustrom sorgt für übermäßige Mengen an freien Radikalen, welche die Zellen töten. Aufgrund der Schädigungen an Nervenzellen, die durch zu viel Aspartat und Glutamat verursacht werden können, werden diese Stoffe als «Excitotoxine» bezeichnet. Sie regen die Nervenzellen zum Zelltod an.

Asparaginsäure ist eine Aminosäure. In ihrer freien (nicht an Proteine gebundenen) Form eingenommen, erhöht sie die Mengen an Aspartat und Glutamat im Blutplasma beträchtlich. Das überschüssige Aspartat und Glutamat im Blutplasma führen kurz nach der Aufnahme von Aspartam oder Produkten mit freien Glutaminsäuren (einer Vorstufe von Glutamat) zu einer hohen Konzentration dieser Neurotransmitter in bestimmten Hirnregionen.

Die Blut-Hirn-Schranke (BHS), die das Gehirn normalerweise vor zu viel Glutamat und Aspartat sowie vor Toxinen schützt, ist in der Kindheit noch nicht voll entwickelt, schützt nicht alle Hirnareale vollständig, wird durch zahlreiche chronische und akute Erkrankungen geschädigt und erlaubt das Einsickern von überschüssigem Glutamat und Aspartat ins Gehirn, selbst wenn sie intakt ist.

Überschüssiges Glutamat und Aspartat beginnen langsam, Neuronen zu zerstören. Die große Mehrheit (75 Prozent oder mehr) der Nervenzellen in einem bestimmten Hirnareal wird getötet, bevor überhaupt klinische Symptome einer chronischen Krankheit bemerkt werden.

Einige der vielen chronischen Erkrankungen, zu denen die Langzeiteinwirkung von exzitatorischen Aminosäuren nachweislich beiträgt:

- » AIDS
- » ALS
- » Alzheimer
- » Demenz
- » Gedächtnisverlust
- » Epilepsie
- » Hirnläsionen
- » Hormonprobleme
- » Hypoglykämie
- » Multiple Sklerose (MS)
- » Neuroendokrine Erkrankungen
- » Parkinson

Die von Excitotoxinen ausgehenden Risiken für Kleinkinder, Kinder, Schwangere, Ältere und Menschen mit bestimmten chronischen Gesundheitsproblemen sind groß. Selbst die Federation of American Societies for Experimental Biology (FASEB), die Probleme normalerweise herunterspielt und der Parteilinie der FDA folgt, ließ kürzlich in einem Bericht verlauten, dass Glutaminsäure von Frauen im gebärfähigen Alter gemieden werden sollte.

Asparaginsäure aus Aspartam hat dieselben gesundheitsschädlichen Wirkungen auf den Körper wie Glutaminsäure, die von ihrem natürlichen, an ein Protein gebundenen Zustand isoliert ist, was dazu führt, dass sie statt einer nichtessentiellen Aminosäure zu einem Neurotoxin wird. Aspartam in Diätgetränken oder in anderer flüssiger Form wird schneller absorbiert und lässt den Gehalt an Asparaginsäure im Blutplasma nachweislich stark ansteigen.

Die genauen Mechanismen akuter Reaktionen auf überschüssiges freies Glutamat und Aspartat werden gegenwärtig diskutiert. Laut FDA vorliegenden Berichten sind folgende Reaktionen eingeschlossen:

- » Angstattacken
- » Asthma/Engefühl im Brustkorb
- » Bauchschmerzen
- » Depression
- » Erschöpfung (ausreichende Glukosezufuhr ins Gehirn wird blockiert)
- » Kopfschmerzen/Migräne
- » Schlafprobleme
- » Sehprobleme
- » Übelkeit

Eine häufige Beschwerde von Menschen, die an den Wirkungen von Aspartam leiden, ist der Gedächtnisverlust. Ironischerweise betrieb G.D. Searle, der Hersteller von Aspartam, 1987 die Suche nach einem Mittel gegen durch exzitatorische Aminosäuren verursachten Gedächtnisverlust. Blaylock ist einer von vielen Wissenschaftlern und Ärzten, die sich über die durch Einnahme von Aspartam und MNG verursachten exzitatorischen Aminosäureschäden Sorgen machen.

Zu den vielen Fachleuten, die sich gegen durch Aspartat und Glutamat verursachte Schäden ausgesprochen haben, zählen unter anderem Dr. Adrienne Samuels, eine auf Forschungsdesign spezialisierte Experimentalpsychologin. Eine weitere Fachperson ist John W. Olney, Professor an der psychiatrischen Abteilung der School of Medicine, Washington University, Neurowissenschaftler und Forscher und einer der weltweit führenden Excitotoxin-Experten. (Er teilte Searle 1971 mit, dass Asparaginsäure Löcher in den Gehirnen von Mäusen verursacht.)

Phenylalanin (50 Prozent von Aspartam)
Lassen Sie sich nicht von künstlichen Süßstoffen zum Narren halten! Finden Sie jetzt die Risiken der Verwendung von Aspartam heraus! Phenylalanin ist eine Aminosäure, die normalerweise im Gehirn vorkommt. Menschen mit der genetischen Erkrankung Phenylketonurie (PKU) können Phenylalanin nicht verstoffwechseln. Dies führt zu gefährlich hohen Phenylalaninwerten im Gehirn (mitunter tödlich). Es wurde nachgewiesen, dass die Aufnahme von Aspartam, insbesondere zusammen mit Kohlenhydraten, selbst bei Menschen, die nicht an PKU leiden, zu erhöhten Phenylalaninwerten im Gehirn führen kann. Dies ist nicht nur eine Theorie, da bei vielen Menschen, die über einen langen Zeitraum große Mengen Aspartam gegessen haben und nicht an PKU leiden, erhöhte Phenylalaninwerte im Blut gemessen wurden. Zu viel Phenylalanin im Gehirn kann dazu führen, dass der Serotoninspiegel im Gehirn sinkt, was zu emotionalen Störungen wie Depression führt. In Versuchen am Menschen wurde nachgewiesen, dass die Phenylalaninwerte im Blut bei den Versuchspersonen deutlich erhöht waren, die regelmäßig Aspartam zu sich nahmen.

Selbst bei einmaliger Einnahme von Aspartam stiegen die Phenylalanin-Blutwerte. Bei seiner Aussage vor dem US-Kongress zeigte Dr. Louis J. Elsas, dass viel Phenylalanin im Blut in Teilen des Gehirns konzentriert werden kann und besonders für Kleinkinder und Föten gefährlich ist. Er legte auch dar, dass Phenylalanin von Nagern wesentlich effizienter verstoffwechselt wird als von Menschen. Kürzlich veröffentlichte das «Wednesday Journal» unter dem Titel «Ein Aspartam-Albtraum» einen Bericht über einen Fall, in dem extrem hohe Phenylalaninwerte durch Aspartam verursacht wurden.

John Cook begann, sechs bis acht Diätgetränke pro Tag zu sich zu nehmen. Zunächst litt er an Symptomen wie Gedächtnisverlust und regelmäßigen Kopfschmerzen. Er entwickelte ein Verlangen nach noch mehr mit Aspartam gesüßten Getränken. Sein Zustand verschlechterte sich dermaßen, dass er extreme Stimmungsschwankungen und heftige Zornattacken erlebte. Obwohl er nicht an PKU litt, ergab die Blutuntersuchung einen Phenylalaninwert von 80 mg/dl. Er wies auch abnorme Hirnfunktionen und Hirnschäden auf. Nachdem er das Aspartam aufgab, verbesserte sich sein Zustand dramatisch.

Wie Blaylock in seinem Buch aufzeigt, waren frühe Studien, welche die Phenylalaninzunahme im Gehirn maßen, mangelhaft. Forscher, die bestimmte Hirnregionen und nicht den Durchschnitt im gesamten Gehirn untersuchten, stellen beträchtliche Anstiege der Phenylalaninwerte fest. Insbesondere die Hirnregionen Hypothalamus, Medulla oblongata und Striatum verzeichneten die höchsten Anstiege der Werte. Blaylock zeigt weiter, dass die extreme Ansammlung von Phenylalanin im Gehirn Schizophrenie verursachen oder anfälliger für Krampfanfälle machen kann. Daher kann die langfristige, exzessive Verwendung von Aspartam die Nachfrage nach Serotonin-Wiederaufnahmehemmern wie Prozac und Medikamenten gegen Schizophrenie und Anfälle ankurbeln.

Methanol, auch bekannt als Methylalkohol/Gift (10 Prozent von Aspartam)

Methanol/Methylalkohol ist ein tödliches Gift. Einige erinnern sich vielleicht an Methanol als das Gift, das bei einigen heruntergekommenen Alkoholikern zu Erblindungen und Todesfällen führte. Methanol wird allmählich im Dünndarm freigesetzt, wenn die Methylgruppe von Aspartam auf das Enzym Chymotrypsin trifft.

Die Absorption von Methanol in den Körper wird beträchtlich beschleunigt, wenn ungebundenes Methanol aufgenommen wird. Freies Methanol entsteht aus Aspartam, wenn es auf über 30 Grad Celsius erwärmt wird. Dies geschieht, wenn ein Aspartam-haltiges Produkt falsch gelagert oder erhitzt wird (z. B., wenn es in «Lebensmitteln» wie Götterspeise enthalten ist).

Methanol zerfällt im Körper in Formaldehyd. Formaldehyd ist ein tödliches Neurotoxin. Die US-Umweltschutzbehörde EPA bewertet Methanol als kumulatives Gift aufgrund des geringen Ausscheidungsgrades, wenn es erst einmal absorbiert wurde. Im Körper oxidiert Methanol zu Formaldehyd. Die Behörde empfiehlt, nicht über 7,8 mg pro Tag zu konsumieren. Ein Liter eines mit Aspartam gesüßten Getränkes enthält etwa 56 mg Methanol. Menschen, die viele Aspartam enthaltende Produkte zu sich nehmen, konsumieren täglich 250 mg Methanol, das ist das 32-Fache des EPA-Grenzwertes.

Symptome einer Methanolvergiftung sind unter anderem Kopfschmerzen, Ohrensausen, Schwindel, Übelkeit, Magen-Darm-Verstimmungen, Schwäche, Gleichgewichtsstörungen, Schüttelfrost, Gedächtnislücken, Taubheitsgefühle und stechende Schmerzen in den Extremitäten, Verhaltensauffälligkeiten und Nervenentzündungen. Die bekanntesten Probleme aufgrund von Methanolvergiftung sind Sehprobleme wie verschleierte Sicht, Sehtrübung, Verdunklung, Retinaschäden und Blindheit. Formaldehyd ist ein bekanntes Karzinogen, verursacht Retinaschäden und Geburtsschäden und beeinträchtigt die DNA-Replikation.

Aufgrund des Fehlens einiger wichtiger Enzyme sind Menschen um ein Vielfaches sensibler gegenüber den toxischen Wirkungen von Methanol als Tiere. Daher spiegeln an Tieren durchgeführte Versuche mit Aspartam oder Methanol die Gefahr für Menschen nicht akkurat wider. Laut Dr. Woodrow C. Monte, Direktor des ernährungswissenschaftlichen Labors der Arizona State University, liegen keine Studien an Menschen oder Säugetieren vor, um die möglichen mutagenen, teratogenen oder karzinogenen Wirkungen der permanenten Gabe von Methylalkohol einzuschätzen.

Monte war über die ungelösten Sicherheitsprobleme so beunruhigt, dass er einen Prozess gegen die US-Behörde FDA anstrengte und eine Anhörung zu diesen Fragen beantragte. Er bat die FDA, die Zulassung von Aspartam in Softdrinks lange genug zu verzögern, um einige der wichtigen Fragen zu klären. Er meinte, es sei nicht fair, dass die Behörde die gesamte Beweislast den wenigen Wissenschaftlern überließ, die sich Sorgen machten und lediglich über begrenzte Mittel verfügten. So forderte er die Behörde auf, sich daran zu erinnern, dass sie die letzte Verteidigung der amerikanischen Öffentlichkeit sei, und sobald sie die Nutzung von Aspartam in Softdrinks zulasse, hätten er und seine Kollegen keine Möglichkeit mehr, dies umzukehren. Laut Monte würde Aspartam dann ebenso wie Saccharin, Sulfite und Gott weiß wie viele andere fragliche Verbindungen die menschliche Konstitution mit Genehmigung der Regierung schädigen.

Kurz darauf erteilte der Beauftragte der FDA, Arthur Hull Hayes Jr., die Zulassung für die Verwendung von Aspartam in kohlensäurehaltigen Getränken. Danach wechselte er zu der PR-Firma von G.D. Searle.

Es ist darauf hingewiesen worden, dass einige Fruchtsäfte und alkoholische Getränke kleine Mengen Methanol enthalten. Dabei ist jedoch nicht zu vergessen, dass Methanol nie alleine auftritt. In jedem Fall ist auch Äthanol vorhanden und dies normalerweise in weitaus höheren Mengen. Äthanol ist ein Gegenmittel gegen Methanoltoxizität bei Menschen. Den Truppen des Desert Storm wurden große Mengen mit Aspartam gesüßten Getränken «spendiert», die in der saudiarabischen Sonne auf über 30 Grad erhitzt wurden. Viele von ihnen kehrten mit zahlreichen Störungen heim, die mit denen vergleichbar sind, die an Menschen mit einer chemischen Formaldehydvergiftung zu beobachten sind. Das freie Methanol mag ein Faktor gewesen sein, der zu diesen Krankheiten führte. Auch andere Zerfallsprodukte von Aspartam wie DKP (siehe unten) könnten eine Rolle gespielt haben. In einer Verordnung von 1993, die nur als «gewissenlos» beschrieben werden kann, ließ die FDA Aspartam als Inhaltsstoff in zahlreichen Lebensmitteln zu, die immer auf über 30 Grad erwärmt werden.

Diketopiperazin (DKP)

DKP ist ein Nebenprodukt der Verstoffwechselung von Aspartam. Es besteht ein Zusammenhang zwischen DKP und dem Auftreten von Hirntumoren. Olney bemerkte, dass DKP, wenn es im Darm nitrosiert wird, eine Verbindung eingeht, die mit N-Nitrosoharnstoff vergleichbar ist, einer stark Hirntumore verursachenden Chemikalie. Einige Autoren meinen, DKP entstehe nach der Aufnahme von Aspartam. Ich bin nicht sicher, ob das stimmt. Es ist definitiv wahr, dass DKP in flüssigen Aspartam-haltigen Produkten während längerer Lagerung entsteht.

G.D. Searle führte Tierversuche zur Sicherheit von DKP durch. Die FDA stellte zahlreiche Fehler in den Experimenten fest, darunter Schreibfehler, Verwechslungen von Tieren, Tiere bekamen nicht die Medikamente, die sie bekommen sollten, aufgrund unsachgemäßen Umgangs gingen pathologische Proben verloren und so weiter. Dieser lasche Umgang im Labor könnte erklären, warum sowohl die Probanden als auch die Tiere der Kontrollgruppe 16-mal mehr Hirntumore hatten als bei Experimenten dieser Dauer zu erwarten gewesen wäre.

So ist es wohl Ironie des Schicksals, dass die FDA kurz nach der Entdeckung dieser Versuchsfehler von G.D. Searle empfohlene Richtlinien anwendete, um die branchenweiten FDA-Standards für Gute Laborpraxis zu erarbeiten. DKP wird durch die FDA-Toxikologin Dr. Jacqueline Verrett in ihrer Aussage vor dem US-Senat auch als eine Ursache von uterinen Polypen und Veränderungen des Blutcholesterins eingeschlossen *(Quelle: www.articles.mercola.com)*. Erst kürzlich wurde eine Studie veröffentlicht, die belegen soll, dass Vitamin-C-Präparate unsere Gesundheit nicht verbesserten, uns nicht vor Krankheiten schützten und eigentlich überhaupt keine Wirkung hätten. Bei dem untersuchten Vitamin C handelte es sich jedoch um eine evaneszente Form – und es war natürlich mit synthetischen Süßstoffen versehen. Können wir dieser Studie trauen? Natürlich nicht! Das Vitamin C und seine Wirkungen wurden durch den Süßstoff zerstört, der wiederum die Ursache dafür war, dass es den Menschen schlechter ging.

Es gibt Millionen von Studien, die zeigen, dass Vitamin- und Mineralpräparate therapeutische Wirkung haben, wenn sie bei einem bestehen-

---

Eine großartige Informationsquelle zu den Wirkungen von Vitaminen und Mineralstoffen ist die Vitamin C Foundation:

www.vitamincfoundation.org

den Mangel im Körper eingenommen werden – natürlich in der für jeden Einzelnen richtigen Dosis.

Ein heißes Thema von der Vitamin C Foundation

Vitamin C hilft, Gicht vorzubeugen
Kürzlich wurde eine Studie veröffentlicht, die den Zusammenhang zwischen der Vitamin-C-Zufuhr und dem Risiko, an Gicht zu erkranken, an beinahe 47 000 Männern untersuchte. Zu Beginn der Studie hatte keiner der Männer eine Gicht-Vorerkrankung. Ihre Vitamin-C-Zufuhr (über Nahrung und Ergänzungsmittel) wurde über einen Zeitraum von 20 Jahren alle vier Jahre überprüft.

Das Gichtrisiko erwies sich bei den Studienteilnehmern mit höherer Vitamin-C-Zufuhr als geringer. Beim Vergleich zwischen Personen mit einer Gesamtaufnahme von unter 250 mg Vitamin C pro Tag und Teilnehmern mit einer Zufuhr von 500 bis 999 mg pro Tag wiesen letztere ein 17 Prozent geringeres Gichtrisiko auf.

Bei Einnahmen von 1000 bis 1499 mg und 1500 mg oder mehr pro Tag war das Risiko, an Gicht zu erkranken, um 34 beziehungsweise 45 Prozent niedriger.

Die Verfasser der Studie untersuchten auch die Beziehung zwischen den Mengen an Vitamin C, die nur in Form von Ergänzungsmitteln zugeführt wurden, und dem Gichtrisiko. Auch hier wurde die höhere Zufuhr mit einem geringeren Gichtrisiko in Verbindung gebracht. Im Vergleich zu denjenigen, die keine Vitamin-C-Ergänzungsmittel nahmen, wurde bei den Probanden, die täglich 1000 bis 1499 mg und 1500 mg oder mehr Vitamin C in Form von Ergänzungspräparaten einnahmen, ebenfalls ein 34 beziehungsweise 45 Prozent niedrigeres Gichtrisiko festgestellt.

Diese Ergebnisse legen nahe, dass Vitamin C, sowohl aus der Nahrung als auch in Form von Ergänzungsmitteln, mit einem geringeren Risiko, an Gicht zu erkranken, zusammenhängt.

Ein weiterer interessanter Artikel, den ich bei der Vitamin C Foundation gefunden habe:

Ein Argument gegen Impfungen – Interview mit Dr. Kalokerinos
«Dr. Kalokerinos dachte anders. Er machte die Zunahme an Impfkampagnen als den Grund dafür aus, dass an einem bestimmten Punkt bis zur Hälfte der geimpften Aboriginal-Säuglinge verstarben, offenbar an einem durch die Impfung hervorgerufenen akuten Vitamin-C-Mangel.»

Es ist ein Skandal, dass diese Chemikalien, diese künstlichen Süßstoffe, zum Gebrauch in Lebensmitteln, Getränken und vielen anderen Produkten, wie Kaugummis, Bonbons und anderen Süßigkeiten, zugelassen sind und an unschuldige Menschen verkauft werden, die wirklich versuchen, etwas für ihre Gesundheit zu tun und abzunehmen, indem sie kalorienhaltigen Zucker vermeiden.

Wenn sich Ihre Gesundheit verschlechtert und Sie beginnen, an «seltsamen» Krankheiten wie Diabetes, immunologischen und neurologischen Problemen zu leiden, kämen Sie niemals auf die Idee, den künstlichen Süßstoff dafür verantwortlich zu machen. Die meisten Menschen haben das Vertrauen, dass ihre Regierung nie den Verkauf eines Produktes zulassen würde, das ihren eigenen Bürgern so schwere Gesundheitsprobleme verursacht und sie sogar tötet. In Wirklichkeit geht es aber nur um die Gier nach Macht und Geld. Die Menschen kaufen ein Produkt, das keinerlei Warnung enthält, welches Gesundheitsrisiko solche künstlichen Süßstoffe verursachen, und was noch schlimmer ist, es wird als zuckerfreies Produkt angepriesen, was eine völlig falsche Botschaft und der Öffentlichkeit ein trügerisches Bild vermittelt. Doch der Verkauf von Aspartam und anderen Süßstoffen ist zu einem kommerziellen und politischen Betrug geworden, da einige große Unternehmen gemeinsam mit anderen multinationalen Konzernen großen Einfluss auf die Regulierungsbehörden der Regierungen, auf Politiker und die Medien ausüben.

Studien und Experimente an Ratten, denen Aspartam gefüttert wurde, die von zwei großen führenden Unternehmen vor der Zulassung durch die FDA durchgeführt wurden, wiesen ein 3,75-prozentiges Vorkommen von Hirntumoren nach, wohingegen die Ratten, die es nicht bekamen, 0% Zuwachs solcher Tumore verzeichneten. Diese Studie wurde nach nur 76 Wochen abgebrochen, da die Anzahl der Tumore weiter stieg. Aspartam wurde zugelassen und nun tötet es uns langsam und «süß»! Es fällt mir sehr schwer, mir auf die Zunge zu beißen, da ich zahlreiche Patienten, darunter auch Kinder, erlebt habe, die wegen dieses tödlichen Gifts leiden. Ich möchte an dieser Stelle nur einige Fälle erwähnen, die sowohl dramatisch als auch traurig sind. Eine meiner Patientinnen, die an MS (Multipler Sklerose – einer neurologischen Erkrankung, die zu Behinderung und frühzeitigem Tod führt) litt, trank täglich Diät-Erfrischungsgetränke aus Büchsen – Aluminiumbüchsen natürlich. Ein LKW lieferte diese Getränke in einen Laden auf dem Land und manchmal kamen sie recht warm an. Ohne es zu merken, trank sie jeden Tag Aluminium und künstliche Süßstoffe: Beide können sich im Körper ansammeln und immunologische und neurologische Erkrankungen verursachen.

Hatte diese Patientin wirklich MS oder waren es die Toxine aus dem Süßstoff? Der Methylakohol (Methanol) wandelt sich bei Körpertemperatur in Formaldehyd und später in Methansäure, auch Ameisensäure genannt, um. Diese Reaktion verursacht Stoffwechselazidose und die Methanolvergiftung ähnelt MS und anderen neurologischen Krankheiten. Wie vielen Patienten wurde bei frühen Anzeichen einer Vergiftung MS, systemischer Lupus, Alzheimer oder ein Hirntumor diagnostiziert?

Wenn diesen Patienten geraten worden wäre, künstliche Süßstoffe zu meiden oder gar nicht zu konsumieren, hätten sie eine Chance gehabt, bevor die Methanolvergiftung ihren Tribut forderte und sie zu Opfern wurden.

Wir entdeckten dieses Problem bereits in der ersten Sprechstunde, aber da die Patientin «süchtig» nach dem Soft-Diät-Drink war, brauchten wir eine Weile, dieses Getränk langsam zu reduzieren und schließlich ganz abzusetzen und durch gesundes Mineralwasser zu ersetzen, dem durch eine frische Zitronenscheibe Geschmack verliehen wurde.

Als sie begann, den Verzehr des Diätgetränks zu reduzieren, und gleichzeitig ein Entgiftungsprogramm absolvierte, wurden ihre MS-Symptome weniger und sie fühlte sich besser als je zuvor. Leider gibt es keine Möglichkeit, MS umzukehren oder die bereits entstandenen Schäden zu beheben. Der Verfall kann nur aufgehalten oder verlangsamt werden, was durch richtiges Gesundheitsmanagement unterstützt werden muss, und natürlich müssen Neurotoxine, wie künstliche Süßstoffe und andere Lebensmittelzusatzstoffe, gemieden werden.

Eine andere Patientin von mir trank ebenfalls viele Jahre lang Diät-Drinks aus Aluminiumbüchsen. In dem Fall brauchte ich viel länger, um auf ihre Gewohnheiten zu kommen. Als wir über ihren Lebensstil sprachen, gestand sie ihre Abhängigkeit von diesem Diät-Getränk. Sie wurde sehr nervös, weil sie wusste, dass künstliche Süßstoffe DNA-Schäden verursachen können. So unterzog sie sich einem DNA-Test und das verstörenden Ergebnis war, dass sie wirklich DNA-Schäden aufwies. Auch dies sind irreversible Schäden!

Ich könnte noch so viel über dieses Thema schreiben, aber es gibt bereits Bücher, die solche interessanten Forschungsergebnisse enthalten.

Ich empfehle, alle künstlichen Süßstoffe zu meiden und unbedingt sehr aufmerksam die Etiketten zu lesen, denn es kann sein, dass Sie keinen der von mir genannten Namen darauf finden. So können sich zum Beispiel hinter «Acesulfam-K» oder der Wendung und Warnung «Achtung, Phenylketonuriker: Enthält Phenylalanin» Süßstoffe verbergen.

Ob Sie süße Getränke und Süßigkeiten mögen, aber gern abnehmen möchten, Diabetiker oder einfach nur gesundheitsbewusst sind, nutzen Sie die sicherere Alternative STEVIA, eine Pflanze, die etwa 300-mal süßer ist als Zucker, aber keine Kalorien enthält!

Weitere Informationen über Forschungsergebnisse und politischen Betrug finden Sie unter:
www.aspartame.com und
www.dorway.com

Es gibt eine weitere Alternative zu Zucker, die Xylitol heißt, aus süßem Mais oder Birkenzucker gewonnen wird und nur etwa 25% der Kalorien von normalem Zucker (aus Zuckerrohr) enthält.

Ich hoffe, meine Botschaft ist bei Ihnen angekommen und Sie fühlen sich ausreichend befähigt, denn nun verfügen Sie über genügend Informationen, um eine fundierte Entscheidung zu treffen, was Sie zu sich nehmen.

Es ist wirklich so einfach. Wir sollten nichts essen oder trinken, das verarbeitet ist und in Büchsen oder Dosen verkauft wird, worauf Zahlen oder chemische Bezeichnungen stehen. Wir wollen echte NAHRUNG essen und gesundes Wasser trinken.

Wir müssen essen, denn unser Körper braucht Kohlehydrate, Vitamine, Mineralien, Proteine und Fettsäuren usw. Dies sind die Nährstoffe, aus denen unser Körper besteht und die er auch braucht, um Hormone und andere natürliche chemische Verbindungen zu produzieren, damit er ein Leben lang richtig funktionieren, wachsen und gesund bleiben kann.

Chemikalien in unserer Luft

Unsere Luft ist mit Tausenden von Chemikalien verschmutzt, darunter auch Weichmacher oder Phtalate, wie ich sie oben aufgeführt habe. Kunststoffe sind überall: Zu Hause, im Büro oder draußen, und sie gelangen auch in die Luft, die wir atmen. Auf diese Weise gelangen sie leicht in unseren Blutkreislauf, wodurch unser gesamter Körper mit diesen giftigen Chemikalien kontaminiert wird. Jeder chemische Stoff, den man riechen kann, gelangt über die Lungen in den Blutkreislauf. Aber auch die Haut absorbiert diese Stoffe und transportiert sie in die Organe.

Täglich sind wir Tausenden von anderen Chemikalien ausgesetzt, die von Benzin, Diesel, Formaldehyd, von der Industrie sowie Produktionsstätten usw. abgegeben werden. Wir neigen zu der Überzeugung, dass das Leben in Vororten sicher ist. Das ist aber leider nicht der Fall. Je nach Windrichtung gelangen auch große Mengen der Stadt- und Industrieschadstoffe in die Vororte und selbst ländliche Gebiete werden verschmutzt, da dieser giftige Cocktail viele Kilometer weit transportiert wird. In den Städten werden wir durch das Sprühen von Pestiziden an den Straßenrändern belastet. Aber das Leben auf dem Land setzt uns noch viel mehr Pestiziden, Kunstdüngern, Insektiziden usw. aus.

Auch hier gibt es kein Entrinnen. Die einzige Lösung zur Vorbeugung und Behandlung von Krankheiten ist die Entgiftung! Selbst unsere Wohnungen und Büros machen uns krank! Sie sind mehr oder weniger luftdicht gebaut und daher weniger gut belüftet, als sie sein sollten – wodurch wiederum Feuchtigkeit, Innenraumallergene und -schadstoffe zunehmen.

Seit vielen Jahrzehnten wissen wir, dass Hygiene die wichtigste Maßnahme ist, die wir ergreifen können, um Krankheiten vorzubeugen und länger zu leben. Der Durchschnittsmensch verbringt etwa 80% seiner Zeit in Innenräumen, sei es zu Hause, am Arbeitsplatz oder in der Schule, in öffentlichen Verkehrsmitteln oder dem Auto. Wir sind heute mehr als je zuvor Innenraum-Luftverschmutzung ausgesetzt, zum Beispiel mikroskopisch kleinem Staub, synthetischen und toxischen Chemikalien (wie denjenigen in Haushaltsreinigern, Spülmitteln, Luftverbesserern), Abgasen und Mikroorganismen.

Noch giftiger sind jedoch die Insektenschutzmittel, die für Innenräume verwendet werden. Weitere Informationen dazu finden Sie im Kapitel über Pestizide auf Seite 94.

Die Qualität der Luft, die wir atmen, hat direkten Einfluss auf die Funktion unseres Atmungssystems und unser Immunsystem. Wir sind organischen Partikeln ausgesetzt wie Viren, Bakterien, Schimmel, Pollen, Staubmilben und deren Kot, Hunde- und Katzenhaaren und -hautresten, Vogelfedern und chemischen Partikeln wie flüchtigen organischen Verbindungen (VOC), Formaldehyd, Pestiziden (Herbiziden, Insektiziden) und anderen Chemikalien, die in Alltags-Reinigungs- und -pflegeprodukten enthalten sind. All diese verursachen eine Überlastung unseres Atmungs- und Immunsystems und beeinflussen so unsere Gesundheit negativ. Die Reaktion auf diese Belastung ist individuell verschieden, sie ist abhängig von Alter, Geschlecht und dem allgemeinen Gesundheitszustand des Immunsystems.

Die häufigsten Symptome sind Asthma, Ohren-, Nasen- und Halsinfektionen und -reizungen, wobei diese Symptome anzeigen, dass unser Immunsystem überreagiert und überlastet ist.

Atemwegserkrankungen nehmen in modernen westlichen Gesellschaften zu und hängen direkt mit der Qualität der Luft zusammen. Sie stehen auf Platz drei der häufigsten Todesursachen in den entwickelten Ländern.

Wussten Sie schon?
Luftverbesserer sind tatsächlich hoch giftig. Sie enthalten Stoffe wie Formaldehyd, Kresol, Xylol, Naphtalen, Ethanol und Phenole und können toxische Wirkungen auf das Nervensystem, das Herz und alle Organe des Körpers haben.

Wussten Sie schon?
Luft (Sauerstoff) ist der wichtigste Nährstoff, da wir nur 3 bis 5 Minuten ohne ihn überleben können!

Chemikalien in unserem Wasser

In der heutigen Zeit wird immer mehr Menschen der giftige und ungesunde Zustand unserer Wasserversorgung bewusst. Zeitungen, Zeitschriften und Fernsehen usw. berichten regelmäßig über die Verschmutzung unseres Wassers und die bestehenden Probleme bei der Bereitstellung sicheren und gesunden Trinkwassers. Das ist der Grund, warum wir heute mehr Geld für Mineralwasser als für Treibstoff (Benzin) bezahlen!

Was ist Wasser?
Nach Sauerstoff (der Luft, die wir zum Atmen brauchen) ist Wasser der wichtigste Nährstoff zum Erhalt des Lebens.

Wasser ist an jedem Prozess beteiligt, der in menschlichen, tierischen und pflanzlichen Organismen abläuft. Die Qualität des Wassers beeinflusst direkt die Qualität des Lebens. Wasser minderer Qualität führt zu Krankheiten und einer kürzeren Lebenserwartung.

Wasser ist ein einfaches Molekül, das aus zwei positiv geladenen Wasserstoffatomen und einem negativ geladenen Sauerstoffatom besteht. Wasser entsteht, wenn sich Milliarden dieser Moleküle miteinander verbinden. Wasser ist eines der Elemente, das alle Aspekte und Phänomene des Lebens betrifft.

Kein Wasser = kein Leben
Die Wasserqualität hängt von der Menge organischer oder anorganischer Verunreinigungen ab, die darin vorkommen. Organische Verunreinigungen sind natürliche wie Bakterien, Parasiten, verrottende Pflanzen- und Fäkalien usw.

Anorganische Verunreinigungen sind Schadstoffe wie Metalle, zum Beispiel Cadmium, Blei, Quecksilber usw., oder nicht-metallische Stoffe wie Phosphate, Nitrate, Chlor, Fluorid, Ammoniak usw. Diese anorganischen und organischen Substanzen beeinflussen die Eigenschaften und Qualitäten des Wassers, zum Beispiel Farbe, Geruch, Geschmack, Härte und Trübung sowie den pH-Wert (sauer oder basisch). Toxizität und sogar Radioaktivität spielen bei der Qualität unseres Wassers gleichermaßen eine Rolle. Alle genannten Faktoren bestimmen den Qualitätsstandard des Wassers.

Trübes Wasser bedeutet, dass es nicht klar ist und aufgrund von organischen Substanzen wie Schmutz, Schlamm, pflanzlichem und tierischem Material von Licht nicht durchdrungen werden kann. Verfärbtes Wasser ist ein Anzeichen für das Vorhandensein organischer Materie wie vermodernden Pflanzenteilen, aber – und das ist viel ernster – auch industrieller Abfälle. Spurenelemente wie Kupfer, Eisen und Mangan können das Wasser ebenfalls färben.

Geruch ist immer ein Anzeichen für ungesundes Wasser. Pflanzliche und tierische Materialien können Geruch verursachen, aber auch Substanzen aus Haushalt und Industrie sowie der Zusatz von Chemikalien wie Chlor (als Desinfektionsmittel verwendet), der sehr abstoßend sein kann und ein Gesundheitsrisiko darstellt. Geschmack ist sehr unnatürlich für gesundes Wasser. Wasserstoff und Sauerstoff sind geschmacksneutrale Atome, wie destilliertes Wasser. Geschmack deutet auf das Vorhandensein organischer und/oder anorganischer Verunreinigungen hin.

Der pH-Wert gibt an, wie sauer oder basisch eine Lösung ist, hierbei wird die Konzentration der Wasserstoffionen gemessen.

«Wie basisch oder sauer ist Ihr Wasser?» Die pH-Skala reicht von 0 bis 14, wobei 7 neutral ist. Über 7 ist basisch und unter 7 ist sauer. Der pH-Wert von Wasser wird durch die darin enthaltenen Verunreinigungen bestimmt (Mineralien, Gase und Chemikalien). Destilliertes Wasser ohne jegliche Verunreinigung hat einen pH-Wert von 7.

Die Härte von Wasser wird durch den Mineralgehalt bedingt. Hartes Wasser enthält viele gelöste Mineralien, insbesondere Magnesium und Calcium. Diese Mineralien verursachen eine starke Oberflächenspannung des Wassers, wodurch es «nasser» wird und leichter in die Zellen absorbiert werden kann (bis zu 16-mal mehr).

Die Toxizität des Wassers ist das größte Problem des heutigen Lebensstils
Toxine wie Schwermetalle aus Düngemitteln (Quecksilber und Arsen), Pestizide (Cadmium), Benzen, Toxine aus Industrie, Haushalt und Pflegeprodukten usw. bedrohen unser sicheres Trinkwasser und daher auch unsere Nahrung. Doch sollten wir auch andere Chemikalien nicht außer Acht lassen, die unsere Wasserquellen verschmutzen, wie Abgase von Fahrzeugen, durch die Fertigungsindustrie verursachter saurer Regen, Plastik und Metalle aus Kupferrohren, Blei, PVC, Acrylate und andere Bestandteile, die von unseren Wasserleitungen und anderen Wasserrohren ausgewaschen werden.

Wasser ist die wichtigste Trägersubstanz von durch Wasser übertragenen Krankheiten wie Typhus, Cholera, Ruhr und infektiöser Hepatitis, die durch Erreger wie Bakterien, Parasiten und Viren hervorgerufen werden.

Durch Niederschlag von Atomwaffentests, Atomkraftwerken und den Uranbergbau verursachte Radioaktivität kann auch eine Bedrohung für unsere Wasserqualität darstellen (denken Sie an die Tschernobyl-Katastrophe von 1986).

Daher ist die Desinfektion von Wasser entscheidend, um Krankheiten zu vermeiden. Es gibt viele sichere Möglichkeiten, Wasser zu desinfizieren, zum Beispiel durch Ozon, UV- und Infrarotbehandlung, Abkochen, trockene Hitze, Verwendung von sauren und alkalischen Verbindungen und Alkohol, um nur einige zu nennen.

Fluorid (Fluor)

Ein Toxin, das Wasser und anderen Produkten absichtlich zugesetzt wird! Fluorid ist ein Halogen und auch ein starker Enzymhemmer – aus diesem Grund wird es ebenfalls als wirkungsvolles Konservierungsmittel verwendet.

Fluorid ist ein tödliches Gas, das für den Einsatz in der chemischen Kriegsführung entwickelt wurde. Ein einmaliges Einatmen dieses Dampfes kann innerhalb von Minuten zum Tode führen, und ein Tropfen auf die Haut kann innerhalb einer halben Stunde tödlich sein! Die wohlbekannten Nebenwirkungen von Fluorid sind nicht nur sein Beitrag zur Entstehung von Krebs, sondern auch sein Anteil an der Verkalkung von Arterien, Bändern, Gelenken und Knochen. Dies kann zu Osteoporose oder Arterienverhärtung führen, was wiederum den Blutdruck erhöht und zu Herzinfarkt und Schlaganfall führen kann. Wenn die Verkalkung in den Gelenken oder Bändern erfolgt, kann dies zu weiteren gesundheitlichen Problemen führen wie Knochenspornen, steifen und schmerzenden Gelenken sowie Verkürzung und/oder Verhärtung einiger Bänder. Studien haben nachgewiesen, dass Fluorid den IQ senkt, Schäden an Hirnenzymen verursachen kann, dagegen aber Karies nicht verhindert oder irgendeinen deutlich wahrnehmbaren Unterschied ausmacht.

Calciumfluorid trägt dazu bei, die Elastizität von Bindegewebe, Knochen und Arterien wieder zu erlangen. Natürliche Nahrungsquellen von Calciumfluorid sind Kalbsleber, gepökeltes Schweinefleisch, Sardinen, Meersalz, Sonnenblumenkerne, Bohnen und Erbsen, Hülsenfrüchte und Tee.

Natriumfluorid ist hingegen ein Abfallprodukt des Aluminiumbergbaus und wird zur Fluoridierung von Wasser und Zahnpasta verwendet, was BIG BUSINESS für Chemieunternehmen und ihre Zulieferer ist! Fluoridierung ist Massenmedikation ganzer Bevölkerungsgruppen. Die metallischen Verbindungen können nicht als Nahrung vom Körper assimiliert werden. Fluoridierung ist die Vergiftung der öffentlichen Wasserversorgung auf Kosten der Gesundheit der Menschen. Natriumfluorid kann sich in den Knochen anreichern und Hüftfrakturen und Knochenkrebs verursachen, es kann

Hormonrezeptoren schädigen, Geburtsfehler verursachen, zu Nieren-, Leber-, Herz- und Hirnschäden, Allergien und Arthritis führen.

Zunehmend besorgniserregend ist, dass wir Fluorid inzwischen auch in Babynahrung, Anfangsnahrung für Kleinkinder, Zahnbehandlungs-Produkten und Säften finden können. Und erst jüngst wurde es in vielen Ländern in Flaschen abgefülltem (gefiltertem oder Quell-)Wasser zugesetzt!

Doch es ist ebenso gut bekannt, dass aus weißem Zucker hergestellte Süßigkeiten die Hauptursache von Karies sind. Nehmen Sie daher einfach weniger oder gar keine Süßigkeiten, wie Bonbons, Konfekt, Eiscreme oder kohlensäurehaltige Getränke, zu sich und essen Sie stattdessen natürlich süße Nahrungsmittel wie frisches Obst. Fluoridierung muss freiwillig sein, sie darf nicht zwangsweise erfolgen!

Wissenschaftliche Studien zu Fluorid

Diese E-Mail von einem Kollegen landete auf meinem Schreibtisch: Betreff: Fluoridierung von öffentlichem Wasser/Trinken von Abwasser & giftigen Fluorsilikaten

Dies sind gefährliche Gifte & die Beweise ihrer Schädlichkeit in Wissenschaft, Medizin, Zahnmedizin & Justiz, die weltweit eingereicht wurden und belegen, dass Fluoridierung Krankheit, Tod, Karies verursacht & nutzlos ist & umweltschädlich, wurden unterdrückt, unter den Teppich gekehrt & geleugnet durch Regierungen & deren Interessenvertretern.

Violent Behaviour And Criminality - Adverse Health & Behaviour From Silicofluorides [Gewaltsames Verhalten und Kriminalität – Nachteile für Gesundheit & Verhalten durch Fluorsilikate]:
    www.dartmouth.edu/search/gss/silicofluorides

Fluoridation Of Community Water/Kidney Disease [Fluoridierung von öffentlichem Trinkwasser/Nierenerkrankungen]:
    www.ndt.oxfordjournals.org/cgi/content/full/gfm663v1

Fluoride-Gate Cover-Up [Fluorid-Eintrittstor Vertuschung]:
    www.juneauempire.com/stories/011508/opi_20080115024.shtml
    www.americanchronicle.com/articles/33574

An Example Of Fluoride S6 Poison In Your Water Supplies [Ein Beispiel von Fluorid-S6-Gift in Ihrer Wasserversorgung]
    www.waterloowatch.com/Index_files/Fluorosilicate%20Toxicity.pdf
    ntp.niehs.nih.gov/ntp/htdocs/Chem_Background/ExSumPDF/Fluorosilicates.pdf

Paul Connett's Fluoride Action Network [Paul Connetts Fluorid-Aktionsnetzwerk]
    www.fluoridealert.org

UK Councils Against Fluoridation [Britische Räte gegen Fluoridierung]
    www.ukcaf.org

Queenslanders For Safe Water [Queenslander für sicheres Wasser]
    www.qawf.org

Fluoride Information Australia [Fluorid-Informationen Australien]
    www.fluorideinformationaustralia.wordpress.com

Gold Coast Waterwatch [Goldküsten-Wasseraufsicht]
    www.goldcoastwaterwatch.com.au

Canada - Waterloowatch [Kanada – Waterloowatch]
   www.waterloowatch.com

James Robert Deal, Attorney, USA [James Robert Deal, Anwalt, USA]
   www.fluoride-class-action.com
   www.fluorideclassaction.wordpress.com

Schlussbemerkung meines Kollegen: Die Prüfung der Belege der letzten elf Jahre durch unsere Mitglieder, einschließlich epidemiologischer Studien an Tier & Mensch, weisen auf einen kausalen Zusammenhang zwischen Fluorid/Fluoridierung & Krebs, genetischen Schäden, neurologischen Beeinträchtigungen & Knochenkrankheiten hin.

Say No To Drinking Sewage & Toxic Silicofluorides [Sag Nein zum Trinken von Abwasser & giftigen Fluorsilikaten]
   www.australianfluorideaction.com

Global Chemical Pollution [Globale chemische Verschmutzung]
   www.poisoned.homestead.com/links16.html

Chlor

Ein weiteres Gift, das Wasser absichtlich zugesetzt wird!

Chlor kann Bakterien wirksam töten, doch leider bindet es sich mit Chemikalien, die karzinogen sind (chlororganische Verbindungen, z. B. Trichlormethan usw.).

Chlor hat auch die Fähigkeit, unserem Körper Calcium zu entziehen, die Haut auszutrocknen, unseren Zellstoffwechsel zu beeinträchtigen, Ablagerungen in den Arterien zu bilden, die zu Artenverhärtung (Arteriosklerose) führen, hat eine erbgutschädigende Wirkung, reduziert im Körper die Vitamine A, B, C sowie H und zerstört das schützende Vitamin E und auch die Aminosäure Tryptophan.

Es ist ein Radikalinitiator, der Peroxidation verursacht (siehe Kapitel über ROS [Freie Radikale], Seite 176). Chlor hat langfristige negative Auswirkungen auf die Gesundheit des Menschen, es erhöht das Cholesterin, eine natürliche «Pflaster»-Reaktion des Körpers zur Stopfung von Löchern in den Arterien, die durch Peroxidation verursacht wurden.

Wie im «American Journal of Public Health» veröffentlicht wurde, haben Wissenschaftler nachgewiesen, dass wir auch eine schädliche Menge an Chlor und Chloroform über die Haut aufnehmen, wenn wir mit städtischem Wasser baden und duschen. Auch dies macht es dringend notwendig, Leitungswasser, das zum Duschen und Baden verwendet wird, zu filtern.

Chlor ist ein bleichendes Gas, das zum Bleichen von Böden verwendet wird, sowie eine chemische Massenvernichtungswaffe in Kriegen. Es ist ein starkes Reizmittel und führt nachweislich zu Hirnschäden, Krebs (einschließlich Brustkrebs) und zu Problemen der reproduktiven Gesundheit.

Außerdem wirkt es oxidierend und zerstört Vitamin E – genau den Nährstoff und das Antioxidans, das uns vor Herz-Kreislauf-Erkrankungen, Haut- und Immunproblemen, einschließlich Krebs, schützt.

Ein weiteres Problem stellen Rohrverbindungen dar, zum Beispiel in Fallrohren, da das zur Verbindung verwendete Blei Spuren von Bleiionen in das Wasser löst, und dies umso mehr, wenn der pH-Wert des Wassers niedrig (sauer) ist.

Mitunter werden die Verbindungen mit Schmieröl gefettet, was ebenfalls ins Wasser abgegeben wird und Toxizität verursacht.

Wasser ist der zweitwichtigste Nährstoff für uns. Ohne Wasser können wir nur wenige Tage überleben. Und es ist unser wichtigstes Hilfsmittel zur Entgiftung. Unser Körper braucht reines, sauberes und mineralhaltiges Wasser und keines, das immer stärker verschmutzt wird!

Wasseraufbereitung

Heutzutage sind viele verschiedene Wasserfilter-Systeme, die unser Trinkwasser wieder zu einem gesunden Wasser aufbereiten, auf dem Markt. Diese vielen Angebote sind aber auch verwirrend und können es uns schwer machen, eine Entscheidung zu treffen – die richtige Entscheidung.

Darum ist es wichtig zu wissen, was ein guter Filter eigentlich können muss, damit Sie gesundes Trinkwasser zu angemessenen Kosten erhalten können.

Hier einige Tipps: Ein guter Wasserfilter sollte das Wasser reinigen, sterilisieren, aktivieren und mineralisieren, damit das Wasser in ideales, gesundes, basisches Mineralwasser umgewandelt wird.

Reinigung

Hierzu werden einige Filter wie Aktivkohlefilter (zum Beispiel aus Kohle, Holz, Sägemehl und Kokosschale), Korallensand, Mineralsand und Kieselerde, Far-Infrarot-Keramik, Halbedelsteine wie Turmalin und Maifanshisteine und Kalzium-Sulfite benötigt. Es gibt auch ein empfehlenswertes, in den USA patentiertes und von der National Science Foundation zertifiziertes Filtersystem genannt KDF-55 (Kinetic Degradation Fluxion).

Ein Filtersystem hergestellt aus einer Kombination von den oben erwähnten Filtern entfernt im Trinkwasser unerwünschte Verunreinigungen, sogar Nanoverunreinigungen, Schwermetalle, Chlor, Fluorid, Ozon, Chemikalien aus der Landwirtschaft, Waschmittel, Arzneimittelrückstände (Medikamente, Antibabypille) usw.

Sterilisation

Hierzu braucht es ummanteltes Silberion. Dieses zerstört schädliche Bakterien und andere Mikroorganismen durch die keimtötende Wirkung von Silber. Bakterien, Viren und Pilze werden entweder abgetötet oder unschädlich gemacht, indem ihre Zellmembran zerstört wird.

Aktivieren

Die Zugabe von Mineralien aktiviert das Wasser, damit es zu qualitativ hochwertigem Mineralwasser wird. Korallensand, Mineralsand und Kieselerde erhöhen den Mineralgehalt und verändern dadurch den pH-Wert des Wassers, das heisst, es wird in ein eher basisches Trinkwasser umgewandelt, welches maximale Absorption von Wasser und Mineralstoffen in jede einzelne Zelle Ihres Körpers ermöglicht.

Wenn das Wasser durch einen solchen Filter läuft, nimmt auch der gelöste Sauerstoff im Wasser zu. Gelöster Sauerstoff verbessert den Geschmack und macht unser Trinkwasser lebendig.

Es gibt Filter, die am Haus angeschlossen werden können und somit das ganze Haus mit gesundem Wasser versorgen, oder solche, die in der Küche montiert werden können, und ganz einfach tragbare Filter, die man auch auf den Tisch stellen kann. So gibt es für jedermann das geeignete System.

Ich empfehle auch, einen solchen Filter in der Dusche einzubauen. Ein Bad oder eine Dusche mit diesem mineralisierten und basischen Wasser beruhigt das Haar und die Haut und macht sie strahlend, weich und gesund. Wenn Sie einmal die Wirkung und das Vergnügen, mit diesem Wasser zu duschen, kennengelernt haben, wollen Sie nie wieder mit gechlortem, hartem und übelriechendem Wasser duschen, was ja zudem noch ein Gesundheitsrisiko darstellt. Es fühlt sich wie Luxus an, aber eigentlich sollten wir alle von Natur aus diesen «Luxus» jeden Tag erleben.

Geeignete Filter finden Sie auf unserer Webseite www.eu.notari-health.expert.

Oxigenierung:

Wenn Wasser durch einen Wasserfilter aufbereitet wird, nimmt der gelöste Sauerstoff im Wasser zu. Gelöster Sauerstoff verbessert den Geschmack und macht unser Trinkwasser lebendig.

pH-Wert-Ausgleich für die Gesundheit:

Basisches Trinkwasser verbessert unsere Gesundheit und begünstigt:

- » Ausgewogenen Flüssigkeitshaushalt des Körpers
- » Beseitigung freier Radikale (ROS)
- » Elimination arthritischer Erkrankungen
- » Entgiftungsprozesse des Körpers
- » Hormonelles Gleichgewicht
- » Kontrolle des Blutzuckerspiegels
- » Nährstoffaufnahme in jede Zelle
- » Organ- und Drüsenfunktion
- » Sauerstoffabsorption in jede Zelle
- » Umkehr von Alterungsprozessen
- » Verdauung

Ursachen von Übersäuerung

Unsere Lebensgewohnheiten und die Umwelt:

- » Industriell verarbeitete Lebensmittel
- » Nicht ausreichende Bewegung
- » Nicht genügend Ruhe (Schlaf)
- » Rauchen
- » Stress
- » Unzureichende Wasserzufuhr
- » Verschmutztes Wasser
- » Verschmutzung generell
- » Völlerei
- » Zu viel Arbeit
- » Zu viel Essen
- » Zu viel Fleisch

All diese Faktoren hindern den Körper daran, im Körper entstehende saure Abfallprodukte auszuleiten. Sie werden sich im Körper ansammeln.

Um den Alterungsprozess umzukehren und zu normalisieren, müssen wir:

- » Ausreichend schlafen
- » Frisches Obst und Gemüse essen
- » Gefiltertes und mineralisiertes Wasser trinken
- » pH-Werte durch Zugabe natürlicher Mineralien in unser Trinkwasser verbessern
- » Sport treiben und uns bewegen
- » Stress reduzieren

Chemikalien in unserem Körper

Schwermetalle sind ein weiteres verstecktes tödliches Gift, das wir täglich einatmen und über Nahrung und Wasser aufnehmen!

Der Großteil der Gesundheitsprobleme, die Patienten in meiner Klinik hatten, wurde durch Metalle wie Quecksilber, Arsen, Cadmium, Aluminium und Blei verursacht. Da es für den Körper praktisch unmöglich ist, diese Metalle vollständig zu verstoffwechseln, sammeln sie sich, wie bereits erwähnt, in Organen und Geweben, unter anderem in Fettgewebe, Leber, Nieren, Lungen, Gehirn, Knochen, Schilddrüse und Nervensystem, an.

Das heißt, dass sie jahrzehntelang in unserem Körper vorhanden sein können, bis sie Symptome und Krankheiten verursachen. Selbst wenn Sie in Ihrer Kindheit mit Aluminium-Kochgeschirr groß wurden, es danach aber immer gemieden haben, bleibt das in Ihrer Kindheit aufgenommene Aluminium tief in Ihrem Körper und verursacht einen langsamen Prozess der Verschlechterung der Gesundheit und manifestiert sich schließlich durch Symptome und Krankheit.

Wir wissen, dass Verschmutzung direkt mit dem Wachstum von Bevölkerung, Landwirtschaft und Industrie zusammenhängt, aber wir wissen nicht wirklich, wie viel Kohlendioxid, wie viel Metall, zum Beispiel Blei, Quecksilber und Cadmium aus Treibstoffen, Industrie und Landwirtschaft, vom Planeten Erde, von Menschen, von Tieren und natürlich von allen lebenden Organismen eliminiert oder absorbiert werden kann – da jeder Körper seinen individuellen Entgiftungsmechanismus und seine eigene Reaktion auf dieses Toxin hat.

Daher ist es sehr schwierig, die ökologischen Folgen dieser Chemikalien und die durch sie verursachten Schäden für jedes Leben vorherzusagen, weil es so lange dauert, bis eine Störung beobachtet oder gespürt werden kann. Dann ist der Schaden bereits geschehen. Andererseits dauert es ebenso lange, die Gesundheitsschäden bei Menschen, Erde und Ökosystem wiedergutzumachen, wenn dies überhaupt möglich ist.

Die Gefahr, die davon ausgeht, die Auswirkungen nicht zu kennen, sollte uns dazu bringen, uns und den Planeten zu schützen, indem wir so wenig wie möglich von dem nehmen, was wir zu brauchen denken, und nicht so viel, wie wir zu brauchen meinen. Wir müssen wirklich sehr vorsichtig sein, was wir verbrauchen.

Folgende Studie von J. Randers und D. L. Meadows («Die Grenzen des Wachstums», S. 69) zeigt zum Beispiel, dass der DDT-Gehalt in Fischen noch etwa elf Jahre lang stieg, nachdem die Nutzung dieses Insektizids um 50% reduziert wurde, und dass es nach Einstellung der Verwendung noch 20 Jahre dauern werde, bis Fisch gar kein DDT mehr enthält.

DDT kommt in vielen Ländern nach wie vor zum Einsatz und wurde in anderen Ländern erst vor wenigen Jahren verboten. Doch traurigerweise können wir sogar bei den Inuit und in anderen Teilen der Welt, die nie DDT oder andere Chemikalien verwendet haben, DDT nachweisen, was dem so genannten «Leapfrog Effect» geschuldet ist, der im Grunde bedeutet, dass eine bestimmte Menge dieser versprühten Chemikalien in die Luft absorbiert und dann vom Wind in andere Teile der Welt getragen wird.

Die oben erwähnte Studie erfasst auch andere Chemikalien wie Quecksilber, Blei, Cadmium, PCB und Pestizide.

Wir wissen, dass all diese Chemikalien über das Potential verfügen, Krebs und andere Gesundheitsprobleme zu verursachen. Aber zu Recht werden Sie bezüglich der Metalle fragen: Welche Probleme verursachen diese?

Toxische Metalle

Alle Metalle, die ich bereits erwähnt habe (Aluminium, Cadmium, Quecksilber, Kupfer und Blei), haben eines gemeinsam: Sie sind ionische Metalle, was bedeutet, dass sie sich an Mineralien binden und so eine schlechte Absorption der Mineralstoffe in unseren Körper verursachen. Sie sitzen an der Absorptions-Stelle (Membran) der Zellen und halten sie davon ab, unsere Organe, unser Immunsystem und unsere Drüsen zu nähren.

All diese ionischen Metalle produzieren sehr viele freie Radikale, die selbst Antioxidantien wirkungslos machen! Es ist von grundlegender Bedeutung, die Ursache (die Metalle) zu entfernen, nicht die Wirkungen mit Antioxidantien zu «verarzten». Weitere Informationen über freie Radikale finden Sie im Kapitel ROS [Freie Radikale] auf Seite 176.

In diesem Kapitel möchte ich näher darauf eingehen, wie jedes dieser Metalle im Körper reagiert und welche Folgen dies für die Gesundheit mit sich bringt.

Wussten Sie schon?
Schwermetalle reduzieren die Wirksamkeit medizinischer Behandlung um bis zu 60%. Es besteht wenig Hoffnung für Antioxidantien und Mineralergänzungsstoffe, wenn der Körper mit Schwermetallen belastet ist.
– Weltgesundheitsorganisation (WHO)

Aluminium

Bindet sich an und stört die Absorption von folgenden Stoffen, wodurch der Bedarf an ihnen steigt:

Mineralstoffe:
- Calcium
- Eisen
- Kupfer
- Magnesium
- Phosphor
- Selen
- Zink

Vitamine:
- C
- D3

Quellen dieses Metalls, die Sie meiden sollten:

- Aluminium-Kochgeschirr und -Töpfe
- Backpulver
- Deodorants
- Enthärtetes Wasser
- Gebleichtes Mehl
- Getränke aus Aluminiumdosen
- Magensäuremittel
- Nahrungsmittelzusätze
- Nasensprays
- Öffentliches Trinkwasser, da oft Aluminiumverbindungen zugesetzt werden
- Schmelzkäse
- Tafelsalz
- Tee
- Zahncreme und Impfungen
- Zigarettenfilter

Aluminium kann folgende Symptome hervorrufen:

- » Alzheimer
- » Epileptische Anfälle und Krämpfe
- » Atembeschwerden
- » Anorexie
- » Demenz
- » Depression
- » Knochenfrakturen
- » Knochenschmerzen
- » Kognitive Probleme
- » Leber- und Nierenbelastung sowie -funktionsstörung
- » Legasthenie
- » Magenprobleme
- » Muskelschmerzen
- » Neurologische Erkrankungen
- » Osteoporose und andere Knochenkrankheiten
- » Parkinson
- » Schilddrüsenprobleme und allgemeine Schwäche

Arsen

Dieses Metall beeinträchtigt die Nährstoffaufnahme nicht, ist aber ein starkes Lebergift, durch welches der Bedarf an Methionin zur Unterstützung des Entgiftungsprozesses steigt.

Quellen dieses Metalls, die Sie meiden sollten:

- » Brot und Cerealien
- » Fisch
- » Fleisch
- » Kunstdünger
- » Reis, bes. Langkornreis
- » Tabak
- » Trinkwasser

Aluminium ist ein essentieller Nährstoff, aber in unserer Umwelt und Gesellschaft scheint das Risiko, zu viel statt zu wenig Aluminium aufzunehmen, viel größer zu sein.

Arsen kann folgende Symptome verursachen:

- » Anorexie
- » Dermatose
- » Krebs
- » Leberschäden
- » Periphere Neuritis
- » Sensibilitätsstörungen sowie Hautkrebs
- » Verminderte Blutbildung

Warnung
Ballaststoffreiche Getreideprodukte wie Vollkornnudeln usw. enthalten größere Mengen an Arsen!

Studie zu Arsen

Arsen ist ein wichtiger Umweltschadstoff, der auf der Liste der US-Umweltschutzbehörde EPA ganz oben steht.

Das Ausmaß des durch Arsen verursachten menschlichen Leids ist in anderen Teilen der Welt schier unfassbar, zum Beispiel in Bangladesch und im indischen Westbengalen, wo geschätzte 50 Millionen Menschen dem Risiko ausgesetzt sind, mit Arsen verseuchtes Wasser zu trinken.

Die Krebs verursachenden Eigenschaften von Arsen könnten auf die Produktion von DNA schädigenden Partikeln namens freie Radikale zurückzuführen sein.

Das Ergebnis spricht für den Einsatz von Antioxidantien, wie Vitamin C und E, welche die freien Radikalen abschöpfen, zur Krebsprävention.

Wissenschaftler untersuchten die Wirkung von Arsen auf im Labor kultivierte Zellen.

Diejenigen Zellen, die Arsen ausgesetzt wurden, produzierten etwa dreimal so viele freie Radikale wie andere Zellen, berichten die Autoren, und ein Antioxidans reduzierte die Menge an freien Radikalen in den mit Arsen belasteten Zellen um die Hälfte.

Die Arsenbelastung verdoppelte auch die Anzahl der Zellen mit Genmutationen, stellten die Forscher fest. Und wenn der Mischung ein Antioxidantienblocker zugesetzt wurde, erhöhte sich die Zahl der mutierten Zellen um das 5- bis 16-Fache.

Studien haben bereits nachgewiesen, dass Arsen bei Menschen Krebs erregen kann, doch vor dieser Studie war nicht klar, auf welche Weise Arsen Krebs verursachte.

Diese Ergebnisse belegen jedoch eindeutig, dass die Erzeugung freier Radikaler nach nur einigen Minuten der Einwirkung von Arsen zu Genmutationen und Zelltod führen kann, schlussfolgern die Autoren, und dass Antioxidantien diese Wirkungen hemmen können.[1]

---

[1] Proceedings of the National Academy of Sciences [Verfahren der Nationalen Akademie der Wissenschaften]
13. Februar 2001; 98:1643–1648

Cadmium

Bindet sich an und stört die Absorption von folgenden Stoffen, wodurch der Bedarf an ihnen steigt:

Mineralstoffe:
- » Calcium
- » Kupfer
- » Magnesium
- » Selen
- » Zink

Vitamine:
- » C
- » D

Aminosäuren:
- » Glutathion
- » Liponsäure
- » Methionin

Quellen dieses Metalls, die Sie meiden sollten:

- » Batteriefabriken
- » Gummireifen
- » Unser Gemüse
- » Klärschlamm
- » Kontaminierte Meeresfrüchte
- » Lötmetall
- » Luftverschmutzung, z.B. mit Pestiziden
- » Phosphatdünger
- » Zigarettenrauch
- » Zinkschmelzwerke

Cadmium kann folgende Vergiftungssymptome hervorrufen:

- » Alopezie (Haarausfall)
- » Anämie
- » Blasenkrebs
- » Bluthochdruck
- » Chronische Atemwegserkrankungen
- » Erschöpfung
- » Gelbe Zähne
- » Knochenprobleme, inkl. Osteoporose
- » Leberschäden
- » Leber- und Nierenüberlastung und -funktionsstörungen
- » Lungen- und Prostatakrebs
- » Nierensteine
- » Reizdarm
- » Schmerzen im unteren Rücken
- » Trockene Haut

Warnung

Ballaststoffreiche Getreideprodukte wie Vollkornnudeln usw. enthalten größere Mengen an Cadmium!

Blei

Bindet sich an und stört die Absorption von folgenden Stoffen, wodurch der Bedarf an ihnen steigt:

Mineralstoffe:
- » Calcium
- » Chrom
- » Eisen
- » Kupfer
- » Schwefel
- » Selen

Vitamine:
- » B-Komplex
- » E

Aminosäuren:
- » Cystein
- » Liponsäure
- » Lysin
- » Methionin

Andere:
- » Ballaststoffe
- » Quercetin

Quellen dieses Metalls, die Sie meiden sollten:

- » Autoabgase (allerdings ist Benzin mittlerweile meist bleifrei)
- » Batteriefabriken
- » Bleirohre
- » Farben auf Bleibasis (sind inzwischen in den meisten Ländern verboten)
- » Fischkonserven, z. B. Thunfisch
- » Hausstaub
- » Hüttenwerke
- » Luftverschmutzung
- » Zigarettenrauch

Blei kann folgende Vergiftungssymptome hervorrufen:

- » Anämie
- » Ängstliche Unruhe
- » Anorexie
- » Depression
- » Erschöpfung
- » Gewalttätiges Verhalten
- » Hyperaktivität
- » Kopfschmerzen
- » Koordinationsprobleme und kognitive Störungen
- » Nierenüberlastung und -schäden
- » Ruhelosigkeit
- » Schmerzen in Muskeln und Knochen
- » Schwindel
- » Tremor
- » Verstopfung
- » Verwirrung

Quecksilber

Bindet sich an und stört die Absorption von folgenden Stoffen, wodurch der Bedarf an ihnen steigt:

Mineralstoffe:	» Calcium » Selen » Zink
Vitamine:	» C » B5 und B12 » Pyridoxal-5-Phosphat
Aminosäuren:	» Alginat » Cystein » Glutathion » Liponsäure » Methionin » N-Acetyl-Cystein
Andere:	» Pektin

Quellen dieses Metalls, die Sie meiden sollten:

- » Baby- und Körperpuder
- » Dental-Amalgam
- » Dünger
- » Fungizide
- » Holzschutzmittel und in Impfstoffen verwendete Quecksilber-basierte Konservierungsmittel
- » Kosmetika
- » Meeresfrüchte und große Fische
- » Pestizide
- » Weichmacher für Textilien

Quecksilber kann folgende Vergiftungssymptome hervorrufen:

- » Anämie
- » Anorexie
- » Asperger-Syndrom
- » Autismus
- » Autoimmunerkrankungen
- » Bluthochdruck
- » Depression
- » Dermatitis
- » Diabetes
- » Dickdarmentzündung
- » Erhöhte Cholesterinwerte
- » Geburtsfehler
- » Gehör- und Gedächtnisverlust
- » Herzinfarkt
- » Hirnschäden
- » Hyperaktivität
- » Koordinationsprobleme
- » Kopfschmerzen
- » Kribbeln in Lippen und Füßen
- » Legasthenie
- » Lernschwierigkeiten
- » Metallischer Geschmack
- » MS (Multiple Sklerose)
- » Nervosität
- » Nierenüberlastung und -schäden
- » Schlaflosigkeit
- » Schwächegefühl
- » Schwindel
- » Sehstörungen
- » Störungen des Zentralnervensystems
- » Tremor
- » Übelkeit
- » Verlust des Sexualtriebs

Studien zu Quecksilber

Quecksilber ist ein toxisches Metall mit erheblichen Auswirkungen auf die Schilddrüse. Es gibt jede Menge Belege dafür, dass Quecksilber aus Amalgamfüllungen austritt und zu Schilddrüsenerkrankungen und Anämie beiträgt.

Während große Mengen an Quecksilber eine Schilddrüsenüberfunktion hervorrufen können, können kleinere Mengen zu Schilddrüsenunterfunktion führen,
indem sie sowohl die Produktion von Thyroxin (T4) als auch die Umwandlung von T4 in T3 beeinträchtigen.

Quecksilber stört den Kupfer- und Zinkstoffwechsel, zweier Mineralstoffe, die für die Funktion der Schilddrüse ausschlaggebend sind. Graues Haar kann, eher bei Frauen als bei Männern, ein Anzeichen für akkumuliertes Quecksilber sein.

Quecksilber führt zu Funktionsstörungen des Immunsystems und fördert die Produktion von IgG- und IgE-Auto-Antikörpern, die auch an Autoimmunerkrankungen der Schilddrüse beteiligt sind.

Verschiedene Formen von Quecksilber – organisch oder anorganisch – haben unterschiedliche Wirkungen auf die Schilddrüse. Milch und sehr wahrscheinlich Östrogen führen zu einer erhöhten Absorption von Quecksilber.

Quecksilber hat eine sehr lange Halbwertszeit im Körper mit einer Dauer von vielleicht vielen Jahren und wurde in Krebsgewebeproben nachgewiesen.

Selen ist das Schlüsselmineral, das den Körper vor Quecksilbervergiftung schützt. Eine Studie ergab, dass Koriander (chinesische Petersilie) hilft, Quecksilber aus dem Körper zu entfernen und ihn vor prekanzerösen Läsionen schützt.

Wie der folgende Artikel zeigt, gelangt Quecksilber auf vielfältigen Wegen in unseren Körper, auch durch Impfungen. Vielleicht sind die negativen Wirkungen von Impfstoffen zumindest teilweise toxischen Metallen geschuldet. Laut des Autismus-Verbandes können Impfungen mit Quecksilbervergiftung zusammenhängen. Thiomersal ist das quecksilberhaltige Konservierungsmittel, das in Kontaktlinsenflüssigkeit verwendet wird. Hoffentlich sind keine weiteren solcher Flüssigkeiten auf dem Markt, aber wenn Sie Kontaktlinsen tragen, prüfen Sie bitte die Inhaltsangaben.

US-Kongressabgeordneter Dan Burton fordert sofortigen Rückruf von Impfstoffen

In einem Schreiben vom 25. Oktober 2000 an die Ministerin Donna Shalala des US-Bundesministeriums für Gesundheit und Human Services

(DHHS) forderte der Kongressabgeordnete Dan Burton, Vorsitzender des Regierungsreformausschusses des Repräsentantenhauses, den Rückruf aller Impfstoffe, die Thiomersal enthalten. Das Quecksilber-basierte Produkt Thiomersal (in den USA als Thimerosal bekannt) wird Impfstoffen als Konservierungsstoff zugesetzt.

Am 18. Juli 2000 führte der Ausschuss eine Anhörung unter dem Titel «Quecksilber in der Medizin: Gehen wir unnötige Risiken ein?» durch. Während dieser Anhörung räumte die US-Behörde für Lebensmittelüberwachung und Arzneimittelzulassung FDA ein, dass Kinder durch Thiomersal enthaltende Impfstoffe unsicheren Mengen an Quecksilber ausgesetzt sind. Es wurde auch festgestellt, dass die Symptome einer Quecksilbervergiftung den Symptomen von Autismus sehr ähnlich sind – einer Krankheit, die in den Vereinigten Staaten epidemische Ausmaße angenommen hat. Dennoch entschied die FDA, den Pharmaunternehmen zu erlauben, dass sie die Verwendung von Thiomersal einfach nur auslaufen lassen, wodurch quecksilberhaltige Impfstoffe in öffentlichen und privaten Gesundheitseinrichtungen verblieben.

In seinem Brief an die Ministerin Shalala schrieb Vorsitzender Burton: «Wir alle wissen und akzeptieren, dass Quecksilber ein Neurotoxin ist, und dennoch unterließ es die FDA, die 50 Impfstoffe zurückzurufen, die Thiomersal enthalten ... Auf ihrer eigenen Website sagt die FDA: ‹Blei, Cadmium und Quecksilber sind Beispiele von Elementen, die toxisch sind, wenn sie in relativ geringen Mengen vorliegen ...›»

Unsere Kinder sind die Zukunft dieses Landes. Als Regierung haben wir die Verantwortung, alles in unserer Macht Stehende zu tun, um sie vor Schaden zu schützen, so müssen wir auch sicherstellen, dass Impfstoffe sicher und wirksam sind. Jeder Tag, an dem quecksilberhaltige Impfstoffe noch auf dem Markt sind, ist ein weiterer Tag, an dem das DHHS 8000 Kinder einem Risiko aussetzt. Angesichts der Tatsache, dass Thiomersal-freie Impfstoffe verfügbar sind, und angesichts der bekannten Risiken, die von der Toxizität von Quecksilber ausgehen, ist es gewissenlos, Thiomersal enthaltende Impfstoffe auf dem Markt zu lassen.»

Quecksilberbelastung = höhere Anfälligkeit
Die chronische Belastung durch Quecksilber ist auch eine Bedrohung für unsere Gesundheit und macht uns besonders anfällig für Grippeinfektionen. Es wurde nachgewiesen, dass die «langfristige Belastung von Säugern (weißen Mäusen) durch geringe Quecksilberkonzentrationen (0,008–0,02 mg/m^3) zu einem signifikanten Anstieg der Anfälligkeit von Mäusen für pathologische Influenzavirenstämme führt. Dies zeigt sich durch einen heftigeren Krankheitsverlauf. In der Versuchsgruppe starben

mehr Mäuse (86–90,3 %) als bei den Tieren, die nicht belastet waren (60,2–68 %), zudem starben die Tiere der Versuchsgruppe schneller. Der signifikante Unterschied lag in Auftreten und Schwere von Pneumonie bei den betroffenen Tieren», schrieb Dr. I. M. Trakhtenberg in «Chronic Effects of Mercury on Organisms» [Chronische Wirkungen von Quecksilber auf Organismen].

Obwohl jeder Mensch in der nördlichen Hemisphäre mit Quecksilber kontaminiert ist, haben die Gesundheitsbehörden eine geistige Blockade gegenüber jeglichen Vorschlägen, welche die Gesamtbelastung des Körpers mit Quecksilber reduzieren könnten. Wenngleich einige engagierte Gesundheitsaktivisten dabei sind, die FDA-Billigung von quecksilberhaltigem Dental-Amalgam zu knacken, wird es eines «Marsianischen Todesstrahls» bedürfen, um die FDA dazu zu bringen, die Öffentlichkeit vor dem Offensichtlichen zu schützen. Natürliche Chelationsverfahren wirken sicher zur Entfernung von Quecksilber, doch leider ist vor dem befürchteten Ausbruch der Grippe kaum Zeit, die Quecksilberwerte zu senken. Mit dem unten vorgeschlagenen Notfallplan kann
immer noch viel erreicht werden. Die Quecksilberbelastung führt dazu, dass Grippesymptome schlimmer und sogar gefährlicher ausfallen, und das ist ein Grund, warum der Grippeimpfstoff tödlich ist, denn die meisten Marken enthalten Thiomersal, das zu fast fünfzig Prozent aus Quecksilber besteht.

Mehrere andere Quecksilber-Bekämpfer haben
ihren Platz auf dem Grippe-Schlachtfeld. Zusätzlich dazu, dass es Quecksilber zu einem recht harmlosen Komplex bindet, ist Selen selbst in niedrigen Konzentrationen ein sehr gutes Mittel gegen Entzündungen. N-Acetyl-L-Cystein, ein Antioxidans und Glutathion-Vorgänger, regt die Produktion dieses Meisterantioxidans' an und stärkt unter anderem das Immunsystem und hat entzündungshemmende Eigenschaften. Alpha-Liponsäure, ein weiterer Quecksilber-Entferner, wirkt stark entzündungshemmend und schützt gleichzeitig die Mitochondrien und lindert zelluläre Entzündungen. Erfahren Sie mehr über diese Stoffe, bevor Sie sie brauchen, und fügen Sie sie jetzt Ihrer Hausapotheke hinzu. Um unsere Patienten zu informieren und zu unterrichten, erhielt ich auch die folgende wichtige Broschüre in meiner Klinik:

Wissenschaftliche Fakten zu Quecksilber und Dental-Amalgam
Bitte fotokopieren und verteilen Sie diesen Bericht und geben Sie ihn an so viele Zahnärzte weiter, wie Sie können. Veränderung geht mit Wissen und Bewusstsein einher.

Was ist diese «Silber»-Füllung wirklich?

Dental-Amalgam ist eine Legierung aus Silber, Zinn, Zink und Kupfer, die mit einer gleichen Menge elementarem Quecksilber vermischt wird. Die «silbernen» Füllungen in Ihrem Mund enthalten 50% Quecksilber. Aufgrund des permanenten Austritts von Quecksilber aus Amalgam müssen Zahnärzte Amalgamabfälle als Giftmüll entsorgen und dabei strenge Richtlinien befolgen. Es ist illegal, es in den Müll, die Toilette oder den Abfluss zu werfen. Tatsächlich scheint der einzige legale Ort für dieses Material der Mund von lebenden Menschen zu sein! (Schätzungsweise 11 kg Quecksilber werden pro Jahr aus jedem Schornstein eines Krematoriums freigesetzt!)

Wie viel Quecksilber ist zu viel?

Quecksilber entweicht dem Amalgam in Form von Quecksilberdampf, elementarem Quecksilber und Quecksilberionen. Dabei steigt die Freisetzungsquote bei höheren Temperaturen, mehr Reibung und elektrischen Strömen. Nach einer solchen Stimulation bleiben die erhöhten Austrittswerte etwa 90 Minuten lang bestehen.

Die zahnmedizinischen Autoritäten behaupten, dass nur eine winzige Menge Quecksilber aus Amalgamfüllungen austritt, und obwohl das stimmt, ist zu bedenken, dass Quecksilber ein kumulatives Gift ist. Es verbleibt in unserem Körper und die Werte steigen kontinuierlich an. Diese Art der Vergiftung wird Mikromerkurialismus genannt. Die frühesten Symptome sind normalerweise subklinischer und neurologischer Art: Müdigkeit, Kopfschmerzen, Vergesslichkeit, vermindertes Kurzzeitgedächtnis, schlechte Konzentration, Schüchternheit und Zaghaftigkeit, Verwirrung, rasche Stimmungsschwankungen, grundloser Zorn, Depression und suizidale Tendenzen.

Eine Vielzahl wissenschaftlicher Studien gibt an, dass 20 mcg/m^3 bis 150 mcg/m^3 Quecksilberdampf im Mund eines Menschen mit Amalgamfüllungen gemessen werden können. 1 mcg Quecksilberdampf ist fünfmal mehr als der von der US-Umweltschutzbehörde EPA als sicher angegebene Wert. Es ist 50-mal mehr als der als akute Belastung von der US-amerikanischen Agency for Toxic Substances and Disease Registry ATSDR [Agentur für toxische Substanzen und Krankheitsregister] angeführte Wert. Die ATSDR führt Quecksilber als eine der 20 gefährlichsten bekannten Substanzen auf! Es gibt KEINE sichere Konzentration von Quecksilberdampf. Die Weltgesundheitsorganisation WHO erklärte 1991, dass es für Quecksilberdampf keinen NOEL («No Observed Effect Level») gibt, also keine höchste Dosis eines Stoffes, die auch bei andauernder Aufnahme keine erkennbaren und messbaren Wirkungen hinterlässt. Anders ausgedrückt:

Quecksilberdampf ist in jeder Dosis schädlich. Die WHO wies auch nach, dass Dental-Amalgam die größte Einzelquelle von Quecksilber für die allgemeine Bevölkerung ist – bis zu 10-mal konzentrierter als alle anderen Emissionsquellen zusammen.

Latexfarben, die Quecksilber enthielten, mussten vom Markt genommen werden, nachdem sie nur 2–3 mcg/m^3 abgaben.

Der «Richardson Report», eine 1995 im Auftrag von Health Canada durchgeführte Studie, stellte fest, dass die tolerierbare tägliche Aufnahme von Quecksilber in den verschiedenen Altersgruppen bereits bei der folgenden Anzahl an Amalgamfüllungen überschritten wurde: Erwachsene 4, Teenager 3, Kinder und Kleinkinder 1.

Der Verbleib von Quecksilber im Körper wird auf 1 mcg/Füllung/Tag geschätzt. Bis zu 80% des eingeatmeten Quecksilberdampfes werden über die Lungen absorbiert. Ein Teil des Quecksilberdampfes verbleibt in den Schleimhäuten von Nase und Mund und wird direkt ins Gehirn transportiert.

Aus Amalgam stammendes Quecksilber passiert leicht die Blut-Hirn-Schranke und kann jeden Teil des Zentralnervensystems schädigen. Ein Teil des Quecksilbers wird auch entlang der Nervenfasern zurück ins Gehirn transportiert (retrograder axonaler Transport). Quecksilber aus Amalgam konnte entlang des gesamten Rückenmarks nachgewiesen werden.

Die Quecksilberkonzentration im Gehirn ist direkt proportional zur Anzahl der Füllungen im Mund. Winzige Mengen Quecksilber im Gehirn verursachen dieselbe Art von Schäden, die in den Gehirnen von Alzheimer-Patienten zu finden sind. Bereits niedrige Quecksilberkonzentrationen im Gehirn stören die Zellfunktion massiv und mindern das Wachstum von Nervenfasern.

Zahnärzte implantieren Amalgamfüllungen regelmäßig in Form retrograder Wurzelfüllungen direkt in den Knochen (hierbei wird die Füllung ans Ende der Wurzel platziert). Quecksilber kann aus einer solchen Füllung schnell und leicht ins Gehirn gelangen. Würde irgendein anderer Fachbereich der Medizin solch eine absurde Praxis billigen? Der Amalgamhersteller Caulk gibt an, dass Amalgam für die Verwendung als retrograde Füllung kontraindiziert ist; die australischen zahnmedizinischen Autoritäten lehren und billigen dieses Vorgehen dennoch!

Quecksilber aus Amalgam kann in allen Zellen des Körpers vorkommen (die höchsten Konzentrationen sind üblicherweise in Nieren, Leber und Gehirn zu verzeichnen).

Durch Amalgamfüllungen liegt auch eine sehr hohe Quecksilberkonzentration in den Kieferknochen und dem den Mund auskleidenden Weichgewebe vor.

Blut- und Urinproben sind wenig aussagekräftige Methoden, um die Quecksilberbelastung des Körpers zu bestimmen, da das meiste Quecksilber in den
Körperzellen zurückgehalten wird (als Speicher- oder Retentionsvergiftung bekannt).

DMPS ist ein Chelatbildner, der einen Teil des Quecksilbers aus den Zellen entfernt und so bindet, dass es ausgeschieden werden kann. Dann sind Veränderungen der Quecksilberkonzentration im Urin nachweisbar.

Quecksilber aus Amalgam verursacht keine bestimmte Krankheit – es verursacht eine Quecksilbervergiftung, die durch eine große Bandbreite an Symptomen gekennzeichnet ist. Davon können viele Organe und Funktionen des Körpers betroffen sein.

Die folgenden sind einige grundlegende Tatsachen aus dem «Richardson Report»: Quecksilber aus Amalgamfüllungen führt bereits nach zwei Monaten im Mund nachweislich zu einer 50-prozentigen Reduktion der Nierenfiltration (Tierversuche). Über Nierenschäden durch Quecksilber wurde und wird in der Literatur häufig berichtet. Die häufigsten Symptome einer andauernden schwachen Quecksilbervergiftung sind Kopfschmerzen und psychoemotionale Störungen. Muskelzuckungen und Zittern des Körpers sind spätere und schwerere Symptome.

Studien seit 1993 haben nachgewiesen, dass Quecksilber aus Amalgamfüllungen einen Anstieg der Anzahl Antibiotika-resistenter Bakterien in Darm und Mund verursacht. Die Zahlen der resistenten Bakterien sanken rapide, nachdem Amalgam entfernt wurde.

Quecksilber aus Amalgam kann eine Schwächung der Wände kleiner Blutgefäße (Mikroangiopathien) verursachen – diese bewirken eine Reduktion der
Blutversorgung von Geweben, die wiederum zu verminderter Funktion und/oder Zelltod führt.

Die Herzfunktion kann durch Quecksilber und elektrische Ströme aus Amalgam beeinträchtigt werden.

Einige Berichte legen nahe, dass erhöhte Cholesterinwerte mit Quecksilber im Körper zusammenhängen. Es wurde festgestellt, dass Cholesterinspiegel sanken, nachdem Amalgamfüllungen entfernt wurden.

Obwohl verschiedene Zahnärztekammern behaupten, dass weniger als 1% der Bevölkerung eine echte Allergie auf Amalgam aufweist, zeigen die jüngsten Forschungen, dass die tatsächliche Zahl eher bei 13% liegt. Angenommen, nur etwa die Hälfte der australischen Bevölkerung hätte

Amalgamfüllungen, würde dies bedeuten, dass über 1 700 000 Menschen aufgrund einer allergischen Reaktion auf diese Füllungen krank sein könnten. Da die Mediziner insgesamt die Gefahren von Amalgam nicht anerkennen, ist es höchst wahrscheinlich, dass die Mehrzahl dieser Menschen fehldiagnostiziert und daher falsch behandelt wird. Eine echte Allergie ist nur eine Art der Immunreaktion.

Quecksilber hat immer eine nachteilige Wirkung auf das Immunsystem. Dies schafft im Körper ein Milieu, in dem sich andere Krankheiten entwickeln können.

Quecksilber bindet sich an Proteine, wodurch diese für die Zellen des Immunsystems wie Fremdkörper aussehen. Offenkundige Autoimmunerkrankungen können die Folge sein.

Es liegen im wahrsten Sinne des Wortes Hunderte von Experten geprüfte wissenschaftliche Arbeiten über die schädlichen Wirkungen von Quecksilber auf das Immunsystem vor.

Quecksilber aus Amalgam kann eine Zunahme an Allergien, Hautausschlägen und Jucken bewirken.

Quecksilber bindet sich stark an Selen, ein Spurenelement, das für eine Vielzahl von Enzymfunktionen benötigt wird. Jüngste Forschungen zeigen einen direkten Zusammenhang zwischen reduzierten Blutselenwerten und einer Zunahme von einigen Krebsarten.

Viele Studien zeigen, dass die Gabe von Selen in Form von Ergänzungsmitteln hilft, vor den schädlichen Wirkungen von Quecksilber zu schützen.

Quecksilber bindet sich an Hämoglobin im Blut und mindert dessen Kapazität, Sauerstoff zu transportieren. Dies könnte eine der Ursachen chronischer Erschöpfung sein.

Quecksilber in so geringer Konzentration wie 1 Teil/zehn Millionen zerstört die Zellwände roter Blutkörperchen.

Im Mai 1998 empfahl die britische Regierung, dass Zahnärzte Schwangeren kein Amalgam implantieren oder entfernen.

Quecksilber aus Amalgamfüllungen passiert die Plazenta und sammelt sich im Fötus.

Es kann auch über die Muttermilch transportiert und im Körper des Säuglings gespeichert werden.

Die pränatale Quecksilberbelastung kann Entwicklungsschäden und bleibende neurologische Schäden bei Ungeborenen verursachen.

Die Gewebekonzentrationen an Quecksilber bei Föten, Neugeborenen und Säuglingen sind direkt proportional zur Anzahl der Amalgamfüllungen im Mund der Mutter.

Quecksilber ist mutagen – es kann Einzelstrangbrüche in der DNA bewirken.

Weibliches zahnmedizinisches Personal, das Quecksilber ausgesetzt ist, weist eine doppelt so hohe Quote an Fehlgeburten, Unfruchtbarkeit und Totgeburten wie der Rest der Bevölkerung auf.

Falls Sie schwanger sind, lassen Sie sich keine Amalgamfüllungen einsetzen. Gehen Sie in keine Zahnarztpraxis, wo Amalgam verwendet wird, denn die Quecksilberdampfkonzentration in der Luft könnte den Fötus schädigen.

Elektrische Ströme, die durch die Interaktion verschiedener Metalle im Mund entstehen, können in Mikroampere gemessen werden. Das Zentralnervensystem operiert im Bereich von Nanoampere. Das ist etwa 1000-mal weniger als die Ströme, die im Mund fließen. Hier liegt also dieselbe Vervielfachung vor wie die bei einem Menschen induzierte, der unter Hochspannungsleitungen steht.

Elektrischer Strom, der entsteht, wenn Gold- neben Amalgamfüllungen vorhanden sind, führt zu einem Anstieg der elektrischen Ströme in den Füllungen, was bewirkt, dass mehr Quecksilber aus allen Füllungen austritt. Eine über einer Amalgamfüllung aufgebrachte Goldkrone kann eine Vervierfachung des durch den Zahn getriebenen Quecksilbers verursachen. Goldkronen über Amalgamfüllungen lassen eine permanente galvanische Zelle entstehen. Amalgam ist nach wie vor das am häufigsten verwendete Material für die Basis unter einer Krone. Diese Vorgehensweise wird durch die Hersteller Caulk und Ivoclar kontraindiziert.

Zahnfüllungen sind ein Implantat aus Materialien in lebendes Gewebe. Weder die US-Behörde für Lebensmittelkontrolle und Arzneimittelzulassung FDA noch die australische Arzneimittelbehörde TGA haben gemischtes Dentalamalgam als Implantat-Material zugelassen.

Obwohl die zahnmedizinischen Autoritäten Behauptungen über die Sicherheit von Amalgam aufstellen, haben sie nicht eine wissenschaftliche Arbeit vorgelegt, die belegt, dass dieses Material toxikologisch sicher ist.

In Zahnarztpraxen, wo Amalgam verwendet wird, kann die Quecksilberdampfkonzentration so hoch sein, dass sie ein Gesundheitsrisiko darstellt. Zahnärztekammern haben die Frage gestellt, woher es denn komme, dass Quecksilber aus Amalgam für den Patienten so gefährlich sei, wenn die Zahnärzte, die einer viel höheren Quecksilberbelastung ausgesetzt sind, nicht krank werden? Diese Behauptung wird durch die Fachliteratur nicht untermauert. Tatsächlich weist zahnmedizinisches Personal eine Vielzahl an gesundheitlichen Problemen auf, die es vom Rest der Bevölkerung unterscheidet:

Doppelt so viele Glioblastome wie der Rest der Bevölkerung.

Verminderte IQ-Werte wurden nachgewiesen.

Psychomotorische und psychoemotionale Studien mit Zahnärzten weisen einen deutlichen Punkteverlust im Vergleich zum Rest der Bevölkerung nach.

Doppelt so hohe Suizidrate wie jede andere Berufsgruppe.

20% der kanadischen Zahnärzte sind aus psychologischen Gründen dauerhaft berufsunfähig.

Klinische Erfahrungen mit Entgiftung und Amalgamentfernung haben gezeigt, dass Menschen, die von den schädlichen Auswirkungen von Quecksilber aus Amalgam betroffen sind, die positiven Effekte der Amalgamentfernung häufig noch steigern, wenn sie diese mit einer Entgiftung vor, während und nach der Entfernung kombinieren.

Die Entfernung von Amalgamfüllungen senkt nachweislich die Quecksilberbelastung des Körpers erheblich. Es existieren festgelegte Vorgehensweisen für die Entfernung. Die Nichteinhaltung dieser Richtlinien kann zu einer unzumutbaren Quecksilberbelastung führen. Alte Amalgamfüllungen müssen sehr vorsichtig entfernt werden.

Es ist wichtig, dass Ihr Zahnarzt beim Entfernen von Amalgam die richtigen Verfahrensweisen befolgt.

Geschrieben für ASOMAT von Dr. Robert Gammal, Bachelor der Zahnmedizin

Die Australasian Society of Oral Medicine and Toxicology (ASOMAT) [Australisch-Asiatische Gesellschaft für orale Medizin und Toxikologie] wurde von einer Gruppe engagierter Zahnärzte und Ärzte mit dem Ziel gegründet, Öffentlichkeit und Fachwelt über die Konzepte einer bio-kompatiblen Zahnheilkunde zu informieren.

ASOMAT ist eine gemeinnützige Organisation mit folgenden Kontaktdaten:

P.O. Box A860, Sydney South, NSW, Australien

Telefon: 0061-(0)2-9867-1111

www.asomat.com

E-Mail: asomat@asomat.com

Nickel

Nickel ist auch ein essentieller Nährstoff, doch zu viel davon verursacht Gesundheitsprobleme.

Bindet sich an und stört die Absorption von folgenden Stoffen, wodurch der Bedarf an ihnen steigt:

Mineralstoffe:
- » Calcium
- » Eisen
- » Magnesium
- » Zink

Quellen dieses Metalls, die Sie meiden sollten:

- » Nickel-Cadmium-Batterien
- » Nickelmünzen
- » Schmuck, vor allem Modeschmuck
- » Zahn- oder orthopädische Implantate

Wenn zu viel Nickel im Körper gespeichert wird, kann es folgende Vergiftungssymptome hervorrufen:

- » Asthma
- » Atembeschwerden (weil es in den Lungen gespeichert wird)
- » Durchfall
- » Erbrechen (weil es in der Leber gespeichert wird)
- » Fieber
- » Hautallergien und Ausschläge (sehr häufig)
- » Kopfschmerzen
- » Schlaflosigkeit
- » Übelkeit

Xenoestrogene

Xenoestrogene sind einer der größten Feinde meiner Patienten. Sie betreffen nicht nur Frauen, sondern auch Männer und Teenager beiderlei Geschlechts. Es ist beunruhigend zu sehen, wie viele Menschen Chemikalien ausgesetzt sind, die dieses synthetische Hormon produzieren und Krankheiten verursachen. Tragisch ist, dass selbst nachdem der Körper von Xenoestrogenen entgiftet wurde, diese wegen der giftigen Umwelt, in der wir leben, immer wiederkommen und sich erneut ansammeln, manchmal innerhalb nur weniger Monate.

Die meisten meiner Patienten mit durch Xenoestrogenen verursachter Östrogendominanz leben entweder in einem Weinanbaugebiet oder in der Nähe von landwirtschaftlichen Betrieben oder Orten, wo die Gemeindeverwaltung und Nachbarn regelmäßig Glyphosat sprühen, um Unkraut und Gras an Straßenrändern oder auf ihren Grundstücken zu vernichten.

Doch auch Kinder sind dieser Chemikalie in der Schule stark ausgesetzt, an einem Ort, wo sie eigentlich geschützt und umsorgt sein sollten.

Es gab einmal eine Zeit, da wurde Gras einfach gemäht und Unkraut eben herausgezogen oder als solches akzeptiert, vorausgesetzt, es schadete weidenden Tieren nicht.

Aufgrund reiner Bequemlichkeit und der kontinuierlichen Gehirnwäsche durch die Hersteller von Glyphosat und anderen Unkrautvernichtungsmitteln – die Chemiemultis, die behaupten, diese Produkte seien so harmlos, dass man sie trinken könne! – werden Menschen umgebracht und zusätzliche weitere Millionen sehr krankgemacht.

Dies ist die Art von petrochemischer Verschmutzung, mit der zu leben wir gezwungen sind. Wir haben nicht einmal eine Chance, sie zu meiden, denn sie ist überall. Selbst unsere Nahrung, Wasser, Kosmetika und die meisten Produkte des täglichen Bedarfs sind mit diesen Chemikalien kontaminiert.

Doch es gibt noch eine weitere Xenoestrogen-Quelle, die erwähnt werden muss: in PET-Flaschen abgefülltes Trinkwasser. Am schlimmsten ist es, diese Wasserflaschen wiederzuverwenden, denn sie werden nur als «Einwegflaschen» hergestellt, was bedeutet, dass wir sie nicht wiederverwenden sollten. Sobald die Flasche geöffnet wird, beginnt der Kunststoff unter der Wirkung von Sauerstoff zu zerfallen und vergiftet so das Wasser.

Wie bereits im Kapitel über Kunststoffe auf Seite 21 erwähnt, nehmen wir, wenn wir aus PET-Flaschen trinken, Styrol beziehungsweise Benzol auf, die sich in unserem Körper in Xenoestrogene umwandeln, ein synthetisches Hormon, das unser natürliches Östrogen nachahmt.

Da ich dieses Problem bei vielen Patienten, darunter auch jungen Männern, beobachtet habe und es solch eine große Bedrohung für die Gesundheit darstellt, möchte ich Ihnen erneut die biochemische Reaktion in unserem Körper erklären.

Diese endokrinen Disruptoren sitzen auf der Zellmembran an der Stelle der Hormonrezeptoren, verhindern die Ausschüttung unserer echten, natürlichen Hormone und richten auf diese Weise verheerende Schäden an unseren Hormonen und unserer Gesundheit an.

Xenoestrogene sind eine Hauptursache von östrogenabhängigem Brustkrebs bei Frauen sowie Männern und auch von Prostatakrebs. Sie verursachen Unfruchtbarkeit und Impotenz bei Männern, Libidoverlust bei Frauen, sowie verwirrte sexuelle Orientierung, Hyperaktivität, Depression oder gar geschädigte Hirnfunktionen und Schilddrüsenunterfunktion – selbst wenn Blutuntersuchungen normale Schilddrüsenwerte ergeben. Neben all diesen Problemen sind Xenoestrogene stark karzinogene Hormone.

Eine weitere erstaunliche Erfahrung mit einem meiner Patienten:
Eine besorgte Mutter kam mit ihrem Sohn in meine Sprechstunde, damit ich seine rechte Brust untersuche, die viel größer und ganz anders als seine linke Brust aussah und sich anfühlte. Ich untersuchte ihn und fand eine ausgedehnte Masse um seine rechte Brustwarze herum. Nach Auswertung der Tests war klar, dass sich in seinem Brustgewebe Xenoestrogene angesammelt hatten.

Natürlich war hier die einzige Lösung des Problems Entgiftung! Einen Monat später bei unserer Nachuntersuchung zeigten die Tests keine weiteren Xenoestrogene; die Größe der Brust hatte sich jedoch nur um etwa 50% reduziert und um seine Brustwarze herum fand sich immer noch etwas von dieser Masse. Also schickte ich ihn zu seinem Allgemeinarzt, damit er ihn auf Brustkrebs untersuchte. Das Ergebnis war, dass er weibliches Brustgewebe entwickelt hatte, das operativ entfernt werden musste. Gott sei Dank war es kein Krebs!

Die Hauptursachen für seine Überbelastung mit Xenoestrogenen waren der Glyphosateinsatz um den Fußballplatz herum, auf dem er zweimal pro Woche trainierte, und das Trinken aus PET-Flaschen, die er regelmäßig wieder auffüllte und die manchmal in der Sonne sehr heiß wurden.

Heute verwendet er Glasflaschen oder eine Thermoskanne.

Die Frage lautet also: Wollen Sie wirklich «Benzin» trinken?
Wenn nicht, ist es wichtig, dass Sie PET-Flaschen nicht wieder mit Wasser oder anderen Getränken auffüllen. Füllen Sie nur Glasflaschen oder Thermosbehälter wieder auf. Diese Sache ist auch im Falle von Babys Ursache großer Besorgnis, da sie bereits in einer frühen Phase ihrer gesundheitlichen und geschlechtlichen Entwicklung aus diesen sehr schädlichen, giftigen Flaschen trinken. Was das Ganze noch schlimmer macht, ist die Tatsache, dass die Milch erst erhitzt und dann in ihre Trinkflasche gefüllt wird. Dies führt dazu, dass noch mehr Plastik in die Milch abgegeben wird, und da der Körper des Babys klein ist, sind die Auswirkungen auf ihn umso größer.

Die folgenden zwei E-Mails erhielt ich von sehr besorgten Patienten, deren Namen ich aus Datenschutzgründen nicht nennen kann, die eigene Nachforschungen anstellten, um uns und ihre Freunde zu informieren und zu warnen:

Es ist offiziell: Kanada hat BPA zum Gift erklärt
Der kanadische Gesundheitsminister erklärte, dass Bisphenol A als giftige Substanz gelistet wurde, und verbot die Verwendung von Polykarbonat-Kunststoff-Babyflaschen. Sein Ministerium wird die Hersteller von Babynahrung auch anweisen, dass die Beschichtung von Nahrungsverpackungen BPA nicht mehr enthalten darf. Die chemische Verbindung wird für Krebs, reduzierte Spermienzahl und frühe Pubertät bei Mädchen verantwortlich gemacht.

Kanadas Absicht, den Import, Verkauf und die Werbung von Bisphenol A enthaltenden Polykarbonat-Babyflaschen zu vebieten, beruht auf Sicherheitsbedenken.

Es wird davon ausgegangen, dass andere Nationen dem folgen werden. Wal-Mart erklärte den sofortigen Stopp des Verkaufs von Lebensmittelbehältern, Wasser- und Babyflaschen, Schnabeltassen und Schnullern, die Bisphenol A enthalten, in allen kanadischen Verkaufsstellen sowie für die US-amerikanischen Läden das Auslaufen-Lassen des Verkaufs entsprechender Babyflaschen bis Anfang 2009. Auch Nalgene kündigte an, die Verwendung der Chemikalie in ihren Produkten einzustellen, und Toys-R-Us äußerte sich ebenfalls dahingehend, dass sie keine Babyflaschen mehr verkaufen werden, die mit BPA hergestellt sind. Darauf folgende Nachrichtensendungen zeigten viele Händler, die Polykarbonat-Trinkprodukte aus ihren Regalen räumten. Hartplastik-Wasserflaschen von Nalgene, die mit Bisphenol A hergestellt sind, werden im Lauf der nächsten Monate aus den Geschäften verschwinden.

Was ist Bisphenol A?
Es wird verwendet, um Polykarbonat-Kunststoffe und Epoxidharze herzustellen.

Übliche Artikel:

- » Babyflaschen
- » Kunststoffbesteck
- » Innenbeschichtung von Lebensmittel- und Getränkeverpackungen
- » Versiegelung von für Löcher anfälligen Zähnen
- » Wasserspenderflaschen

Polykarbonat-Kunststoffe neigen dazu, mit zunehmendem Alter und nach Erhitzen Bisphenol A abzugeben. Was bewirkt es?
Bisphenol A (BPA) ist eine Verbindung, die Östrogen nachahmt, was das endokrine System beeinträchtigen kann und unerwünschte hormonelle Reaktionen hervorrufen könnte. An Tieren erforschte Wirkungen lassen die Befürchtung aufkommen, dass bereits eine geringe Belastung bei Menschen zu vergleichbaren Wirkungen führt.

Mögliche Wirkungen:

- » Brustzellen prädisponiert für Krebs
- » Diabetes
- » Erhöhtes Gewicht der Prostata
- » Herzerkrankungen
- » Hyperaktivität
- » Permanente Veränderungen und Schäden des Genitaltraktes
- » Prostatazellen sensibler für Hormone und Krebs
- » Rückgang des Testosterons

Der normale Ablauf:
1. Östrogen bindet sich an seinen Rezeptor.
2. Östrogen und Rezeptor bewirken eine biologische Reaktion.

Ich habe absichtlich nichts aus der folgenden Nachricht gekürzt, obwohl sie zum Teil meine Aussagen wiederholt, denn wenn Sie diese sehr wichtigen Informationen zweimal lesen, stehen die Chancen besser, dass Sie sie nicht vergessen.

Die zweite E-Mail
Artikel, die an alle weitergeleitet werden sollten, die Ihnen wichtig sind. Keine Plastikbehälter in die Mikrowelle. Keine Wasserflaschen in den Gefrierschrank. Keine Plastikfolie in die Mikrowelle. Eine Dioxin-Chemikalie verursacht Krebs, vor allem Brustkrebs. Dioxine sind für die Zellen unseres Körpers hochgiftig. Frieren Sie keine PET-Flaschen mit Wasser darin ein, da sonst Dioxine aus dem Plastik gelöst werden.

Vor kurzem trat der Wellness Programme Manager des Castle Hospitals, Edward Fujimoto, im Fernsehen auf, um dieses Gesundheitsrisiko zu erklären. Er sprach über Dioxine und darüber, wie schlecht sie für uns sind. Er sagte, wir sollten unser Essen in der Mikrowelle nicht in Plastikbehältern wärmen. Dies gilt besonders für fetthaltige Nahrung. Er meinte, dass durch die Kombination aus Fett, starker Hitze und Plastik Dioxin ins Essen gelangt und so letztlich in die Zellen des Körpers. Er empfiehlt die Verwendung von Glas-, zum Beispiel Corningware, Pyrex oder Keramikgefäßen zum Erhitzen von Speisen. Das Ergebnis ist dasselbe, nur ohne Dioxin.

Dinge wie Fertiggerichte, Instantsuppen usw. sollten aus dem Behälter entfernt und in einem anderen Gefäß erhitzt werden. Papier ist nicht schlecht, allerdings weiß man nicht so genau, was im Papier ist. Sicherer ist es, Hartglas zu verwenden, Corningware usw.

Er erinnerte uns Zuschauer daran, dass vor einer Weile einige der Fast-Food-Restaurants von Schaumstoffbehältern zu Papier übergingen. Das Dioxinproblem ist einer der Gründe dafür ...

Plastikfolie auf Speisen ist ebenso gefährlich, wenn diese in der Mikrowelle zubereitet werden sollen. Die starke Hitze lässt giftige Toxine aus der Folie herausschmelzen und in das Essen sickern. Bedecken Sie Speisen stattdessen mit einem Papiertuch.

PET-Flaschen im Auto sind sehr gefährlich. So bekam Sheryl Crow Brustkrebs. Sie war in der Ellen Show und sagte genau dasselbe. Dies ist als häufigste Ursache der starken Prävalenz von Brustkrebs, vor allem in Australien, ermittelt worden.

Eine Freundin, deren Mutter kürzlich Brustkrebs diagnostiziert wurde: Der Arzt sagte ihrer Mutter, sie solle kein Wasser aus Flaschen trinken, die im Auto liegen gelassen wurden. Der Arzt meinte, dass der Kunststoff der Flasche bestimmte Chemikalien aufweise, die in Verbindung mit der Hitze zu Brustkrebs führen können. Die Hitze begünstigt das Ausfällen der Toxine aus dem Plastik, und diese Toxine sind in Brustgewebe gefunden worden.

Verwenden Sie wenn möglich eine Edelstahl- oder Glasflasche! Seien Sie also bitte vorsichtig und trinken Sie kein Wasser aus Flaschen, die im Auto lagen, und schicken Sie diese Information an alle Frauen weiter, die Sie kennen. Über solche Informationen müssen wir alle Bescheid wissen!

Pestizide

Es gab eine Zeit, da mussten wir uns keine Sorgen wegen gespritzter Lebensmittel machen, weil es keine Chemikalien wie Pestizide gab. Heute werden täglich Tonnen davon verbraucht. Und sie sind nicht nur in unserem Essen. Sie sind überall! Wir alle wissen, was Pestizide sind. Unter diesen Oberbegriff fallen Herbizide, Insektizide sowie auch Fungizide und sie werden verwendet, um Unkraut, Insekten beziehungsweise Pilze zu töten. Aber sie töten auch uns, andere Pflanzen und Tiere! (Nur ein wenig langsamer und sehr, sehr schmerzhaft.)

Herbizid (Unkrautvernichtungsmittel)

Glyphosat

Dies ist ein Organophosphat, das sich in unserem Körper und im Boden ansammelt und das Grundwasser und die Luft, die wir atmen, verschmutzt. Glyphosat enthält auch andere Chemikalien wie 2,4-D und Cadmium. Es wird häufig privat im Garten, von Gärtnern, Landwirten, an Straßenrändern usw. verwendet – fast überall, wo Unkraut und Gras gemäht oder gejätet werden müssten. Dies ist natürlich zunächst die einfachere Option, langfristig allerdings teurer als die menschliche Arbeitskraft.

Farmer haben mir in meiner Klinik erzählt, dass Vertreter der Chemieunternehmen die «Harmlosigkeit» von Glyphosat demonstrieren, indem sie dieses Gift trinken. Ich bin nicht ganz sicher, ob sie dies tun, weil sie wirklich glauben, dass Glyphosat harmlos ist, oder ob sie tatsächlich ihr Leben riskieren, nur um es zu verkaufen.

Wie dem auch sei, ihre Verkaufsargumente kommen bei vielen Farmern gut an, und diese setzen es dann großzügig auf der Farm und im Garten ein – das kostet sie finanziell ein kleines Vermögen und im Hinblick auf ihre Gesundheit einen hohen Preis.

Laut der Ausgabe 25/2011 des deutschen Magazins «Der Spiegel» wurden 2010 weltweit eine Million Tonnen Glyphosat verkauft. Das ist fünfmal mehr als im Jahr 2000 und die steigende Tendenz wird sich fortsetzen, da das Unkraut resistent wird und die Farmer doppelt so viel Glyphosat spritzen müssen.

Es besteht zunehmende Sorge um die Gesundheit von Pflanzen und Tieren, sagt Prof. Volker Römheld von der Universität Hohenheim. Da sich Glyphosat an sehr wichtige Nährstoffe wie Mangan und Zink bindet, verursacht es einen Mangel an diesen Nährstoffen und beeinträchtigt daher die Gesundheit von Boden, Pflanzen und natürlich von Tieren. Und es gibt noch andere Bedenken hinsichtlich der Verwendung von Glyphosat: Es stimuliert auch das Wachstum von Pilzen, die das Futter infizieren und bei den Tieren Erbrechen und andere krankhafte Wirkungen erzeugen können.

Mehr unabhängige Studien zu dieser Chemikalie sind notwendig!

Dichlorphenoxyessigsäure (2,4-D)

Die Verwendung von Dichlorphenoxyessigsäure enthaltenden Herbiziden (wie 2,4-D) wird dringend in Verbindung gebracht mit gehäuften Vorkommen folgender Erkrankungen bei Erwachsenen:

- » Hodgkin-Lymphom – zwei Studien stellten ein fünffaches Risiko fest
- » Leukämie
- » Lungenkrebs
- » Magenkrebs
- » Non-Hodgkin-Lymphom (NHL) – fünf- bis sechsfaches Risiko
- » Weichgewebesarkome – viele Studien wiesen ein fünf- bis siebenfaches Risiko nach und eine Review-Studie berichtete von einem 40-fachen Risiko.

Wie bereits erwähnt, wird Glyphosat häufig in Kombination mit 2,4-D verkauft, was das Unkrautvernichtungsmittel noch stärker und wirksamer macht – und die Pflanzen, Tiere und Menschen noch kränker!

Fungizide

Laut der Nationalen Akademie der Wissenschaften der USA sind 90% der zur Behandlung von Gemüse und Obst verwendeten Fungizide potentiell karzinogen, d.h. Krebs erregend.

Insektizide

Insektizide sind eine weitere gefährliche und schädliche Art von Chemikalien, die weithin angewendet werden, nicht nur in der Landwirtschaft, auf Obstplantagen und in Gärten, sondern auch zu Hause. Viele Haushalte verwenden Insektenschutzmittel, die stark toxisch sind. Sie töten nicht nur die Insekten; sie töten auch uns. Auch hier gilt: Für kleine Menschen wie Babys und Kinder ist es noch gefährlicher, da ihr Körper kleiner ist und dieselbe Menge eines Toxins bei ihnen eine viel höhere Konzentration bedeutet.

Ich meide Cafés und Restaurants, wo Insektenabwehrmittel verwendet werden, denn wir atmen sie nicht nur ein, sondern absorbieren sie auch über die Haut und essen und trinken sie mit den angebotenen Speisen und Getränken, die durch den unbesonnenen Einsatz von Insektensprays kontaminiert worden sind.

Insektenabwehrmittel halten die Insekten nicht einfach nur fern, wie wir vielleicht denken und glauben gemacht wurden. Nein.

Aufgrund der enthaltenen Chemikalien sind es eigentlich Insektenvernichtungsmittel: N,N-Diethyl-m-toluamid oder N,N-Diethyl-3-Methylbenzamid, auch DEET oder Diethyltoluamid genannt. Dies ist ein gelbliches Öl und der üblichste Wirkstoff in Insektenschutzmitteln. Laut naturalnews.com ist DEET für Hirnzellen und das Zentralnervensystem giftig.

Pyrethroid

Natürliches Pyrethrum wird aus bestimmten Chrysanthemenpflanzen hergestellt und ist ein bekanntes natürliches Insektizid, das seit Jahrhunderten Verwendung findet. Es ist sehr teuer, leicht löslich, aber nicht sehr beständig.

Das synthetische Pyrethroid ist ein viel stärkeres Insektizid und viel stabiler als das natürliche Pyrethrum. Beide Pyrethroide werden häufig genutzt, um DDT und Lindan zu ersetzen, die mittlerweile beide verboten wurden.

Sie kommen in landwirtschaftlichen Betrieben, Gartenzentren, Wohnhäusern und Gärten, Küchen, Restaurants, Hotels, Büros usw. zum Einsatz. Wollteppiche sowie Kleidung und Stoffe aus Wolle werden mit Permethrin behandelt, um sie gegen Motten und andere Insekten zu schützen.

Die meisten elektrischen Verdampfer, die gegen Fliegen und Mücken angewandt werden, arbeiten mit Pyrethroiden.

Permethrin wird bei Haustieren in Form von Puder, Spray, Shampoo oder Emulsion gegen Flöhe, Zecken, Krätze usw. oder als Abwehrmittel auf einem Halsband verwendet.

Einige Namen von Pyrethroiden:

Allethrin, Bioallethrin, Bioresmethrin, (Lambda-)Cyhalothrin, Cyfluthrin, Cypermethrin, Deltamethrin, Fenvalerat, Permethrin, Prallethrin (ETOC), Resmethrin, Tetramethrin.

Wir können durch diese neurotoxischen Insektizide vergiftet werden, indem wir sie einatmen, sie über die Haut absorbieren oder damit kontaminierte Nahrung zu uns nehmen.

Wenn wir natürliche oder synthetische Pyrethroide einatmen, gelangen sie über die Lungen schnell in den Blutkreislauf und greifen das zentrale Nervensystem an.

Pyrethroide akkumulieren im Gehirn und wenn wir ihnen über einen längeren Zeitraum ausgesetzt sind, werden sie in Fettgeweben gespeichert.

Symptome

> **Die ersten Anzeichen einer akuten Pyrethroid-Vergiftung sind:**
>
> » Brennende Augen
> » Jucken
> » Reizhusten
> » Rötung und Reizung von Haut und Schleimhäuten
>
> » Symptome, die durch eine Vergiftung mit Neurotoxinen verursacht werden, wie Kopfschmerzen, Erschöpfung, Schwindel, Schwäche, Appetitlosigkeit, Übelkeit und Schwitzen

Diese Symptome werden schließlich abklingen, wenn die akute Phase vorüber ist.

> **Bei regelmäßiger oder chronischer Belastung durch diese Insektizide können ernstere Gesundheitsprobleme auftreten, zum Beispiel:**
>
> » Ängstlichkeit
> » Arrhythmie (unregelmäßiger Herzschlag)
> » Asthma
> » Depression
> » Erschöpfung
> » Kommunikationsprobleme
> » Konzentrationsprobleme
> » Kopfschmerzen
>
> » Legasthenie
> » Mangelnde Ausdauer
> » Müde Muskeln
> » Schwäche des Immunsystems
> » Schwindel
> » Seh- und Hörprobleme
> » Störung der Hirnfunktion
> » Taubheitsgefühl der Haut

Pyrethroide sind auch für die Umwelt sehr giftig. Sie können Ihrem Aquarium schaden und Ihre Fische töten. Katzen reagieren sehr sensibel auf Permethrin und es kann zu Schäden ihres Zentralnervensystems, Erbrechen, übermäßiger Speichelbildung, Spasmen, Asthma, Durchfall, Fieber und sogar zum Tode führen! (Quelle: www.greenpeace.org)

Permethrin und Cypermethrin können auch unseren natürlichen Hormonhaushalt stören und zu Unfruchtbarkeit führen.

Propoxur (Eingetragener Markenname Baygon)

Propoxur ist ein weiteres wohlbekanntes Insektizid, das gegen Fliegen, Mücken, Kakerlaken, Rasen- und Wieseninsekten eingesetzt wird.

Die regelmäßige Inhalation drückt laut der US-Umweltschutzbehörde EPA die Cholinesterase-Werte, verursacht Kopfschmerzen, Erbrechen und Übelkeit. Erscheint es Ihnen nicht auch logisch, dass Propoxur, wenn es Insekten tötet, uns dann ebenfalls töten wird, nur etwas langsamer?

Die Vergiftung meiner Tochter Tiziana

Tiziana ging noch auf die Waldorf High School und war etwa 18 Jahre alt, als die Schule ein Camp auf der Halbinsel Yorke im Bundesstaat South Australia organisierte. Um sich vor Zecken zu schützen, sprühten sich die Schüler/innen täglich mit Insektenspray ein. Nach fünf tollen Tagen voller Abenteuer kehrten sie müde, aber glücklich heim. Zu Hause entdeckte Tiziana eine giftige Spinne an der Decke und besprühte sie, ohne lange darüber nachzudenken, mit einem Insektizid.

Am nächsten Morgen erwachte sie mit fürchterlichen Kopfschmerzen und Übelkeit, aber weil sie sich so darauf freute, mit ihrem Freund in Adelaide ins Kino zu gehen, ignorierte sie die Kopfschmerzen einfach.

Nach dem Abendessen rief uns ihr Freund an, weil er über Tizianas Zustand und Verhalten sehr besorgt war. Er erzählte mir, dass ihr, kurz nachdem sie im Kino Platz genommen hatten, sehr schwindlig wurde und sie so verwirrt war, dass sie nicht einmal mehr ihren eigenen Namen wusste. Ich bat ihn, sie in unsere Klinik zu bringen, damit wir sie untersuchen konnten, bevor wir sie vielleicht sogar ins Krankenhaus bringen müssten. Als sie in der Klinik ankamen, war ich schockiert, meine Tochter in solch einem Zustand zu sehen: Sie konnte kaum gehen – sie lief wie betrunken, war kreidebleich, hatte glasige Augen und sah uns mit einem entrückten Blick an, litt an Atembeschwerden (neurologischem Asthma) und natürlich war kein glückliches Strahlen und kein Lächeln mehr auf ihrem Gesicht zu sehen.

Ich untersuchte sie und dabei stellte sich heraus, dass Propoxur, eine in Insektiziden verwendete Chemikalie, ihre Leber und ihr Nervensystem belastete.

Kein Wunder, dass sie an Kopfschmerzen, Übelkeit und Schwindel litt und verwirrt war. Also nahm sie alle drei bis fünf Minuten meine Detox-Tropfen, die auch ihre Organe und ihr Nervensystem unterstützten, und etwa eine halbe Stunde später gingen die Symptome langsam zurück und sie fühlte sich schon viel besser. Ich ließ sie so lange in der Klinik, bis sich ihr Gesundheitszustand so weit gebessert hatte, dass sie wieder geradeaus laufen und klar denken konnte, kein Asthma mehr hatte und deutlich besser aussah, obwohl sie immer noch sehr erschöpft war. Zu dem Zeitpunkt wusste ich, dass sie in Sicherheit war und mit nach Hause kommen konnte und wir sie nicht in ein Krankenhaus bringen mussten.

Was war ihr widerfahren, dass sie in solch einen Zustand geriet? Es war einfach die Tatsache, dass all die chemischen Sprays, die sie benutzt hatte, um sich vor Zecken zu schützen, gefolgt von dem Insektizid, mit dem sie die Spinne tötete, zu viel für ihren Körper waren. Die Ansammlung an Chemikalien und Metallen war einfach überwältigend. Das Insektizid tötet die Insekten, indem es ihr Nervensystem zerstört, und das ist genau dasselbe, was meiner Tochter in geringerem Maße widerfuhr, da ihr Körper natürlich viel größer als der eines Insektes ist. Aber es war immer noch schlimm genug.

Was wäre ihr passiert, wenn wir ihr kein Detox-Mittel gegeben und sie gleich ins Krankenhaus gebracht hätten? Hätte sie es geschafft, diese Herausforderung allein zu bewältigen? Oder hätten die Chemikalien bleibende Schäden an ihrem Nerven- und Immunsystem hinterlassen?

Wir waren auf jeden Fall sehr froh, dass sie wieder gesund war. Das war für uns alle eine Erfahrung und wir lernten aus diesem Vorfall, nie wieder chemische Insektenvernichtungsmittel zu verwenden.

Meine Klinikerfahrung

1998 eröffneten wir offiziell unsere Klinik mit Schönheitssalon: das «Adelaide Hills Natural Health and Beauty Centre» in Mt. Barker, South Australia. Leonie Philips betrieb ihren Schönheitssalon, Pauline Trent bot ihre Massage- und Fußreflexzonenbehandlungen an und ich unterhielt meine heilpraktische Klinik. Zu jener Zeit war die Welt um mich herum noch wunderschön und friedlich.

Sehr rasch war ich mit Patienten beschäftigt, von denen die meisten «kleinere» Gesundheitsprobleme aufwiesen, wie Müdigkeit, Kopfschmerzen, Verdauungsprobleme, Infektionen, Hormonprobleme und Schmerzen. Selten bekam ich einen Patienten zu Gesicht, der sich in einem «toxischen» Zustand befand, und wenn, dann waren die drei Hauptursachen dafür Aluminium und Blei in Personen mittleren bis höheren Alters sowie Quecksilberzahnfüllungen.

Damals wurde das Gras an den Straßenrändern noch geschnitten, auf den Farmen wurden Chemikalien sparsam eingesetzt und auf den Adelaide Hills gab es nur einige wenige Weingüter. Es war ein wunderbarer Ort zum Leben.

Nachdem wir zwei Jahre in Mt. Barker gearbeitet hatten, waren die Räumlichkeiten dort für uns zu klein geworden und wir mussten ins nur etwa zwei Kilometer entfernte Littlehampton umziehen.

Nun begann mein Kundenstamm zu wachsen und es kamen immer mehr Farmer, die an durch Kunstdünger, Pestizide und Fungizide verursachten Gesundheitsproblemen oder durch Farmtiere übertragenen Parasiten litten. Entgiftung wurde meine bevorzugte Behandlung, doch ich erkannte, dass dies nicht mehr die Lösung sein konnte, denn wie lange würden ihre Körper mit dieser chemischen Belastung zurechtkommen und welche Langzeitwirkungen hätten die Toxine auf ihr Immun- und Hormonsystem? Es war so beängstigend, dies zu beobachten!

Einige wenige meiner Patienten stiegen auf biologische Landwirtschaft um und seltsamerweise musste ich sie kaum noch mit einem Entgiftungsprogramm behandeln und sie kamen vielleicht noch einmal pro Jahr zur Vorsorgeuntersuchung in meine Klinik. Ich war so stolz auf sie, denn es ist harte Arbeit, auf Bio-Landwirtschaft umzusteigen und in den ersten Jahren bedeutet es häufig geringere Erträge. Einer dieser Bauern begann sogar, andere Farmer in biologischer Landwirtschaft weiterzubilden. Doch leider konnten sich nicht alle für biologische Landwirtschaft entscheiden und so setzten sie weiter Chemie ein. Sie haben mir oft erzählt, dass die Umstellung für sie finanziell zu große Einbußen mit sich brächte. Tatsächlich begann für sie jedoch ein Kreislauf mit immer größeren Einbußen, da sie mehr und stärkere Chemikalien verwenden mussten, um Unkraut, Insekten usw. zu bekämpfen. Das lag daran, dass die Pflanzen und Insekten immer resistenter gegen die Chemikalien wurden.

Leider bezahlten diese armen Farmer einen noch höheren Preis: Sie bezahlten mit ihrer Gesundheit und der ihrer Familien! Traurigerweise wurden sie und ihre Familien öfter krank und mussten viel Geld für Verbesserung und Schutz ihrer Gesundheit ausgeben.

Die meisten Frauen hatten endokrine Probleme, zum Beispiel mit der Schilddrüse oder den Fortpflanzungsorganen, über Hautausschlag, Kreislauf- und Herzprobleme und Brustkrebs.

Die Männer wiesen eher Leber- und Nierenprobleme, Bluthochdruck und in vielen Fällen Depressionen auf. Sie hatten viele Gründe, depressiv zu sein, da sie einen verlorenen Kampf ausfochten: Die Anschaffung der Chemikalien kostete sie ein Vermögen und ebendiese teuren Chemikalien machten sie alle krank.

Alle Beteiligten erlebten eine Menge unerträglichen Stress! Eine Farm zu betreiben, ist harte körperliche Arbeit, dazu kommt der Druck, Geld zu verdienen und finanziell zu überleben, und gleichzeitig mit der schwindenden Gesundheit vieler Familienmitglieder umzugehen. Und jede Frau, die mit einem Mann zusammenleben muss, dessen Leber unter Stress steht und der sich benimmt, als wäre ihm «eine Laus über die Leber gelaufen», weiß, dass das nicht sehr angenehm ist. Denn sie fügen sich selbst und allen um sie herum eine Menge Kummer zu. Nun begannen sie auch, von anderen Gesundheitsproblemen angegriffen zu werden: erhöhter Cholesterinspiegel, Diabetes, neurologische Erkrankungen, wie Parkinson und MS, Autoimmunerkrankungen, zum Beispiel Rheumatoide Arthritis – die Liste wurde endlos und sehr unterschiedlich, da der Körper eines jeden anders auf dieselben giftigen Chemikalien, welche die Probleme verursachten, reagierte.

Es war ebenfalls etwa zu derselben Zeit, dass Mt. Barker gegen die durch ein Schmelzwerk ausgestoßene Verschmutzung ankämpfen musste. Gefährliche Chemikalien machten die Menschen krank. Ich habe viele Kinder und Erwachsene gesehen, die von diesen Chemikalien betroffen waren. Sie verursachten individuelle Symptome und die Gesundheit dieser Menschen stand auf dem Spiel.

Da sich dieses Schmelzwerk in der Nähe der Waldorfschule in Mt. Barker befand und der Wind die Chemikalien hauptsächlich in Richtung der Schule trug, kämpften und demonstrierten die Eltern gegen diese Fabrik, mit dem Ergebnis, dass sie geschlossen werden musste. Welch dauerhaften Erfolg die Bemühungen dieser besorgten und mutigen Eltern erlangten!

Auch der Wein-Boom griff um sich und immer mehr Weingüter wurden in den Adelaide Hills angelegt.

Meine Klinik bekam so viel zu tun, dass wir weitere Naturheilpraktiker in die Praxis aufnehmen mussten, um dem Zustrom der Hilfe suchenden Patienten gewachsen zu sein.

Um das Detox-Programm unserer Patienten zu unterstützen, entwickelte ich Detox-Behandlungen, die Körperwickel umfassten, «Presortherapie»-Behandlungen, die das Lymphsystem drainieren und bio-muskulär stimulierend wirken, um die Toxine aus den Zellen zu «schütteln». Die Verschmutzung in den Adelaide Hills nahm durch den Wein-Boom massiv zu, aber auch weil die Gemeinde begann, Vertragsunternehmen anzustellen, welche im großen Stil den Straßenrändern und Eisenbahnstrecken entlang Unkrautvernichtungsmittel wie Glyphosat und 2,4-D zu sprühen. Es gab kaum noch unbelastete Gegenden. Ich konnte nicht verstehen, warum sie die wunderschönen Hügel mit Gift zerstören mussten, und verstehe es bis heute nicht. Nicht nur sahen die Straßenränder mit all dem herumliegenden toten und vergifteten Gras verheerend aus, sondern sie wurden auch noch zu einem Brandrisiko, selbst vor Beginn der Buschbrandsaison.

Jedes Mal, wenn eine solche Sprühaktion lief, hatten wir in der Klinik mit Patienten, die sich wegen Übelkeit, Erbrechen, Kopfschmerzen, ängstlicher Unruhe, Depression und unerwarteten Menstruationsblutungen schlecht fühlten, alle Hände voll zu tun. Viele wiesen auch grippeähnliche Symptome auf und konnten nicht zur Arbeit oder in die Schule gehen.

Eines meiner schlimmsten Erlebnisse war eine Patientin, die etwa zehn Jahre zuvor eine Hysterektomie gehabt hatte. Wenn sie Glyphosat ausgesetzt war, setzten bei ihr wie bei der Menstruation starke Blutungen ein. Das war für sie beängstigend und für mich unglaublich. Doch das ist nichs weiter als ein Beweis dafür, dass Glyphosat ein endokriner Disruptor und ein mächtiges, gefährliches Gift ist.

Meine Erfahrung als Opfer

Wenn ich zurückschaue und die Veränderungen in meinem eigenen Leben betrachte, besonders was meine Gesundheit anbelangt, kann ich nun objektiv erkennen, was mit mir geschah.

Im Lauf der Jahre wurde ich allmählich durch das Pestizid vergiftet, das auf den Adelaide Hills mehr und mehr eingesetzt wurde. Auf dem Land zu leben, war sehr friedlich, aber wegen des Pestizids nicht wirklich gesund. Es muss lange gedauert haben, bis ich begann, auf die Chemikalien zu reagieren. Nachdem ich aber begonnen hatte, auf das versprühte Gift zu reagieren, wurde meine Gesundheit immer schlechter, wie ich mich erinnerte. Natürlich war ich auch viel Stress ausgesetzt.

Ich hatte immer mehr Patienten und musste gleichzeitig selbst das Geschäft führen. Ich arbeitete von früh bis spät und wusste, dass zu Hause meine Familie auf mich wartete, damit wir Zeit miteinander verbringen könnten. Ich hatte meinem Mann versprochen, freitags nicht zu arbeiten und mit ihm auf den Markt zu gehen und andere gemeinsame Interessen zu verfolgen. Aber in Gedanken war ich oft in der Klinik, dachte darüber nach, wie ich bestimmte Probleme lösen konnte. Die Spannungen zwischen meinem Mann und mir nahmen zu, es wurden immer mehr und schlimmere Pestizide gesprüht, genauso wie die Herausforderungen und Aufgaben in meiner Klinik immer mehr wurden.

Schließlich verschlechterte sich mein Gesundheitszustand bis zu dem Punkt, dass ich mich jeden Montag depressiv und lebensmüde fühlte. Und wenn ich mich morgens am Arbeitsplatz selbst untersuchte, war es immer dasselbe: entweder Kunstdünger oder Glyphosat, manchmal mit 2,4-D und manchmal ohne, je nachdem, wer gerade was gesprüht hatte. Immerhin befreite mich das Entgiften innerhalb weniger Stunden von diesem gefährlichen Gesundheits- und Gemütszustand. Jedoch fand ich es eigenartig, dass es fast immer ein Montag war, wenn ich mich so schrecklich fühlte. Später erfuhr ich dann von den Weinbauern, dass sie meistens an den Wochenenden sprühten, wenn ihre Mitarbeiter frei hatten, und das half mir zu verstehen, warum ich montags so reagierte.

Nachdem ich diesen Chemikalien ein paar Jahre ausgesetzt war, wusste ich immer genau, welche von ihnen mich gerade angriff und schädigte. Wenn es Dünger war, spürte ich Schmerzen in der Leber, war mir übel, hatte ich starke Kopfschmerzen, die auch in Migräne übergehen konnten, litt an Verdauungsbeschwerden und Verstopfung, taten mir all meine Muskeln – vor allem die Nackenmuskeln – weh und die Waage zeigte eine sofortige Gewichtszunahme an. Und natürlich war ich aufgrund der Belastung der Leber aufbrausend und streitlustig.

Diese Reaktionen wurden hauptsächlich durch das in dem Kunstdünger enthaltene Arsen und Quecksilber verursacht.

Wenn Glyphosat der Schadstoff war, wurde ich fast sofort sehr depressiv bis zur Lebensmüdigkeit – ohne besonderen Grund. Ich hatte ruhelose und schlaflose Nächte, meine Nieren schmerzten ebenso wie mein Rücken.

Diese Reaktionen waren auf das im Glyphosat enthaltene Cadmium zurückzuführen, das neurologische Störungen verursacht und die Nieren belastet.

Obwohl ich sofort eine Entgiftung vornahm, konnte diese Erdöl-basierte Chemikalie meine Hormone durch die Produktion von Xenoestrogenen immer noch störend beeinflussen. Nach einer Woche Belastung und Entgiftung wuchsen meine Brüste, stieg mein Gewicht und veränderten sich meine Hormone. Manchmal konnte ich die Veränderungen sogar in meinen Fortpflanzungsorganen spüren, obwohl ich die Menopause bereits hinter mir hatte.

Dies und all meine Erfahrungen mit den Patienten in meiner Klinik beweisen für mich, dass Glyphosat ein endokriner Disruptor ist.

Es wird nicht nur uns negative Veränderungen bringen, sondern auch der Tier- und Pflanzenwelt!

Natürlich zeigte ich diese geistige und gesundheitliche Verfassung meinen Patienten gegenüber nicht! Im Gegenteil: Sprechstunden abzuhalten und meine Patienten zu behandeln, half mir, meine eigenen Probleme zu vergessen.

Ich hatte das Glück, dass ich auf all die Detox-Behandlungen zurückgreifen konnte, die ich durch meine Arbeit meinen Patienten anbot. Aber letztlich hatten die Toxine meine Gesundheit im Griff und mein Immunsystem konnte nicht mehr richtig funktionieren. Es begann irgendwann im Jahr 2007, dass meine rechte Fußsohle so schmerzhaft wurde, dass ich kaum noch laufen konnte. Kurz darauf begann das Gelenk meines rechten Mittelfingers zu schmerzen und anzuschwellen, so dass er wie verkrüppelt aussah. Die fortschreitenden Probleme an Fuß und Hand zu verfolgen, war sehr besorgniserregend, denn ich hatte zu jenem Zeitpunkt ja keine Ahnung, bis ich die schmerzhaften Verkrüppelungen in beiden beobachtete. Etwa zur selben Zeit entzündete sich mein linkes Auge dauerhaft und so schlimm, dass es nur noch mit Kortison behandelt werden konnte. Nachdem ich über meine Symptome gelesen und mich selbst untersucht hatte, wusste ich, dass ich an einer Autoimmunerkrankung litt, die durch die Toxine in Kombination mit permanentem Stress verursacht worden war. Stellen Sie sich die Belastung vor, der all meine Organe, besonders meine Leber, mein Immunsystem, mein Nervensystem und alle Zellen meines Körpers ausgesetzt waren.

Wegen dieser Diagnose war ich am Boden zerstört und musste alle Kraft zusammennehmen, mich nicht von dem Gedanken, in Zukunft gelähmt zu sein, und vom Gedanken daran, was mein Körper und mein Geist gerade durchmachten, überwältigen zu lassen.

Ich habe Australien 2010 verlassen und bin wieder in die Schweiz gezogen, wo ich jetzt lebe. Obwohl ich keinen Kunstdüngern und Pestiziden mehr ausgesetzt bin, muss ich immer noch entgiften. Ich schäle die Toxine ab wie die Schalen einer Zwiebel und wenn eine Schicht entgiftet ist, dauert es nur wenige Tage, bis das nächste Gift sichtbar wird.

Mittlerweile sind die Gelenke meiner beiden Hände und Füße beeinträchtigt und ich habe immer noch mit den Schmerzen in ihnen sowie in den Knien, Hüften und im unteren Rücken zu kämpfen. Aber es geht mir schon sehr viel besser und ich bin optimistisch und habe das Gefühl, dass ich mit Ausdauer damit fertig werde und meine Gesundheit und mein Wohlbefinden weiter verbessern kann.

Interessante Studien

Dioxine

Umweltbundesamt, 15. März 2016
www.umweltbundesamt.de/themen/chemikalien/dioxine

Das Umweltbundesamt Deutschland schreibt, dass Dioxine nie im technischen Maßstab produziert wurden. Sie entstehen unerwünscht bei allen Verbrennungsprozessen in Anwesenheit von Chlor und organischem Kohlenstoff bei einer Temperatur von 300 °C und mehr und werden bei 900 °C und höher zerstört. Auch bei allen chemischen Produktionsverfahren, in denen Chlor verwendet wird, können Dioxine gebildet werden. Heute verursachen thermische Prozesse der Metallgewinnung und -verarbeitung sowie Kleinquellen die Dioxinemissionen.

Dioxine sind in der Umwelt verbreitet und haben sich im Boden über die Luft, aber auch über die Bewirtschaftung wie Düngung mit Klärschlamm oder anderen Sekundärrohstoffdüngern angereichert. Dioxin hat eine Halbwertzeit von mehreren Jahrzehnten. Untersuchungen zeigen, dass Dioxine kaum im Gemüse zu finden sind, außer in wenigen Ausnahmen wie Zucchini. Dioxine haften sich aber durch Bodenpartikel außen am Gemüse an und gelangen so in die Nahrungskette. Am gefährdetsten ist das Weidenlassen der Tiere, da diese Chemikalien in den Tieren und in Menschen für lange Zeit im Fett gespeichert werden und sich dort anreichern. Die Halbwertzeit des Dioxins beträgt im Körperfett des Menschen etwa sieben Jahre und des PCBs sogar 20 Jahre.

Berechnet auf der Basis der Daten von 2000–2003, nimmt ein erwachsener Mensch in Deutschland durchschnittlich etwa 2 pg WHO-TEQ pro Kilogramm Körpergewicht und Tag auf (pg = Pikogramm. 1 pg = 1 Billionstel Gramm).

Die Dioxinaufnahme vor und nach der Geburt ist für einen Säugling jedoch sehr hoch. Studien zeigen, dass über die Plazenta das Kind einer Belastung ausgesetzt ist, die etwa der Hälfte der mütterlichen Fettkonzentration entspricht, und auch über die Muttermilch werden Schadstoffe an den Säugling weitergegeben. 1998 lag die Dioxinaufnahme eines Säuglings, der in den ersten vier Monaten gestillt wurde, bei täglich durchschnittlich 57 pg I-TEQ pro kg Körpergewicht. Untersuchungen in Baden-Württemberg zeigten, dass Kinder im Alter von 11 Jahren, die als

Säugling gestillt wurden, etwa 20 % mehr Dioxin im Blut hatten als nicht gestillte Kinder. Das Stillen wird allerdings trotzdem empfohlen, da die positiven Effekte des Stillens überwiegen. Kleinkinder nehmen mit der Nahrung zwei- bis dreimal mehr Dioxine auf als Erwachsene, da sie im Verhältnis zu ihrem Körpergewicht mehr Milchprodukte zu sich nehmen und dadurch sind sie mit diesen Schadstoffen auch mehr belastet.

Die Frauenmilch gilt auch als Indikator für die Belastung und Rückstände von Dioxinen im Fettgewebe des Menschen, da sie sehr fettreich ist. So konnten langjährige Untersuchungen zeigen, dass sich der Erfolg der getroffenen Reduzierungsmaßnahmen in Deutschland auch in der Frauenmilch widerspiegelt, nämlich mit einem 60-prozentigen Rückgang der Dioxin-Belastung in der Frauenmilch.

Dioxin ist von der WHO im Februar 1997 als humankanzerogen (krebserzeugend für den Menschen) eingestuft worden. Tierversuche zeigen Störungen des Immunsystems und der Reproduktion schon bei sehr niedriger Dioxinkonzentration. Mutter-Kind-Studien zeigen, dass höhere Belastungen der Mütter mit diesen Schadstoffen, die aber noch im «Normalbereich» liegen, bei Kindern zu vielfältigen Störungen oder Verzögerungen der kindlichen Entwicklung führen können.

PCB und Dioxine in Lebensmitteln

**Bundesamt für Gesundheit, Abteilung Lebensmittelsicherheit,
8. Oktober 2013**
lebensmittelsicherheit@bag.admin.ch

Das Schweizerische Bundesamt für Gesundheit (BAG) empfiehlt Konsumentinnen und Konsumenten, eine maßvolle und ausgewogene Ernährung zu bevorzugen, also reich an Früchten und Gemüsen, und den Anteil an tierischen Fetten zu reduzieren, da diese mit den gesundheitsschädlichen PCB und Dioxinen belastet sind.

PCB wurden zwischen 1930 und etwa 1985 als Industriechemikalien in der Quantität von weit über einer Million Tonnen hergestellt und in Produkten wie Weichmacher in elastischen Fugendichtungen, Farben, Lacken und Korrosionsschutzbeschichtungen, Hydraulikölen, Isoliermaterialien in Transformatoren und Kondensatoren verwendet. Seit 1986 sind aber die PCB für obgenannte Anwendungen verboten. Dennoch befinden sich noch Hunderte von Tonnen in Baumaterialien in alten Gebäuden, in Kondensatoren alter Elektroinstallationen und in alten Deponien. Diese PCB können in den Boden oder in die Gewässer gelangen und somit die Nahrungskette belasten.

Dioxine entstehen unbeabsichtigt bei Verbrennungsprozessen, insbesondere bei der Verbrennung von Industrie- und Haushaltabfällen, aber auch unter bestimmten Reaktionsbedingungen als Nebenprodukte oder Verunreinigungen bei der Herstellung spezieller Chemikalien wie chlororganische Verbindungen.

Die obgenannten Stoffe sind toxisch, schwer abbaubar und können sich aufgrund ihrer hohen Fettlöslichkeit in der Umwelt und der Nahrungskette anreichern. Dies ist eine Bedrohung der Umwelt und für die Gesundheit des Menschen.

Toxikologische Wirkungen der Dioxine und PCB sind vor allem beim Tier gut dokumentiert und einige wurden auch bei Menschen nachgewiesen wie Kanzerogenität, Störung des endokrinen Systems und bei hohen Dosen Chlorakne. Die Gefahr für den Menschen ist die chronische Aufnahme, die bewirkt, dass sich die Stoffe im Laufe des Lebens im Körperfett akkumulieren, und darum wurden diese Giftstoffe von der Weltgesundheitsorganisation (WHO) als krebserzeugend für den Menschen eingestuft.

Gemäß dem BAG besteht ein Gesundheitsrisiko durch Dioxine und PCB. Ein Teil der europäischen Bevölkerung nimmt nach Berechnungen mehr als die von der WHO empfohlene Höchstmenge an Dioxinen oder PCB durch die Nahrung auf.

Die am meisten betroffenen Lebensmittel sind:

- » Milch, Rahm, Butter, Joghurt — 44 %
- » Rind — 15 %
- » Käse — 10 %
- » Fisch — 10 %
- » Pflanzliche Lebensmittel — 8 %
- » Schwein — 5 %
- » Eier — 3 %
- » Kalb — 3 %
- » Geflügel — 2 %

Pestizide

Krebserreger Glyphosat: Der Unkrautvernichter von Monsanto, Zentrum der Gesundheit, letzte Änderung 20. August 2017
www.zentrum-der-gesundheit.de/monsanto-glyphosat-krebserreger

Allein in der Schweiz werden jährlich 300 Tonnen Glyphosat verkauft und in Deutschland werden gemäß einer Erhebung der Universität Göttingen 39% der Ackerflächen mit Glyphosat gespritzt, insbesondere Winterraps, Wintergerste, Sommergetreide und Hülsenfrüchte. Das Spritzen vor der Ernte, um die Reifung zu beschleunigen, führt zu erheblichen Rückständen auf den Lebensmitteln. Glyphosat sickert aber auch ins Grundwasser und somit gelangt es ins Trinkwasser.

Hobbygärtner und andere Privatpersonen benützen Glyphosat auch, aber unter dem Namen Glyfos oder Glypho-Unkraut-Ex. Dabei darf Glyphosat nur von Personen mit Sachkundenachweis angewendet werden und zumindest nur dann, wenn diese mehr als einen Liter davon kaufen. Sogar um das Unkraut auf Ihrem Gartenweg zu spritzen, bräuchten Sie eine Genehmigung, aber kein Laden oder Online-Shop fragt danach.

Glyphosat ist für Gewässer sehr toxisch. Glyphosat kann, je nach Dosis, beinahe alles, was darin lebt und wächst, vernichten. Nicht nur diese Lebewesen und Pflanzen werden getötet. Auch beim Menschen richtet Glyphosat über die Jahre hinweg langsam gesundheitliche Schäden wie Krebs und andere tödliche Krankheiten an.

Warnung aus den USA: Glyphosat kann Krebs verursachen! Mitteldeutscher Rundfunk, 28. Juni 2017
https://www.mdr.de/investigativ/glyphosat-aktuell-100html

In Kalifornien ist die Behörde für Gesundheit und Umwelt überzeugt, dass Glyphosat ein Gesundheitsrisiko darstellt und Krebs verursachen kann. Seit dem 7. Juli wird Glyphosat als Chemikalie gelistet und auf der Verpackung mit dem Hinweis «krebserregend» versehen.

Pestizid-Rückstände in zahlreichen Lebensmittelproben entdeckt, 12. März 2015
https://www.aerzteblatt.de/nachrichten/62129/Pestizid-Rueckstaende....

Die Europäische Behörde für Lebensmittelsicherheit (EFSA) hat zusammen mit nationalen Behörden Zehntausende Proben von verschiedenen Lebensmitteln, einschließlich Schweinefleisch, Erdbeeren, Äpfel und Kopfsalat, auf Rückstände von Pestiziden geprüft. Zirka 45 Prozent der Proben enthielten Rückstände. Greenpeace warnt vor «Pestizid-Cocktails».

Glyphosat
https://www.blv.admin.ch/blv/de/home/lebensmittel-und-ernaehrung/ lebensmittelsicherheit/stoffe-im-fokus/glyphosat.html

Das schweizerische BLV (Bundesamt für Lebensmittelsicherheit) hat im Jahr 2016 ein Lebensmittelmonitoring gestartet, um die Exposition der Bevölkerung gegenüber diesem Pflanzenschutzmittel zu ermitteln. Über 230 Lebensmittelproben aus 19 Kategorien (z. B. Honig, Wein, Brot, Kartoffeln und Gemüse, Babynahrung) wurden untersucht. Die ersten Ergebnisse zeigen, dass ungefähr 40 % der Lebensmittel messbare Spuren von Glyphosat enthalten. Die höchsten Konzentrationen wurden in Teigwaren, Frühstückszerealien und Hülsenfrüchten gefunden.

EU-Behörde warnt vor möglichen Hirnschäden durch zwei Pestizide, 17. Dezember 2013
https://www.aerzteblatt.de/nachrichten/56970/EU-Behoerde-warnt-vor...

Die EU-Behörde für Lebensmittelsicherheit (EFSA) will die Grenzwerte für die zwei sogenannten Neonikotinoiden-Insektizide Acetamiprid und Imidacloprid heruntersetzen, weil sie das menschliche Nervensystem schädigen können.

Krank durch Pestizide: Nebenwirkungen der «Pflanzenschutzmittel»
www.bund.net

In Argentinien hat das Gericht der Provinz Santa Fé in einem Grundsatzurteil Anfang 2011 den Einsatz von Pestiziden in der Nähe von Siedlungen vollständig verboten. Die Gründe sind die steigenden Krebsraten, Missbildungen und Gen-Defekte bei Neugeborenen und die chronischen Krankheiten in der Umgebung der Anbaugebiete.

Bei einem sächsischen Bauern, der an einer lebensbedrohlichen Botulismus-Infektion erkrankt ist, wurden im Jahr 2011 tausendfach erhöhte Glyphosat-Werte im Urin festgestellt.

Gemäß den neuesten Forschungsergebnissen aus den USA haben Kinder, deren Mütter während der Schwangerschaft mit organischen Phosphaten belastetes Gemüse und Obst gegessen haben, einen messbar geringeren Intelligenzquotient.

Die im Winter verkauften Schnittblumen kommen meist aus Ländern von wärmeren Kontinenten wie Afrika und Südamerika und dort werden große Mengen gefährlicher Pestizide eingesetzt, die uns Menschen und die Umwelt gefährden.

So enthielten acht von zehn in Berliner Geschäften gekaufte Rosensträuße, die ein vom BUND beauftragtes Labor in der Woche vor dem 14. Februar 2012 – dem Valentinstag – untersucht hatte, Pestizidrückstände. Dabei handelt es sich um elf verschiedene, teils stark krebserregende und hormonell wirksame Pestizide. Die Blumen stammten vor allem aus Supermärkten und Blumenketten.

Im Frühjahr 2013 wurden in Österreich Rosen, Spraynelken, Gerbera und Tulpen aus Supermärkten vom Umweltverband untersucht. In Gerbera und Tulpen wurden nur geringe Pestizidbelastungen gefunden, aber Rosen, die aus afrikanischen Ländern stammten, waren mit bis zu 31 Pestiziden in hoher Konzentration belastet.

Glyphosat: Eine Zeitbombe, 1. November 2011
www.bauernstimme.de/unabhaengige-bauernstimme/aktuelle-ausgabe

Der amerikanische Professor für Pflanzenphysiologie Don Huber erklärte auf seiner Reise durch Deutschland und Österreich, dass gestützt auf seine Forschungen zu den Auswirkungen von Glyphosat auf das Pflanzenwachstum und auf gut 150 internationale Studien davon ausgegangen werden muss, dass der Einsatz von Glyphosat auch für Pflanzen viele Probleme verursacht.

Pflanzen nehmen ihre Nährstoffe über die Blätter und Wurzeln auf und nur wenn die Pflanze die benötigten Stoffe in ausreichender Menge erhält, kann sie optimal wachsen und gedeihen. Glyphosat aber verursacht, dass viele Mikronährstoffe wie Mangan und Zink, aber auch Eisen, Kalzium, Kobalt, Kupfer, Magnesium und Nickel im Boden für die Pflanzenwurzeln unerreichbar gebunden werden und dies hat weitreichende Konsequenzen für die Gesundheit der Pflanzen. Don Huber berichtet aber auch von einer veränderten Krankheitsanfälligkeit der Pflanzen. Zum Beispiel steigt der schädigende Pilzbefall der Wurzeln und dagegen fällt die Anzahl der schützenden Bakterien für die Pflanzen und die wachstumsfördernden Pilze.

Glyphosat in Urinproben nachgewiesen
www.schweizerbauer.ch – blu/sda
www.foeeurope.org (Friends of the Earth Europe)

Eine breit angelegte Untersuchung im Auftrag von Pro Natura und ihrem internationalen Netzwerk Friends of the Earth hat in 18 Ländern bei Stichproben Glyphosat im Urin nachgewiesen. In über 40 % aller untersuchten Stichproben wurden signifikante Spuren dieses Pestizids festgestellt.

Stichproben, die Glyphosat im Urin enthalten, in %:

- » Malta — 90 %
- » Deutschland — 70 %
- » England — 70 %
- » Polen — 70 %
- » Niederlande — 63 %
- » Tschechoslowakei — 60 %
- » Belgien — 55 %
- » Lettland — 55 %
- » Zypern — 50 %
- » Kroatien — 40 %
- » Spanien — 40 %
- » Frankreich — 30 %
- » Ungarn — 30 %
- » Österreich — 20 %
- » Georgien — 20 %
- » Schweiz — 17 %
- » Bulgarien — 10 %
- » Mazedonien — 10 %

Verschiedenes

Eidgenössisches Departement des Innern EDI Bundesamt für Gesundheit BAG, Direktionsbereich Verbraucherschutz

Alternativen zu BPA in Thermopapier in der Schweiz, März 2015

Endocrine activity of alternatives to BPA found in thermal paper in Switzerland
www.bag.admin.ch/

Bisphenol A (BPA) ist eine chemische Substanz, die das hormonelle System beeinflusst. Da diese Substanzen auch in Thermopapier zu finden sind, hat das BAG eine Studie beauftragt, um den eventuellen Gebrauch von alternativen Substanzen nachzuweisen und ihre mögliche hormonelle Aktivität zu testen.

100 von 124 Proben aus Kassenzetteln, Zug- und Busfahrkarten, Parktickets, Bankbelegen und anderem enthielten BPA. Aufgrund dieses Testergebnisses wurde in vitro (in einem Zellsystem) der Einfluss auf die Produktion der Hormone untersucht. Das Resultat ist, dass alle Bisphenole (BPA, BPS und BPF) eindeutig das Niveau von Testosteron senken und die Menge an Oestradiol erhöhen. Die Bisphenole haben eine große Affinität auf die Hormonrezeptoren, insbesondere auf Östrogenrezeptoren.

Referenz:
Endocrine activity of alternatives to BPA found in thermal paper in Switzerland.
Goldinger D.M., Demierre A.L., Zoller O., Rupp H., Reinhard H., Magnin R., Becker T.W., Bourqui-Pittet M. (2015) Regul. Toxicol., 71(3): 453–462

**Informationen und Empfehlungen des Bundesamts
für Gesundheit (BAG)**
www.bag.admin.ch/

Gesundheitliche Bedeutung von Raumluftschadstoffen

Schadstoffe in Innenräumen können von Belästigungen und Unwohlsein bis hin zu gesundheitlichen Folgen und ernsthaften Erkrankungen führen. Schadstoffe aus der Außenluft, denen wir auch in Innenräumen ausgesetzt sind, können zu Atemwegsbeschwerden, chronischen Atemwegs- und Herz-Kreislauf-Erkrankungen führen. Gemäß dem BAG sterben in der Schweiz jährlich beinahe 4000 Personen an der Folge der Luftverschmutzung.

Belastet werden unsere Wohnräume durch:

- » die Außenluft mit Schadstoffen von Heizungen, Gewerbebetrieben, Industrie und Verkehr
- » das Eindringen des natürlichen, aber radioaktiven Edelgases Radon
- » die verschiedenen Quellen von Baumaterialien
- » Einrichtungsgegenstände
- » von den Bewohnern selbst mit deren Emissionen aus ihrem Stoffwechsel beim Atmen und Schwitzen und deren Aktivitäten wie kochen, abwaschen, duschen, basteln, reinigen usw.
- » das Rauchen verursacht die stärkste Innenraumbelastung

Quellen außerhalb der Wohnung

Quellen	Wichtigste Schadstoffe
» Außenluft	» Feinstaub PM_{10}, partikelgebundene polyzyklische aromatische Kohlenwasserstoffe (PAK, «Dieselruss»), Stickoxide (NO_x), Kohlenmonoxid (CO), Ozon (O_3), Benzol und andere flüchtige organische Verbindungen (VOC), Schimmelsporen, Pollen

Quellen	Wichtigste Schadstoffe
» Industrie/Gewerbe in der unmittelbaren Umgebung oder im Gebäude	» Je nach Herkunft z. B. Gerüche, flüchtige organische Verbindungen (VOC), Abgase aus Feuerungen
» Bauuntergrund (Boden)	» Radon

Quellen innerhalb der Wohnung

Quellen	Wichtigste Schadstoffe
» Baumaterialien und Einrichtungsgegenstände	» Formaldehyd, flüchtige organische Verbindungen (VOC), schwerflüchtige oder partikelgebundene organische Verbindungen (SVOC/POM) wie Biozide, Weichmacher, Flammschutzmittel, Fasern wie Textilfasern, Mineralfasern
	» Schadstoffe in Altbauten wie Asbest, Pentachlorphenol (PCP), Teerölbestandteile wie Naphthalin, partikelgebundene polyzyklische aromatische Kohlenwasserstoffe (PAK), polychlorierte Biphenyle (PCB)
» Feuchte Materialien, hohe Luftfeuchtigkeit	» Schimmelpilze, Bakterien, Milben, VOC
» Bewohner, Stoffwechselprodukte	» Kohlendioxid (CO_2), Wasserdampf, Körpergerüche/VOC, Bakterien
» Kochen	» Partikel, Wasserdampf, Gerüche/VOC

» Kochen, Warmwassererzeugung und Heizen mit Gas und Holz z. B. durch Gasherd, Cheminée, Holzofen und Durchlauferhitzer mit Bereitschaftsflamme	» NO_x, CO, CO_2, Wasserdampf, Formaldehyd
» Bad/WC (Duschen, Baden, Körperhygiene)	» Wasserdampf, VOC, Duftstoffe, Gerüche
» Haushaltprodukte, Hobby	» VOC, Duftstoffe, SVOC, Biozide, Formaldehyd
» Räucherstäbchen, Kerzen	» Feinstaub (PM_{10}), VOC, SVOC
» Rauchen	» Feinstaub PM_{10}, partikelgebundene PAK, NO_x, CO, Formaldehyd, Benzol, VOC, SVOC

Im Durchschnitt entfallen heute jährlich rund 50 kg Chemikalien auf jeden Menschen. Täglich sind wir Chemikalien ausgesetzt wie Insektiziden, Laugen, Säuren, Desinfektions- oder Pflanzenschutzmitteln, Lösungsmitteln usw. Seit 1969 wurden den Behörden 140 000 chemische Produkte für den Verkauf auf dem Schweizer Markt gemeldet. Unsere Lebensmittel werden mit Chemikalien wie Stabilisatoren, Konservierungsmitteln, Farbstoffe, Aromastoffe usw. behandelt. Sowohl unsere Textilien werden mit Chemikalien behandelt wie auch unsere Umwelt gegen Insekten, Motten, Schädlinge usw.

Die weltweite Produktion von Chemikalien stieg von einer Million Tonnen im Jahr 1930 auf über 300 Millionen Tonnen im Jahr 2005.

Antibiotika: Tierhaltung und Humanmedizin können das Grundwasser belasten
Eine Presseinformation vom Bundesamt für Umwelt Deutschland
www.umweltbundesamt.de/presse/pressinformationen/antibiotika-tierhaltung-humanmedizin-können-das

Eine Untersuchung und eine aktuelle Studie des Umweltbundesamtes (UBA) zeigen, dass Antibiotika aus der landwirtschaftlichen Tierhaltung wie aus der Nutzung durch den Menschen in unserem Grundwasser landen können. Untersucht wurden elf ausgewählte Messstellen, wovon an zwei Messstellen teilweise sehr hohe Konzentrationen von Antibiotika-Rückständen aus nahegelegenen Kleinkläranlagen stammen, also vom Menschen, und die anderen überwiegend aus der Landwirtschaft.

Die Humanarzneimittel gelangen über das Abwasser und die Tierarzneimittel über die Jauche ins Grundwasser und in die Umwelt.

Antibiotika gehören nicht in die Umwelt. Es besteht die Gefahr, dass sich multiresistente Keime bilden und die Auswirkungen auf die Lebewesen im Grundwasser und im Boden sind nicht abzuschätzen.

Ernährung
Ist Essen aus der Mikrowelle eigentlich ungesund?
4. Januar 2017

http://www.sueddeutsche.de/news/wirtschaft/ernaehrung-ist-essen-aus-der-mikrowelle-eigentlich-ungesund-dpa.urn-newsml-dpa-com-20090101-161004-99-691161

Direkt aus dem dpa-Newskanal
Bocholt/Salzgitter (dpa/tmn) - Innerhalb kürzester Zeit wird Gefrorenes aufgetaut oder eine am Vortag zubereitete Mahlzeit erwärmt.

Rein theoretisch kann man täglich Speisen oder Getränke aus der Mikrowelle zu sich nehmen. Wer allerdings glaubt, frisch zubereitetes Gemüse portionsweise einfrieren zu können und nach dem Aufwärmen in der Mikrowelle noch ein Nahrungsmittel mit vielen Vitaminen zu sich zu nehmen, der irrt: «Die meisten Vitamine sind hitzeempfindlich», sagt Margret Morlo vom Verband für Ernährung und Diätetik (VFED). Durch Temperatur, Licht und Sauerstoff verringert sich nach ihren Aussagen der Vitamingehalt in Lebensmitteln und fertigen Speisen. Die maximalen Vitaminverluste schwanken zwischen 40 und 80 Prozent. Folat und Vitamin C können sogar vollständig verloren gehen.

«Wer seine Mahlzeiten oft in der Mikrowelle erwärmt oder gart, sollte täglich zusätzlich rohes Obst und Gemüse essen, um den Vitamingehalt zu optimieren», rät Morlo.

In jeder Mikrowelle befindet sich ein sogenanntes Magnetron, wie Morlo erläutert. Dieser Sender erzeugt elektromagnetische Wellen. Sie werden in den Innenraum des Gerätes geleitet, von den Wänden des Garraumes reflektiert und möglichst gleichmäßig im Gehäuse verteilt. «Die elektromagnetischen Wellen regen vor allem die Wassermoleküle in den Speisen zu starken Schwingungen an», erklärt Morlo. Aufgrund dieser Schwingungen entsteht Wärme. Lebensmittel mit einem hohen Flüssigkeitsgehalt erwärmen sich daher schneller als eher trockene.

Beim Aufwärmen von Nahrung in der Mikrowelle ist die Wahl des Geschirrs wichtig. «Eigens gefertigtes Mikrowellen-Geschirr eignet sich natürlich am besten, aber Porzellan und Glas gehen auch», sagt Annabel Oelmann, Vorstand der Verbraucherzentrale Bremen. Keinesfalls zum Braten, Kochen und Erhitzen in der Mikrowelle sollten Küchenutensilien aus Melaminharz verwendet werden, wie Prof. Andreas Hensel sagt. Er ist Präsident des Bundesinstituts für Risikobewertung (BfR). Der Grund: Werden diese Küchenutensilien den hohen Temperaturen in der Mikrowelle ausgesetzt, können höhere Mengen Melamin und Formaldehyd freigesetzt werden und in Essen und Getränke übergehen. Dies kann schädlich für die Gesundheit sein.

«Schutzvorrichtungen sorgen dafür, dass im Betrieb nur sehr wenig Strahlung nach außen gelangt», betont Ina Stelljes vom Bundesamt für Strahlenschutz (BfS) in Salzgitter. Trotzdem kann nach ihren Angaben in der Umgebung der Sichtblende und der Türen eine geringe sogenannte Leckstrahlung auftreten. Hierfür ist in Sicherheitsnormen ein Grenzwert festgelegt – er liegt bei fünf Milliwatt pro Quadratzentimeter in einem Abstand von fünf Zentimetern von der Geräteoberfläche.

Messungen des BfS haben in der Vergangenheit ergeben, dass der weit überwiegende Teil der Mikrowellengeräte sich innerhalb des Grenzwertes befindet. «Bei technisch einwandfreien Geräten besteht keine gesundheitliche Gefahr, auch nicht für besonders schutzbedürftige Personen wie Schwangere oder Kleinkinder», so Stelljes. Grundsätzlich sollte aber eine unnötige Belastung mit hochfrequenten Feldern vermieden werden. Das BfS empfiehlt daher, dass sich vor allem Kinder während der Zubereitung des Essens nicht unmittelbar vor oder neben dem Gerät aufhalten sollten.

Mikrowelle: Gefahr für Babynahrung
Von Dipl.-Chem. Dominik Kohr, www.Chemie-im-Alltag.de

Wenn Polycarbonat-Babyflaschen in der Mikrowelle erhitzt werden, gelangen bedenkliche Mengen an Bisphenol A (BPA) in die Babynahrung. Das heißt, erheblich hohe Mengen an weiblichen Geschlechtshormonen Östrogen.

Es wurde beobachtet, dass dies zu einer vergrößerten Prostata bei Jungen, einer verfrühten Pubertät bei Mädchen und einer erhöhten Neigung zur Fettanlagerung bei Frauen führen kann.

Microwave Oven and Microwave Cooking Overview
http://www.powerwatch.org.uk/rf/microwaves.asp

Mikrowellen von dem Magnetron bombardieren die Lebensmittel und verursachen dadurch starke, pro Sekunde millionenfache Rotationen. Dies verursacht eine Reibung der Moleküle und dadurch die Erhitzung der Lebensmittel, besonders des Sauerstoffs der Wassermoleküle. So funktioniert das Kochen im Mikrowellenofen.

Diese aggressive Erhitzung verursacht, dass die Zellmembranen geschwächt werden und sogar brechen können. Die Beschädigungen der Zellen verursachen wiederum, dass die Lebensmittel dadurch krebsfördernd werden und diese Zellschwäche verhindert nun auch die Abwehrkraft gegen Mikroorganismen wie Viren, Bakterien und Pilze. Dieselbe Reaktion geschieht auch im menschlichen Körper, wenn er Mikrowellen ausgesetzt ist.

Eine Studie von russischen Wissenschaftlern (Watanabe F et al - 1998, Effects of Microwave heating on the loss of Vitamin B[12] in Foods J Agric Food Chem 46(1):206-210) zeigt durch Kochen im Mikrowellenofen einen massiven Nährstoffverlust von 60 bis 90 % aller getesteten Lebensmittel.

INTERESSANTE STUDIEN

Die sechs Hauptursachen chronischer Erkrankungen

Toxine und Metalle

Bis hierher haben Sie einen recht tiefen Einblick in die Welt (unsere Welt) der Toxine erhalten. Chemikalien in der Luft, im Wasser, in der Nahrung, unseren Häusern, im Haushalt, am Arbeitsplatz, im Garten usw. machen uns alle krank. Vielleicht spüren Sie bis jetzt noch nichts davon. Oder es geht Ihnen noch gut und Sie denken, dass die Toxine gar nicht so schlimm sind oder auf Sie keine Auswirkungen haben.

Es ist wirklich eine Tragödie, dass einige Menschen nicht erkennen, von welchem Zeitpunkt an Toxine ihnen schaden, weil sie deshalb weiterhin ihre Umwelt verschmutzen und «Lebensmittel» essen, die eher ein chemischer Cocktail als etwas anderes sind – bis zu dem Tag, an dem sie darauf reagieren. Aber glauben Sie mir, die Abwesenheit von Symptomen bedeutet nicht, dass Sie gesund sind!

Die Reaktion ist keine plötzliche. Im Gegenteil, sie ist ein Zeichen, dass das Immunsystem nicht länger in der Lage ist, Sie zu schützen, zu entgiften und gesund zu erhalten. Jedes Mal, wenn wir Chemikalien und Toxinen ausgesetzt sind, reagiert unser Immunsystem darauf. Und mit jeder Reaktion wird es schwächer und die Gesundheit unseres Körpers verschlechtert sich so weit, dass wir die Symptome wahrnehmen können und richtig krank werden.

Jede einzelne dieser Reaktionen ist für unseren Körper und für jedes einzelne seiner Organe und für alle Zellen harte Arbeit. Deshalb ist es notwendig, eine große Menge von Nährstoffen bereitzustellen: Nährstoffe, die biochemische Reaktionen auslösen; Nährstoffe, welche die Organe zur Entgiftung aktivieren; Nährstoffe, die das Immunsystem aktivieren, damit es uns schützt und Schadstoffe eliminiert. Reaktionen des Immunsystems kosten uns eine Menge wichtiger und unverzichtbarer Nährstoffe und wenn wir uns nicht gesund und nährstoffreich ernähren und keine Ergänzungsmittel einnehmen, leidet unser Körper schließlich unter Nährstoffmangel.

Je nachdem, welche Toxine und Metalle in unserem Körper vorhanden sind, braucht unser Körper bestimmte Nährstoffe, um sie zu bekämpfen, und das sind die Nährstoffe, die wir ihm in Form von Ergänzungsmitteln zuführen sollten, um die Mechanismen unseres Körpers zu unterstützen und einen Nährstoffmangel zu vermeiden. Wir müssen den inneren «Arzt» in unserem Körper unbedingt unterstützen und ihm helfen – er ist unsere stärkste heilende Kraft, um Wohlbefinden zu erlangen und zu erhalten!

Chronische Infektionen

Sind wir immer noch überrascht, dass so viele Menschen an chronischen Krankheiten leiden und sich jeder Dritte einmal im Leben der Herausforderung einer Krebserkrankung stellen muss, wo wir nun wissen, was angesichts der alltäglichen Belastung durch all die Tausende von Chemikalien mit unserem Körper und unserem Immunsystem geschieht?

Wenn unser Immunsystem einmal durch jene chemischen Verbindungen beeinträchtigt oder zu sehr mit der Entgiftung beschäftigt ist, wird es schwächer und kann uns nicht mehr richtig gegen Infektionen schützen, egal ob diese durch Viren, Bakterien, Pilze oder gar Parasiten verursacht werden.

Oft bedeutet dies, dass wir nicht nur unter den Toxinen leiden, sondern gleichzeitig auch eine akute Infektion bekämpfen müssen. Beinah jedes Mal, wenn sich einer meiner Patienten mit akuten oder chronischen Toxinen in meiner Klinik vorstellte, beobachtete ich zugleich auch virale Aktivitäten. Chronischer Pilz- und Parasitenbefall ist unter Naturheilkundlern als Ursache von ernsten Erkrankungen wie Krebs wohlbekannt.

In gewissem Ausmaß sind bei uns einige Viren, Bakterien, Pilze oder Parasiten latent im Körper wirksam. Wenn wir aber ausgelaugt oder einer Chemikalie ausgesetzt sind und unser Immunsystem geschwächt und überlastet ist, dann erhöhen diese ihre Aktivität und werden deutlich fühlbarer. In der Folge fühlen wir uns noch schlechter, weil wir nun auch die Symptome jener bestimmten Infektion bekommen und unser System noch mehr belastet wird.

Auf diese Feinde möchte ich ein wenig näher eingehen und Ihnen erklären, warum sie ernste Krankheiten verursachen und warum es so sehr wichtig ist, sie zu vermeiden beziehungsweise wieder loszuwerden.

Pilze

Pilze oder Schimmelpilze wachsen auf Nahrungsmitteln und ihre Sporen in der Luft sind immer auf der Suche nach neuen Nährböden. Das Gefährlichste an Pilzen und Schimmeln sind ihre sehr giftigen Abfallprodukte, auch Mykotoxine genannt, die uns krank machen und chronische Leiden verursachen. Die folgenden drei Pilzinfektionen – Candida albicans, Aflatoxin und Aspergillus fumigatus – sind diejenigen, die ich in meiner Klinik am häufigsten und mit großem Erfolg für die Patienten und ihr Wohlbefinden behandelt habe.

Candida albicans

Wer von uns hat noch nie eine Candida-Infektion gehabt? Es gibt wohl kaum jemanden, der noch nie mit einer zu kämpfen hatte, und wie Sie wissen, ist es nicht sehr leicht, diese Hefepilze abzutöten. Dies ist die häufigste bei Menschen vorkommende Pilzinfektion und es gab sie schon immer. Sie ist überall – selbst in der Luft, auf der Suche nach einem Ort zum Wachsen und Vermehren. Candida-Pilze können in vielen menschlichen Geweben wachsen.

Damit Candida albicans in Menschen gedeihen kann, bedarf es fünf begünstigender Faktoren:

- » Feuchtigkeit
- » Geschwächtes Immunsystem
- » Unausgewogener Säure-Basen-Haushalt
- » Wärme
- » Zucker als Nahrungsgrundlage

Die häufigsten Stellen für eine solche Infektion sind Mund, Vagina, Verdauungstrakt und Haut, sie kann aber auch von der Scheidenwand in die Blase wandern und eine Blasenentzündung verursachen. Sobald der Pilz zu schnell wächst und in einen infektiösen Zustand übergeht, spricht man von einer Candidiasis oder Candidose. Candida-Pilze können tief in die Zellen hinein wachsen (so genannte intrazelluläre Candida), und wenn sie erst einmal dort angelangt sind, müssen wir nicht mehr unbedingt die eindeutigen Symptome bekommen, sondern es kann nun vielmehr eine ernsthafte Erkrankung wie Krebs entstehen.

Candida-Infektionen werden bei Frauen häufiger als bei Männern beobachtet und das liegt an den Hormonen und den Nährstoffen, welche die

Hormone steuern, wie Vitamin B12 und die Mineralstoffe Magnesium, Calcium und Zink.

Doch wir können auch mit Xenoestrogenen oder anderen synthetischen Östrogenen wie der Pille kontaminiert sein, was zu viel Östrogen verursachen kann. Sobald uns einer oder mehrere dieser Nährstoffe fehlen und/oder wir ein Östrogen-Ungleichgewicht haben, kann unser System den Zuckerspiegel nicht mehr kontrollieren, was bedeutet, dass der überschüssige Zucker im Blut nun den Candida-Pilzen als Nahrung dient.

Dies ist der Grund dafür, dass viele Frauen zu häufig unter Candida-Infektionen leiden. Selbst eine Candida-Diät hilft nicht, da wir damit nicht nur die Pilze aushungern, sondern auch uns selbst, und sobald wir die Diät abbrechen oder denken, wir könnten nun damit aufhören, weil der Pilz nicht mehr da zu sein scheint, kommt er zurück und wächst wieder auf das vorherige Stadium an, da er sich nur in tieferen Geweben versteckt und gewartet hat, bis wir aufgeben!

Natürlich ist es sehr wichtig, jegliche zuckerhaltige Nahrung wie Süßigkeiten und süße Getränke sowie Nahrungsmittel mit vielen einfachen Kohlehydraten wie Brot und Pasta zu meiden, da diese durch das Verdauungssystem in Zucker umgewandelt werden. Auch Alkohol, insbesondere Bier, das Hefe enthält, sollte gemieden werden. Genauso wichtig ist es jedoch, zuerst einmal herauszufinden, warum Sie überhaupt eine Candida-Infektion haben. Beobachten Sie Symptome, die darauf hindeuten, dass Ihr Hormonhaushalt unausgeglichen oder Ihr Immunsystem geschwächt ist? Verspüren Sie heftige Blähungen, die so schlimm sind, dass es schon unangenehm wird? Dann sollte Ihr Darm mindestens einen oder zwei Monate lang mit Acidophilus behandelt werden, den guten Bakterien, die sowohl die Gesundheit des Darms als auch die des Immunsystems fördern, denn schließlich stellt der Darm einen Großteil des Immunsystems dar.

**Beobachten Sie folgende Symptome an sich?
Dann leiden Sie eventuell an Candidiasis:**

- » Ausschlag unter der Brust, in der Leiste oder anderen Hautfalten
- » Blähungen
- » Brennen und Jucken nach dem Geschlechtsverkehr
- » Chronische Erschöpfung
- » Geschwächtes Immunsystem, das zu regelmäßigen Infektionen wie Erkältung und Grippe führt
- » Gewichtszunahme (unbegründet)
- » Heftige Flatulenzen
- » Heißhunger auf süße Speisen und Getränke
- » Hitzewallungen oder andere Anzeichen eines hormonellen Ungleichgewichts
- » Juckende Vagina oder Genitalien
- » Juckender Anus
- » Krebs
- » Müdigkeit nach Mahlzeiten
- » Schwankender Blutzuckerspiegel (Hypoglykämie)
- » Verstopfung
- » Weißer Belag auf der Zunge
- » Wiederkehrende Blaseninfektionen

Aflatoxin

Aflatoxin wird durch Schimmelpilze produziert, die auf Obst, Gemüse, Getreide und Nüssen wachsen, und es ist eines der gefährlichsten und giftigsten Mykotoxine. Es ist karzinogen (ein Krebs erregender Stoff) und verursacht eine starke Belastung der Leber, die bis zu deren Zerstörung führen kann, wenn sie nicht früh genug behandelt wird.

Vieler meiner Patienten testete ich positiv auf Aflatoxin und nachdem es homöopathisch entfernt und gleichzeitig die Leberfunktion durch Kräutertinkturen gefördert wurde, verbesserten sich ihre Gesundheit und ihr Wohlbefinden dramatisch. Die größte und häufigste Quelle von Aflatoxinen sind Erdnüsse, Erdnussbutter und handelsübliche Orangensäfte. Doch auch Nüsse, die im Supermarkt in großen Behältern zur Selbstbedienung aufbewahrt werden, und in Plastikfolie oder Plastiktüten verpacktes Brot sind eine erhebliche Quelle, da sie diesem Schimmelpilz Raum zum Wachsen bieten.

Durch Aflatoxin verursachte Symptome:

- » Aggressivität
- » Alkoholunverträglichkeit
- » Atemwegserkrankungen
- » Erhöhte Leberfunktion (laut Labortest)
- » Erschöpfung
- » Geschwächtes Immunsystem, andere Infektionen verursachend wie z. B. häufig Erkältungen und Grippe
- » Gewichtszunahme
- » Leberschmerzen (Schmerzen unter dem rechten Rippenbogen)
- » Unruhiger Schlaf oder regelmäßiges Erwachen gegen 3 Uhr
- » Verdauungsstörungen
- » Verstopfung

Empfehlung:

- » Meiden Sie Erdnüsse oder Erdnussbutter
- » Kaufen Sie Brot, das nicht in Plastik verpackt ist
- » Kaufen Sie nichts, was ranzig riecht oder Schimmel enthalten könnte
- » Waschen Sie Obst, Salat und Gemüse gründlich

Falls Sie an einem der oben genannten Symptome leiden, nehmen Sie Leber-Kräutermischungen ein, die Mariendistel und Kräuter enthalten, welche das Immunsystem unterstützen, zum Beispiel Echinacea purpurea, sowie zusätzlich Vitamin C (3× 2000 mg). Suchen Sie nach Möglichkeit einen Naturheilpraktiker auf, der eine homöopathische Nosode von Aflatoxin verabreichen und/oder Sie mit Bioresonanztherapie behandeln kann.

Aspergillus fumigatus

Aspergillus ist eine Gattung, die einige hundert weltweit in verschiedenen Klimata vorkommende Schimmelpilzarten umfasst.

Aspergillus-Spezies sind stark aerob und kommen in fast allen sauerstoffreichen Umgebungen vor, wo sie gewöhnlich infolge des hohen Sauerstoffdrucks als Schimmel auf der Oberfläche eines Nährbodens wachsen. Üblicherweise wachsen Pilze auf kohlehydrathaltigen Nährböden, wie Monosacchariden (zum Beispiel Glukose) und Polysacchariden (zum Beispiel Amylose). Aspergillus-Spezies sind häufig in stärkehaltigen Lebensmitteln zu finden (zum Beispiel Brot und Kartoffeln) und wachsen in und an vielen Pflanzen und Bäumen. Einige Aspergillus-Arten spielen medizinisch und wirtschaftlich eine wichtige Rolle und einige Spezies können bei Menschen und Tieren Infektionen verursachen. Über 60 Aspergillus-Spezies sind medizinisch relevante Pathogene, da sie eine Reihe an Krankheiten verursachen können. Bestimmte Arten sind für die kommerzielle mikrobielle Fermentation wichtig, zum Beispiel bei der Herstellung von alkoholischen Getränken und Zitronensäure.

A. fumigatus und A. flavus sind die bekanntesten Arten, die Krankheiten bei Menschen verursachen, und Aspergillus flavus ist weltweit der wichtigste Erzeuger karzinogener Aflatoxine in Nutzpflanzen. Aspergillus fumigatus ist ein Schimmelpilz, der auf nahezu jedem Nahrungsmittel gedeiht, das Feuchtigkeit, Wärme und Luft bietet. Wie der Name bereits anzeigt, handelt es sich um einen Schimmelpilz namens Aspergillus und das Wort fumigatus bedeutet, dass er aussieht wie Asche von einem Feuer. Dies ist der pulverartige, gräuliche Schimmel, der auf Orangen und anderen Obstsorten und auf Brot zu finden ist. Wenn das Nahrungsmittel stark befallen ist, hat es einen penetranten und unangenehmen Geruch, der die Luft im ganzen Haus durchdringt. Wo er nicht rechtzeitig entfernt wird, kann er Niesen oder Reizhusten verursachen. Ich bin sicher, Sie wissen, welchen Schimmel ich meine, wir alle haben schon hin und wieder mit verdorbenen Nahrungsmitteln zu tun gehabt. Dieser Schimmel kann für unseren Körper und unser System dieselben Stressfaktoren verursachen wie Aflatoxin und muss auf dieselbe Weise, die für Aflatoxin empfohlen wurde, behandelt werden. Aspergillus fumigatus und flavus können sich im Körper weit verbreiten und viele Krankheiten verursachen. Um eine Infektion mit Aspergillus fumigatus zu vermeiden, kaufen Sie nur frische Lebensmittel und lassen Sie diese nicht so alt werden, dass Schimmel auf ihnen entstehen kann.

Es ist sehr wichtig, dass wir unsere Nahrungsmittel so frisch wie möglich essen, nicht allein um Schimmelbefall zu vermeiden, sondern weil nur frische Lebensmittel Gesundheit und Wohlbefinden begünstigende Nährstoffe enthalten. Und natürlich schmeckt nur Frisches richtig gut und lecker.

Parasiten

Dies ist ein weiteres Kapitel, das Hunderte oder gar Tausende von Seiten lang sein könnte, denn es gibt jede Menge Forschungsarbeiten und -erkenntnisse über Parasiten, und es gibt viele von ihnen, die uns schaden.

Alle Parasiten haben drei Dinge gemein: Erstens unterdrücken sie unser Immunsystem, da weiße Blutkörperchen von unserem Immunsystem losgeschickt werden, um sie zu töten. Zweitens erschöpfen sie den Nährstoffbestand unseres Körpers. Drittens schädigen sie das Organgewebe da, wo sie wachsen. Dadurch können sie sich in bestimmten Organen, je nach ihrer Art, vermehren und wachsen. Die häufigsten Parasiten, die meinen Patienten Schäden zufügten und gesundheitliche Probleme verursachten, waren die im Folgenden genannten und beschriebenen.

Dickdarmegel

Diese Parasiten habe ich bei meinen Patienten am häufigsten beobachtet. Sie werden durch Tiere oder mit Mist gedüngtem Gemüse übertragen und schädigen Kolon und Immunsystem extrem. Bei vielen meiner Patienten waren sie die Ursache von Darmkrebs. Ich hatte Patienten mit wiederholtem Befall dieser Parasiten und der Grund dafür waren ihre Haustiere! Tiere wie Hunde und Katzen zu knuddeln und zu streicheln, ohne sich hinterher die Hände zu waschen, kann dazu führen, dass diese Parasiten in den menschlichen Körper gelangen. Sehr wichtig ist es ebenfalls, Salat und Gemüse gründlich zu waschen, vor allem wenn sie mit Mist gedüngt und/oder im eigenen Garten angebaut wurden.

Dünndarmegel – Fasciolopsis buski

Dieser Parasit wird auch «Riesendarmegel» genannt, weil er ein außergewöhnlich großer und der größte bekannte Parasit ist, der Menschen befällt. Seine Wirte sind Menschen und Schweine und er kommt vor allem in Süd- und Südostasien vor. Ein ausgewachsenes Exemplar kann «nur» 2 cm lang sein, es kann aber auch auf eine Länge von 7,5 cm und eine Breite von 2,5 cm heranwachsen.

Normalerweise siedeln sie sich im Dünndarm an, genauer gesagt im Zwölffingerdarm, und verursachen starke Reizungen des Verdauungssystems, Schäden an den Schleimhäuten des Zwölffingerdarms und in der Folge Zwölffingerdarmkrebs. Bei starkem Befall können sie auch im Magen und unteren Bereichen des Darmes zu finden sein. Dieser Parasit gelangt über Wasserpflanzen, wie Wasserkastanie, Wassernuss, Lotos, Bambus und andere essbare Pflanzen in den Körper. Ich habe viele Patienten erlebt und behandelt, die nach Asien gereist waren oder Pflanzen und Gemüse aus diesen Ländern gegessen hatten, die von diesem Parasiten befallen waren!

Leberegel – Fasciola hepatica

Dieser Vertreter seiner Art wird durch nicht richtig gegartes Fleisch übertragen. Natürlich mögen viele Fleischliebhaber ihr Fleisch blutig, englisch oder ¾ durch. Das Problem dabei ist, dass der Parasit so überleben und uns infizieren kann. Fasciola hepatica nistet sich, wie der Name andeutet, wenn wir ihn durch die Nahrung aufgenommen haben und er überlebt, in unserer Leber ein, was sowohl für die Leber als auch für das Immunsystem eine enorme Belastung darstellt. Dies kann zu Müdigkeit, hohen LDL-Cholesterin- und Triglyceridwerte, Leberschäden, Verdauungsproblemen und Muskel- oder Gelenkschmerzen führen.

Nierenegel

Nierenegel werden durch Fisch übertragen. Leider gedeihen sie in verschmutzten Gewässern, wo Nährstoffe und pH-Wert nicht mehr im Gleichgewicht sind. Dieses Umfeld schwächt die Fische, wodurch sie anfällig für Parasiten werden.

Da Fisch oft nur kurz gebraten oder gekocht wird, können die Parasiten überleben und schließlich in unseren Nieren landen, wo sie zu Funktionsstörungen und Schmerzen im unteren Rücken führen. In meiner Klinik behandelte ich erfolgreich Patienten, denen von Spezialisten Glomerulonephritis – eine Autoimmunerkrankung der Nieren – diagnostiziert worden war, indem wir die durch Fisch übertragenen Egel und häufig noch eine sekundäre bakterielle Infektion durch die Entgiftung von Metallen und die Wiederherstellung des Säure-Basen-Gleichgewichts beseitigen konnten.

Jeder Besitzer eines Aquariums kann genau sagen, wann der pH-Wert des Wassers aus dem Gleichgewicht geraten ist, denn dann verhalten sich die Fische nicht gerade fröhlich. Sie sind nervös oder unruhig und kratzen sich an Steinen oder sterben gar. Ihr Kratzen ist häufig ein Hinweis darauf, dass sie von Parasiten befallen sind, die auf ihren Schuppen sitzen und Reizungen verursachen.

Der Ausgleich des pH-Wertes erfordert eine sehr sensible Feinabstimmung und dies ist wiederum häufig die Ursache von Frust, der letztlich dazu führt, dass Aquarienbesitzer ihr Hobby wieder aufgeben.

Lungenwürmer

Wie der Name sagt, handelt es sich hier um Parasiten, die sich in der Lunge einnisten. Wenn wir sie in die Lunge einatmen, schwächen sie unser Atmungssystem und verursachen Schäden an diesem Organ. Diese Parasiten werden durch Vögel übertragen. Viele der Lungeninfektionen oder -probleme meiner Patienten wurden durch von ihren Ziervögeln, Hühnern und Volierenvögeln übertragene Parasiten verursacht. Sie können sich sicher vorstellen, an welcher Art von Symptomen Menschen leiden, deren Lunge von Parasiten befallen ist. Richtig: Asthma, Atemprobleme und permanenter Reizhusten sind die Hauptsymptome.

Chronische Virale Infektionen

Wie bereits an anderer Stelle erwähnt, sind wir alle mit bestimmten Viren chronisch infiziert, die so lange im Körper latent vorhanden sind, bis unser Immunsystem geschwächt ist. In genau dem Moment beschließen sie, wieder aktiv zu werden. Die häufigsten Viren, auf die ich meine Patienten positiv getestet habe, sind folgende:

Herpes Simplex I

Durch dieses Virus werden Bläschen – die sogenannten Fierberbläschen – auf den Lippen und im Mund verursacht, manchmal ist aber auch das Innere der Nase, der Augen und anderer Körperteile betroffen. Eine Infektion mit diesem Virus ist immer ein Anzeichen für ein erschöpftes Immunsystem, Stress und Zinkmangel.

Nun stellt sich die nächste Frage: Was ist die Grundursache Ihres Zinkmangels? Ist er in Metallen und Toxinen in Ihrem Körper oder in einem ungesundem Darm und entsprechender Darmflora begründet? Oder sind Sie von Parasiten befallen? Dies muss natürlich abgeklärt werden. Doch auch unsere Böden sind mit Metallen kontaminiert, was zu Zinkmangel sowohl im Boden als auch in unserer Nahrung führt. Bei Einsetzen der Bläschen empfehle ich die Einnahme von Zink und Lysin. Dies wird entweder den Ausbruch stoppen oder die Dauer der unangenehmen und schmerzhaften Bläschen verkürzen.

Herpes simplex II

Dieses Virus betrifft den Genitalbereich und eine Infektion ist ein Zeichen dafür, dass das Immunsystem und das Fortpflanzungssystem nicht im gesündesten Zustand sind. Sie müssen gründlich auf die Ursache untersucht werden.

Eine der Hauptursachen, auf die ich in meiner Klinik gekommen bin, ist konjugiertes Östrogen (aus der Pille) oder Xenoestrogene, die das System schwächen.

Das Epstein-Barr-Virus

Das Epstein-Barr-Virus verursacht das Pfeiffersche Drüsenfieber und ist eines der Viren, die für das Chronische Erschöpfungssyndrom (CFS) verantwortlich gemacht werden können. Dieses Virus flackerte bei meinen Patienten immer dann auf, wenn ihre Nebennieren erschöpft waren, was bei chronischem und lang andauerndem emotionalem oder körperlichem Stress der Fall ist. Ich habe hauptsächlich bei Teenagern beobachtet, dass sie an diesem Virus litten, da Gruppenzwang und schulischer Leistungsdruck zusammen mit Stress daheim diese jungen Menschen auslaugten.

Doch auch Erfolgsmenschen, die sich permanent unter Stress und Druck setzen, können ihre Nebennieren bis zur Erschöpfung treiben und in der Folge kann das Epstein-Barr-Virus aktiv werden. Chronische Allergien und Traumata können ebenfalls diese Reaktion der Nebennieren hervorrufen.

Es gibt jedoch noch viele weitere chronisch vorhandene Viren, die ich an meinen Patienten beobachtet habe.

Das Cytomegalo-Virus

Dieses Virus ist vorrangig in der Leber aktiv und verursacht daher eine enorme Belastung dieses Organs. Ich habe Patienten erlebt, die an diesem Virus litten, und ich meine wirklich, dass sie litten, denn sie waren durch chronische Erschöpfung so schlimm paralysiert, dass sie nicht einmal mehr das Bett verlassen konnten.

Gürtelrose (Herpes Zoster)

Dies ist ein Virus, das aus dem Windpockenvirus mutiert ist und hauptsächlich das Nervensystem betrifft. Es kann aber auch starken und schmerzhaften Ausschlag am Rumpf und an anderen Körperstellen sowie im Gesicht verursachen. Auch dies ist ein Anzeichen dafür, dass wir ausgelaugt und gestresst sind – und das schlägt dann eben auf die Nerven!

Das Ross-River-Virus (RRV)

Ein weit verbreitetes und schmerzhaftes Virus, das seinen Weg von Australien nach Europa geschafft hat. Es betrifft vorrangig die Gelenke und kann eine Art schwächende Arthritis verursachen. 1963 am Ross River in Townsville, Australien, gefangene Stechmücken wurden als Quelle der

Alphavirus-Antikörper bei Patienten ausgemacht und seitdem heißen sie Ross-River-Viren.

In Australien heißt die Erkrankung auch «epidemische Polyarthritis» und heutzutage wird Polyarthritis rheumatische Arthritis genannt, was eine Autoimmunerkrankung ist.

> **Epidemische Polyarthritis (EPA), auch Ross-River-Fieber genannt, wird nur durch Stechmücken übertragen. Die wichtigsten Überträger in Australien sind Arthropod-Viren (Arboviren):**
>
> » Aedes camptorhynchus an der südlichen Festlandküste in ganz Victoria, eine wichtige Brackwasserbrüter- und Schädlingsart
> » Aedes flavifrons aus Tasmanien, weit verbreitet in Waldgebieten Südaustraliens, im Osten und Süden der Great Dividing Range und in Küstengebieten Südaustraliens und Tasmaniens
> » Aedes vigilax an der Ostküste hinunter bis nach New South Wales
> » Culex annulirostris im Landesinnern

In den letzten zwei Dekaden konnten sich diese Alphaviren in Europa und Ländern anderer Kontinente niederlassen und EPA verursachen. Grund dafür sind der Klimawandel mit der damit einhergehenden Erwärmung, erhöhte Niederschläge und Feuchtigkeit. Auch Urlauber und transportierte Tiere, die von diesem Virus angesteckt wurden, haben diesen in viele Länder verschleppt. Diese Alphaviren konnten mutieren und sich an die neue Umgebung anpassen.

Hier eine Statistik der Befallsrate von Ross-River-Virus aus dem Jahr 2004:

Europa:		Übersee:	
» Dänemark	400	» Brasilien	13 600
» Deutschland	6 100	» China	96 114
» England	4 460	» Guatemala	1 055
» Frankreich	4 470	» USA	21 730
» Griechenland	787		
» Italien	4 290		
» Österreich	600		
» Polen	2 850		
» Schweiz	550		
» Ungarn	742		

Im Durchschnitt ist die Rate 0,01%.

Endemische Quellen dieses Virus sind in allen australischen Bundesstaaten identifiziert worden, doch auch in den benachbarten Teilen Indonesiens, den Salomoninseln und in Papua-Neuguinea. Primärwirte sind die einheimischen Tiere, von Kängurus bis zur Neuholland-Maus. Doch bei massiven Epidemien ist der Mensch unter den Wirbeltieren der Hauptwirt. Das heißt, dass ein Zyklus, der normalerweise ein Mücken-Säugetier-Zyklus ist, ein Mensch-Mücken-Zyklus werden kann. Es gibt auch Belege dafür, dass Pferde von durch RRV verursachten rheumatischen Symptomen sowie Nervenerkrankungen betroffen sein können.

In europäischen und außereuropäischen Ländern sind die Primärwirte auch die einheimischen Tiere wie Wild, Zecken und Vögel; aber auch Pferde und andere Stalltiere kommen in Frage.

Symptome in einer akuten Phase schließen folgende ein:

» Arthritische Schmerzen, die sehr schnell entstehen, beginnend an wenigen peripheren Gelenken mit Druckschmerz, Schwellung, Rötung, Hitze und Bewegungseinschränkung. Bald sind auch andere Gelenke betroffen wie Handgelenke, Knie, Knöchel, Finger, Ellbogen, Zehen und Fußwurzel.
» Ausschlag, meistens an Rumpf und Extremitäten, mitunter im Gesicht und selten auf der Kopfhaut
» Depression, verursacht durch Veränderungen der Lebensumstände und Schwierigkeiten beim Sporttreiben, in der Familie, bei der Arbeit usw.
» Erschöpfung ist eines der am meisten verbreiteten Anzeichen. Hierzu gehören starke Müdigkeit, beträchtliche Beeinträchtigung der Konzentration, Muskelerschöpfung, Tinnitus, abnorme Schlafmuster, gestörtes Gleichgewicht, Realitätsverlust sowie gelegentliche Störungen der peripheren Durchblutung.
» Kompressionsneuropathie, vorrangig in Form des Karpaltunnelsyndroms durch Einwirkung auf den Ellennerv am Handgelenk
» Leberfunktionsstörungen wurden bei einigen Patienten beobachtet.
» Lymphadenopathie mit schmerzempfindlichen, jedoch nur leicht geschwollenen Lymphknoten, auch am Hinterkopf
» Milzvergrößerung (Splenomegalie) ist selten und wird nur bei Erwachsenen beobachtet.
» Myalgie mit oder ohne Muskeldruckschmerz ist häufig.
» Schüttelfrost, Fieber mit Temperaturen über 39 Grad möglich, Schwitzen, Kopfschmerzen, Photophobie
» Sehnenscheidenentzündung üblicherweise an Achillessehne, Handgelenk und Knöchel, großem Rollhügel (Hüften) und Kniescheibe. Seltener sind Schultern, Hüften, Wirbelsäule, Brustkorb und Kiefer betroffen.
» Starke Nacken- und Rückenschmerzen
» Symptome einer gewöhnlichen Erkältung, allerdings ohne laufende Nase oder Husten

Ausschlaggebend ist hier die Unterstützung und Stärkung von Immunsystem und Nebennieren mit Heilkräutern und Nahrungsergänzungsmitteln, Kräutern und ätherischen Ölen für Umschläge zur Linderung der Entzündung der betroffenen Gelenke und, wenn möglich, einer homöopathischen Nosode.

Am besten ist Prävention!

Schützen Sie sich vor den Insekten durch ein Netz. Auch für Fenster und Türen ist angemessener Schutz notwendig. Verhindern Sie, dass Mücken in Wehren, Teichen usw. brüten können. Dies kann erreicht werden, indem Fische und/oder Frösche in Gewässern ausgesetzt werden, denn sie fressen liebend gern Mückenlarven. Tragen Sie lockere Kleidung in hellen Farben, die auch Arme, Beine und Rumpf bedeckt. Vermeiden Sie von Mai bis September von der Abenddämmerung bis zum Morgengrauen Aktivitäten an der frischen Luft. Meiden Sie Orte, die für das Vorkommen der gefährlichen Mückenarten bekannt sind. Verwenden Sie ein natürliches Insektenschutzmittel, vor allem am späten Nachmittag und frühen Abend. Ätherische Öle von Citronella, Eukalyptus, Zimt und Zitronengras sind eine sehr wirksame natürliche Mückenabwehr.

Inzwischen wissen Sie, wie giftig und gefährlich handelsübliche Insektenschutzmittel sind. Verwenden Sie diese also bitte nicht. Andernfalls können Sie sich womöglich zusätzliche Gesundheitsprobleme aufhalsen!

Bei allen diesen Infektionen ist es sehr wichtig, alles, was eine Schwächung des Immunsystems verursacht, zu ermitteln und zu eliminieren. Und natürlich müssen wir unseren Körper bei der Bewältigung der Symptome mit Naturmedizin unterstützen, wann immer dies möglich ist.

Die Behandlung dieser Krankheit ist dieselbe wie bei Borreliose, Seite 153.

Quellen:

www.ncbi.nlm.nih.gov/pmc/articles/PMC4685977/
Infection Ecology & Epidemiology, Jan 2015, Vol. 5, No. 1:29853 dx.doi.org/10.3402/lee.v5. 29853
www.ncbi.nlm.nih.gov/pmc/articles/PMC4685977/
Infection Ecology & Epidemiology. Jan 2015, Vol. 5, No. 1:29853 dx.doi.org/10.3402/lee.v5. 29853

Aaskov J., Mataika J., Lawrence G., Rabukawaqa V., Tucker M., Miles J., et al.: An epidemic of Ross River virus infection in Fiji, 1979. Am J Trop Med Hyg 1981;30:1053-9.
Atkins G.J.: The pathogenesis of alphaviruses. ISRN Virol 2012;2013:861912.
Claflin S.B., Webb C.E.: Ross River virus: many vectors and unusual hosts make for an unpredictable pathogen. PLoS Pathog 2015;11:e1005070.
Doherty R., Whitehead R., Gorman B., O'Gower A.: The isolation of a third group A arbovirus in Australia, with preliminary observations on its relationship to epidemic polyarthritis. Aust J Sci 1963;26:183-4.

Gould E.A., Higgs S.: Impact of climate change and other factors on emerging arbovirus diseases. Trans Roy Soc Trop Med Hyg 2009;103:109-21.

Gubler D.J.: The global emergence/resurgence of arboviral diseases as public health problems. Arch Med Res 2002;33:330-42.

Harley D., Sleigh A., Ritchie S.: Ross River virus transmission, infection, and disease: a cross-disciplinary review. Clin Microbiol Rev 2001;14:909-32.

Hubálek Z.: Mosquito-borne viruses in Europe. Parasitol Res 2008;103:29-43.

Kay B.H., Boyd A.M., Ryan P.A., Hall R.A.: Mosquito feeding patterns and natural infection of vertebrates with Ross River and Barmah Forest viruses in Brisbane, Australia. Am J Trop Med Hyg 2007;76:417-23.

Martina B.E., Osterhaus A.D.: 23. Wildlife and the risk of vectorborne viral diseases. Emerg Pests Vector Borne Dis Eur 2007;1:411.

McMichael A.J., Woodruff R.E.: Climate change and infectious diseases 14. Soc Ecol Infect Dis 2011:378:378-407.

Pfeffer M., Dobler G.: Review emergence of zoonotic arboviruses by animal trade and migration. Parasites & Vectors 2010;3:35.

Rosen L., Gubler D.J., Bennett P.H.: Epidemic polyarthritis (Ross River) virus infection in the Cook Islands. Am J Trop Med Hyg 1981;30:1294-302.

Russell R.C.: Ross River virus: ecology and distribution. Ann Rev Entomol 2002;47:1-31.

Sammels L.M., Coelen R.J., Lindsay M.D., Mackenzie J.S.: Geographic distribution and evolution of Ross River virus in Australia and the Pacific Islands. Virology 1995;212:20- 9.

Semenza J.C., Menne B.: Climate change and infectious diseases in Europe. Lancet Infect Dis 2009;9:365-75.

Toivanen A.: Alphaviruses: an emerging cause of arthritis? Curr Opin Rheumatol 2008;20:486-90.

Tompkins D.M., Slaney D.: Exploring the potential for Ross River virus emergence in New Zealand. Vector Borne Zoonotic Dis 2014;14:141-8.

Weaver S., Rico-Hesse R., Scott T.: Genetic diversity and slow rates of evolution in New World alphaviruses. Genetic diversity of RNA viruses. Springer Berlin Heidelberg: Springer; 1992, 99-117.

Westhorpe C.: Ross River virus. Geodate 2014;27.

Wells P., Mikunda A., Doggett S., Cloonan M., Russell R., Weir R. et al.: Studies of the infectivity of selected strains of Ross River virus in Aedes vigilax and Culex annulirostris collected at coastal and inland sites of New South Wales. Arbovirus Res Aust 1997;7:322 -5.

Wilcox B.A., Gubler D.J.: Disease ecology and the global emergence of zoonotic pathogens. Environ Health Prev Med 2005;10:263-72.

Bakterien

Borrelia

Die Borrelien sind relativ grosse, schrauben- oder auch spiralförmige Bakterien aus der Gruppe der Spirochäten. Diese sind aktiv beweglich und tun dies in der typischen spirochäten Art und Weise. Die Zellen sind dünn und lang, sie haben einen Durchmesser von 0,2–0,5 mcm und eine Länge von 8–30 mcm.

Die Reservoirwirte der Borrelien sind kleine Nager wie Ratten und Mäuse und natürlich andere infizierte Säugetiere und Vögel.

Unter Stress sind die Borrelien in der Lage, ihre ursprüngliche längliche Form in eine Kugelform umzuwandeln und sie können auch noch in weiteren Formvarianten vorkommen. Es gibt Hinweise dafür, dass gewisse Formen extrazellulär sowie intrazellulär vorkommen können.

Um zu wachsen, benötigen die Borrelien eine sauerstoffarme Umgebung bei einem pH-Wert von 7,6 und einer Temperatur von 34–37 °C. Dazu benötigen sie Nährstoffe wie Aminosäuren, N-Acetylglucosamin, Peptone und Vitamine sowie Mangan, das als Cofaktor für wichtige Enzyme verwendet wird.

Benannt wurden sie nach dem Bakteriologen Amédée Borrel aus Strassburg (1867–1936).

Die meisten Arten sind für Menschen oder Tiere pathogen und sind ein klassisches Beispiel für Infektionskrankheiten wie Lyme-Borreliose und das Rückfallfieber. Die Bezeichnung «Lyme» stammt von der Ortschaft Lyme im Bundesstaat Connecticut in den USA, wo 1975 ein gehäuftes Auftreten von Gelenksentzündungen in Verbindung mit Zeckenstichen beschrieben wurde. Die Verbindung von «Lyme» mit der Bezeichnung der nach Amédée Borrel benannten Erregerfamilie gab dieser Krankheit dann den Namen Lyme-Borreliose.

Es gibt über 300 verschiedene Borrelienarten, die beschrieben sind, aber soweit sind nur einige als menschenpathogen definiert:

Borrelia burgdorferi sensu lato (europäische Bezeichnung) oder Borrelia burgdorferi sensu stricto (US-amerikanische Bezeichnung)	Ist der Oberbegriff einiger dieser Menschenpathogene und steht zusammenfassend für fünf Bakterienarten. Diese nach dem Schweizer Forscher Willy Burgdorfer benannten Bakterien wurden als die Erreger der durch Zecken übertragenen Lyme-Borreliose beschrieben. In Deutschland als Gemeiner Holzbock (Ixodes ricinus) bekannt und in den USA als Ixodes dammini.
	Die Zeckenaktivität steigert sich vor allem im Sommer und im Herbst, variiert jedoch stark regional. Infektionen dieser Borrelien verursachen verschiedene Stadien von Erkrankungen. Kennzeichen früher Erkrankungen sind Kopfschmerzen, die Wanderröte (Erythema migrans), arthritische und neurologische Beschwerden und viele weitere Symptome, die etwas später in diesem Kapitel erklärt werden.
1. Borrelia anserina	Wurde nach Aborten von Rindern isoliert
2. Borrelia coriaceae	Ist die Ursache des Zeckenrückfallfiebers und entspricht dem Läuserückfallfieber, jedoch ist ihr Vorkommen auf die wärmeren Gebiete der Tropen und Subtropen beschränkt.
3. Borrelia duttoni	Ist die Ursache des Zeckenrückfallfiebers und entspricht dem Läuserückfallfieber, jedoch ist ihr Vorkommen auf die wärmeren Gebiete der Tropen und Subtropen beschränkt.
4. Borrelia theileri	Verursacht mild verlaufende Erkrankungen in Pferden, Schafen und Rindern in Südafrika und in Australien

5. Borrelia recurrentis	Ist der Erreger des Läuserückfallfiebers, die durch die Kleiderlaus (Pediculus humanus) übertragen wird und starke Fieberschübe auslöst. Sie ist vorwiegend in kühleren Gebieten in Afrika, Asien und Südamerika verbreitet. Mangelnde Hygiene und starker Läusebefall war in früheren Zeiten die Ursache für eine regelrechte epidemische Verbreitung dieser Krankheit.

Regional sind noch weitere Borrelien verbreitet, die Erkrankungen ähnlich dem Rückfallfieber auslösen können:

» Borrelia afzelii (Eurasien; besonders Schwarzwald-Region)
» Borrelia andersoni (USA)
» Borrelia bissettii (USA)
» Borrelia garinii (Eurasien)
» Borrelia japonica (Japan)
» Borrelia lusitanae (Europa, Nordafrika)
» Borrelia tanukii (Japan)
» Borrelia turdi (Japan)
» Borrelia valaisiana (Eurasien)

Laut Angaben des Robert-Koch-Institutes sind in Deutschland zirka 6–35% der Zecken von Borrelien befallen und in den Hochrisikogebieten wie Teile Süddeutschlands sogar 30–50%. Eine Borrelien-Infektion durch Zecken ist sogar in Städten möglich. Besonders der direkte Kontakt mit Büschen in Gärten und insbesondere in Waldnähe stellt ein bisher unterschätztes Risiko dar, über Zeckenstiche an Lyme-Borreliose zu erkranken.

Als weitere Überträger der Borreliose werden von Wissenschaftlern auch Stechfliegen, Mücken, Bremsen und Flöhe gelistet. Ganze 12% der Stechmücken in Europa sind mit Borrelien infiziert.

Die Borreliose ist eine multisystemische Erkrankung und bedeutet für Ärzte und Therapeuten die Herausforderung des 21. Jahrhunderts.

Die Borrelien sind eine Herausforderung, da sie mit dem Syphilis-Erreger verwandte Bakterien sind und potente biochemische Waffen einsetzen, die mit Neurotoxinen (Nervengiften) eine Vielzahl von konfus verlaufenden Beschwerden verursachen können. Im Prinzip stellt sich bei fast jeder Erkrankung die Frage, ob Borrelien dahinter stecken könnten.

Eine Borreliose durchläuft schleichend verschiedene Stadien:

Stadium I – Lokalinfektion

» Wanderröte: Ein charakteristischer und typischer Hinweis auf eine beginnende Lyme-Borreliose ist die sogenannte Wanderröte (Erythema migrans). Diese tritt an der Stichstelle nach einigen Tagen bis zu einigen Wochen in 30–50% der Fälle auf und ist eine ringförmige Hautrötung, die jucken oder brennen, aber auch ohne Beschwerden auftreten kann. Die Grösse dieser Wanderröte kann von handtellergross bis zu einem Durchmesser von 65 cm variieren, ist scharf abgegrenzt, im Zentrum heller und wandert nach aussen. Sie kann spontan verschwinden, aber auch wiederkehren und mit anderen Symptomen auftreten, zeigt dann jedoch oft nur noch einen Abschnitt des Rings und nicht den kompletten Ring.
» Bei zirka 30–50% der Betroffenen können zusätzlich Allgemeinsymptome auftreten wie grippeähnliche Symptome (Abgeschlagenheit, Fieber, Gliederschmerzen, Kopfschmerzen).

Stadium II – Streuung des Erregers

Nach etwa 3 bis 16 Wochen breiten sich die Erreger im ganzen Organismus aus – je nach Erregertyp. Der Betroffene leidet dann immer noch an grippeähnlichen Symptomen wie oben erwähnt; zusätzlich können folgende Beschwerden auftreten:

» Arthritis einzelner Gelenke wie Knie (kann auch schmerzfrei sein)
» Befall der Organe, Gelenke und Muskeln sowie des zentralen und peripheren Nervensystems
» Bursitis
» Chronisches Erschöpfungssyndrom
» Entzündete Ohrläppchen (Lymphadenosis cutis benigna)
» Fibromyalgie-artige Schmerzen und Beschwerdebilder
» Hautveränderungen
» Herzrhythmusstörung/Herzprobleme
» Infektanfälligkeit
» Magen-Darm-Beschwerden
» Neurologische Störungen
» Psychische Störungen
» Schlafstörungen
» Sehstörungen
» Starke Schweissausbrüche
» Störungen des Tastsinns
» Unterfunktion der Schilddrüsen
» Urogenitale Symptome
» Und viele mehr

Stadium III – Spätstadium oder chronisches Stadium

Nach mehreren Monaten können Infizierte schwere und chronische Symptome entwickeln, aber es ist auch möglich, dass jahrelang keine Symptome auftreten, bis das Immunsystem aus irgendwelchen Gründen geschwächt ist. Je nachdem, in welche Körperteile und Organe sich die Erreger ausgebreitet haben, leidet der Befallene unter verschiedenen, manchmal konfusen Krankheitsbildern.

Bei chronischem Befall des Zentralen Nervensystems (die Neuroborreliose) können folgende Krankheiten und Symptome auftreten:

» Absenzen
» Borrelien-Meningitis
» Enzephalitis
» Gleichgewichtsstörung
» Häufige Kopfschmerzen mit wechselnder Lokalisation
» Lyme-Encephalomyelitis
» Nackenschmerzen
» Polyneuropathie
» Schulterschmerzen
» Schwindel
» Sprachstörungen wie falsche Wortwahl und Versprecher
» Störung des Kurzzeitgedächtnisses

Bei chronischem Befall des Bewegungsapparates können folgende Krankheiten und Symptome auftreten:

- » Bindegewebe-Probleme
- » Bursitis
- » Karpaltunnelsyndrom
- » Morgensteifheit
- » Muskelschwäche
- » Myalgien (wie grundloser Muskelkater)
- » Schmerzen der Gelenke wie Hüft-, Knie-, Ellenbogen-, Schulter-, Handgelenke (auch Lyme-Arthritis genannt)
- » Schmerzen der Sehnen sowie Schwellung der Achillessehnen beidseitig sowie einseitig
- » Stichartige Muskelschmerzen
- » Spontanrupturen von Sehnen, z. B. Achillessehnen
- » Tennisarm

Bei chronischem Befall der Verdauungsorgane können folgende Krankheiten und Symptome auftreten:

- » Alkoholunverträglichkeit
- » Blähungen
- » Dysbiose des Darmes (Leaky Gut Syndrome)
- » Histamin-Intoleranz
- » Nahrungsunverträglichkeiten (Allergien)
- » Reizdarm
- » Stuhlveränderungen

Je nachdem, welcher Körperteil befallen ist, können auch folgende Krankheiten und Symptome auftreten:

» Angstzustände
» Atemnot
» Auf Druck schmerzende oder empfindliche Rippen
» Augenentzündungen (Skleritis, Retinitis, Konjunktivitis)
» Brennende Schmerzen
» Depressionen
» Entzündungen der reproduktiven Organe
» Entzündungen im Urogenitalbereich (Blase, Harnröhre)
» Gereiztheit
» Herzrasen
» Hörverlust
» Hyperaktivität
» Inkontinenz
» Kiefergelenkschmerzen
» Kieferschmerzen
» Ko-Infektionen mit Herpes-Viren wie Herpes Zoster, Epstein-Barr-Virus, Cytomegalo-Virus, Rickettsien, Yersinien, Chlamydien
» Mangel an Libido
» Menstruationsstörungen
» Neuralgie
» Potenzstörungen
» Reizhusten
» Sehstörungen
» Schwindel
» Stimmungsschwankungen
» Taubheitsgefühle
» Tinnitus
» Vorhofflimmern
» Zahnschmerzen
» Und auch hier wieder und so weiter und so fort!

Eine Blutuntersuchung auf Antikörper ist bis heute nicht hundertprozentig verlässlich, selbst ein negativer Antikörpertest (IgG, IgM) schliesst eine Infektion nicht aus.

Aus naturheilkundlicher Sicht ist eigentlich jede Erkrankung, inklusive Borreliose, eine Folge geschwächter Abwehrkräfte und darum ist es essentiell, das Immunsystem zu stärken und den Körper von Schadstoffen zu entgiften.

Stärkung des Immunsystems

Dazu verwenden wir folgende Kräuter, Nährstoffe und andere natürliche Heilmittel:

Echinacea 2 g dreimal täglich für zwei Wochen, dann zweimal täglich für 2 Monate, Vitamin C 2 g zweimal täglich, Vitamin-B-Komplex morgens und mittags, Vitamin D 3000 i.E. mit Vitamin K2 200 mcg täglich, Lysin 2000 mg täglich, Zink 25 bis 30 mg zweimal täglich, Curcumin 500 mg drei- bis viermal täglich, auch die Heilpilze Maitake, Shiitake und Reishi wirken unterstützend. Mineralien- und Spurenelemente-Komplex morgens und abends.

Da die Darmschleimhäute einen Teil des Immunsystems darstellen, sollten auch diese unterstützt und ihre Funktion verbessert werden mit Macadamiaöl (1 Tl zweimal täglich), Schüßlersalz Nr. 4, 4 Tabletten zweimal täglich lutschen, und einem starken Acidophilus-Komplex (zweimal täglich im Minimum 10 Mrd. kbE [koloniebildende Einheiten]).

Ätherische Öle von Zimt, Nelkenknospen, Mohn und Hanf zu gleichen Teilen mischen, 4 Tropfen von dieser Mixtur in ein halbes Glas heisses Wasser geben und drei- bis viermal täglich einnehmen.

Äusserliche Anwendung gegen Hautprobleme oder Entzündungen verursacht von Borreliose: eine Mischung von 100 ml Mandelöl oder Hanföl mit 5 Tropfen Zimtöl und 5 Tropfen Mohnöl herstellen und die betroffenen Stellen damit einreiben.

Entgiften von Schwer- und Leichtmetallen, Pestiziden, Abgasen usw.

Mit einer homöopathischen Nosode, Humin ca. 50 mg zweimal täglich, Chlorophyll, Spirulina, Schüßlersalz Nr. 4 und Nr. 6, zusammen je 4 Tabletten dreimal täglich, und Gemüse-Smoothies, Unterstützung der Leber mit Kräutern wie Mariendistel, der Nieren mit Birken, Goldruten und Brennnesseln.

Eventuell müssen auch die Nebennieren gestärkt werden, da jede Infektion auch diese Drüsen stresst und in Mitleidenschaft zieht. Siehe dazu das Kapitel Burnout durch chronischen Stress, Seite 156.

Quellen:

de.wikipedia.org/wiki/Borreliose
de.wikipedia.org/wiki/Lyme-Borreliose
www.awmf.org/leitlinien/detail/anmeldung/1/ll/013-080.html

www.awmf.org/uploads/tx_szleitlinien/013-044l_S2k_Kutane_Lyme_
    Borreliose_2016-05.pdf
www.borreliose-bund.de/
www.borreliose-gesellschaft.de/de/Leitlinien
www.borreliose-nachrichten.de/aerzte/
www.borreliose-nachrichten.de/cfsme-und-borreliose/
www.borreliose-nachrichten.de/diagnosekriterien-der-lyme-borreliose-wie-
    nagele-ich-einen-pudding-an-die-wand/
www.borreliose-nachrichten.de/erregeruebertagung-bereits-nach-einer-
    halben-stunde/
www.borreliose-nachrichten.de/symptom-tagebuch/
www.borreliose-nachrichten.de/wann-ist-eine-borreliose-eine-
    neuroborreliose-die-borreliose-und-ihre-neuro-psychiatrischen-
    symptome/
www.borreliose-nachrichten.de/wp-content/uploads/2012/10/CFS_
    Dortmund_9-12-Hopf-Seidel.pdf
www.borreliose-nachrichten.de/wp-content/uploads/2012/02/Wann-ist-
    eine-Borreliose-eine-Neuroborreliose3.pdf (von Frau Dr. Martina Lorenz)
www.borreliose-nachrichten.de/wp-content/uploads/2012/01/puettmann_
    Diagnosekriterien_Lyme_Borreliose1.pdf
www.natuerliche-therapie.de/naehrstoffmaengel
www.onmeda.de/krankheiten/borreliose.html
www.rki.de/SharedDocs/FAQ/Borreliose/Borreliose.html
www.vorsichtgesund.de/bewiesen-zimtoel-hilft-gegen-borrelien/

Brorson O., Brorson S.H.: Grapefruit seed extract is a powerful in vitro agent
    against motile and cystic forms of Borrelia burgdorferi sensu lato;
    Infection, 2007, Jun;35(3):206-8.
Feng J., Zhang S., Shi W., Zubcevik N., Miklossy J., Zhang Y.: High Activity of
    Selective Essential Oils against Stationary Phase Borrelia burgdorferi;
    bioRxiv preprint, first posted online May 17, 2017.
Ginsberg H.S.: Transmission risk of Lyme disease and implications for tick
    management; Am J Epidemiol. 1993, Jul 1;138(1):65-73.
Troxell, B., X. F. Yang (2013): Metal-dependent gene regulation in the causative
    agent of Lyme disease. Frontiers in Cellular and Infection Microbiology 3:
    79.
Wang, P., Lutton, A., Olesik, J., Vali, H., and Li, X. (2012): A novel iron- and
    copper-binding protein in the Lyme disease spirochaete. Molecular
    Microbiology 86(6):1441-1451.

Helicobacter pylori, Campylobacter und Chlamydien

Viele Menschen leiden an chronischen bakteriellen Infektionen und auch hier ist der Hauptgrund ein erschöpftes, geschwächtes Immunsystem. Wie Viren, Parasiten und Pilze haben auch Bakterien jeweils gewisse Affinitäten. Wenn bei mir Patienten mit Magenschmerzen und Verdauungsproblemen oder gar Magengeschwüren vorstellig wurden, konnte ich immer zusätzlich zu den Bakterien Helicobacter pylori auch einen durch emotionalen Stress verursachten schlechten pH-Wert in den Magensäften feststellen.

In den Fällen, in denen die Patienten auch Reizungen des Verdauungsapparates oder sogar Zwölffingerdarmkrebs aufwiesen, waren es jedes Mal die Bakterien namens Campylobacter, welche positiv getestet wurden und die Reizungen und Schädigungen des Zwölffingerdarms verursachten.

Chlamydien sind Erreger stark ansteckender Infektionen der Fortpflanzungsorgane, was immer ein Anzeichen für akkumulierte Toxine ist, zum Beispiel Xenoestrogene, deren Ursache Verschmutzung oder die Einnahme oraler Kontrazeptiva oder eine Hormonersatztherapie (HET) sein können. Diese schwächen die entsprechenden Organe und beeinträchtigen gleichzeitig das Immunsystem, wodurch eine Infektion möglich wird.

An dieser Stelle erwähne ich nur einige der häufigsten Infektionen, die mir in meiner Klinik begegnet sind, doch natürlich gibt es noch viele mehr, die zu Krankheiten und Schwächung führen.

Es sollte Ihnen immer bewusst sein, dass die Behandlung einer Infektion mit Antibiotika das Immunsystem schädigt und schwächt. Dies kann dazu führen, dass die Infektion schon bald nach Beendigung der Antibiotikatherapie wieder auftritt oder Sie nun sehr anfällig für andere Infektionen sind und/oder Ihre Genesung sehr lange dauert. Das liegt daran, dass das Antibiotikum nicht nur die Infektion abtötet, die Sie gerade behandeln, sondern auch die gesunden und wichtigen Bakterien im Darm.

Um derlei Schäden zu verhindern, ist es entscheidend, Ihrem Körper diese wichtigen Bakterien zurückzugeben und das Immunsystem zu stärken, indem Sie mindestens einen Monat lang hochdosierte Acidophilus-Präparate einnehmen. Denn der Darm macht, wie Sie wissen, 80% des Immunsystems aus.

Burnout durch chronischen Stress

Wer ist in der heutigen westlichen Gesellschaft nicht gestresst? Die meisten von uns stehen am Arbeitsplatz, beim Sport und zu Hause unter permanentem Druck. Wir haben Angst, dass wir andernfalls unseren Job verlieren, keine Anerkennung für unsere guten Leistungen bekommen oder unsere Beziehung zerbrechen könnte. Stress lauert überall. Viele Menschen stehen unter Stress, weil sie täglich rund um die Uhr per Mobiltelefon oder E-Mail verfügbar und leistungsfähig sein müssen; sie sind gestresst, weil nicht genügend Zeit bleibt, um auf Twitter, Facebook & Co. zu chatten und so weiter. Die Menschen sind heutzutage ständig im «Standby-Modus», sie wollen zeitgemäß sein und sie wollen funktionieren!

Wir leben heute im Vergleich zur Zeit vor nur wenigen Jahren in einer ganz anderen Welt. Wenn ich in einem Café oder Restaurant sitze, beobachte ich oft Paare, die eigentlich miteinander eine Mußestunde verbrin-

gen könnten, aber ständig durch Anrufe oder SMS unterbrochen werden, wobei ich mich ernsthaft frage, wie in aller Welt sie sich überhaupt besser kennenlernen oder die gemeinsamen Stunden miteinander genießen können, wenn sie nicht einmal die Zeit haben, miteinander zu sprechen.

Wenn ich mich selbst in ähnlichen Situationen wiederfinde und meine Gesprächspartner ständig am Telefon sind, frage ich mich, ob die anderen, mit denen sie sprechen, wichtiger sind als ich. Können sie nicht warten, bis sie zu Hause oder alleine sind? Oder könnten sie sich nicht wenigstens für die Störung entschuldigen, selbst wenn sie wirklich notwendig war? Es war einmal eine Zeit, da waren wir nur entweder zu Hause oder am Arbeitsplatz erreichbar.

Ich erinnere mich, dass ich mich zum ersten Mal so richtig über die Störung durch Mobiltelefone in einem Restaurant ärgerte, in dem ich mit meiner Schwester entspannt zu Mittag essen wollte. Das war 2000 bei einem Besuch in der Schweiz, wo ich geboren wurde, nachdem ich bereits seit 14 Jahren in Australien lebte. Das Lustige war, dass die meisten Mobiltelefone damals offenbar denselben Klingel- oder SMS-Ton hatten. Wenn ein Telefon klingelte, dachten alle, es wäre ihres, und begannen eifrig damit, ihre Hosen- und Handtaschen nach ihrem Telefon zu durchforsten! Ich erinnere mich an die vielen enttäuschten Gesichter, wenn es dann doch nicht ihr Telefon war, das geklingelt hatte! Aber inzwischen gibt es eine neue Generation. Die Leute sind modern, ich weiß es – aber es kann für sie nicht gut ausgehen, wenn sie Beziehungen führen, ohne Zeit miteinander zu verbringen, wenn sie ständig durch Anrufe und Nachrichten gestört werden. Viele nehmen sogar das Risiko einer Buße auf sich, weil sie unbedingt beim Autofahren ans Telefon gehen müssen – und diese Bußen sind nicht gering, wie viele von uns wissen!

Stress ist in den Industrienationen aufgrund des Arbeitstempos ein täglicher Begleiter. Je schneller es geht, desto schneller müssen wir sein, um Schritt zu halten. Diese Faktoren führen häufig dazu, dass immer mehr arbeitende Menschen an psychischem und physischem Burnout leiden. Dies ist für die Unternehmen und Arbeitgeber eine besorgniserregende Situation, die sie ein Vermögen kostet. Nehmen wir zum Beispiel Deutschland. Wenn ein Mitarbeiter erkrankt, kostet dies das Unternehmen etwa 400 Euro pro Tag. Das kann sich schnell auf bis zu 16 000 Euro summieren, wenn er aufgrund von Burnout sechs bis acht Wochen krankgeschrieben ist; und dabei wurden die Kosten noch gar nicht berücksichtigt, die entstanden sind, weil der Kranke im Lauf von vielen Monaten vor dem Zusammenbruch eine geringere Leistung erbrachte.

Es ist wichtig, nicht zu vergessen, dass es sowohl positiven als auch negativen Stress gibt: Stress, den wir brauchen, und Stress, den wir nicht brauchen.

Wussten Sie schon?
Für beinahe 90% der deutschen Arbeitnehmer gibt es keinen klassischen «Feierabend» mehr, da sie selbst zu Hause «stand-by» sein müssen. (Bitcom)

Laut Statistiken der deutschen Krankenversicherung AOK gilt für 2010 im Vergleich zu 1994 Folgendes:

» Fälle von Menschen, die an psychologischen Gesundheitsproblemen leiden, haben um über 100% zugenommen.
» Krankheitstage aus psychologischen Gründen sind um über 80% auf 23,3 Tage pro Jahr gestiegen.
» Diese Fälle kosten die Unternehmen jährlich etwa 4,7 Milliarden Euro!

Die Menschen fühlen sich in einem Umfeld der Kommunikation und Reizüberflutung gefangen. Wir leben in einer Zeit des exponentiellen technologischen Fortschritts – der allerdings auf Kosten der Gesundheit der Menschen und für viele auch mit dem Verlust finanzieller Sicherheit einhergeht!

Das müssen wir ändern und dieses zunehmende Gesundheitsproblem aufhalten, was wir natürlich nur können, wenn wir wissen, wie!

Wie bereits erwähnt, behandelte und behandle ich viele meiner Patienten wegen Stress und Burnout. Die folgenden Behandlungen und Lösungen halfen ihnen, erfolgreich ihre Gesundheit zu verbessern und stressresistenter zu werden. Aufgrund der großen Nachfrage nach mehr Wissen über Stress und wie am besten damit umgegangen werden kann, besuchten mein Stress-Seminar Tausende von Menschen in Australien und der Schweiz.

Was ist Stress?

Stress ist eine körperliche und psychische Reaktion auf einen externen Auslöser. Es gibt viele verschiedene Arten von Stress und auch unter-

---

Fehltage und Arbeitsausfall aufgrund von Krankheit haben von 2000 bis 2013 um über 70% zugenommen.

Wussten Sie schon?
Der wirtschaftliche Schaden durch psychischen Stress im Zusammenhang mit der Arbeit beläuft sich auf etwa 6,3 Milliarden Euro pro Jahr. Und das sind nur die Zahlen aus Deutschland!
(Studie der AOK)

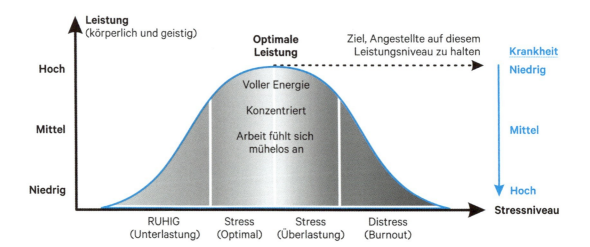

DIE SECHS HAUPTURSACHEN CHRONISCHER ERKRANKUNGEN

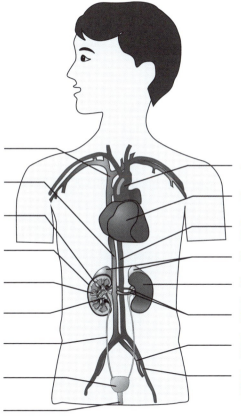

schiedliche Reaktionen in unserem Körper, wenn er sich dem Stress anpasst. Hier spreche ich von Hypostress, auch Eustress genannt, und Hyperstress, der auch als Distress bezeichnet wird.

Eustress ist positiver Stress, der zur Weiterarbeit sowie zum Abschluss einer Arbeit motiviert und einen diese sogar genießen lässt. Jeder braucht in seinem Leben ein bisschen Stress, um produktiv, glücklich, motiviert und gefordert zu sein.

Distress, der negative Stress, beginnt, wenn positiver Stress zu viel wird, um damit zurechtzukommen, und Spannungen entstehen, da keine Entlastung oder kein Ende in Sicht ist. Dies führt zu einem Anstieg des Blutdrucks, beschleunigter Atmung und Aggression, aber auch zu einigen Symptomen im Bereich des Verhaltens, zum Beispiel zu viel Essen, Rauchen oder Appetitmangel. Stresstoleranz ist die Fähigkeit, Stress auszuhalten. Diese Toleranz kann stark variieren, je nach Zeitpunkt und Umständen, in denen Stress erfahren wird. Sie wird außerdem durch die Persönlichkeit, den Gesundheitszustand, das Umfeld und die Situation beeinflusst.

Stressfaktoren

Die wichtigsten äußeren Stressfaktoren sind:

- » Allergien
- » Chronische Infektionen
- » Chronische Schmerzen
- » Ernährung
- » Extreme Temperaturen
- » Lärm
- » Toxische Stoffe

Die wichtigsten psychologischen Stressfaktoren sind:

- » Chronische Über- oder Unterforderung
- » Finanzielle Probleme
- » Gefühle
- » Konflikte (persönlich, am Arbeitsplatz)
- » Ungewöhnliche Ereignisse und Situationen

Warum also macht uns zu viel Stress krank und was geschieht in unserem Körper, wenn wir unter Stress stehen?

Nebennieren

Es sind unsere Nebennieren, die auf Stress reagieren. Jedes Mal, wenn wir, egal, aus welchem Grund, gestresst sind, produzieren unsere Nebennieren das Stresshormon Adrenalin. Ich bin sicher, Sie haben schon von

---

Stress stiehlt Energie, denn er verbraucht gespeicherte Energie und verursacht dadurch Müdigkeit!

diesem Hormon gehört, möchte Ihnen aber dennoch ein wenig über seine Funktion erzählen. Wissen Sie, was die Nebennieren sind und welche Funktion sie haben?

Es sind zwetschgenähnliche kleine Drüsen, die sich hinter und auf den Nieren befinden.

Die Nebennieren bestehen aus zwei wichtigen Hauptbestandteilen:

Die Nebennierenrinde

Ein Teil der Nebenniere ist ihre Rinde, die drei wichtige Hormone produziert:

Die Glucocorticoide, die ein Absinken des Blutzuckerspiegels verhindern, indem sie Fette und Proteine in Zucker umwandeln oder Zucker aus den Reserven in Muskeln und Leber freisetzen. Glucocorticoide wirken auch entzündungshemmend, um Heuschnupfen, Asthma, Sinusitis, Hautausschlag, rheumatischer Arthritis, Zwölffingerdarm- oder Magengeschwüren und allen anderen Allergien vorzubeugen.

Die mineralischen Corticoide zur Aufrechterhaltung der Flüssigkeitsbilanz und der Blutmenge.

Die Androgene, das sind männliche und weibliche Hormone – Testosteron und Östrogen.

Das Nebennierenmark

Das Nebennierenmark sondert zwei Hormone ab. Epinephrin/Adrenalin wird für die «Kampf oder Flucht»-Reaktion abgegeben, um Stresssitua-

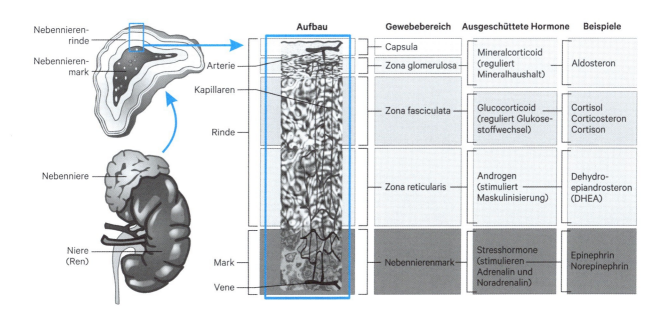

tionen zu bewältigen. Norepinephrin dient der Mobilisierung von Zuckern aus Reserven und vor allem der Steuerung des vegetativen Nervensystems (Organ- und Drüsenfunktion). Die Nebennieren halten das Drüsensystem im Gleichgewicht oder regen es an, doch auch sie werden von anderen Drüsen wie Schilddrüse, Bauchspeicheldrüse usw. stimuliert beziehungsweise aus dem Gleichgewicht gebracht.

Was ist adrenale Erschöpfung (Hypoadrenie)?

Es gibt zwei Formen von adrenaler Erschöpfung:

Die akute Form verursacht eine allgemeine Schwäche,
gefolgt von einer akuten Krankheit oder Infektion oder kurzzeitigem Stress.

Die chronische Form verursacht das «BURNOUT-SYNDROM», ein spezifisches Problem, das vor allem folgende Personengruppen betrifft:

» Vielbeschäftigte Berufstätige
» Manager
» Erfolgsmenschen, Überflieger
» Perfektionisten

Was sind die Symptome?

- » Allergien
- » Allgemeine Überempfindlichkeit
- » Angst
- » Asthma
- » Gefühl des Getrenntseins
- » Geringere Immunität – geschwächte Nebennieren schränken das Verteidigungssystem des Körpers ein, was zu Anfälligkeit für akute und chronische bakterielle und virale Infektionen führt.
- » Herzrasen
- » Hitzewallungen
- » Hormonungleichgewicht (Östrogen/Testosteron)
- » Impotenz (geringe Libido)
- » Müdigkeit
- » Nachtschweiß
- » Niedergeschlagenheit
- » Niedrige Blutzuckerwerte (Hypoglykämie), die zu Wackeligkeit und Unsicherheit führt
- » Niedriger oder hoher Blutdruck
- » Orthostatische Hypotonie
- » Rückenschmerzen
- » Schlaflosigkeit
- » Verdauungsstörungen (Durchfall, Verstopfung, Dickdarmentzündung, Reizdarmsyndrom usw.)
- » Gedächtnisverlust und Konzentrationsstörungen

Funktionale Hypoadrenie kann festgestellt werden durch:

- » Begutachtung und Anamnese
- » Blutanalyse (Dunkelfeld)
- » Globale diagnostische Beurteilung (Bioresonanz)
- » Irisdiagnose
- » Messung der elektrodermalen Aktivität
- » Speicheltest
- » Symptomatologie

Was verursacht Hypoadrenie?

- » Nahrung, welche die Produktion des Hormons Adrenalin anregt, das durch die Nebennieren produziert wird. Permanente Stimulation führt zu Erschöpfung! Solche Nahrungsmittel sind: Tee, Kaffee, kohlensäurehaltige Getränke, Kuchen, Kekse und Süßigkeiten.
- » Traumata, körperlich oder emotional
- » Andauernde Faktoren, wie Allergien
- » Infektionen (Viren, Bakterien)
- » Psychologische Faktoren
- » Toxine (Schwermetalle, Amalgam usw.)

Was können wir tun, um Hypoadrenie oder einfach ausgedrückt BURNOUT vorzubeugen und zu behandeln? Die Behandlung ist nicht kompliziert, aber dennoch komplex und umfasst alles, was Nebennieren und Immunsystem aufbaut und stärkt. Zum Beispiel:

Ernährungsumstellung

Vermeiden Sie Speisen und Getränke, auf die Menschen mit Hypoadrenie üblicherweise besonders Appetit haben, zum Beispiel:

- » Alkohol und Cola
- » Kaffee und Schokolade
- » Raffinierte Stärke
- » Tee, Zucker und zu viel Salz
- » … und natürlich sollten Sie das Rauchen aufgeben

Essen Sie stattdessen viele Lebensmittel, welche die Funktion der Nebennieren fördern:

- » Frische Säfte, Naturjoghurt, Lecithin, Kelp
- » Frisches Obst und Gemüse, Salate
- » Molassen, Sprossen und Bierhefe
- » Weizenkeime, Reis, Haferkleie, Nüsse und Kerne

Nahrungsergänzungsmittel

- » B-Komplex und Selen
- » Magnesium und Vitamin C
- » NADH
- » Kalium und Co-Enzym Q$_{10}$
- » Vitamine A, D und E (die Antioxidantien)
- » Zink und Chrom

Heilkräuter

Kamille	Wer kennt diese Pflanze nicht? Kamille ist ein seit langer Zeit bekanntes Heilkraut, das in den meisten Haushalten verwendet wird. Sie mindert Angst, beruhigt und wirkt gegen Schlaflosigkeit. Sie wird auch zum Ausgleich der Hormone eingesetzt.
Echinacea	Fördert das Immunsystem (sollte nicht über einen längeren Zeitraum eingenommen werden)
Ginseng (Panax – Chinesischer)	Ist ein Qi-Tonikum und sorgt für Energie, beruhigt den Geist, lindert ängstliche Unruhe und Schlaflosigkeit
Hopfen	Ein starkes Beruhigungsmittel. Hopfen kann als Tee oder auch als Duftkissen unter dem Kopfkissen verwendet werden.
Süßholz	Steigert Funktion der Nebennieren und wirkt entzündungshemmend
Helmkraut	Enthält Inhaltsstoffe, die als Nerventonikum wirken, ist krampflösend und bestens für nervliche Erschöpfung und Schwäche geeignet
Johanniskraut (Hypericum perforatum)	Mindert ängstliche Unruhe, wirkt gegen Depression und befreit von Spannungen und Reizbarkeit. Johanniskraut ist eines der besten Antidepressiva der Naturmedizin und wirkt relativ schnell.

Verbena	Lindert nervöse Spannung und Erschöpfung und verbessert die Verdauung bei nervöser Anspannung

Homöopathische Mittel

Folgende homöopathische Mittel können Ihnen bei bestimmten Leiden helfen:

Angst und Unruhe	Aconitum napellus
	Argentum
	Arsenicum album
	Calcarea phosphorica
Depression	Aurum
Erschöpfung	Carbo vegetabilis
Müdigkeit im Wachzustand	Phosphorus
Schwaches Gedächtnis	Carbo vegetabilis
Überanstrengung	Arnica

Sollten sie an mehr als einer dieser Beschwerden leiden, können Sie die Mittel für jedes einzelne Problem auch miteinander kombinieren.

Bachblüten

Nr. 17 Hornbeam	Fehlende Kraft (Unfähigkeit, die täglichen Aufgaben zu bewältigen)
Nr. 23 Olive	Vollständige körperliche und geistige Erschöpfung
Nr. 31 Vervain	Extreme bei mentaler Energie, Angst, Anspannung, Unfähigkeit zur Entspannung, schlechter Schlaf

Entspannung

Entspannung ist unverzichtbar, um Ausgewogenheit in unser tägliches Leben zu bringen. Die meisten Menschen sind in einer geschäftigen Welt gefangen und hasten umher, strengen sich an, Dinge zu erledigen und Termine einzuhalten. Es ist allzu einfach, zu sagen: «Heute habe ich keine Zeit» – und das ist der Grund, warum die meisten scheitern. Dabei sind es genau diese Menschen, die Entspannung am nötigsten haben. Es ist ungesund, alle Energie aufzubrauchen und Körper, Geist und Seele nicht die Energie zurückzugeben, die sie benötigen, um sich von all dem Stress zu erholen.

Wichtig ist dabei, dass Ihnen bewusst ist, dass Sie dies tun, um sich besser zu fühlen – nur für sich – für eine bessere Gesundheit und ein langes Leben.

Es gibt viele Arten der Entspannung und ich möchte hier nur einige nennen.

Geistige Entspannung:

- » Chakratherapie mit Reiki, Kristallen wie Rosenquarz und Amethyst
- » Kunsttherapie wie Malen, Töpfern usw.
- » Lieblingsmusik hören
- » Massage mit Aromatherapie
- » Meditation (Buch, CDs usw.)
- » Reiki

Körperliche Entspannung:

- » Atemübungen
- » Hobbys und Übungen, die Ihnen Spaß machen
- » Schwimmen
- » Singen
- » Spazieren oder Joggen am Strand, im Wald, auf dem Mond usw.
- » Tiefengewebe-Massage
- » Yoga

Damit all dies überhaupt wirkt, müssen Sie Ihr Mobiltelefon ausschalten!

Aromatherapie

Bergamotte	Angst und Unruhe, Depression, Schlaflosigkeit
Kamille	Nervöse Anspannung, beruhigend
Lavendel	Stress, Schlaflosigkeit, Kopfschmerzen, ausgleichend, Panikzustände
Neroli	Nahrung für die Seele, wirksam bei nervösem Durchfall, Angst, Panik, Minderwertigkeitsgefühlen
Rose	Depression, Schlaflosigkeit, nervöse Anspannung, emotionales Trauma
Rosmarin	Geistige Ermüdung, Verwirrung, nervliche Erschöpfung
Zedernholz	Chronische Erkrankungen, erbaulich, Mangel an Vertrauen, motivierend, schenkt Kraft

Die ätherischen Öle können in der Aromatherapie inhaliert oder topisch auf die Haut aufgetragen werden (z. B. durch eine Massage). Sie werden binnen Sekunden über die Nase oder die Poren durch Millionen sensible Zellen absorbiert, die dann Botschaften direkt ans Gehirn senden und sich auf die Emotionen auswirken, indem sie auf das limbische System wirken, welches auch die Hauptfunktionen des Körpers steuert.

Stellen Sie Ihre eigene Mischung ätherischer Öle her, nicht nur im Hinblick auf die spezifische Behandlung, sondern wählen Sie auch Düfte, die Sie mögen. Aufgrund meiner persönlichen und beruflichen Erfahrungen bin ich fest davon überzeugt, dass man einen Duft, den man besonders mag, auch wirklich benötigt. Wenn Sie zum Beispiel eine Zeit lang Lavendel verwendet haben, werden Ihnen Körper und Geist mitteilen, dass Sie erst einmal keinen Lavendel mehr brauchen, indem sie dafür sorgen, dass Ihnen der Duft nicht mehr so zusagt.

Farbtherapie

Farbe in Form von Licht ist Teil des elektromagnetischen Spektrums. Alle elektromagnetischen Wellen sind in Wellenlänge und Frequenz identisch. Jede Farbe hat eine bestimmte Wellenlänge von 380–710 nm (Nanometer)

Es gibt kein Heilmittel auf dieser Erde, das schneller wirkt als ätherische Öle. Die darin enthaltenen chemischen Verbindungen setzen die Kräfte des Körpers frei.

und variiert daher in Frequenz und Stärke. Das Leben ist Farbe, jedes Organ hat eine spezifische Farbe und jede Farbe hat eine Information und Polarität.

Blau

- » Ist ausgleichend und harmonisierend
- » Regt den Stoffwechsel an und fördert die Vitalität
- » Wirkt gegen übermäßige Aufregung

Grün

- » Aktiviert die Hypophyse, welche die Hauptdrüse des Körpers ist und alle anderen Drüsen, Stoffwechsel und Hormone steuert
- » Ist ein Aphrodisiakum und Sex-Tonikum
- » Schafft ein Gleichgewicht zwischen Leber und Milz (Immunsystem)
- » Wirkt emotional stabilisierend
- » Wirkt großartig bei Erschöpfung und Schlaflosigkeit

Purpur

- » Energetisiert die Nebennieren und wirkt emotional stabilisierend

Orange

- » Ist gut bei Asthma und Bronchitis
- » Hat krampflösende Wirkungen
- » Hilft bei mentaler Erschöpfung
- » Sorgt für ein allgemeines Gefühl des Wohlbefindens
- » Unterstützt die Funktion der Bauchspeicheldrüse, wodurch die Aufnahme von Nährstoffen verbessert wird

Rot

- » Stimuliert und regt Nerven und Blut an

Gelb

» Hilft bei Bekämpfung von Melancholie
» Ist exzellent für Nerven und Gehirn
» Ist günstig für Verdauung und Milz
» Ist gut für Haut und Lymphgefäße
» Ist heilsam bei Muskelerschöpfung
» Reinigt und hat ausscheidende Wirkungen
» Stärkt die Nerven
» Steuert den Solarplexus

Affirmationen nach Louise Hay

Nebennierenprobleme
Ich liebe und akzeptiere mich.
Es ist gut, wenn ich für mich selbst sorge.

Schlaflosigkeit
Liebevoll lasse ich den Tag hinter mir und gleite in friedlichen Schlaf mit dem Wissen, dass der morgige Tag für sich selbst sorgen wird.

Nervosität
Ich bin auf einer endlosen Reise durch die Ewigkeit, und es steht reichlich Zeit zur Verfügung. Ich kommuniziere mit meinem Herzen. Alles ist gut.

Wenn Sie ein Burnout vermeiden wollen, ist es am wichtigsten, stressresistenter zu werden! Loben Sie sich selbst! Seien Sie nicht perfektionistisch! Fühlen Sie sich nicht länger schuldig und zögerlich! Seien Sie entscheidungsfreudig und setzen Sie Ihre eigenen Prioritäten! Und am wichtigsten: Führen Sie ein gesundes Leben!

Für bessere Gesundheit, zur Überwindung eines Burnouts sowie zur Reduktion der Auswirkungen von Stress auf Geist und Körper empfehle ich von ganzem Herzen die Vitalfeldtherapie, bei der die Frequenz, die Ihr Körper produziert und der er unter Stress ausgesetzt ist, wieder in einen normalen, gesunden Frequenzbereich gebracht wird. Ich war mit dieser Therapie bei der Behandlung der meisten Krankheiten und Gesundheitsprobleme, einschließlich Stress, sehr erfolgreich.

Nährstoffmangel

Alle bereits genannten Faktoren führen zu Nährstoffmangel, denn um zu entgiften, Infektionen zu bekämpfen und mit Stress umzugehen, bedarf es sehr vieler Nährstoffe, damit der Körper diese Prozesse ausführen und uns vor den schädlichen Wirkungen dieser verschiedenen Stressoren schützen kann. In meiner Klinik habe ich nur wenige Klienten behandelt, die nicht an irgendeinem Nährstoffmangel litten. Natürlich suchten mich die meisten meiner Klienten nicht deswegen auf, sondern in erster Linie, weil es ihnen nicht gut ging.

Schauen wir uns nun die Entgiftung von Metallen an, die ich in einem eigenen Kapitel aufgeführt habe und die den Nährstoffverlust, die schlechte Absorption von und den erhöhten Bedarf an Nährstoffen zusammenfasst, die durch die häufigsten Metalle verursacht werden.

Mineralstoffe

» Alle Metalle verursachen starken Calcium- und Selenmangel.
» Viele Metalle verursachen Chrom-, Phosphor-, Schwefelmangel.
» Die meisten Metalle verursachen einen Mangel an Zink, Magnesium, Kupfer und Eisen.

Vitamine

» Alle Metalle verursachen einen starken Mangel an Vitamin C.
» Viele Metalle verursachen einen Mangel an Vitamin E.
» Die meisten Metalle verursachen einen Mangel an Vitamin B und D.

Aminosäuren

» Alle Metalle verursachen einen Mangel an Methionin und Glutathion.
» Viele Metalle verursachen einen Mangel an Alginat, Quercetin, Pektin und Ballaststoffen.
» Die meisten Metalle verursachen einen Mangel an Liponsäure und N-Acetyl-Cystein.

Alle Infektionen und Stress verursachen einen enormen Bedarf an Vitamin A, C, D und E (den antioxidativen Vitaminen), B-Vitaminen, Zink, Magnesium, Chrom, Kalium und Co-Enzym Q10. Und natürlich entziehen alle Toxine und Metalle, Infektionen und Stress dem Körper Antioxidantien (siehe Kapitel ROS [Freie Radikale], Seite 176). Doch es gibt noch einen weiteren Grund für Nährstoffmangel und ich bin sicher, dass Sie den bereits kennen. Hier sprechen wir von Fast-Food, auch Junk-Food genannt, das stark verarbeitete Nahrungsmittel und daher kaum noch Nährstoffe und Energie irgendwelcher Art enthält. Im Gegenteil, solcher Fast-Food raubt unserem Körper Nährstoffe, um verdaut werden zu können, und dazu entzieht er unserem Körper Energie. Waren Sie schon einmal müde, nachdem Sie Junk-Food oder ein Fertiggericht gegessen haben? Nun kennen Sie den Grund dafür!

Doch wir haben noch ein anderes Problem, das dazu führt, dass wir zu wenige Nährstoffe aufnehmen können! Es ist eine traurige Tatsache, dass unsere Grundnahrungsmittel wie Gemüse und Obst, gesunde Getreidesorten, Fleisch, Kerne und Nüsse inzwischen bis zu 50% weniger Nährstoffe enthalten als vor 50 Jahren! Hinzu kommt, dass sie kaum noch über Fähigkeiten zur Bekämpfung von freien Radikalen verfügen. Auch sie leiden unter Chemikalien, mit denen sie zur Bekämpfung von Insekten und Pilzen behandelt werden. Sie werden in Massenproduktion auf riesigen Feldern angebaut, die ausgelaugt und arm an Nährstoffen und Energie sind und deren Böden es gleichermaßen an etwa fünfzig oder mehr Mineral- und Nährstoffen mangelt, die unser Körper wirklich braucht. Stattdessen sind sie voll mit Hunderten von Chemikalien, darunter Kunstdünger, der nur die drei Mineralien Stickstoff, Kalium und Phosphor liefert. Dazu kommt die Tatsache, dass unsere Nahrung aufgrund von früher Ernte, Transport und kalter Lagerung noch mehr Nährstoffe verliert. Diese fehlenden Nährstoffe würden der Nahrung eigentlich ihren Geschmack verleihen, was heißt, dass nährstoffreiche Nahrung normalerweise nach viel mehr und besser schmeckt. Kein Wunder, dass Menschen verarbeitete Lebensmittel und Mahlzeiten vorziehen, weil sie durch all die Aromen, Salz, Geschmacksverstärker, Zucker und Farbstoffe usw., die ihnen zugesetzt sind, «schmackhafter» gemacht wurden! Unser Leben ist hektisch und wir leben in einer Gesellschaft, in der es Nahrung im Überfluss und in großer Vielfalt gibt – Nahrung, die einen hohen Nährwert haben sollte. Es wird uns sogar glauben gemacht, dass «Fertiggerichte» in Büchsen, Dosen usw. gesunde Nahrung seien, da ihnen die Hersteller einige wenige Mineralstoffe und Vitamine zugesetzt haben oder weil «natürlich» oder gar «100% natürlich» auf der Verpackung steht. Das Problem ist jedoch, dass verarbeiteter und pasteurisierter Nahrung einfach mehr Nährstoffe entzogen als zugesetzt worden sind. Dies verursacht einen unausgewogenen Nährstoffhaushalt in unserem Körper und kann zu nachlassender Gesundheit und zu Gesundheitsproblemen führen. Gleichzeitig sind diese Nahrungsmittel voller Chemikalien wie Konservierungsmittel, Aromen, Farbstoffe, Antibiotika usw. Nur ein Beispiel: Wenn Weizen zu weißem Mehl verarbeitet wird, verliert er über 25 Nährstoffe. Manchmal fügt der Bäcker dem Mehl ein paar Nährstoffe in Form von Vitamin B1, B2, B3 und Eisen hinzu. Nun fehlen uns aber allein in diesem Nahrungsmittel immer noch etwa 20 Nährstoffe! Dies zeigt uns auf, dass je weiter unsere Nahrung von ihrem ursprünglichen Zustand entfernt ist, desto weniger Nährstoffe darin enthalten sind und dass sie uns desto weniger ernährt.

Um wirklich sowohl körperlich als auch emotional gesund zu werden oder zu bleiben, müssen wir Nahrung in ihrem natürlichen Zustand zu uns nehmen, auf die von der Natur vorgesehene Weise.

Viele der Krankheiten, die uns umbringen, hängen stark mit unserem Ernährungsstatus zusammen, mit dem Mangel an Nährstoffen und dem Überschuss an Chemikalien, die alle zusammen zu Erkrankungen wie Krebs, Herz-Kreislauf-Problemen, Depression, Asthma, ADS/ADHS und vielen anderen führen.

Ja, ich stimme zu, dass die Ernährungswissenschaft eine sehr junge Disziplin ist und wir bisher noch nicht genügend über den Nährstoffgehalt unserer Nahrungsmittel und ihre synergetischen Komponenten wissen. Und obwohl wir wenigstens einige Details wissen, verstehen wir die vollständigen Wechselbeziehungen zwischen Nahrung und Körper, die Auswirkungen auf unsere Pflanzen- und Tierwelt, den Boden und den Planeten sicher nicht vollständig.

In einer weniger giftigen Welt wären wir durch den Verzehr frischer Nahrung mit jeder Menge Nährstoffen versorgt, wir wären in der Lage, die wenigen Toxine, mit denen wir in Berührung kommen, natürlich und leicht zu entgiften, und wir würden uns bis zum «Ende» eines erfüllten und glücklichen Lebens besserer Gesundheit erfreuen. Auch wären wir viel produktiver, seltener krankgeschrieben, hätten mehr Energie und fühlten uns glücklicher und weniger gestresst. Auch finanziell ginge es rundum fairer zu. Diese positiven Wirkungen würden nämlich bedeuten, dass Geld und Erfolg von der Pharma- und Chemiebranche weg zu vielen anderen Unternehmen wie Krankenversicherern, in die biologische Landwirtschaft und zu den Menschen selbst fließen würden.

Deswegen empfehle ich die tägliche Einnahme eines Mulitvitamin- und Mineral-Ergänzungsmittels, das so natürlich wie möglich sein sollte.

Andererseits empfehle ich nicht die Einnahme eines einzigen Nährstoffes, wenn Sie nicht wissen, ob und warum Sie an einem Mangel daran leiden.

Unser Nährstoffbedarf ist größer als je zuvor!

Emotionen/Geist/Seele

Ja, Emotionen oder eine negative Geisteshaltung und eine geschwächte Seele sind eine der sechs Hauptursachen chronischer Erkrankungen.

Wie wirken sie sich auf den Körper aus, mögen Sie sich fragen?
Haben Sie schon einmal einen emotionalen Moment oder eine Zeit erlebt, in der Sie so verletzt waren, dass Sie die Traurigkeit, den Ärger usw. wirklich in Form von echtem Herzschmerz, Kopfweh oder erhöhtem Blutdruck spüren konnten? Es gibt viele zum Teil weitaus ernstere Gesundheitsprobleme, die durch Emotionen verursacht werden, eines der größten davon ist Krebs.

Oder kennen Sie jemanden, der mit einer sehr belastenden Situation konfrontiert war, dem Verlust eines geliebten Menschen, einem Unfall oder dem Verlust des Arbeitsplatzes, und seitdem so sehr an emotionalen und anderen körperlichen Gesundheitsproblemen leidet, dass es ihm oder ihr scheinbar nicht gelingt, sein oder ihr Leben wieder in den Griff zu bekommen? Eine klassische und zugleich tragische Situation, die sicher einige vom Hörensagen kennen, ist es, wenn ein Paar viele Jahrzehnte lang zusammenlebte, ein Partner verstirbt und der andere Partner, obwohl er oder sie körperlich gesund zu sein scheint, binnen weniger Wochen oder Monate ebenfalls im Tod nachfolgt. Was geschieht da? Einfach gesagt, stirbt der zweite Partner in solchen Fällen aufgrund der emotionalen Auswirkungen. Die tiefe Trauer und der gewaltige Verlust haben ihm den Lebenswillen geraubt und dazu geführt, dass sein Körper die Lebensfunktionen gewissermaßen herunterfährt und die Person schließlich stirbt.

An dieser Stelle ist einzuräumen, dass auch körperliche Probleme unseren Geist und unsere Seele aus dem Gleichgewicht bringen und emotionale Gesundheitsprobleme verursachen können. Das kann ein endloser Kreislauf werden und der einzige Ausweg aus diesem Chaos ist es, mit der Stärkung des Körpers zu beginnen, um herauszufinden, was die Ursache des Problems ist, damit wir es beseitigen und dann bei Bedarf am emotionalen Aspekt des Problems arbeiten können.

Ich bin mir der Tatsache bewusst, dass viele Ärzte und Therapeuten und vielleicht sogar Sie selbst vom genauen Gegenteil überzeugt sind: Dass man sich zuerst mit der emotionalen Seite abgeben muss, bevor man sich dem Körper zuwendet. Doch könnte es nicht sein, dass dem Körper in Folge von zu viel Stress oder Toxinen Nährstoffe fehlen? Wir sind vielleicht in der Lage, die emotionale, geistige und seelische Verfassung leicht zu verbessern. Nur löst sich die Verbesserung wieder in nichts auf, sobald wir aufhören, an diesen Gefühlen zu arbeiten. Und wenn es dem Patienten besser geht, kann es sehr lange dauern, bis er den Punkt erreicht, an dem er sich wieder wirklich wohl und gesund fühlt. Das habe ich in meiner langjährigen Praxis bei vielen meiner Patienten beobachtet. Egal, welche Behandlung die Patienten bekamen, die meisten kamen mit denselben emotionalen Problemen wieder. Mitunter, wenn die Emotionen eine Bedrohung für das Wohlergehen des Patienten darstellen, wenn zum Beispiel ein Patient Selbstmordgedanken äußert, müssen wir das Feuer von Geist und Seele löschen, aber gleichzeitig auch am Ernährungsstatus und der physischen Ursache des gesundheitlichen Problems arbeiten. Manchmal brauchen wir einfach ein «Pflaster»!

ROS (Freie Radikale)

Die Ursache aller Krankheiten

ROS, die Abkürzung für Reaktive Sauerstoffspezies (Engl.: reactive oxygen species) und besser bekannt als freie Radikale, sind die Ursache aller Krankheiten. Das klingt zu einfach, ist jedoch die Antwort, wenn es um Heilung oder Tod geht.

ROS sind Elektronen, die sich mit anderen Elektronen verbinden müssen, um harmlos zu sein. Wenn jedoch keine Elektronen vorhanden sind, an die sie sich binden können, stehlen sie sich einfach welche an einer anderen Stelle im Körper, wodurch sie dann sehr zerstörerisch werden. Sie können ein Loch in die Zellmembran brennen oder unsere DNA schädigen, somit Krebs verursachen und auch Hormone und Proteine schädigen, was zu beschleunigter Alterung, Krankheit und Tod führt. Um dagegen anzugehen, braucht unser Körper eine große Anzahl an Antioxidantien, die dieser Reaktion entgegenwirken und sie unschädlich machen.

Die Wirkung von freien Radikalen wird am Beispiel des Aufschneidens von Äpfeln oder Kartoffeln deutlich, die sich daraufhin braun verfärben, oder von Eisen, das bei Kontakt mit der Luft rostet. Auf dieselbe Weise erleidet unser Körper Oxidation, was gleichzeitig Alterung bedeutet. Wenn man Zitronensaft auf einen geschnittenen Apfel gibt, wird er nicht braun, weil dadurch dank dem antioxidativen Vitamin C im Saft die ungebundenen Elektronen «aufgewischt» werden. Ebenso enthält unser Körper eine Vielzahl an Antioxidantien und Substanzen, welche freie Radikale deaktivieren, zum Beispiel bestimmte Enzyme, Aminosäuren, Vitamine, Mineralien, Harnsäure usw. Der Körper kann sich mit diesen Substanzen selbst schützen, indem er die freien Radikalen, die er entweder selbst produziert hat oder die durch Toxine oder andere Quellen entstanden sind, abfängt. Über diese Verteidigungsmechanismen verfügt unser Körper, wenn er gut mit Nährstoffen versorgt ist.

Inzwischen ist weithin anerkannt, dass ROS (die Wirkung von freien Radikalen) eine wichtige Rolle bei der Entstehung von Atherosklerose spielen sowie bei vielen anderen Arten der Schädigung des Körpers, so auch von Weichteilgewebe, Knochenoberflächen und Nervenstrukturen. Diese Schäden stehen häufig im Zusammenhang mit dem Vorhandensein von Schwermetallen im Körper.

Es ist eine Tatsache, dass 90% bis 95% aller Krankheiten mit Toxinen zusammenhängen!

ROS werden durch Umweltchemikalien und Stress verursacht. Doch auch unser Körper produziert durch den Stoffwechsel ROS und es muss erwähnt werden, dass wir eine sogar gewisse Menge an ROS brauchen, um Bakterien, Pilze oder Viren abzutöten.

Zu viele ROS und nicht ausreichend Antioxidantien über einen längeren Zeitraum hinweg hat allerdings eine kumulative Wirkung, welche daraufhin die Entgiftung des Körpers hemmt, was wiederum zu destruktiven Schäden führt und es Krankheiten ermöglicht, auszubrechen und chronisch zu werden.

Diese reaktiven, gemeinen Elektronen können Löcher in unsere Arterien schießen und so den Körper dazu bringen, diese mit Cholesterin zu reparieren. Sie können die Blutgefäße schädigen und Bluthochdruck verursachen. Auch können sie ein Protein namens Amyloid ins Gehirn locken, das zu Alzheimer führt, oder die Funktion der Gene schädigen, die dann Botschaften zum Wachstum von Krebs aussenden.

Jedes Symptom hat einen guten Grund und das bietet die Gelegenheit, ihn herauszufinden und das, was beschädigt ist, zu reparieren. Auf diese Weise teilt uns der Körper mit, dass etwas schief läuft. Die Symptome sind die Sprache des Körpers, die wir hören und spüren müssen. Wir sollten diese Stimme niemals unterdrücken, indem wir sie mit gefährlichen Medikamenten zum Schweigen bringen, was den Körper nur noch kränker macht.

Mit einem einfachen Bluttest namens Lipidperoxid-Untersuchung, auch PerOx-Test genannt, können die durch ROS verursachten Schäden gut erfasst und bestimmt werden. Erhöhte Lipidperoxide besagen, dass man aktiv zu schnell altert und mit rasanter Geschwindigkeit auf eine Erkrankung zusteuert – was wiederum bedeutet, dass man dringend mit richtiger Entgiftung, Darmheilung, Nahrungsergänzungsmitteln und Antioxidantien dagegen halten und, am allerwichtigsten, sich seine Lebensweise anschauen muss, Essgewohnheiten, Umwelt, Stressniveau usw.

Antioxidantien sind natürlich vorkommende Elemente, die Schäden durch freie Radikale bekämpfen und in der Ernährung und in Ergänzungsmitteln wesentlich sind. Die bekanntesten Antioxidantien sind die Vitamine A, C und E. Eine andere Gruppe sind die Pycnogenole, die unter anderem in Kiefernrinde und Traubenkernen vorkommen und in ihrer antioxidativen Wirkung viel stärker als die Vitamine sind.

Antioxidantien finden sich auch in grünem Tee, Selen, Ginkgo, Kurkumin, Co-Enzym Q10 und natürlich in allem frischen Obst und Gemüse. Das weitaus kraftvollste Antioxidans ist jedoch Liponsäure, die sogar andere Antioxidantien, wie Vitamin C und E recycelt.

Ganz wichtig: Kein einzelnes Antioxidans schützt alle Systeme des Körpers. Sie benötigen daher immer eine Kombination!

Teil 3

Ernährung

Die Physiologie der Verdauung

Die Ernährung spielt bereits vor der Geburt eine sehr wichtige Rolle und wirkt sich das ganze Leben lang auf den Körper aus. Je nach Wahl der Lebensmittel beeinflusst die Ernährung die Gesundheit von Körper und Geist positiv oder negativ. Wiederholte schlechte Entscheidungen haben stark nachteilige Auswirkungen auf die Gesundheit.

Das Verdauungssystem besteht aus einer acht bis neun Meter langen Röhre mit unterschiedlichen Kammern, die an beiden Enden offen ist. Es spaltet die Nahrung in ihre Bestandteile auf, damit diese in den Blutkreislauf und die Zellen absorbiert werden können, und scheidet die Abfallprodukte wieder aus. Eine beeinträchtigte Verdauung hemmt die Aufnahme von Nährstoffen.

Während des gesamten Verdauungszyklus wird die Nahrung mechanisch zerkleinert und dann durch Säuren, Enzyme und Basen weiter aufgespalten, um hauptsächlich Fette, Eiweiße und Kohlenhydrate zu verdauen. Mineralien und Vitamine werden in ihrer ursprünglichen Form absorbiert, nachdem sie aus der Nahrung gelöst wurden.

Die Verdauung beginnt im Mund
Die Aufspaltung der Nahrung beginnt mit der Sekretion von Verdauungssäften allein schon beim Sehen und Riechen von Nahrung. Durch das Kauen wird die Nahrung in kleine Partikel zerteilt, damit die Verdauungsenzyme leichteren Zugang haben. Dann vermischt der Speichel die Nahrung mit Enzymen und erleichtert zudem das Schlucken. Diese Enzyme wandeln Stärke in Zucker um. Das ist der Anfang des Verdauungsprozesses.

Ein angenehmer Geschmack regt zum einen die weitere Nahrungsaufnahme und zum anderen die Speichelproduktion an. Wellenförmige Muskelbewegungen, die Peristaltik genannt werden, lassen die Nahrung nun in die Speiseröhre (Ösophagus) gelangen. Der untere Ösophagussphinkter, ein ringförmiges Band aus Muskeln, bewacht den Eingang zum Magen und verhindert auch, dass Nahrung in die Speiseröhre zurückgelangt.

Im Magen
Der Magen ist ein rundes, elastisches Organ, an dessen unterem Ende sich der Ausgang zum Dünndarm befindet. Wenn Nahrung im Magen an-

kommt, wird sie in Richtung der Wände bewegt (wie in einem Zementmischer), wo saure Magensäfte produziert werden. Die Mitte des Magens ist basisch, um den pH-Wert auszugleichen und um eine gute Verdauung zu fördern. Die Inhalte des Magens werden durch rhythmische Muskelkontraktionen mit den Magensäften vermengt und bilden einen halbfesten Nahrungsbrei.

Magensäfte enthalten:

» Die Enzyme Pepsin – zur Aufspaltung von Proteinen in Aminosäuren – und Magen-Lipase – zur Spaltung von Fettmolekülen in Fettsäuren
» Muzin zur Befeuchtung und als Gleitmittel für die Nahrung auf ihrem Weg durch den Verdauungstrakt
» Salzsäure, um Mikroorganismen zu zerstören, wodurch der Körper vor durch die Nahrung übertragenen Infektionen geschützt wird

Essen zu riechen, schmecken oder nur daran zu denken, kann die Menge des Magensaftes im Magen erhöhen; Emotionen wie Wut, Angst sowie abstoßende Anblicke oder Gerüche führen jedoch zum Gegenteil: Sie hemmen die Sekretion.

Im Darm

Der Dünndarm ist ein sehr wichtiger Teil des Verdauungsprozesses, hier finden 3 Arten von Sekretionen statt:

- » Die Bauchspeicheldrüse (Pankreas) sondert Pankreassekret in den Dünndarm ab, das zahlreiche Enzyme zur Aufspaltung von Proteinen, Stärken und Fetten sowie Insulin für den Kohlehydratstoffwechsel enthält.
- » Bikarbonat wird abgesondert, um die im Nahrungsbrei noch vorhandene Magensäure zu neutralisieren.
- » Leber und Gallenblase geben Gallenflüssigkeit ab, die zur Fettverdauung im Dünndarm beiträgt, indem sie als Emulgator dient. Das heißt, die Galle spaltet das Fett in kleinere Moleküle/Partikel auf, wodurch mehr Verdauungsenzyme wirksam werden können.
- » Die Sekretion von Gallensalzen hingegen regt andere Sekretionen an, fördert die Peristaltik und steuert bakterielle Aktivitäten.
- » Die Drüsen in der Darmwand produzieren Enzyme, die hauptsächlich bei Kohlenhydraten, aber auch bei Proteinen und Fetten wirksam sind, um die Verdauung abzuschließen.
- » Die Zotten, kleine fingerähnliche Ausstülpungen, welche die Darmwände auskleiden, absorbieren und transportieren die Nährstoffe in den Blutkreislauf.

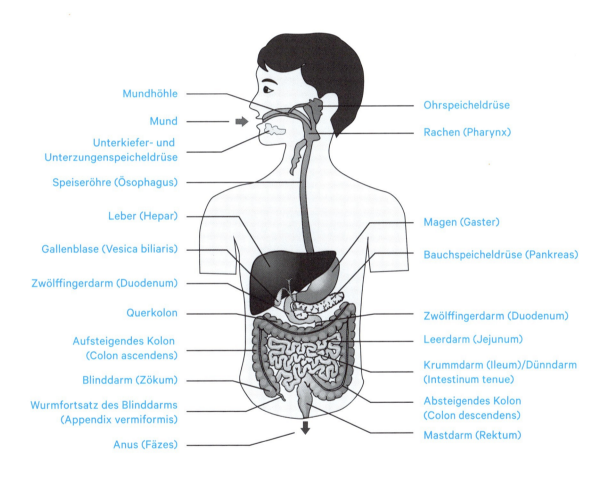

Die Absorption von Nährstoffen

Vitamine, Mineralstoffe, Proteine und Kohlehydrate werden vorrangig durch die Kapillaren in den Blutkreislauf absorbiert. Fette gelangen zunächst über die Lymphgänge ins Lymphsystem und von dort aus in den Blutkreislauf. Die Nährstoffe werden vom Blut zu den Zellen transportiert, wo sie als Energiequelle, zur Bildung und Reparatur von Gewebe und zur Regulierung der Körperfunktionen genutzt werden, oder sie werden zur späteren Verwendung gespeichert oder in andere Bereiche des Körpers gebracht, um ausgeschieden zu werden.

Im Dickdarm

Das übrige Material aus dem Dünndarm gelangt in den Dickdarm, der, wie der Name schon sagt, breiter ist als sein Vorgänger. In diesem Reservoir wird Flüssigkeit reabsorbiert und Mineralsalze werden aus dem verdauten Nahrungsbrei gelöst, was dazu beiträgt, dass der Flüssigkeitshaushalt des Körpers im Gleichgewicht bleibt. Die festen Abfallprodukte, die als Fäzes bezeichnet werden, bestehen zu etwa zwei Dritteln aus Wasser und zu einem Drittel aus Zellulose, einer wichtigen Faser für den Muskeltonus des Darms. Der Dickdarm enthält eine Vielzahl an Bakterien und Zellen aus der Wand des Dünndarms, die sich alle 48 Stunden erneuert. Dieses Abfallmaterial wandert nun durch das aufsteigende, Quer-, absteigende und S-förmige Kolon, um schließlich über Rektum und Anus ausgeschieden zu werden.

Die Darmflora, hauptsächlich im Dickdarm vorkommende Mikroorganismen, spielt auch für die Ernährung eine wichtige Rolle, da sie Vitamin K, Biotin und Pantothensäure synthetisiert und dadurch einem ernsten Mangel an diesen Vitaminen im Körper vorbeugt. Eine gesunde Darmflora kann auch die Aufnahme von Toxinen durch den Darm verringern und sogar die Immunreaktion verstärken.

Peristaltische und rhythmische Bewegungen des Dünndarms schieben den Nahrungsbrei den Zotten entlang, die fast 95% der meisten Nährstoffe absorbieren.

Kohlehydrate

Kohlehydrate entstehen, wenn sich Kohlenstoff (die Bausubstanz aller lebenden Organismen) mit Wasserstoff und Sauerstoff verbindet (= CHO), entweder zu einzelnen Molekülen oder zu Gruppen, die bis zu Hunderten von Molekülen enthalten können. Zucker, Stärke, Zellulose, Pektin und Glykogen in der Nahrung sind allesamt Kohlehydrate.

Zucker kommen in Tafelzucker, Honig, Marmelade, Sirup und Früchten vor. Stärke ist ein Hauptbestandteil von Getreiden, Kartoffeln, Hülsenfrüchten, Mehl und Kürbis.

Es gibt drei Arten von Kohlehydraten:

- » Monosaccharide (Einfachzucker)
- » Disaccharide (Zweifachzucker)
- » Polysaccharide (Mehrfachzucker)

Monosaccharide

Die einfachste Gruppe – ein einziges Zuckermolekül. Dies sind:

- » Glukose, auch als Dextrose bekannt
- » Fruktose, kommt in Früchten, Gemüse und Honig vor
- » Galaktose, in Milch enthalten (in Verbindung mit Glukose bildet sie ein Disaccharide)

Disaccharide

Zweifachzuckermoleküle. Diese sind:

- » Sucrose oder Saccharose, kommt in Zuckerrohr vor
- » Maltose, in Kornarten enthalten
- » Laktose, in Milch auftretend

Glukose
Glukose ist ein einfacher Zucker, der vom Körper als Energiequelle bevorzugt wird.

Empfohlene Tagesdosis (ETD)
55% bis 70% der täglichen Kilojoule sollten Kohlehydrate und 90% davon komplexe Kohlehydrate sein.

Polysaccharide
Dies sind komplexe Kohlehydrate, die aus Molekülen bestehen, welche während der Verdauung in viele Zucker aufgespalten werden.

Zu den Polysacchariden gehören:

» Stärke
» Dextrin
» Glykogen

Stärke ist das wichtigste Polysaccharid für die menschliche Ernährung und kommt in Getreide, Körnern, Wurzelgemüse und Kartoffeln vor.

Kohlehydrate werden in ihre Grundmoleküle verstoffwechselt und zur Energiegewinnung genutzt.

Ballaststoffe

Ballaststoffe kommen in allen pflanzlichen Nahrungsmitteln wie Gemüse, Obst, Getreide und Hülsenfrüchten vor. Sie können durch menschliche Verdauungsenzyme nicht aufgespalten werden; nur die Bakterien im Magen-Darm-Trakt können einige Ballaststoffe spalten. Ballaststoffe sind für Verdauung und Gesundheit sehr wichtig.

> **Es gibt zwei Arten von Ballaststoffen:**
>
> » Wasserlösliche Ballaststoffe
> » Wasserunlösliche Ballaststoffe

Wasserlösliche Ballaststoffe
Diese kommen in höherer Konzentration in Obst, Hafer, Gerste und Hülsenfrüchten vor. Sie verzögern die Entleerung des Magens und den Transport des Nahrungsbreis durch den Darm. Dadurch bleibt mehr Zeit für die Absorption von Vitaminen und das Blutcholesterin wird gesenkt.

Wasserunlösliche Ballaststoffe
Diese kommen in höherer Konzentration in Gemüse, Weizen, Zerealien, Schrot, Vollkornprodukten, Kleie und Kernen vor. Sie beschleunigen den Transport des Nahrungsbreis durch den Darm, beugen Verstopfungen vor oder lindern diese und steigern das Gewicht des Stuhlgangs.

> **Gesundheitsfördernde Wirkungen von Ballaststoffen:**
>
> » Beugen Dickdarmkrebs vor
> » Beugen Divertikulitis vor
> » Beugen Hämorrhoiden vor bzw. reduzieren diese
> » Beugen Verstopfungen vor
> » Blutzuckerkontrolle
> » Gewichtskontrolle
> » Kontrollieren von Diabetes
> » Senken den Blutcholesterinspiegel
> » Verbessern Funktionsfähigkeit und Gesundheit des Dickdarms

Fette

Um gesund zu bleiben, müssen wir alle eine bestimmte und moderate Menge an Nahrungsfett aufnehmen, da uns Fett mit Energie und essentiellen Fettsäuren versorgt, welche in jedem Lebensalter die Hauptenergiequelle darstellen.

Fett ist lebensnotwendig als:

» Energiespeicher
» Isolierung des Körpers als Schutz gegen Kälte und zur Aufrechterhaltung einer konstanten Temperatur im Körperinneren
» Schutz lebenswichtiger Organe, wie Nieren und Fortpflanzungssystem

Ein Fettmolekül besteht aus drei Fettsäuremolekülen und einem Glyzerinmolekül. Diese Moleküle heißen Triglyzerid.

Gesättigte Fettsäuren
Dies sind feste, meist tierische Fette, wie sie in Fleisch, Butter und Milchprodukten (und außerdem in Palm- und Kokosöl) vorkommen, und sie enthalten sehr viel Cholesterin.

Ungesättigte Fettsäuren

Ungesättigte Fettsäuren werden in zwei Arten unterteilt:

» Mehrfach ungesättigte Fettsäuren – in allen Pflanzenölen außer Oliven- und Rapsöl

» Einfach ungesättigte Fettsäuren – in Oliven- und Rapsöl

Diese beiden Fette sind bei Raumtemperatur flüssig. Mehrfach ungesättigte Fettsäuren haben keinen negativen Einfluss auf das Cholesterin. Einfach ungesättigte Fettsäuren senken den Cholesterinspiegel im Blut.

Geflügel und Fischöl enthalten zwar tierische Fette, sind aber dennoch reich an ungesättigten Fettsäuren.

Die Trans-Fettsäuren

Margarine

Die technische Bezeichnung lautet Trans-Fettsäure. Dies ist eine gehärtete Substanz. Margarine ist ein «Plastik-Brotaufstrich», weil mehrfach oder gar einfach ungesättigte Fettsäuren auf sehr hohe Temperaturen erhitzt werden, bei denen Wasserstoff zum Sprudeln gebracht wird, damit sie sich verfestigen. Das verursacht eine chemische Veränderung in diesem «Nahrungsmittel» und es entsteht eine Substanz, die unserem Körper unbekannt ist und die nicht aufgespalten werden kann. Tatsächlich sammelt sie sich in unserem Darm und verursacht ernsthafte Gesundheitsprobleme unseres Darmtraktes. Diese Substanz ist ein mächtiges Karzinogen (Krebs verursachend) und ist häufig die Ursache einiger Darmkrebserkrankungen.

Die Aufnahme der falschen Fette oder von zu viel Fett verursacht die zwei größten Probleme unserer heutigen Gesellschaft: Herz-Kreislauf-Erkrankungen und Fettleibigkeit.

Tagesreferenzwerte:
Fett gesamt unter 65 g
Gesättigte Fettsäuren unter 20 g
Alle Fette haben denselben Energiewert, aber unterschiedlichen Einfluss auf den Cholesterinspiegel.

Cholesterin

Im Körper gibt es Dutzende ähnlicher Moleküle, deren Funktionsfähigkeit von Cholesterin abhängt, zum Beispiel:

» Nebennierenhormone (Produktion von Kortison und Adrenalin)
» Gallensäuren (Synthese)
» Sexualhormone (Testosteron-, Östrogenproduktion)
» Vitamin D (Synthese)

Cholesterin kommt in Nahrungsmitteln und in unserem Körper vor; daher ist es kein essentieller Nährstoff.

Die Ausgangsstoffe, welche die Leber nutzt, um Cholesterin herzustellen, können alle aus Glukose, Aminosäuren und Fettsäuren (Kohlenhydrate, Proteine oder Fette) gewonnen werden.

Nach der Produktion verlässt das Cholesterin entweder die Leber oder es wird in verwandte Verbindungen wie die eben genannten Hormone umgewandelt.

Das Cholesterin, welches die Leber verlässt, hat vier mögliche Bestimmungsorte. Die enterohepatische Zirkulation:

» Cholesterin wird in Gallenflüssigkeit umgewandelt, welche durch die Gallenblase in den Darm gelangt, um Fett zu emulgieren, und wird dann in die Leber zurücktransportiert und recycelt.
» Cholesterin wird in Gallenflüssigkeit umgewandelt, welche in den Darm gelangt, um in den Kot abgesondert zu werden. Wenn es durch bestimmte Arten von Ballaststoffen wie Pektin und Gummi arabicum (Geliermittel) gebunden wird, reduziert sich die Gesamtmenge an Cholesterin.
» Cholesterin kann in die Membrane der Körperzellen aufgenommen werden. Dies sind die Lipoproteine, die zu den Arterien befördert werden, damit jegliches Gewebe Lipide von dort entnehmen kann.
» Cholesterin kann in den Arterien angesammelt werden und dort Krankheiten verursachen wie Arteriosklerose, Atherosklerose, Herzinfarkt und Schlaganfall.

Die Leber synthetisiert bis zu 700 mg Cholesterin im Tag.

Transport von Lipiden (VLDL, LDL und HDL)

Die in der Leber erzeugten Lipide werden in Form von Lipoproteinen freigesetzt, die als Lipoproteine sehr geringer Dichte (very low density lipoproteins – VLDL) bekannt sind.

Nachdem VLDL ihre Triglyzeridladung eingelagert und andere Veränderungen durchlaufen haben, werden sie zu Lipoproteinen niedriger Dichte (low density lipoproteins – LDL).

Leber und Darm produzieren auch kleine Lipoproteine, die als Lipoproteine mit hoher Dichte (high-density lipoproteins – HDL) bekannt sind.

HDL spielen eine Rolle bei der Verstoffwechslung der anderen Lipoproteine, dem so genannten «Rücktransport» des Cholesterins aus den Zellen zurück in die Leber, wodurch überschüssiges Cholesterin aus den Zellen entfernt wird (das gute Cholesterin entfernt das schlechte Cholesterin).

Am interessantesten ist die Unterscheidung zwischen HDL und LDL:

- » Erhöhte LDL-Konzentrationen sind mit einem hohen Herzinfarktrisiko verbunden.
- » Erhöhte HDL-Konzentrationen sind mit einem niedrigen Herzinfraktrisiko verbunden.
- » HDL enthält 50% Protein und stabilisiert LDL.
- » LDL enthält mehr Cholesterin als Protein.
- » Margarine reduziert HDL und erhöht LDL.
- » Rauchen senkt HDL.
- » Stress kann HDL mindern.
- » Umwelteinflüsse können Cholesterin ansteigen lassen.

Der Körper neigt dazu, die schwer verdaulichen Nahrungsbestandteile wie gesättigte Fettsäuren einzulagern, die dann folgende Krankheiten verursachen:

- » Arteriosklerose
- » Bluthochdruck
- » Embolie
- » Gefäßerkrankung
- » Koronare Herzkrankheit
- » Schlechte periphere Durchblutung (kalte Hände und Füße)
- » Thrombose

Wie kann Cholesterin gesenkt werden?

» Ersetzen Sie Margarine durch Buttermischungen, also mit Öl vermengte oder verbutterte Butter; am besten mit Leinöl oder Olivenöl.
» Vermeiden Sie Aufstriche und raffinierte Öle.

Am besten sind kaltgepresste Öle, da raffinierte Öle folgendermaßen behandelt werden:

» Chemisch gepresst
» Desodoriert
» Enthalten kein Vitamin E mehr und weniger Betacarotin
» Erhitzt
» Gebleicht
» Haben Lecithin verloren, welches zur Fettverdauung beiträgt

Effektive Möglichkeiten zur Steigerung des HDL-Spiegels (des guten Cholesterins) und Senkung des LDL-Spiegels (des schlechten Cholesterins):

» Essen Sie viele Hülsenfrüchte verschiedenster Art wie Sojabohnen, Kichererbsen, Linsen.
» Essen Sie Fisch, vor allem fetthaltigen, z.B. Lachs, Makrele und Kabeljau, da er viele Omega-3-Fettsäuren enthält und dadurch LDL senkt und HDL steigert.
» Essen Sie viel ballaststoffreiches Obst und Gemüse (vorzugsweise roh).
» Würzen Sie Speisen großzügig mit Knoblauch und Peperoni.
» Reduzieren Sie die Aufnahme von gesättigten Fettsäuren auf 10% der Gesamtkalorien oder weniger.
» Ersetzen Sie gesättigte Fettsäuren durch mehrfach oder einfach ungesättigte (verwenden Sie Öl statt Butter).
» Verwenden Sie fermentierte Milchprodukte wie Joghurt.
» Verwenden Sie Vollkornprodukte, insbesondere Hafer, keinen Weizen, und Sprossen, z.B. Luzerne.
» Die beste und wirksamste Methode, HDL zu steigern, ist nicht allein die Ernährung, sondern täglich 20 Minuten moderate körperliche Aktivität. Dadurch wird LDL gesenkt und HDL erhöht.

Proteine

Proteine sind Moleküle, die aus etwa 22 Aminosäuren, den Eiweißbausteinen, bestehen. Neun dieser 22 Aminosäuren müssen wir über die Nahrung aufnehmen, die so genannten essentiellen Aminosäuren, die anderen werden hingegen von der Leber produziert. Die Doppelhelix unserer DNA-Moleküle steuert die Eiweißproduktion und enthält den Code, der die Zellen befähigt, das benötigte Protein zu synthetisieren. Die DNA enthält unser genetisches Material, den so genannten «Bauplan», mit Informationen zur Duplizierung aller Zellen, Gewebe und Organe jedes Menschen und Tieres.

Tierische Eiweiße sind «komplette Proteine», weil sie alle Aminosäuren enthalten. Pflanzlichen Eiweißen fehlen eine oder zwei der essentiellen Aminosäuren und sie müssen daher kombiniert werden. Das heißt, dass es erforderlich ist, zwei Arten pflanzlicher Nahrung zu wählen, denen nicht dieselben Aminosäuren fehlen, z.B.: Linsen, die viel Lysin enthalten, mit Reis, der unzureichend Lysin enthält. Im Allgemeinen müssen wir Hülsenfrüchte mit stärkehaltigen Nahrungsmitteln wie Reis, Kartoffeln, Pasta usw. kombinieren.

Nahrungsmittel, die unseren Proteinbedarf decken:

» Nur aus tierischen Quellen
» Aus pflanzlichen und tierischen Quellen
» Aus der Kombination pflanzlicher Eiweiße. Die beste Wahl ist hier die Kombination von drei der folgenden vier: Hülsenfrüchte, Getreide, Kerne und Nüsse.

Tierische Eiweiße, wie sie in Milch, Geflügel, Fisch, Fleisch, Eiern usw. vorkommen, bieten erstklassiges Protein in einem einzigen Nahrungsmittel.

Die pflanzlichen Quellen wie Nüsse, Hülsenfrüchte, Weizen, Reis, Maiskörner, Kartoffeln und Blattgemüse bieten weniger hochwertiges Protein, es sei denn, sie werden kombiniert, enthalten aber dafür auch essentielle Vitamine, Mineral- und Ballaststoffe und kein Cholesterin und Fett.

Um dem Körper hochwertiges Eiweiß mit wenig Cholesterin und ungesättigten Fettsäuren zu bieten, ist es eine gute Wahl, viele pflanzliche Eiweiße mit nur einer kleinen Menge von tierischen Eiweißen zu essen.

Essen Sie eine große Vielfalt an Nahrungsmitteln aus allen Gruppen, um sich gesund zu ernähren und die notwendigen Mengen an Proteinen aufzunehmen.

Selbst eine halbe Orange enthält 1,3 Gramm und eine halbe Schale gehackter Spinat 2,3 Gramm Eiweiß.

Essentielle Aminosäuren:

- » Histidin (essentiell für Säuglinge)
- » Isoleucin
- » Leucin
- » Lysin
- » Methionin
- » Phenylalanin
- » Threonin
- » Tryptophan
- » Valin

Die Rolle der Eiweiße im Körper:

- » Für Wachstum benötigt
- » Erhaltung und Reparatur von Gewebe
- » Produktion von Enzymen, Hormonen und Stoffen, welche die Vererbung steuern
- » Hauptbestandteile von Muskeln, Knochen, Haut und Haar
- » Wichtig für den Flüssigkeitshaushalt, da sie den osmotischen Druck regulieren
- » Säureregulatoren (pH-Wert)
- » Regulieren Blutdruck, Wachstum, Blutzuckerspiegel und Stoffwechsel
- » Helfen dem Immunsystem bei der Bildung von Antikörpern als Reaktion auf eindringende Fremdkörper

Vitamine

Vitamine sind lebensnotwendig, um vielen Krankheiten vorzubeugen beziehungsweise zur Besserung beizutragen, wenn Krankheiten bereits ausgebrochen sind. Sie tragen zu Verdauung, Absorption und Verstoffwechslung anderer Nährstoffe bei. Vitamine sind organische, essentielle Nährstoffe, die zwar nur in kleinen Mengen gebraucht werden, aber lebensnotwendig sind.

Vitamine kommen in Lebensmitteln vor und enthalten keine Energie oder Kilojoule. Kilojoule ist die Maßeinheit für die Energie, die ein Lebensmittel bereithält.

Vitamine sind komplexe organische Moleküle und gegenüber der Zerstörung durch Hitze, Licht und chemische Stoffe sehr anfällig.

Um die Vitamine zu erhalten, muss beim Kochen vorsichtig vorgegangen werden.

Kochen Sie bei moderaten Temperaturen.

Kochen Sie in oder über einer kleinen Menge Wasser (Dampf).

Kochen Sie nur kurze Zeit.

All dies wird helfen, die Vitamine zu erhalten.

> **Es gibt 13 verschiedene Vitamine und jedes spielt im Körper eine bestimmte Rolle. Zum Beispiel:**
>
> » Vitamin A ermöglicht es den Augen, nach Einbruch der Dunkelheit zu sehen.
> » Vitamin C trägt zur Heilung von Gewebe bei.
> » Vitamin C wird zur Herstellung von Sexualhormonen usw. benötigt.
>
> Weitere Informationen zu den Aufgaben der Vitamine finden Sie in den Vitamintabellen, Seiten 234–242.

Es gibt zwei Arten löslicher Vitamine:

Wasserlösliche Vitamine
Diese Vitamine werden direkt in den Blutkreislauf absorbiert und bewegen sich frei, um in den mit Wasser gefüllten Kammern des Körpers zu zirkulieren. Die Nieren steuern und überwachen das Blut, das hindurchfließt, und entfernen überschüssige wasserlösliche Vitamine, damit sie über den Urin ausgeschieden werden. Diese Vitamine müssen täglich aufgenommen werden, damit der Körper mit ausreichend wasserlöslichen Vitaminen versorgt ist.

Die wasserlöslichen Vitamine sind:

» Vitamin C
» Folat (Folsäure)
» Thiamin (B1)
» Riboflavin (B2)
» Niacin (B3)
» Pantothensäure (B5)
» Pyridoxin (B6)
» Cobalamin (B12)
» Biotin
» Bioflavonoide (Vitamin P)

Fettlösliche Vitamine
Diese Vitamine gelangen zunächst ins Lymphsystem, um ins Blut zu kommen, wo viele von ihnen Carrier-Proteine für den Transport zu den Körperzellen benötigen und wo sie dann in den mit Fett zusammenhängenden Zellen eingeschlossen werden.

Das heißt, dass die fettlöslichen Vitamine im Körper gespeichert werden und tatsächlich potentielle Toxizität verursachen können, wenn Ergänzungsmittel in hohen Dosen über einen langen Zeitraum eingenommen werden.

Die fettlöslichen Vitamine sind:

- » Vitamin A
- » Vitamin D
- » Vitamin E
- » Vitamin K

Leicht zu merken als ADEK!

Mineralstoffe

Mineralstoffe sind anorganische Elemente oder, wenn sie gelöst sind, Ionen. Mineralien ändern nie ihre Identität, können sich aber mit anderen geladenen Elementen in Salzen verbinden. Im Körper verbleiben sie so lange, bis sie ausgeschieden werden, und wandeln sich nicht um. Es bedarf nur ein wenig Sorgfalt, die Mineralstoffe bei der Zubereitung von Nahrungsmitteln, zum Beispiel beim Kochen, zu erhalten. Sie können beim Kochen ins Kochwasser gelangen und sind dann verloren, wenn dieses weggeschüttet wird. Doch die Asche, die übrig bleibt, wenn Essen verbrannt wird, enthält immer noch alle Mineralien, die vorher darin enthalten waren.

Makromineralien
Calcium, Phosphor, Kalium, Schwefel, Natriumchlorid und Magnesium stellen die größeren Mineralstoffe dar, die auch Makromineralien genannt werden.

Mikromineralien
Eisen, Mangan, Kupfer und Jod sind die Spurenelemente, die auch als Mikromineralien bezeichnet werden.

Die Mineralstoffe im Körper werden in zwei Dimensionen eingeteilt, die Makromineralien und die Mikromineralien.

Makromineralien: Das sind Elemente mit einer höheren Konzentration als 50 mg pro kg Körpergewicht

» Calcium	1000 g	im Körper
» Chlor	100 g	im Körper
» Fluorid	2–5 g	im Körper
» Kalium	2 g	per kg Körpergewicht
» Magnesium	20–25 g	im Körper
» Natrium	1,4 g	per kg Körpergewicht
» Phosphor	700 g	im Körper
» Schwefel	0,25 %	Gesamtgehalt des Körpers

Mikromineralien: Das sind Elemente mit weniger als 50 mg pro kg Körpergewicht und die heissen auch Spurenelemente

- » Bor — 18 mg — im Körper
- » Chrom — 10–20 mg — im Körper
- » Eisen — 2–4 g — im Körper
- » Jod — 10–30 mg — im Körper
- » Kobalt — 1–2 mg — im Körper
- » Kupfer — 100 mg — im Körper
- » Lithium — 7 mg — im Körper
- » Mangan — 10–20 mg — im Körper
- » Molybdän — 10 mg — im Körper
- » Nickel — 0,5 mg — im Körper
- » Selen — 10–20 mg — im Körper
- » Silizium — 1,4 g — im Körper
- » Vanadium — 0,1 g — im Körper
- » Zink — 2 g — im Körper (70% des Zinks sind in Haut, Haar und Skelett gelagert)

Einige Mineralstoffe werden ohne Weiteres ins Blut absorbiert und über die Nieren ausgeschieden, ebenso wie die wasserlöslichen Vitamine. Andere Mineralien brauchen jedoch Träger, um absorbiert und transportiert zu werden, und können toxisch wirken, wenn sie in zu großen Mengen aufgenommen werden, ebenso wie die fettlöslichen Vitamine. Die Bioverfügbarkeit der Mineralstoffe kann durch Phytinsäuren (Phytate kommen in Hülsenfrüchten und Getreide vor) gestört werden. Diese können sich an Calcium, Eisen und Zink binden, dadurch deren Absorption verhindern und sie aus dem Körper ausspülen.

Oxalsäure, die auch Kleesäure genannt wird und vor allem in Rhabarber und Spinat vorkommt, bindet sich ebenso wie Phytinsäure. Stress ist die Ursache dafür, dass der Körper Calcium und Magnesium ausscheidet. Calcium wird für die Stabilität der Knochen benötigt, Calciummangel führt zu Osteoporose. Eisen wird besonders von Frauen während der Menstruation gebraucht, Eisenmangel verursacht Erschöpfung, Depression und Anämie. Zu viel Natrium (Salz), wie es vor allem in zahlreichen verarbeiteten Snacks und Essen zum Mitnehmen vorkommt, führt zu Ödemen und Bluthochdruck. Mineralien sind sehr wichtig, sie werden für jede Aktion und Reaktion im Körper benötigt.

Nahrungsmittel, welche die Absorption von Nährstoffen hemmen:

» Kaffee dehydriert, wodurch der Verlust von Mineralien verursacht wird.
» Zucker führt zu einem sauren Klima im Körper, welches wiederum auch den Verlust von Mineralien aus den Knochen verursacht.
» Raffinierte Nahrungsmittel benötigen Nährstoffe aus dem Körper, um verdaut werden zu können.

Weitere Gründe für die schlechte Absorption von Nährstoffen:

» Emotionen (Depression)
» Fehlender Geruchssinn
» Magen zu sauer oder zu basisch
» Magengeschwüre
» Nicht ausreichendes Kauen
» Parasiteninfektion
» Schlechter Geschmack
» Stark beanspruchte Bauchspeicheldrüse
» Stress
» Trockener Mund
» Ungesunde Darmflora

Was hemmt die Bauchspeicheldrüsenaktivität?

» Akute und chronische virale, bakterielle und parasitäre Infektionen
» Allergien und andere Entzündungen/Stress
» Mangel an Zink und Enzymen
» Medikamente
» Toxine (Umwelt, Nahrung, Wasser und eigene Körpergifte)

Was verursacht eine ungesunde Darmflora?

- Alkohol
- Allergien im Allgemeinen
- Antibiotikaeinnahme (zerstören Probiotika)
- Fast-Food
- Lebensmittelallergien (Laktose, Weizen und andere)
- Medikamente
- Parasiten- und Hefepilzinfektionen
- Stress
- Toxine (in gesprühten Lebensmitteln und kontaminiertem Wasser)
- Verstopfung (Toxine werden nicht ausgeschieden)
- Zigarettenrauchen
- Zusatzstoffe in der Nahrung

Brauchen wir wirklich Nahrungsergänzungsmittel?

Wie ich in den vorangegangenen Kapiteln erklärte, sind unsere Nahrung, Luft, Wasser und Böden heute mit Schwermetallen und anderen Stoffen kontaminiert. Hinzu kommt, dass wir auch durch Pflege- und Haushaltsprodukte Chemikalien ausgesetzt sind. All dies zwingt unseren Körper, permanent zu entgiften, was wiederum unserer Leber, den Nieren, dem Immunsystem und vielen anderen Organen schadet. Und selbst unser Lebensstil, ob er nun sesshaft oder voller Stress (körperlichem oder emotionalem) ist, fordert seinen Tribut von unserer Gesundheit.

Unsere frischen Nahrungsmittel enthalten heute nicht mehr die Nährstoffe wie vor 50 Jahren und die industriell verarbeiteten Lebensmittel, die einen Großteil der heutigen Ernährung ausmachen, haben hinsichtlich der benötigten Nährstoffe nicht viel zu bieten. Tatsächlich ist das Gegenteil der Fall: Sie tragen mit ihren chemischen Cocktails aus künstlichen Aromen, Farbstoffen und Konservierungsmitteln usw. noch mehr zu Nährstoffmangel und toxischer Überlastung bei.

Alle oben genannten Faktoren zsammengenommen haben zur Folge, dass unser Körper nach mehr Nährstoffen für die Entgiftung verlangt, oder ihm fehlen schlicht die Nährstoffe, die er braucht, um gesund und frei von Krankheiten zu bleiben.

Auf jeden Fall möchte ich sagen: JA, wir brauchen Nahrungsergänzungsmittel, und JA, wir brauchen sie täglich! Selbst wenn wir uns entsprechend den «Grundsätzen der gesunden Ernährung & Lebensführung» auf Seiten 212 und 213 gesund ernähren, brauchen wir trotzdem täglich Multivitamine und Mineralien, Omega-3-Fettsäuren und Probiotika. Viele Menschen glauben, dass eine ausgewogene Ernährung alle Vitamine und Mineralien bietet, die für eine gute Gesundheit nötig sind. Unter idealen Umständen ist dies der Fall, doch tatsächlich gibt es viele Gründe, warum Sie Vitaminergänzungsmittel brauchen können, um dem Leben im einundzwanzigsten Jahrhundert gewachsen zu sein. Die Einnahme von Vitaminen bei Bedarf ist eine sichere Methode, die über die Nahrung aufgenommenen Nährstoffe zu optimieren, vorausgesetzt, Sie befolgen die Anweisungen auf den Beipackzetteln der Produkte.

Mannigfache Gründe für die Einnahme von Ergänzungsmitteln

1. Schlechte Verdauung

Selbst wenn die Nahrung, die Sie zu sich nehmen, qualitativ hochwertig ist, kann eine ineffiziente Verdauung die Aufnahme von Vitaminen in den Körper einschränken. Häufige Gründe für eine schlechte Verdauung sind unzureichendes Kauen oder zu schnelles Essen. In beiden Fällen wird die Nahrung nicht ausreichend zerkleinert, so dass die Enzyme ihre Arbeit nicht auf wirksame Weise verrichten können. Viele Menschen mit Zahnersatz können nicht mehr so effizient kauen.

2. Heißer Kaffee, Tee und scharfe Gewürze

Das gewohnheitsmäßige Trinken von zu heißen Flüssigkeiten oder der Verzehr von übermäßig vielen Reizstoffen wie Kaffee, Tee oder eingelegtem Gemüse und Gewürzen können eine Entzündung der Schleimhäute des Verdauungssystems verursachen, was zu einer Reduzierung der Sekretion von Verdauungsflüssigkeiten und einer schlechteren Extraktion von Vitaminen und Mineralstoffen aus der Nahrung führt.

3. Alkohol

Es ist bekannt, dass zu viel Alkohol Leber und Bauchspeicheldrüse schädigt, die für die Verdauung und den Stoffwechsel extrem wichtig sind. Er kann auch die Darmwände schädigen und die Absorption von Nährstoffen negativ beeinflussen, was zu subklinischem Nährstoffmangel führt. Regelmäßiger starker Alkoholkonsum erhöht den Bedarf des Körpers an B-Vitaminen, insbesondere Thiamin, Niacin, Pyridoxin, Folsäure, und den Vitaminen A, B12 und C sowie an Calcium, Magnesium und Zink. Alkohol wirkt sich auf die Verfügbarkeit, Absorption und Verstoffwechslung von Nährstoffen aus.

4. Rauchen

Zu viel Tabakrauch reizt auch das Verdauungssystem und erhöht den Bedarf an Vitamin C unter sonst gleichen Umständen um mindestens 30 Prozent im Vergleich zum typischen Bedarf eines Nichtrauchers.

5. Abführmittel

Die übermäßige Verwendung von Abführmitteln kann zu einer schlechten Absorption von Vitaminen und Mineralien aus der Nahrung führen, da die Zeit, in der die Nahrung den Darm passiert, verkürzt wird. Paraffin und andere Mineralöle erhöhen den Verlust an den fettlöslichen Vitaminen A, D, E und K. Andere Laxative, die zu häufig angewandt werden, können große Verluste an Mineralstoffen wie Kalium, Magnesium und Natrium bewirken.

6. Modediäten

Bizarre Diäten, die ganze Gruppen an Nahrungsmitteln ausschließen, können zu ernstem Vitaminmangel führen. Selbst die beliebten Low-Fat-Diäten können im Extremfall zu einem Mangel an den Vitaminen A, D und E führen. Vegetarische Diäten, die Fleisch und andere tierische Quellen ablehnen, müssen sehr sorgfältig geplant werden, um einen Vitamin-B12-Mangel zu verhindern, der zu Anämie führen kann.

7. Zu langes Erhitzen

Langes Kochen oder erneutes Aufwärmen von Fleisch und Gemüse kann hitzeempfindliche Vitamine, wie die B-Vitamine, C und E, oxidieren und zerstören. Beim Kochen von Gemüse werden die wasserlöslichen Vitamine B und C sowie viele Mineralstoffe herausgelöst. Leichtes Dampfgaren ist vorzuziehen. Einige Vitamine, zum Beispiel B6, können durch Mikrowellenstrahlung zerstört werden.

8. Aufbewahrung von Lebensmitteln

Das Einfrieren von Vitamin E enthaltenden Lebensmitteln kann beim Auftauen zu erheblichen Verlusten führen. Lebensmittel, die Vitamin E enthalten und dann Hitze und Luft ausgesetzt werden, können ranzig werden. Viele bekante Vitamin-E-Quellen wie Brot und Öle sind heute stark verarbeitet, sodass ihr Gehalt an Vitamin E deutlich reduziert ist oder sie gar keines mehr enthalten. Dadurch können sie zwar länger aufbewahrt werden, enthalten aber weniger Nährstoffe. Vitamin E ist ein Antioxidans, welches alle Gewebe vor Oxidationsschäden schützt. Andere Vitamine, die durch Konservierung verloren gehen können, sind unter anderem B_1 und C.

9. Fertignahrung

Eine Ernährung, die übermäßig von stark raffinierten Kohlehydraten wie Zucker, weißem Mehl und weißem Reis abhängt, erhöht den Bedarf an zusätzlichen Quellen, welche die Vitamin-B-Gruppe enthalten, um diese Kohlehydrate verarbeiten zu können. Eine unausgewogene Ernährung trägt zu Leiden wie Reizbarkeit, Lethargie und Schlafstörungen bei.

10. Antibiotika
Einige Antibiotika sind zwar wertvoll zur Bekämpfung von Infektionen, töten aber auch die nützlichen Darmbakterien, welche normalerweise B-Vitamine produzieren würden, die dann durch die Darmwand absorbiert werden. Ein solcher Mangel kann zu einer Vielzahl nervlicher Leiden führen. Daher kann es ratsam sein, bei einer längeren Behandlung mit Breitbandantibiotika zusätzlich Vitamine der B-Gruppe und Lactobacillus einzunehmen.

11. Lebensmittelallergien
Wenn ganze Nahrungsgruppen aus der Ernährung ausgespart werden wie bei Menschen, die auf Gluten oder Laktose allergisch sind, kann dies bedeuten, dass wichtige Nährstoffquellen, die zum Beispiel Thiamin, Riboflavin oder Calcium enthalten, gänzlich fehlen.

12. Nährstoffverluste beim Anbau
Einige landwirtschaftliche Anbauflächen verzeichnen einen Mangel an Spurenelementen. Jahrzehnte der Intensivbewirtschaftung können Böden erschöpfen, es sei denn, alle Nährstoffe, einschließlich Spurenelemente, werden regelmäßig ersetzt. Eine Studie der US-Regierung in den 1970er Jahren ergab, dass über einen Vier-Jahres-Zeitraum die Mengen an essentiellen Mineralien in Ernten um bis zu 68 Prozent abgenommen haben.

13. Unfälle und Krankheiten
Verbrennungen führen zu einem Verlust von Protein und essentiellen Mikronährstoffen wie Vitaminen und Mineralien. Durch Operationen steigt der Bedarf an Zink, Vitamin E und anderen Nährstoffen, die an den Zellreparaturmechanismen beteiligt sind. Die Heilung von Knochenbrüchen verzögert sich bei nicht ausreichender Zufuhr von Calcium und Vitamin C und wird umgekehrt durch volle Zufuhr über die Nahrung beschleunigt. Infektionen steigern den Bedarf an Zink, Magnesium und den Vitaminen B5 und B6.

14. Stress
Durch chemischen, körperlichen und emotionalen Stress kann der Bedarf an den Vitaminen B2, B3, B5, B6 und C sowie an Magnesium und Zink steigen. Luftverschmutzung erhöht den Bedarf an Vitamin E.

15. Prämenstruelles Syndrom (PMS)
Studien haben gezeigt, dass bis zu 60 Prozent der Frauen, die an Symptomen des prämenstruellen Syndroms leiden, darunter Kopfschmerzen,

Reizbarkeit, Blähungen, Brustspannen, Lethargie und Depression, von zusätzlicher Einnahme von Vitamin B6 profitieren können.

16. Teenager

Starke Wachstumsschübe wie im Teenageralter erhöhen vor allem bei Mädchen den Bedarf an Nährstoffen, um die beschleunigte körperliche, biochemische und emotionale Entwicklung in diesem Alter zu sichern. Daten der Ernährungsumfrage in zehn Bundesstaaten der USA (U.S.A. Ten State Nutrition Survey), bei der 1968–70 insgesamt 24 000 Familien und 86 000 Einzelpersonen befragt wurden, belegten, dass 30 bis 50 Prozent der Jugendlichen im Alter von 12 bis 16 Jahren weniger als zwei Drittel der empfohlenen Tagesmenge an Vitamin A, C, Calcium und Eisen zu sich nahmen.

17. Schwangerschaft

In der Schwangerschaft ist der Bedarf an Nährstoffen erhöht, um ein gesundes Wachstum des Babys und eine angenehme Niederkunft der Mutter zu sichern. Nährstoffe, von denen während der Schwangerschaft üblicherweise ein erhöhter Bedarf besteht, sind die Vitamine der B-Gruppe, insbesondere B1, B2, B3, B6, Folsäure sowie die Vitamine B12, A, D, E und die Mineralien Calcium, Eisen, Magnesium, Zink und Phosphor. Die Umfrage U.S.A. Ten State Nutrition Survey von 1968–70 ergab, dass ganze 80 Prozent der befragten Schwangeren weniger als zwei Drittel der empfohlenen Tagesmengen zu sich nahmen. Während der Schwangerschaft sollte professionelle Beratung zum Nährstoffbedarf in Anspruch genommen werden.

18. Orale Kontrazeptiva

Durch orale Kontrazeptiva kann die Absorption von Folsäure gemindert und der Bedarf an Vitamin B6 und Vitamin C, Zink und Riboflavin erhöht werden. In Europa benutzen im Durchschnitt über 80 Prozent der Frauen im Alter zwischen 15 und 49 Jahren eine Kontrazeption. Darunter ist mit einem Anteil von bis zu 84% «die Pille» die am weitesten verbreitete Verhütungsmethode.

19. Schlechte Esser

Manche Menschen essen sehr wenig, selbst wenn sie keine Gewichtsreduktion anstreben. Ernährungsumfragen in den USA haben gezeigt, dass eine durchschnittliche Frau ihr Gewicht bei 7560 Kilojoule pro Tag hält. Bei dieser Nahrungsmenge ist es wahrscheinlich, dass ihre Ernährung wenig Calcium, Eisen und Thiamin enthält.

20. Ältere Menschen
Ältere Menschen verzeichnen nachweislich eine geringe Zufuhr an Vitaminen und Mineralien, besonders Calcium, Eisen und Zink. Folsäuremangel ist häufig in Verbindung mit Vitamin-C-Mangel zu finden. Die Zufuhr von Ballaststoffen ist oft gering. Auch der Mangel an Riboflavin und Pyridoxin wurde beobachtet. Mögliche Gründe sind unter anderem ein beeinträchtigter Geschmacks- und Geruchssinn, die verminderte Sekretion von Verdauungsenzymen, chronische Krankheiten und vielleicht körperliche Einschränkungen.

21. Fehlendes Sonnenlicht
Invaliden, Schichtarbeiter und Menschen, die Sonnenlicht nur minimal ausgesetzt sind, können an Vitamin-D-Mangel leiden. Vitamin D wird für den Calciumstoffwechsel und das Immunsystem gebraucht. Ohne Vitamin D werden Rachitis und Osteoporose (Knochenabbau) beobachtet. Ultraviolettes Licht, kurz UV-Strahlung, regt die Bildung von Vitamin D in der Haut an. Es wird durch Wolken, Nebel, Smog, normales Fensterglas, Vorhänge und Kleidung abgeblockt.

22. Bio-Individualität
Starke Abweichungen beim individuellen Nährstoffbedarf von der offiziell empfohlenen durchschnittlichen Vitamin- und Mineralzufuhr sind weit verbreitet, besonders bei Menschen mit starker körperlicher Beanspruchung wie Sportler und Menschen mit körperlicher Arbeit, unter Berücksichtigung von Körpergewicht und Körpertyp.

23. Knappe körperliche Reserven
Obwohl der Körper in der Lage ist, Reserven bestimmter Vitamine wie A und E anzulegen, haben kanadische Autopsie-Daten ergeben, dass bis zu 30 Prozent der Bevölkerung so geringe Vitamin-A-Reserven haben, dass sie als «gefährdet» eingestuft werden können. Vitamin A ist für gesunde Haut und Schleimhäute (einschließlich in Nase und Lungen) und für das Sehen wichtig.

24. Sportler
Sportler verzehren große Mengen Nahrung und unterliegen beträchtlichen Belastungen. Diese Faktoren wirken sich insbesondere auf ihren Bedarf an Vitaminen der B-Gruppe, Vitamin C und Eisen aus. Zum Beispiel ergaben Untersuchungen an australischen Olympiateilnehmern und professionellen Fußballspielern umfangreichen Vitaminmangel.

Die Ergänzung der Ernährung ist für die meisten, wenn nicht gar für alle Menschen wünschenswert. Der amerikanische National Research Council, welcher die empfohlenen Tagesdosen (Recommended Daily Allowance; RDA) eingeführt hat, und der Überzeugung ist, dass die empfohlenen Mengen durch ausgewogene Ernährung zugeführt werden können, ignoriert die Tatsache, dass nur wenige Menschen kontinuierlich und täglich richtig ausgewogene Mahlzeiten zu sich nehmen, was entscheidend ist, wenn der Körper auf einem guten Nährstoffniveau gesund bleiben und in der Lage sein soll, Toxine zu bekämpfen und schlechte Lebensgewohnheiten auszugleichen. Auch Verarbeitung und Lagerung von Lebensmitteln führen zu nährstoffarmer Nahrung und beim Kochen verliert diese noch mehr Nährstoffe.

Wenn wir in einer perfekten Welt lebten, ohne Stress, Verschmutzung, Chemikalien und gemeine Gifte, wenn unser Wasser frisch aus den Bergen käme, wenn unsere Nahrung biologisch und natürlich auf gesunden Böden ohne Pestizide, Kunstdünger, ohne Raubbau und genetische Veränderungen, ohne den Einsatz von Antibiotika und künstlichen Hormonen wüchse, wenn wir kein Junkfood äßen, keine Soft Drinks und keinen Alkohol tränken, nicht rauchten – und die Liste geht endlos weiter –, dann, ja dann bräuchten wir keine Nahrungsergänzungsmittel. Die traurige Tatsache ist jedoch, dass wir nicht in einer solch perfekten Welt leben und dies auch nie tun werden. Wenn wir älter werden, verändert sich die Zusammensetzung unseres Körpers, der Fettanteil steigt, unser Stoffwechsel verlangsamt sich und unser Verdauungssystem und die Aufnahme von Nährstoffen werden weniger effizient. Dann brauchen wir weniger Nahrung, um unseren Energiebedarf zu decken, wodurch wiederum die Aufnahme essentieller Nährstoffe verringert wird. Dies kann nun seinerseits dazu führen, dass uns Nährstoffe fehlen, Nährstoffe, die wir brauchen, um gesund, vital und glücklich zu bleiben.

Natürliche und synthetische Ergänzungsmittel
Sie sind auf molekularer Ebene im Körper gleichermaßen wirksam, mit Ausnahme von Vitamin E. Die synthetische Form von Vitamin E bindet sich nicht eng genug an die Zellstruktur. Natürliche Ergänzungsmittel sind biologisch, aber nicht alle biologischen Ergänzungsmittel sind natürlich. Mindestens ein Kohlenstoffatom macht den Unterschied zwischen synthetisch und biologisch oder natürlich aus. Biologische Vitamine werden aus tierischem und/oder pflanzlichem Gewebe und auch aus Rohmaterialien wie Kohlenteer und Zellstoff gewonnen. Kohlenteer kann auch als natürlich bezeichnet werden, da er aus natürlich gewachsenem Pflanzenmaterial entstanden ist.

Wir könnten in einer besseren Welt leben und uns besserer Gesundheit erfreuen, wenn wir weniger Toxine und Stress, dafür aber mehr gesunde Nahrung, Luft und gesundes Wasser hätten!

Anforderungen an Ergänzungsmittel für gute Gesundheit
Sie sollten den tatsächlichen Bedürfnissen der oder des Einzelnen entsprechen, die sie nehmen. Wenn unser Körper zu wenig oder zu viel von einem Nährstoff bekommt, leidet er an einem Ungleichgewicht, und beides hat dieselbe Wirkung auf eine bestimmte Körperfunktion oder einen Prozess. Nehmen wir zum Beispiel Jod, das für eine gute Funktion der Schilddrüse wichtig ist: Zu viel Jod beeinträchtigt die Synthese von Schilddrüsenhormonen. Bei vielen anderen Nährstoffen wie Calcium, den B-Vitaminen usw. verhält es sich ganz ähnlich.

Die tägliche Einnahme von Ergänzungsmitteln gemäß der durch die Nationale Akademie der Wissenschaften empfohlenen Tagesdosen würde die Erhaltung des natürlichen inneren Gleichgewichts des Körpers ermöglichen, ist jedoch von einer therapeutischen Wirksamkeit weit entfernt.

Um den genauen Nährstoffbedarf IHRES Körpers und für Ihr Wohlbefinden zu bestimmen, ist es sehr wichtig, einen Naturheilkundler oder einen ganzheitlichen Ernährungsberater aufzusuchen. Er oder sie kann Sie untersuchen, um herauszufinden, ob Sie Ihre Nährstoffe richtig absorbieren und assimilieren, ob Sie eine Entgiftung oder eine Veränderung von Lebensgewohnheiten brauchen, um zum Beispiel Ihr Stresslevel zu reduzieren, und ob Ihre Aktivitäten durch Ergänzungsmittel unterstützt werden sollten usw. Es ist auch extrem wichtig, die Nährstoffe exakt zu ergänzen. Stellen Sie sich nur vor, was geschieht, wenn ein Nährstoff durch ein bestimmtes Schwermetall gehemmt wird, während wir entgiften: Wenn Sie ein solches Schwermetall entgiften, aber nicht den richtigen Nährstoff zuführen, der Ihrem Körper aufgrund dieses Metalls fehlt, werden Ihre Organe nicht in der Lage sein, die erforderliche Entgiftung zu ermöglichen, und am Ende werden Sie an Detox-Syndromen leiden, die entweder Ihre bereits bestehenden Symptome verschärfen oder Ihnen weitere Unpässlichkeiten, Kopfweh usw. einbringen. Es ist sinnlos, Ergänzungsmittel zu nehmen, wenn Ihr Körper mit Schwermetallen belastet ist, da sie eigentlich nur weitere Probleme schaffen oder bestehende Gesundheitsprobleme verschlimmern können.

Die empfohlenen Tagesdosen (RDA) wurden für den durchschnittlichen Tagesbedarf eines Körpers unter «normalen» Umständen und in Übereinstimmung mit einer regelmäßigen, gesunden Ernährung berechnet. Es wurde dabei nicht berücksichtigt, was der Körper braucht, wenn er an irgendeinem Ungleichgewicht, einem schlechten Gesundheitszustand oder einer ausgesprochenen Krankheit leidet. Außerdem sollten wir nicht vergessen, dass alle Vitamine und Mineralstoffe in gegenseitiger Beziehung stehen. Sie sind alle gleichermaßen wertvoll, da es nicht einen Nährstoff gibt, der wichtiger als ein anderer wäre. Des Weiteren gilt es zu bedenken, dass jeder Körper an jedem einzelnen Nährstoff einen unterschiedlichen Bedarf hat. Hinzu kommt die körperliche Absorptionsrate des Ergänzungsmittels. Natürlich möchten wir, wenn wir schon Ergänzungsmittel einnehmen, so viel wie möglich daraus herausholen: Wir würden gern 100 Prozent dieser Ergänzungsmittel absorbieren, denn schließlich bezahlen wir ja auch recht viel Geld dafür. Daher ist es hilfreich zu wissen, dass Vitamine im Allgemeinen recht gut absorbiert werden, Mineralien hingegen nicht. Eine der effektivsten Formen der Mineralabsorption ist die Chelat-Form, das heißt, dass die Mineralien eine Chelatverbindung mit Aminosäuren eingegangen sind, die als Rezeptoren dienen und die Mineralstoffe durch die Darmwand in den Blutkreislauf tragen.

Tabletten, Kapseln, Tropfen, Pulver
Die meisten Nahrungsergänzungsmittel sind in unterschiedlicher Form erhältlich. Jede davon hat ihre positiven oder negativen Seiten, doch diese Vielfalt ermöglicht Ihnen die Wahl eines Mittels, das Ihre Bedürfnisse am besten erfüllt.

Tabletten sind komprimierte Blöcke, in denen verschiedene Inhaltsstoffe in unterschiedlichen Stärken und Potenzen enthalten sein können. Der Nachteil ist jedoch, dass sie auch Bindemittel und Füllstoffe enthalten und normalerweise mit einem Eiweiß- oder Zuckersirup überzogen sind. Einige Menschen könnten auf diese Zusätze reagieren und andere könnten Schwierigkeiten beim Schlucken der Tabletten haben, vor allem Kinder. Die Tabletten oder deren Hälften in gesundes Öl zu tauchen, sorgt hier für Abhilfe.

Kapseln sind häufig kleinere, aus löslichem Material, zum Beispiel Gelatine, bestehende Behälter, die mit Pulver oder Ölen wie Fischöl gefüllt sind. Sie sind leichter zu schlucken und können auch im Magen besser aufgespalten werden, was die Absorption der Inhaltsstoffe wie Kräuter, Nährstoffe usw. beschleunigt. Der andere Vorteil ist, dass Kapseln geöffnet werden können und ihr Inhalt in Getränke oder Speisen gestreut werden kann.

Tropfen oder Pulver sind natürlich die einfachste Art, Nährstoffe oder Heilpflanzen zu verabreichen. Sie haben häufig eine niedrigere Potenz, aber gleichzeitig können Sie die Dosis an Ihre Bedürfnisse anpassen und sie können ebenfalls leicht Speisen oder Getränken zugesetzt werden.

Im Allgemeinen wird geraten, Vitamine und Mineralien zusammen mit den Mahlzeiten einzunehmen, da sie Bestandteile der Nahrung sind und ihre Verwertung dadurch gefördert wird.

33 einfache Regeln: Was soll ich essen und was nicht?

Ich werde immer wieder gefragt, was man essen und was man nicht essen sollte, da die meisten Menschen sehr unsicher sind, was richtig und falsch ist. Befolgen Sie diese einfachen Regeln und Sie werden sich wieder wohl, lebendig und fit fühlen:

Regel 1
Ernähren Sie sich entsprechend der «Grundsätze der gesunden Ernährung & Lebensführung» (Seiten 218 und 219) – die Goldene Regel hierbei ist, dass die Nahrungsmittel frisch, saisonal und nicht konserviert sein sollten.

Regel 2
75 Prozent Ihrer Nahrung sollte roh sein.

Regel 3
Versuchen Sie nach Möglichkeit, ein ausgedehntes Frühstück, ein reichliches Mittagessen und nur ein leichtes Abendessen zu sich zu nehmen. Dies ist häufig eine schwierige Aufgabe, da die meisten Menschen nur eine kurze Mittagspause haben, bevor sie wieder an die Arbeit eilen. Versuchen Sie es daher wenigstens an Ihren freien Tagen.

Regel 4
Variieren Sie Ihr Frühstück: Essen Sie entweder Müsli und Toast oder frisches Obst mit Naturjoghurt oder weich gekochte Eier mit zum Beispiel Gemüse, Pilzen, Tomaten und Kräutern – verzichten Sie hierbei jedoch auf Stärke. Kombinieren Sie diese unterschiedlichen Menüvorschläge nicht untereinander!

Regel 5
Nehmen Sie Ihre Eiweißmahlzeit vorzugsweise zum Mittag ein, da Ihr Körper jetzt ausreichend Zeit hat, die Proteine ordentlich zu verdauen, und sie Ihnen viel Energie geben. Eiweiße sind abends zu schwer verdaulich.

Regel 6
Genießen Sie ein leichtes und einfaches Abendessen als die Mahlzeit des Tages, welche die meiste Stärke enthält. Dadurch werden Sie auch besser schlafen.

Regel 7
Die Zeit, in der Sie Ihre Mahlzeiten einnehmen, sollte frei von jeglichem Stress, Belastungen und negativen Emotionen sein, denn diese würden sich negativ auf Ihre Verdauung auswirken. Auch während des Essens einen traurigen Film oder Nachrichten zu sehen oder eine belastende Diskussion zu führen, hat dieselbe Wirkung.

Regel 8
Kauen Sie Ihre Nahrung gut, bevor Sie diese herunterschlucken, da die Verdauung bereits im Mund beginnt. Dadurch wird wiederum die Sekretion der Verdauungssäfte angeregt. So absorbieren Sie nicht nur die Nährstoffe besser, sondern spüren auch, wenn Ihr Körper und Geist gesättigt sind, bevor Sie zu viel gegessen haben.

Regel 9
Kaufen Sie sooft wie möglich biologisches Obst, Gemüse und Fleisch oder zumindest ungespritzte Produkte.

Regel 10
Verwenden Sie gefrorene oder konservierte Lebensmittel nur gelegentlich und kaufen Sie solche nur, wenn sie keine Zusatzstoffe enthalten, insbesondere künstliche Farbstoffe, MNG (Geschmacksverstärker, der auch Mononatriumglutamat genannt wird) oder Süßstoffe.

Regel 11
Verwenden Sie keine Mikrowelle: Sie zerstört die Nährstoffe und Sie! Sie schädigt die Struktur der Nahrung.

Regel 12
Ersetzen Sie Fleisch hin und wieder durch Eier, vorzugsweise gekochte Eier. Stellen Sie aber sicher, dass das Eigelb noch weich ist. Wenn Eier so lange gekocht oder gebraten werden, bis das Eigelb fest ist, wird das enthaltene Cholesterin beschädigt und auch das schützende Lecithin zerstört. Machen Sie sich keine Sorgen über das Cholesterin in den Eiern, denn die Behauptung, dass dieses Cholesterin schädlich ist, hat sich inzwischen als falsch erwiesen!

Regel 13
Essen Sie rohes Gemüse, da es noch alle Vitamine, Mineralien und Enzyme enthält. Wenn Sie Gemüse kochen müssen, dünsten Sie es nur oder kochen Sie es kurz und bewahren Sie das Kochwasser auf, um Brühe oder Suppe daraus zu machen; andernfalls gießen Sie all das Gute einfach nur in den Abfluss!

Regel 14
Essen Sie keine Margarine. Ersetzen Sie sie in Maßen durch ungesalzene Butter, eine Buttermischung, kaltgepresstes Olivenöl oder Kokosöl.

Regel 15
Nehmen Sie immer nur kaltgepresste Öle zu sich; sie sind gesund. Vermeiden Sie raffinierte Öle, da sie Ihnen schaden. Raffinierte Öle sind verarbeitet, wurden mit Chemikalien behandelt und oxidiert – wirklich gefährlich!

Regel 16
Bereiten Sie Gemüse durch Dünsten, langsames Kochen oder kurzes Anbraten zu.

Regel 17
Essen Sie rotes Fleisch höchstens dreimal pro Woche.

Regel 18
Essen Sie mehr vegetarische Lebensmittel; Sie brauchen nicht täglich Fleisch, Hühnchen usw.

Regel 19
Versuchen Sie immer, auf Ihrem Teller durch verschiedene Gemüsearten eine farbenfrohe Mischung zu erhalten. Das sichert Ihnen eine größere Vielfalt an essentiellen Nährstoffen und außerdem sieht Ihr Teller so auch viel fröhlicher, dekorativer und appetitlicher aus.

Regel 20
Meiden Sie frittierte Speisen, Fette und Öle. Sie sind extrem schwer verdaulich, belasten die Leber, Gallenblase und Bauchspeicheldrüse, erhöhen das schlechte Cholesterin, welches Herz-Kreislauf-Erkrankungen verursachen kann, und können sogar Krebs und Fettleibigkeit verursachen. Stattdessen können Sie die Speisen trocken im Ofen backen, grillen oder dünsten.

Regel 21
Trinken Sie höchstens zwei bis maximal drei Tassen Kaffee pro Tag und nur aus frisch gemahlenen Bio-Bohnen. Wenn Sie koffeinfreien Kaffee mögen, verwenden Sie nur Kaffee, der wassergefiltert und nicht chemisch extrahiert wurde. Meiden Sie in Plastiktassen servierten Kaffee, da dieser Kunststoffe enthält; verwenden Sie Ihren eigenen Thermobecher oder eine Keramiktasse. Ich verstehe, dass Kaffee Ihr Energieniveau ankurbelt, aber er verursacht auch nervöse Spannungen, Gereiztheit, Herzermüdung, Nierenprobleme, Schlafstörungen, Blutzuckerprobleme, Verdauungsstörungen und Darmbeschwerden. Für einen Kaffeeliebhaber ist es schwer, einen Ersatz zu finden – aber versuchen Sie es trotzdem mit reinem Fruchtsaft, Kräutertee oder Wasser.

Regel 22
Vermeiden Sie Desserts, da sie unnötige Kalorien enthalten, nährstoffarm sind und Ihren Körper übersäuern. Desserts passen nicht gut zu anderen Speisen. So sollte Obst zum Beispiel vor einer Mahlzeit gegessen werden, weil es die Verdauung anregt; Obst nach einer Mahlzeit ist schwer verdaulich. Nach einer eiweißreichen Mahlzeit können Sie etwas Käse genießen.

Regel 23
Meiden Sie Snacks, da sie unnötige Kalorien, normalerweise viele schlechte Fette und wenige Nährstoffe enthalten sowie Ihren Körper übersäuern. Ersetzen Sie Snacks durch Nüsse, Kerne oder Trockenobst, aber natürlich auch nur in Maßen.

Regel 24
Essen Sie höchsten drei- bis viermal pro Woche Weizen (Brot, Pasta, Kuchen, Kekse usw.). Weizen reizt den Darm stark und zu viel davon kann zu einer pathologisch durchlässigen Darmwand, Allergien und schlechter Absorption von Nährstoffen führen. Ersetzen Sie Weizen durch Hafer, Roggen, Gerste, Mais, Reis und Schrot- oder Vollkornmehl.

Regel 25
Essen Sie Milchprodukte wie mit echten Acidophilus-Kulturen hergestellten Naturjoghurt, Weichkäse, zum Beispiel Ricotta, Hüttenkäse (gelbe Hartkäsesorten sind schwerer zu verdauen und enthalten oft Farb- und Geschmacksstoffe) nicht öfter als zwei- bis dreimal pro Woche. Trinken Sie keine Milch! Siehe Kapitel «Das Märchen von der Kuhmilch» auf Seite 230.

Regel 26
Trinken Sie täglich acht bis zehn Glas beziehungsweise 1,5 Liter reines Wasser. Trinken Sie kein Leitungswasser! Kaufen Sie stattdessen Quellwasser oder filtern Sie das Leitungswasser mit einem sehr guten Filter, der Toxine und Chlor entfernt.

Regel 27
Meiden Sie Erfrischungsgetränke, da sie mit sehr viel Zucker und Chemikalien belastet sind. Sollten Sie doch einmal eines zu sich nehmen, dann nur aus Glas- oder Plastikflaschen – aber niemals aus Büchsen, da sonst Aluminium in das Getränk gelangt. Ersetzen Sie Soft Drinks durch Mineralwasser mit Sprudel und geben Sie eine Scheibe frische Zitrone hinzu. Das löscht den Durst und erfrischt.

Regel 28
Meiden Sie Zucker ganz oder verwenden Sie ihn in Maßen, da er mit bestimmten Krebsarten in Verbindung gebracht wird, das Immunsystem schwächt, Leber-, Blut- und Zahnprobleme, Erschöpfung, Gewichtsprobleme, Kopfschmerzen, Depressionen, Angst und Diabetes verursacht. Ersetzen Sie ihn durch Honig, hochwertige Molasse, Agavensirup, Obst oder Fruchtsaft, Stevia oder Xylitol. Stevia enthält keine Kalorien, ist ein pflanzlicher Süßstoff und fördert sogar die Verdauung. Die Auswirkungen auf die Gesundheit von Stevia müssen noch weiter erforscht werden, da diese Pflanze viele Verarbeitungsprozesse durchlaufen hat, bevor sie zu dem Produkt wird, das Sie kaufen. Xylitol enthält 40 Prozent weniger Kalorien als Zucker und wird üblicherweise aus Mais gewonnen.

Regel 29
Vermeiden Sie Salz beziehungsweise verwenden Sie es nur in Maßen, da starker Salzkonsum mit Arterienverhärtung, hohem Blutdruck, Nierenreizung, Herzproblemen, Wassereinlagerung und Gewichtsproblemen zusammenhängt. Es könnte sogar zur Bildung einiger Tumore und Krebsarten beitragen. Ersetzen Sie es durch Meersalz und Kräutersalze, doch verwenden Sie auch diese maßvoll. Kochen Sie nicht mit Salz, verwenden Sie es nur bei Bedarf bei Tisch. Wenn Sie viele Kräuter und Gewürze verwenden, brauchen Sie schon gar nicht erst viel zusätzliches Salz.

Regel 30
Trinken Sie höchstens 2 bis 3 Deziliter Rotwein pro Tag und meiden Sie alle anderen Alkoholika wie Bier und stärkere Spirituosen. Der Konsum von zu viel Alkohol ist gefährlich und kann Leber, Herz, Nieren, Gehirn,

Verdauungs- und Nervensystem, das Sehvermögen und die Emotionen ernsthaft schädigen; er raubt dem Körper lebenswichtige Nährstoffe wie Vitamine der B-Gruppe und Mineralien. Zwei Glas eines hochwertigen Rotweins gelten seit einer Weile laut Studien als vorteilhaft, da sie Stress reduzieren und die in Rotwein enthaltenen Bioflavonoide und Proanthocyanidin vor Herzerkrankungen schützen.

Regel 31
Trinken Sie regelmäßig mehr Frucht- oder Gemüsesäfte; sie enthalten viele Nähr- und Ballaststoffe. Selbstgemachte frische Säfte sind die besten. Verwenden Sie nur einen Entsafter, andernfalls werden Nährstoffe beschädigt und Enzyme vermindert. Verdünnen Sie Ihren Saft immer mit etwa 20 Prozent gesundem Wasser und nippen Sie ihn langsam, Sie können ihn sogar kauen, als wäre er tatsächlich eine Speise und kein Durst löschendes Getränk.

Regel 32
Rauchen Sie nicht, da dies viele Krankheiten verursacht, zum Beispiel Herzerkrankungen, Arteriosklerose, Krebs, Lungenschäden, Nervenschäden, Nervosität, Blutgerinnung usw.; es beraubt den Körper auch lebenswichtiger Nährstoffe wie Vitamin B und C.

Regel 33
Meiden Sie saure Nahrungsmittel, ernähren Sie sich überwiegend basisch.

ERNÄHRUNG

Grundsätze der gesunden Ernährung & Lebensführung

1 Multivitamin- und Multimineral-Präparat mit Antioxidantien-Komplex,
1 Omega-3-Fettsäure und
1 Probiotikum täglich

1 Handvoll
Nüsse und Kerne

1 bis **2** kleine Portionen
stärkehaltige Kohlenhydrate

2 Esslöffel
gesunde,
kaltgepresste Öle

2 Stück
frisches Obst
täglich

ERNÄHRUNG 219

2 Proteinreiche Lebenssmittel

3 Tassen
frisches Gemüse
täglich

8 Gläser
reines Wasser
täglich

30 Minuten
mäßige sportliche Aktivität

30 Minuten
Spaß und Entspannung
an den meisten Tagen

Die Wichtigkeit der Alkalinität für Ihre Gesundheit

Basisch ist gesund – sauer ist tödlich!
Die meisten Menschen und praktizierenden Ärzte glauben, dass das Immunsystem die erste Verteidigungslinie des Körpers ist, doch dem ist nicht so: Die erste und wichtigste Verteidigungslinie gegen Krankheiten und damit entscheidend für Gesundheit und Vitalität ist ein ausgeglichener Säure-Basen-Haushalt!

Wenn unser Körper immer mehr übersäuert, beginnt er, Verteidigungsmechanismen aufzubauen, um zu verhindern, dass die gefährliche Säure in unsere lebenswichtigen Organe eindringt und diese schädigt. Unser Körper ist in dieser Hinsicht sehr schlau, denn sobald Säure in unseren Körper gelangt, wird sie in Fettzellen eingelagert, bevor sie überhaupt eine Chance hat, mit einem Organ in Berührung zu kommen und sein Gewebe zu zerfressen. Dies kann zur Mutation der Zellen führen, zu weniger Sauerstoff in der sauren Umgebung und zu einer langsamen Erschöpfung der Calciumvorräte. Jetzt kann der Körper tatsächlich Fett bilden, um sich gegen die Übersäuerung zu schützen, und Fettzellen sowie Cellulite-Polster können die Säure umschließen und versuchen, sie auf Abstand zu den Organen zu halten. Das Fett kann so die lebenswichtigen Organe vor Schäden schützen. Und die Rückkehr zu einem gesunden inneren biologischen Gleichgewicht kann daher sogar helfen, überschüssiges Fett wieder loszuwerden.

Vorteile der Alkalinität
Der heutige Lebensstil verursacht eine Vielzahl an Erkrankungen und Funktionsstörungen in unserem Stoffwechsel. Wie bereits erwähnt, werden unser Trinkwasser, unsere Nahrung, Luft und Böden zunehmend durch toxische Chemikalien vergiftet. Nie zuvor musste der menschliche Körper so viele fremde Substanzen verstoffwechseln und eliminieren, die zudem unseren Körper über seine natürlichen Fähigkeiten zur Entgiftung hinaus belasten.

Viele, oder wir könnten sagen, praktisch alle Menschen fühlen sich nicht mehr wohl. Einige sind wesentlich anfälliger für Erkältungen und für irgendwelche Bazillen, die gerade im Umlauf sind. Doch besorgniserregender sind die zunehmenden Fälle von Autoimmunerkrankungen wie rheumatische Arthritis, multiple Sklerose, Lupus, Fibromyalgie, Morbus Crohn, die Basedow'sche Krankheit, chronische Erschöpfung und so weiter.

Schwach aktive Toxine aus vielen Quellen führen zu einem «Giftcocktail», der sehr schwer aufzuspüren sein kann. Diese Toxizität kann unseren Körper und Geist durch einen Zellfermentation genannten Prozess ernsthaft schwächen. Die Übersäuerung von Gewebe und Blut ermöglicht die Ausbreitung von Hefepilzen, Pilzen, Bakterien, Parasiten und Viren und verursacht chronische Infektionen.

Hefepilze und Pilze sind einzellige Lebensformen, die in der Luft, im Boden, im Wasser und in vielen Nahrungsmitteln vorkommen. Sie sind viel höher entwickelt als Bakterien oder die frühen Stadien von Viren. Es gibt über 500 000 verschiedene Arten, die alle Opportunisten und Überlebenskünstler sind und permanent Ausschau nach neuen Orten zum Leben, Ansiedeln und Ausbreiten halten. Diese Zellen werden in Form von Pilzen und Schimmel auf der Nahrung sichtbar.

Alle infektiösen Organismen wie Viren, Bakterien, Parasiten, Hefen, Schimmel und Pilze neigen dazu, in bestimmte Bereiche des Körpers einzudringen, je nach ihren besonderen Bedürfnissen hinsichtlich Nährstoffen und Ansiedlungsbedingungen. Sie alle führen zu starker Fermentation, die durch die Nebenprodukte ihres Stoffwechsels verursacht wird, welche in die Extrazellularflüssigkeit oder das Blut gelangen und dann im gesamten Körper verteilt werden. Dies gipfelt in der Übersäuerung von Geweben, der systematischen Vergiftung des Blutes und der Zerstörung von Körperzellen. Dieser Zustand ist eine direkte Folge schlechter Essgewohnheiten, zum Beispiel des Verzehrs von zu viel rotem Fleisch, Schwein, Milchprodukten und Zucker in jeder Form. Doch er ist auch eine direkte Folge von zu viel Stress.

Die Hauptnahrungsquelle von Pilzen, Hefen und Bakterien ist Zucker. Da sich diese Organismen ernähren, produzieren sie auch Abfälle, die sie ausscheiden und die für unseren Körper giftig sind. Und diese Toxine wirken sich auf körperlicher, emotionaler und geistiger Ebene auf uns aus. Die Lösung für dieses zunehmende Problem ist die Reinigung des Körpers und die adäquate Versorgung der Zellen. Dies tun wir, indem wir Metalle und Chemikalien eliminieren, die Lebensmittel meiden, die zu Übersäuerung führen, und mehr basische Nahrungsmittel zu uns nehmen, wodurch Stressfaktoren reduziert werden. Alle infektiösen Organismen können nur in einem sauren Klima gedeihen; in einem basischen Umfeld können sie nicht überleben. Daher ist es sehr wichtig, ein ausgewogenes Gleichgewicht zwischen sauren und basischen Nahrungsmitteln einzuhalten. Wenn ein ideales Verhältnis aufrechterhalten wird, werden Hefepilze, Bakterien, Parasiten, Schimmel und Viren wieder in ihren normalen gesunden Zustand zurückfallen. Das ideale Verhältnis bei einem normalen Körper beträgt vier Teile basisch zu einem Teil sauer. Das erlaubt dem Körper, einen pH-Wert von 7,35 bis 7,45 aufrechtzuerhalten. Kurz gesagt, bezieht sich der pH-Wert auf die relative Konzentration von Wasserstoffionen (H+) in einer Lösung. Ein niedriger pH-Wert zeigt eine höhere Konzentration von Wasserstoffionen beziehungsweise sauer an und ein hoher pH-Wert zeigt eine niedrige Konzentration von Wasserstoffionen beziehungsweise basisch an. So ist zum Beispiel 10 zu 1 saurer als 10 zu 14.

Die perfekte Ernährung bestünde aus dunkelgrünen und gelben Gemüsearten, Sojabohnen, Sprossen, Nüssen und essentiellen Fettsäuren. Diese ideale Art zu essen würde unsere Anfälligkeit gegenüber Toxinen verringern, den Körper entgiften und künftige Belastungen mindern oder verhindern, wodurch Zellerneuerung möglich wird, was wiederum zu Gesundheit und Wohlbefinden führt.

Die ideale Ernährung sollte den pH-Wert widerspiegeln und leicht basisch sein. Die Aufnahme vieler saurer Nahrungsmittel stört das Gleichgewicht und in der Folge verlieren wir essentielle Mineralien wie Kalium, Calcium, Magnesium und Natrium, da der Körper diese Nährstoffe braucht, um das Gleichgewicht wieder herzustellen und zu halten. Ein über längere Zeit unausgewogener Säure-Basen-Haushalt im Körper zwingt diesen, permanent zu versuchen, die Übersäuerung zu neutralisieren und auszugleichen, wodurch die Vorräte an Calcium und Magnesium angegriffen werden, da sie die basischen Mineralstoffe sind.

Falls Sie an folgenden Symptomen leiden, sind Sie eventuell übersäuert – dann könnte der Übergang zu einer stärker basischen Ernährung Ihr Wohlbefinden verbessern und Ihr Leben verändern:

- » Angst, Nervosität
- » Antriebslosigkeit
- » Blasen- und Nierenprobleme
- » Chronische Erschöpfung
- » Gelenkschmerzen
- » Gutartige Brustzysten
- » Hefe- oder andere Pilzwucherungen
- » Herz-Kreislauf-Schäden
- » Hüftfrakturen
- » Knochensporne
- » Kopfschmerzen
- » Muskelschmerzen und Bildung von Milchsäure
- » Nierensteine
- » Osteoporose oder schwache, spröde Knochen
- » Polyzystische Ovarien, Eierstockzysten
- » Regelmäßige Erkältungen und Grippe
- » Reizbarkeit, Depression
- » Übermäßige Schleimproduktion
- » Verstopfte Nase

ERNÄHRUNG

Basisch

Extrem basische Nahrungsmittel

pH 8,5 bis 9,0

Moderat basisch

pH 8,0 bis 7,5

9,0

- Wassermelone
- Zitronen

8,5

- Agar Agar
- Ananas
- Birnen
- Brunnenkresse
- Cantaloupe-Melone
- Cayenne (capsicum)
- Datteln und Feigen (getrocknet)
- Endiviensalat
- Fruchtsäfte
- Gemüsesäfte
- Kelp
- Kernlose Weintrauben
- Kiwi
- Kudzuwurzel
- Limetten
- Mango
- Meeresalgen
- Melonen
- Papaya
- Passionsfrucht
- Petersilie
- Rosinen
- Spargel
- Trauben

8,0

- Alfalfasprossen
- Äpfel (süß)
- Aprikosen
- Avocados
- Bananen (unreif)
- Beeren
- Birnen (weniger süß)
- Blattsalat (blattgrün)
- Datteln und Feigen (frisch)
- Erbsen (frisch süß)
- Grapefruit
- Guaven
- Johannisbeeren
- Karotten
- Khakifrucht
- Knoblauch
- Kräuter (blattgrün)
- Kürbis (süß)
- Meersalz
- Mehl
- Nektarine
- Pfirsiche (süß)
- Pfeilwurz
- Sellerie
- Spinat
- Stachelbeeren
- Stevia
- Trauben (weniger süß)

ERNÄHRUNG

Leicht basisch bis neutral

pH 7,0

7,5

- Äpfel (sauer)
- Bambussprösslinge
- Blattsalat (hellgrün)
- Blumenkohl
- Bohnen (frisch, grün)
- Brokkoli
- Daikon-Rettich
- Erbsen (weniger süß)
- Erdbeeren
- Essig (Apfelwein)
- Grünkohl
- Himbeere
- Ingwer (frisch)
- Johannisbrot
- Kartoffeln mit Schale
- Kiwi
- Kohl
- Kohlrabi
- Kürbis (weniger süß)
- Orangen
- Paprika
- Pastinake
- Pfirsiche (weniger süß)
- Rote Beete
- Rüben
- Sapote
- Speisekürbis
- Süßmais (frisch)
- Tamari
- Trauben (sauer)

7,0

- Ahornsirup
- Amaranth
- Artischocken
- Aubergine
- Brauner Reissirup
- Eigelb (weich, gekocht)
- Essig (aus süßem braunem Reis)
- Esskastanien (gekocht, trocken, geröstet)
- Gerstenmalz
- Gewürzkräuter
- Gurken
- Hefe (Flocken)
- Hirse
- Honig (roh)
- Ingwertee
- Kirschen
- Kokosnuss (frisch)
- Lauch
- Mandeln
- Mayonnaise (selbst gemacht)
- Meerrettich
- Meersalz
- Miso
- Okra
- Olivenöl
- Oliven (reif)
- Pilze
- Quinoa
- Rettich
- Rhabarber
- Rohzucker
- Rosenkohl
- Sauer eingelegtes Gemüse (selbst gemacht)
- Sesamkörner (ganz)
- Sojabohnen (trocken)
- Sojakäse
- Sojamilch
- Sprossen
- Taro
- Tempeh
- Tofu
- Tomaten (süß weniger süß)
- Topinambur
- Wasserkastanie
- Ziegenmilch und -molke (roh)
- Zwiebeln

Sauer

Leicht sauer bis neutral

pH 7,0

7,0

- Adzukibohne
- Ahornsirup (nicht verarbeitet)
- Backpflaumen
- Blaubeeren
- Butter (gesalzen)
- Cashewkerne
- Cracker (unraffinierter Roggen)
- Cranberries
- Dinkel
- Eiweiß
- Fruktose
- Gerste
- Gerstenmalzsirup
- Getrocknete Bohnen (Mungobohnen)
- Getrocknete Kokosnuss
- Honig
- Käse (mild und körnig)
- Kerne (Kürbis und Sonnenblume)
- Kleie
- Linsen
- Macadamianüsse
- Maisgrieß/Maismehl
- Milch (homogenisiert) und die meisten verarbeiteten Milchprodukte
- Molassen (organisch)
- Muskatnuss
- Müsli (unraffiniert mit Honig, Obst, Ahornsirup)
- Nierchen
- Olivenöl
- Oliven (sauer eingelegt)
- Paranüsse
- Pecannüsse
- Pflaumen
- Pintobohne
- Pistazien
- Popcorn und Butter (natur)
- Reis- oder Weizencracker (unraffiniert)
- Roggen (Korn)
- Roggenbrot (biologisch, gekeimt)
- Senf
- Spargel
- Walnüsse
- Ziegenmilch (homogenisiert)

Moderat sauer

pH 6,0 bis 6,5

6,5

- Bananen (reif)
- Buchweizen
- Ei ganz (hart gekocht)
- Erdnüsse
- Gebäck (Vollkorn)
- Hafer
- Honig
- Kartoffeln (ohne Schale)
- Käse (scharf)
- Ketchup
- Mais- und Reisbrot
- Mayonnaise
- Pasta (Vollkorn)
- Popcorn (mit Salz und Butter)
- Reis (Basmati)
- Reis (braun)
- Sojasauce (kommerziell)
- Tapioka
- Weizenbrot (biologisch, gekeimt)

ERNÄHRUNG

Extrem Säure bildende Nahrungsmittel
pH 5,0 bis 5,5

6,0

- Ahornsirup (industriell verarbeitet)
- Brot (raffiniert) aus Mais, Hafer, Reis und Roggen
- Cornflakes
- Fisch
- Fruchtsäfte mit Zucker
- Grießbrei (unraffiniert)
- Joghurt (gesüßt)
- Meeresfrüchte
- Molassen (geschwefelt)
- Müsli (raffiniert), zum Beispiel Weizenflocken
- Sauerkonserven (kommerziell)
- Vollkornweizenprodukte
- Wein
- Weizenkeim
- Zigarettentabak

5,5

- Bier
- Fruchtgummis
- Gebäck aus weißem Mehl
- Grieß
- Hühnchen
- Kaffee
- Kaninchen
- Kohlensäurehaltige Getränke und Limonaden
- Lamm
- Marmeladen
- Mehl (Weizen, weiß)
- Pasta (weiß)
- Pute
- Rindfleisch
- Schokolade
- Schweinefleisch
- Spirituosen
- Tafelsalz (raffiniert und mit Jod-Zusatz)
- Tee (schwarz)
- Vanillepudding mit weißem Zucker
- Weißer Essig (indust. verarb.)
- Weißer Reis
- Weizenbrot
- Wild
- Ziege
- Zigaretten (selbst gedreht)
- Zucker (braun und weiß)

5,0

- Künstliche Süßstoffe, zum Beispiel:
- Aspartam
- Equal
- NutraSweet usw.

Leider ist die überwiegende Mehrheit der Menschen in unserer modernen Gesellschaft übersäuert. Es gibt jedoch viel, was jede/r Einzelne tun kann, um dies zu ändern und dadurch ihre/seine Gesundheit zu verbessern, ohne viel Geld für Medikamente auszugeben und ohne zu leiden. Sich der Bedeutung eines ausgeglichenen Säure-Basen-Haushalts bewusst zu sein und zu erkennen, dass Sie möglicherweise Dinge essen, die zu Übersäuerung führen, gibt Ihnen die Möglichkeit, Ihre Gewohnheiten zu ändern und sofort dafür belohnt zu werden.

Auch die Aufnahme zu vieler basischer Nahrungsmittel, d. h. zu basisch zu werden, ist nicht gesund. Dann würden Sie an Verdauungsproblemen leiden und nicht in der Lage sein, Nährstoffe aus der Nahrung zu assimilieren. Ihr Körper fühlt sich am allerbesten, wenn die Körperflüssigkeiten einen pH-Wert von 6,5 bis 7,5 aufweisen. Ihr Magen funktioniert hingegen am besten bei einem sauren Klima, damit die Nahrung richtig verdaut werden kann und eindringende Mikroorganismen abgetötet werden können.

> **Ihren eigenen pH-Wert können Sie leicht bestimmen, indem Sie entweder Speichel oder Urin mit einem pH-Teststreifen, wie er in jeder Drogerie erhältlich ist, zu Hause testen.**
>
> » Wenn der pH-Wert Ihres Urins morgens zwischen 6,0 und 6,5 und abends zwischen 6,5 und 7,0 liegt, funktioniert Ihr Körper im gesunden Bereich.
> » Beim Speichel liegen die gesunden Werte ganztägig zwischen 6,5 und 7,5. Die beste Zeit, ihn zu testen, ist jedoch eine Stunde vor oder zwei Stunden nach einer Mahlzeit.

Eine Anmerkung zu Zitronen: Ich bin sicher, dass Sie immer der Überzeugung waren, Zitronen seien sauer, und damit haben Sie Recht. Die Endprodukte, die sich nach Verdauung und Assimilation ergeben, sind jedoch sehr basisch, so dass Zitronen tatsächlich im Körper basisch wirken. Andererseits ist Fleisch vor der Verdauung basisch, aber das Endprodukt ist sauer! Die Schlussfolgerung lautet, dass die Azidität oder Alkalinität von Nahrungsmitteln nichts mit dem von ihnen tatsächlich verursachten pH-Wert im Körper zu tun hat.

Gleichen Sie Ihre Säure-Basen-Zufuhr aus, indem Sie täglich vier Gemüse, zwei Früchte, eine Portion Proteine und eine Portion Stärke verzehren, jedoch nicht alles in einer Mahlzeit. Am besten ist die Kombination aus Proteinen (alle Fleischarten, Fisch und Meeresfrüchte) mit Gemüse oder Salat. Stärke (alle Getreidearten, alle Mehlsorten) mit Gemüse oder Salat. Nüsse, Gewürze und Kräuter, Kerne und Öle können entweder mit Proteinen oder mit Stärke genossen werden. Obst wird am besten zwischen den Mahlzeiten verdaut. Vermeiden Sie es, Proteine und Stärke zugleich zu essen. Der Grund dafür ist, dass die Kombination von sauren und basischen Nahrungsmitteln Schwierigkeiten bei der Verdauung verursacht, da der Körper unterschiedliche Enzyme und Verdauungssäfte produziert, um die verschiedenen Nahrungsmittelgruppen aufzuspalten. Dies wird vermutlich die am schwersten aufzugebende Gewohnheit sein, doch es ist die lohnendste Veränderung, die Sie für Ihre Gesundheit vornehmen können!

Außerdem sollten wir nicht vergessen, dass Stress und Stoffwechselabfälle ebenfalls säurebildend sind!

Eine einfache Regel zur Aufrechterhaltung des Gleichgewichts lautet: 80 Prozent Ihrer Nahrung sollten basisch und die verbleibenden 20 Prozent sauer sein.

Diese Ernährung wird auch «Trennkost» genannt und ist gut untersucht, dokumentiert und bewährt. Es sind unzählige Bücher über Trennkost auf dem Markt, die viele nahrhafte und gesunde Rezepte und Menüs enthalten.

Im Hinblick auf Krankheit oder Gesundheit macht das, was Sie tagtäglich tun, den Unterschied aus. Ich empfehle Ihnen sehr, die Veränderungen langsam anzugehen, mit einer oder zwei Mahlzeiten pro Woche – so können Sie den richtigen Dreh herausbekommen und Ihr Körper kann sich langsam daran gewöhnen – krasse Veränderungen der Ernährung verursachen häufig eine Heilungskrise, deren Folgen weicher Stuhlgang, Verstopfung oder gar Kopfschmerzen oder Müdigkeit sein können.

Nun haben Sie ein sehr mächtiges Werkzeug kennengelernt, das dabei helfen kann, dass Sie bereits gesünder werden und sich wohler fühlen. Sie wissen jetzt, welche Nahrungsmittel zu Versäuerung führen, und Ihnen ist bewusst, dass Sie die Wahl und die Freiheit haben, etwas zu ändern. Und abgesehen von der Zeit, die Sie sich für die Veränderungen nehmen, kostet es Sie nichts!

Das Märchen von der Kuhmilch

Ich frage meine Patienten immer, ob sie auf etwas Bestimmtes besonders ausgeprägten Appetit haben und ob sie Milchprodukte verzehren. Wenn ja, teste ich sie auf Milch-Überempfindlichkeiten und -Allergien hinsichtlich des Nahrungsmittels, das sie besonders begehren. Fällt der Allergietest positiv aus, ist es häufig sehr schwierig, sie davon zu überzeugen, dass ihnen genau dieses Lebensmittel nicht gut tut und dass sie es derart begehren, weil sie allergisch darauf sind. Wir haben oft genau auf das Lust, worauf wir allergisch sind!

Die meisten Menschen glauben, dass Kuhmilch wichtig für ihre Gesundheit und Teil einer guten Ernährung für uns Menschen ist. Natürlich ist Milchwerbung mit der Botschaft «Ohne Milch keine starken und gesunden Zähne und Knochen» allgegenwärtig.

Tatsächlich sorgt aber Kuhmilch als Bestandteil der menschlichen Ernährung nicht für gesunde Zähne und Knochen oder erhöht gar die Widerstandsfähigkeit gegen Krankheiten. Diese Werbebotschaft wird nicht durch konkrete Belege gestützt, sondern durch unzuverlässige, durch Tierversuche und eigennützige Interessen untermauerte Umfragen. Sie entbehrt jeder wissenschaftlichen Grundlage.

Während all diese Werbekampagnen an Schulen, im Radio und Fernsehen usw. liefen, nahmen die Krankheiten von Kindern besorgniserregend zu.

Wir müssen verstehen, dass alle Säugetiere die Art von Milch produzieren, die für die speziellen Bedürfnisse ihrer Jungen geeignet ist. So unterscheidet sich zum Beispiel Walmilch von Ziegenmilch, Ziegenmilch wiederum von Kuhmilch und die Zusammensetzung der menschlichen Muttermilch ist natürlich wieder eine ganz andere.

Eines der Probleme, wenn Menschen und vor allem Kinder Kuhmilch trinken, stellt die Tatsache dar, dass das Calcium in seiner Beschaffenheit zu grob ist, um durch die kleinen Kapillaren assimiliert zu werden, welche die Nährstoffe zu den Zellen transportieren. Außerdem fehlt es Kuhmilch an Lecithin, was für die Verdauung der Milch und des enthaltenen Fettes essentiell ist. Demgegenüber enthält menschliche Muttermilch sehr viel Lecithin und liefert genügend Eisen und Jod, die für Wachstum, Hirnentwicklung, Energie, Ausdauer und vieles mehr sehr wichtig sind, und all dies fehlt in Kuhmilch. Man muss nicht besonders intelligent sein, um darauf zu kommen, dass Kuhmilch für Kälbchen und nicht für uns Menschen und unsere Kinder bestimmt ist und dass sie nur dazu beiträgt, einen Mangel an Nährstoffen wie Calcium, Eisen und Jod zu verursachen.

Über 50 Prozent der Menschen sind entweder auf die in der Milch enthaltene Laktose (den Milchzucker in Kuhmilch) oder auf die Aminosäure Albumin (aus dem in Kuhmilch enthaltenen Protein) allergisch.

In meiner Klinik habe ich so viele Kinder erlebt, die an diesen Überempfindlichkeiten oder Allergien litten. Sie wiesen unter anderem folgende Symptome auf:

- » Appetitlosigkeit
- » Asthma
- » Chronische Mandelentzündung
- » Drüsenbeschwerden
- » Dunkle Augenringe
- » Ekzeme oder andere Hautprobleme
- » Erhöhte Schleimproduktion im Brustbereich
- » Hyperaktivität
- » Laufende Nase
- » Ohrinfektionen, auch chronische, bis hin zu Abszessen
- » Regelmäßige Erkältungen
- » Schlafprobleme
- » Sinusitis
- » Verstopfung oder Durchfall

Ich habe sogar Kinder erlebt, denen die Mandeln entfernt wurden, die Nase operiert wurde, denen Röhrchen in die Ohren gesteckt wurden, um den Schleim abzuleiten – aber deren Gesundheit sich dennoch nicht besserte. Ihr einziges wirkliches Problem war, dass sie Kuhmilch tranken – worauf sie sehr allergisch reagierten. Diesen armen Kindern die Kuhmilch wegzunehmen, war die Lösung all ihrer Probleme.

Da die meisten Kinder gewohnt sind, Milch zu trinken, sind sie möglicherweise nicht allzu glücklich darüber, wenn sie es plötzlich nicht mehr dürfen. Daher ist es ratsam, die Milch langsam durch Mandelmilch zu ersetzen. Geben Sie anfangs ein Drittel Mandelmilch zur Kuhmilch hinzu und steigern Sie diesen Anteil wöchentlich um ein weiteres Drittel. So wird das Kind schrittweise sehr langsam, einfach und friedlich von der Kuhmilch entwöhnt. Sobald es über zwei Jahre alt ist, entwöhnen Sie es auch von der Mandelmilch, da es jetzt vitalere Nahrung braucht.

Wenn Ihr Kind einmal von der Milch entwöhnt ist, wird es sich eines besseren Appetits erfreuen und immer mehr der benötigten vitalen Nahrungsmittel essen. Die meisten Kinder knabbern auch gern an rohen Karotten und sie mögen rohes Obst und Gemüse mehr als gekochtes, weil Rohkost nach mehr schmeckt! Probieren Sie es aus!

Erwachsenen oder Kindern ihre Milchprodukte wegzunehmen, bewirkt innerhalb von etwa vier Wochen einen Unterschied in der Gesundheit!

Menschen, die Milchprodukte tolerieren, empfehle ich hin und wieder ein wenig Kuhmilch, Hütten- oder Ricottakäse, Quark und Joghurt – aber echten Naturjoghurt mit natürlichen Acidophilus-Kulturen. All diese Produkte können mit Obst oder Honig gesüßt werden. Diese Milchprodukte sind fermentiert und enthalten die freundlichen lebenden Bakterien, die zur Erhaltung einer gesunden Darmflora beitragen.

Ich habe meine eigenen Erfahrungen mit unserer Tochter Tiziana gemacht. Sie war etwa drei Jahre alt, als wir Besuch von Trevor, einem Naturheilkundler, bekamen. Wir saßen zu Tisch und hatten lebhafte und interessante Gespräche, unter anderem über ihr Asthma, an dem sie seit den Impfungen litt, die sie in ihren ersten drei Lebensmonaten bekommen hatte. Am Ende des Gesprächs, als Trevor schon im Aufbruch war, sah er meine Tochter an und sagte zu mir: «Übrigens, eure Tochter hat eine Allergie auf Milchprodukte.»

Diese Bemerkung erschütterte mich sehr und ich konnte es nicht glauben. Ich hatte Tiziana gestillt, bis sie fast ein Jahr alt war, und danach gaben wir ihr immer eine Tasse Milch zur Schlafenszeit. Wir dachten, dass sie diese noch brauchte, dass dies sehr gesund sei, und weil alle, die wir kannten, ihren Kindern Milch gaben. Das war so üblich in der Schweiz, dem Land der Milch, des Käses und der Schokolade.

Doch nachdem wir uns eine Weile gegen Trevors Bemerkung gewehrt hatten, änderten wir unsere Gewohnheit und gaben ihr statt Milch eine Tasse Kamillentee mit Honig. Tiziana war ganz gelassen und nahm diese Veränderung ohne Probleme an. Tatsächlich liebte sie diesen Tee und zu unserer Überraschung wurde ihr Asthma und die Verengung ihrer Bronchien viel besser und sie schlief auch viel leichter ein.

Dank Trevor!

Vitamine

ETD = Empfohlene Tagesdosis
EEB = Empfohlener Ergänzungsbereich

A – Retinol

Wirksamkeit:	Erhöht die Widerstandsfähigkeit gegen Infektionen und Krankheiten, erhält die Haut in gutem Zustand, notwendig für gutes Sehen und gesunde Augen, für die Verdauung, Entgiftung, essentiell für ein gesundes Nervensystem, ist ein starkes Antioxidans
Beste Quellen:	Aprikosen, Eigelb, Fischlebertran (Dorsch, Heilbutt und Lachs), Gemüsepaprika, grünes Blattgemüse und gelbes Gemüse, Karotten, Kohlrabi, Kresse, Leber, Luzerne, Minze
Toxizität:	Mögliche Nebenwirkungen bei Einnahme hoher Dosen über langen Zeitraum

ETD 5000–10 000 IE
EEB 10 000–25 000 IE

B1 – Thiamin

Wirksamkeit:	Fördert Appetit und Verdauung, notwendig zur Funktion des Nervensystems, steigert Energie, unterstützt Leber- und Herzfunktion, das Wachstum bei Kindern und den Zuckerstoffwechsel
Beste Quellen:	Bierhefe, Fisch, Hirse, Hülsenfrüchte, Leber, Limabohnen, Nierchen, Nüsse, Reiskleie, Schweinefleisch, Sojabohnen, Vollkornprodukte, Weizen, Weizenkeime
Toxizität:	Keine

ETD 1–5 mg
EEB 5–100 mg

B2 – Riboflavin

Wirksamkeit:	Trägt zur Gesunderhaltung von Haut und Sehvermögen bei, fördert Verdauung, hilft bei Assimilation von Eisen, Folsäure und Vitamin B6, fördert den Stoffwechsel und steigert die Energie
Beste Quellen:	Avocado, Bierhefe, Bohnen, Brokkoli, Distelkerne, Eier, Johannisbeeren, Leber (Organfleisch allgemein), Mandeln, Milch und Milchprodukte, Nierchen, Pilze, Sojabohnen, Sprossen, Vollkornmüsli, Weizenkeime
Toxizität:	Keine

ETD 1,5–5 mg
EEB 10–20 mg

B3 – Niacin

Wirksamkeit:	Gibt Energie, unterstützt Stoffwechsel der wichtigsten Nährstoffgruppen (Fette, Kohlehydrate und Proteine), unterstützt Nervensystem und Nebennieren, sorgt für mentale Gesundheit, involviert in Hormon- und Cholesterinsynthese, regt Verdauung an
Beste Quellen:	Bierhefe, Eier, Erdnüsse, Geflügel wie Hühnchen, Hülsenfrüchte, Kleie, Lachs, Leber, mageres Fleisch, Makrelen, Mandeln, Reis, Sardinen, Sonnenblumenkerne, Vollkornmüsli, Weizenkeime
Toxizität:	Keine

ETD 15–20 mg
EEB 100–150 mg

B5 – Pantothensäure

Wirksamkeit:	Unterstützt den Eiweißstoffwechsel, stimuliert die Nebennieren und das zentrale Nervensystem, trägt zu Gesundheit von Haut und Haar bei, produziert Antikörper, fördert Leberfunktion, Cholesterin und Kortison
Beste Quellen:	Avocado, Bierhefe, Bohnen, Eier, grünes Gemüse, Hirn, Hülsenfrüchte, Leber, Milch, Orangen, Pilze, Süßkartoffeln, Vollkornbrot und -müsli
Toxizität:	Keine
	ETD 5–10 mg
	EEB 20–100 mg

B6 – Pyridoxin

Wirksamkeit:	Trägt zum Stoffwechsel von Eiweißen, Kohlehydraten und Fetten bei, fördert Produktion von Hormonen und Gallenflüssigkeit, stärkt Nerven- und Immunsystem, stärkt Blutgefäße, Zähne, Zahnfleisch und Haut, günstig für Schwangere, notwendig zur Synthese von Vitamin B3
Beste Quellen:	Bierhefe, Eier, Erdnüsse, grünes Gemüse, Haferflocken, Hühnchen, Hülsenfrüchte, Lachs, Leber, Makrele, Thunfisch, Vollkornmüsli, Walnüsse, Weizenkeime
Toxizität:	Keine
	ETD 1,6–2,6 mg
	EEB 10–50 mg

B12 – Cobalamin

Wirksamkeit:	Wichtig für Fett-, Kohlehydrat- und Eiweißstoffwechsel, essentiell für die Bildung der Myelinscheide um Nervengewebe und Nervenfasern im Gehirn und für die Blutbildung, trägt zur Entstehung von Nervenzellen bei, fördert gesunde Darmschleimhaut und die Erhaltung von Knochenmark, steigert die Energie und fördert die Nebennierenfunktion
Beste Quellen:	Alle tierischen Eiweiße: Austern, Eigelb, Fleisch, Hefe, Hering, Hirn, Käse, Lachs, Leber, Milch, Nierchen, Sardinen. B12 wird auch von Bakterien im Darm synthetisiert.
Toxizität:	Keine

ETD 2–50 mcg
EEB 300–400 mcg

Beta-Carotin

Wirksamkeit:	Aktiviert das Immunsystem, erhöht das gute Cholesterin, verhilft zu gesunderen Blutgefäßen, ist ein starkes Antioxidans, trägt zur Entgiftung bei
	6 mcg Beta-Carotin werden in 1 mcg Vitamin A umgewandelt.
Beste Quellen:	Karotten, gelbe und grüne Gemüsearten
Toxizität:	Große Mengen können zu Hautfärbung führen. Reversible Lebervergrößerung, niedriger Blutdruck, Schwäche und Gewichtsverlust

RDA 5–6 mg
RSR 15–50 mg

Bioflavonoide – Vitamin P

Wirksamkeit:	Starkes Antioxidans, wird zur Absorption von Vitamin C benötigt, produziert Kollagen, unterstützt das Immunsystem, stärkt die Kapillaren
Beste Quellen:	Aprikosen, Buchweizen, Gemüse, Grapefruit, Hagebutten, Kirschen, schwarze Johannisbeeren, Sojaprodukte, Sprossen, Trauben, Zitronen, und andere Zitrusfrüchte
Toxizität:	Keine
	ETD keine
	EEB 600–1500 mg

Biotin – Vitamin H

Wirksamkeit:	Unterstützt Fett-, Protein- und Zuckerstoffwechsel, erhält Haar, Haut, Geschlechtsdrüsen und Knochenmark, unterstützt Leberfunktion, reduziert Cholesterinablagerungen in Blutgefäßen, verbessert Energiestoffwechsel
Beste Quellen:	Bierhefe, Blumenkohl, Bohnensprossen, Eigelb, Erdnüsse, Milch, Nierchen, Pilze, Rinderleber, Sojabohnen, unpolierter Reis, Vollkornmüsli
Toxizität:	Keine
	ETD 300 mcg
	EEB 0,5–2 mg

C - Ascorbinsäure

Wirksamkeit:	Ein natürliches Antihistamin; unterstützt Knochen-, Bänder- und Zahnwachstum, Kollagensynthese, entgiftet, verbessert Immunsystem und Funktion der Nebennieren, fördert Heilprozesse, hält Haut und Haar gesund, unterstützt Leberfunktion, bekämpft bakterielle Infektionen, gibt Energie, ist ein starkes Antioxidans, das auch andere Nährstoffe schützt
Beste Quellen:	Ananas, Bierhefe, Brokkoli, Erdbeeren, frisches Obst, grünes Gemüse, Guave, Hagebutten, Kartoffeln, Kiwi, Kohl, Paprika, Petersilie, schwarze Johannisbeeren, Tomaten, Zitrusfrüchte
Toxizität:	Geringe Toxizität ist bei sehr hohen Dosen möglich. Bei Menschen mit Gicht kann es Nierensteine verursachen.

ETD 30–75 mg
EEB 250–10 000 mg

Cholin

Wirksamkeit:	Verwertung von Fetten und Cholesterin, unterstützt Leber-, Gallenblasen- und Nierenfunktion, synthetisiert Lecithin, entgiftet den Körper von Chemikalien, erhält Herz und Nebennieren gesund
Beste Quellen:	Bohnen, Brokkoli, Eier, Erdnüsse, grünes Blattgemüse, Hefe, Hülsenfrüchte, Leber, Lecithin, Milch, Nierchen, Vollkornprodukte, Weizenkeime
Toxizität:	Keine

ETD 400–550 mg
EEB 1 000–2 000 mg

D-1, 25-Dihydroxy-Cholecalciferol, D2-Ergocalciferol, D3-Cholecalciferol

Vitamin D2 ist synthetisch.

Wirksamkeit:	Mineralisierung von Knochen und Zähnen, unterstützt Immunsystem, Herz- und Muskeltätigkeit, reguliert Nebenschilddrüsenfunktion, unterstützt Sehvermögen (bei Kurzsichtigkeit), erhält Darmgesundheit
Beste Quellen:	D2 wird durch die Wirkung von Sonnenstrahlung auf die Haut synthetisiert.
	Eigelb, Milch, Sprossen von Kernen und Samen sowie Fischöle, zum Beispiel von Dorsch, Hering, Heilbutt und Thunfisch
Toxizität:	≥ 100 000 IE kann zu Appetitverlust, Arteriosklerose, Nierenfunktionsstörung, Durchfall, Übelkeit, Erbrechen, Hyperkalzämie, Gelenkschmerzen, häufigem Harndrang und Durst führen.
	ETD 400 IE
	EEB 400–3000 IE

E – Tocopherol

Wirksamkeit:	Menschen mit Bluthochdruck sollten bei einer niedrigen Dosis beginnen und diese langsam steigern.
	Essentiell zur Produktion von Kollagen, entgiftet, hat gewebsheilende Eigenschaften, insbesondere bei Verbrennungen, schützt den Körper vor Infektionen, auch Virusinfektionen, fördert Knochen- und Zahnbildung, trägt zur Gesunderhaltung von Blutgefäßen und Herz bei, reguliert das Immunsystem und die Synthese von Sexualhormonen, ist ein starkes Antioxidans, heilt Narbengewebe, wirkt frühzeitiger Hautalterung entgegen, hat entzündungshemmende Eigenschaften, gerinnungshemmend, hält Haut gesund und stabilisiert Zellmembranen
Beste Quellen:	Eier, kaltgepresstes Distel- und Sonnenblumenöl, Mais, Mandeln, Nüsse, Rindfleisch, rohe Kerne, Sojabohnen, Weizenkeime
Toxizität:	Im Allgemeinen keine – allerdings können hohe Dosen Dermatitis, Erschöpfung und Allergien verursachen.
	ETD 30 mg
	EEB 100–400 mg

Folsäure

Wirksamkeit:	Unterstützt die Blutbildung und die Absorption von Eisen und B12, ist beteiligt an der Synthese von Nukleinsäuren, den DNS-Bausteinen, die den genetischen Code tragen, hält Magen-Darm-Trakt, Haut und Haar gesund, fördert den Schlaf, unterstützt die Nebennieren
Beste Quellen:	Bohnen, Brokkoli, Eier, grünes Blattgemüse, Hefe, Hülsenfrüchte, Leber, Milch, Nierchen, Organfleisch, Weizenkeime
Toxizität:	Keine
	ETD 400 mcg
	EEB 800–1000 mcg

Inosit

Wirksamkeit:	Unterstützt den Fettstoffwechsel, hält daher Arterien und Herz gesund, reduziert Fett und Cholesterin, hilft bei Absorption von Zink, unterstützt Leber- und Nebennierenfunktion, synthetisiert Myelin und RNA
Beste Quellen:	Bierhefe, Cantaloupe-Melone, Eigelb, Erbsen, Getreide, grünes Blattgemüse, Hirn, Kerne, Leber, Lecithin, Mais, Nüsse, Organfleisch, Sprossen, Weizenkeime, Zitrusfrüchte; wird durch Darmbakterien produziert
Toxizität:	Bei hohen Dosen leichter Durchfall
	ETD 500–1000 mg
	EEB 750–5000 mg

K, K1 und K2 natürlich, K3 synthetisch

Wirksamkeit:	Steuert Blutgerinnung, Calciumstoffwechsel und Mineralisierung von Knochen, ist wesentlich für normale Leberfunktion, Vitalität und Langlebigkeit
Beste Quellen:	Blattsalat, Brokkoli, Distelöl, Eigelb, Fischlebertran, Grünkohl, hochwertige Molassen, Joghurt, Kelp, Kohl, Leber, Luzerne, Milch, Schweinefleisch, Sojabohnen, Spinat; am wichtigsten ist die Synthese im Darm durch Bakterien
Toxizität:	Natürliches Vitamin K wird im Körper gespeichert und ist nicht toxisch. Synthetisches Vitamin K kann Hitzewallungen, Beengtheit im Brustkorb, Erbrechen verursachen.

ETD 70–150 mcg
EEB 2–2,5 mg

PABA – Para-Aminobenzoesäure

Wirksamkeit:	Regt Darmbakterien an, in Aufspaltung und Verwertung von Proteinen involviert, unterstützt die Verdauung, wichtig für gesunde Haut, an Bildung roter Blutkörperchen beteiligt, gibt dem Haar seine ursprüngliche Farbe zurück. Topisch als Sonnenschutz wirksam
Beste Quellen:	Bierhefe, Haferflocken, Joghurt, Leber, Mais, Molassen, Nüsse, Vollkornprodukte, Weizenkeime, Zitrusfrüchte
Toxizität:	Leichte Toxizität bei sensiblen Menschen, die an Leberfunktionsproblemen leiden

ETD keine
EEB 10–500 mg

Mineralstoffe

Bor

Wirksamkeit:	Unterstützt Insulinsekretion der Bauchspeicheldrüse, gibt Energie und unterstützt das Immunsystem, Erhaltung von Knochengewebe
Beste Quellen:	Äpfel, Backpflaumen, Birnen, Erdnüsse, Haselnüsse, Mandeln, Rosinen, Sojamilch
Toxizität:	Zu hohe Mengen können Dermatitis, Durchfall, Übelkeit, Erbrechen, Kopfschmerzen, Hautverlust und Nierenschäden verursachen. Eine Dosis über 17 g kann zum Tod durch Kreislaufversagen führen.

ETD 2–3 mg
EEB 2–5 mg

Calcium

Wirksamkeit:	Steuert Blutgerinnung, begünstigt Zahn- und Knochenbildung, reguliert Nerven- und Muskelstimulation, reguliert Hormonsekretion der Nebenschilddrüse, reguliert Herzschlag, verstoffwechselt Vitamin D
Beste Quellen:	Eier, grünes Blattgemüse, Mandeln, Milchprodukte, Sardinen, Sojabohnen
Toxizität:	Zu viel Calcium kann Magnesiummangel und Nierensteine verursachen und das Nerven- und Muskelsystem beeinträchtigen.

ETD 800–1400 mg
EEB 1000–1800 mg

Chlorid (Chlor)

Wirksamkeit:	Reguliert pH-Wert des Blutes, erhält extrazelluläre Flüssigkeit aufrecht, stimuliert Salzsäure im Magen zur Verdauung von Proteinen und groben Ballaststoffen, regt die Leber zur Entgiftung an, hilft bei Verteilung von Hormonen, trägt zur Gesunderhaltung von Sehnen und Gelenken bei
Beste Quellen:	Kelp, Roggenmehl, Salz und Meerwasser, Meeresalgen. Eine Ernährung, die genügend Kalium und Natrium enthält, bietet ausreichend Chlor.
Toxizität:	Chlorid ist bei Einnahme kleiner Mengen nicht giftig. Einzelheiten zu Toxizität siehe Kapitel «Chlor», Seite 65.

ETD 750 mg

Chrom

Wirksamkeit:	Regt Glukosestoffwechsel zur Energiegewinnung an, potenziert Insulinwirkung, synthetisiert Fettsäuren und Cholesterin, reduziert Serum-Gesamtcholesterinspiegel und Triglyceride, erhöht HDL (das gute Cholesterin), reguliert Cholesterin und Blutzucker, beugt Hyperglykämie (zu viel Insulin) oder Diabetes (zu wenig Insulin) vor
Beste Quellen:	Austern, Backpflaumen, Bier, Bierhefe, Eier, Käse, Leber, Molassen, Nüsse, Paprika, Pilze, Rindfleisch, Rote Beete, Shrimps, Spargel, Vollkornweizen
Toxizität:	Chronische hohe Einnahme kann zu Durchfall, Erbrechen, Leber- und Nierenschäden führen.

ETD 50–200 mcg
EEB 100–150 mcg

Eisen

Wirksamkeit:	Synthetisiert Hämoglobin, den Farbstoff der roten Blutkörperchen, Homöostase von Knochen, begünstigt Wachstum und Immunresistenz, ist stark an Atmung, Nagel- und Hautbildung beteiligt, fördert Energie, Sauerstofftransport von den Lungen in die Gewebe, unterstützt Verdauung und Nervensystem
Beste Quellen:	Aprikosen, Austern, grünes Blattgemüse, Hefe, Herz, Hülsenfrüchte, Leber, mageres rotes Fleisch, Molassen, Petersilie, Pinienkerne, Sonnenblumen- und Kürbiskerne, Trockenfrüchte, Weizenkeime
Toxizität:	In hohen Dosen über einen langen Zeitraum eingenommen, kann Eisen Erschöpfung, Kopfschmerzen, Arthritis, Darmschädigungen, Krebs, Herzerkrankungen, Leberschäden, Koma und den Tod verursachen.

ETD 10–20 mg
EEB 15–30 mg

Fluor (Fluoride)

Wirksamkeit:	Beteiligt an Stärkung von Zähnen und Knochen
Beste Quellen:	Natürlich als Calciumfluorid in Käse, Fleisch, Meeresfrüchten und Meersalz vorkommend
Toxizität:	Fluorid wird Trinkwasser künstlich als Natriumfluorid zugesetzt. Natürliche Fluoride sind nicht giftig. Natriumfluorid ist toxisch für Leber, Nieren, Knochen, Nebennieren, Herz, Zentralnervensystem und Fortpflanzungsorgane (siehe Kapitel «Fluorid», Seite 61).
	ETD keine

Jod

Wirksamkeit:	Begünstigt Schilddrüsenhormone, an körperlicher und geistiger Entwicklung beteiligt, reguliert Energieproduktion, fördert Wachstum und regt Stoffwechsel an, hilft, überschüssiges Fett zu verbrennen
Beste Quellen:	Austern, Dorsch, irländisches Moos, jodiertes Salz, Kelp, Limabohnen, Milchprodukte, Pilze, Sonnenblumenkerne
Toxizität:	Hohe Dosen verursachen verminderte Schilddrüsenfunktion, Struma, Hyperthyreose, Durchfall.
	ETD 150 mcg
	EEB 100–500 mcg

Kalium

Wirksamkeit:	Mit Natrium im ausgeglichenen Verhältnis reguliert es Flüssigkeit im Körper, stimuliert Nervenimpulse für Muskelkontraktion, gleicht den pH-Wert aus, ist wichtig für gesunde Haut, für Herzfunktion, an Insulinstoffwechsel und Proteinsynthese beteiligt, reguliert Blutdruck, regt Nieren zur Entgiftung an, beugt Thrombose vor, wichtig für Homöostase der Augen
Beste Quellen:	Alle Gemüsearten, insbesondere grünes Blattgemüse, Aprikosen, Avocados, Bananen, Datteln, Hering, Kartoffeln, besonders unter der Schale, Milch, Nüsse, Rosinen, Sardinen, Sonnenblumenkerne, Vollkornprodukte, Zitrusfrüchte
Toxizität:	In sehr großen Mengen kann es unregelmäßigen Herzschlag, Durchfall, Fieber, Kribbeln, Schwäche und Verwirrung verursachen.

ETD 2–5 g
EEB 3–7 g

Kupfer

Wirksamkeit:	Ist an Enzymen, die Körpergewebe ab- oder aufbauen, beteiligt, unterstützt Pigmentierung zur Färbung von Haut und Haaren, an Eiweißstoffwechsel und Wundheilungsprozessen beteiligt, Synthese von Kollagen und Elastin, entscheidend für Knochenbildung und -erhalt, Gesunderhaltung von Haut und Nervengewebe
Beste Quellen:	Austern, Backpflaumen, Bohnen, grünes Blattgemüse, Hülsenfrüchte, Krabben, Lamm, Leber, Mandeln, Pekannüsse, Pilze, Schweinefleisch, Sonnenblumenkerne, Vollkornprodukte
Toxizität:	In hohen Dosen über 40 mg toxisch. Grüner Stuhl, Übelkeit, Erbrechen, Gelenkschmerzen, niedriger Blutdruck, Fieber, Koma, Tod

ETD 2–3 mg

Magnesium

Wirksamkeit: Wird für Homöostase von Calcium benötigt, gibt Energie, ist ein Ko-Faktor und Stimulator vieler Enzyme, fördert Absorption und Stoffwechsel anderer Mineralien, hilft bei der Verwertung von B-Vitaminen, Vitamin C und E, wird für korrekte Funktion der Nerven, Muskeln, einschließlich Herzmuskulatur, und Knochenstruktur gebraucht, notwendig für die Umwandlung von Blutzucker in Energie, an Lecithinproduktion und Regulierung von Körpertemperatur und bei der Entspannung von Blutgefäßen beteiligt, reguliert den pH-Wert im Körper, mit Calcium zur Härtung von Zahnschmelz notwendig, wirkt säurebindend

Beste Quellen: Äpfel, Bierhefe, Cashewnüsse, Feigen, Kakao, Mais, Mandeln, Meeresfrüchte, Milch, Mineralwasser, Molassen, Pastinaken, Sojabohnen, stark fetthaltige Nüsse und Kerne, Vollkornprodukte, Weizenkeime (roh und ungemahlen)

Toxizität: Toxizität von Magnesium ist selten und ungewöhnlich. Sehr hohe Dosen oder Resorptionsstörungen können eine Aktivitätsminderung des Zentralnervensystems, Durchfall, Muskelschwäche, niedrigen Blutdruck und in Extremfällen den Tod verursachen.

ETD 350 mg
EEB 300–600 mg

Mangan

Wirksamkeit: Reguliert Blutgerinnung, aktiviert Enzyme, die für die Protein-, Kohlehydrat- und Fettproduktion benötigt werden, Katalysator für Cholesterin- und Fettsäuresynthese, notwendig für normale Skelett- und Knorpelentwicklung, synthetisiert das Schilddrüsenhormon Thyroxin, fördert die Milchproduktion, nährt Nerven und Gehirn, beteiligt an der Produktion von Sexualhormonen und der Entstehung von Harnstoff, einem Bestandteil des Urins

Beste Quellen: Ananassaft, Bohnen, Eier, grünes Gemüse, Kelp, Keime, Kokosnüsse, Leber, Mais, Mandeln, Nüsse, Oliven, Vollkornprodukte

Toxizität: Unwahrscheinlich, aber bei Einnahme als Ergänzungsmittel in sehr hohen Dosen oder bei Einatmung durch Industriearbeiter kann es Bluthochdruck, Impotenz, Schlaflosigkeit, geistige Verwirrung, Nieren- und Leberschäden sowie psychologische und motorische Schwierigkeiten verursachen.

ETD 2,5–7 mg
EEB 2–30 mg

Molybdän

Wirksamkeit:	Krebs hemmend, beteiligt an Fett-, Kupfer- und Eisenstoffwechsel, ein Ko-Faktor für viele Enzymaktivitäten, hilft Zahnkavitäten vorzubeugen, unterstützt Entgiftung, schützt gegen Pilz- und Hefepilzinfektionen
Beste Quellen:	Bohnen, Butter, Erbsen, Fleisch, Getreidekörner, Hafer, Hülsenfrüchte, Leber, Limabohnen, Nierchen, Sojabohnen, Sonnenblumenkerne, süße Erbsen, Weizenkeime
Toxizität:	Anämie, schwerer Durchfall, Depression, Gicht und Symptome von Kupfermangel. Sollte gemieden werden, wenn man an Gicht leidet

ETD 75–250 mcg

EEB 100–400 mcg

Natrium

Wirksamkeit:	Homöostase von Verdauungs- und Nervenfunktion, Aufrechterhaltung des Blutdrucks, gleicht pH-Wert und Körperflüssigkeit mit Kalium aus, beteiligt an Muskelkontraktion
Beste Quellen:	Erbsen, Fleisch, Geflügel, Käse, Kelp, Meeresfrüchte, Salz, Sauerkonserven, Sellerie
Toxizität:	Zu viel Natrium in der Nahrung kann Durchfall, Schwindel, Flüssigkeitseinlagerung, Hyperaktivität, Anfälle, Tremor und Bluthochdruck verursachen.

ETD 1–3,5 g

EEB 3–9 g

Phosphor

Wirksamkeit:	Verwertet Kohlehydrate, Fette und Eiweiße, beteiligt an Energieproduktion und Heilung, aktiviert B-Vitamine, stimuliert Muskelkontraktion, einschließlich Herzmuskel, beteiligt an Knochenwachstum und Zahnbildung, begünstigt Calcium-Homöostase, unterstützt Nieren- und Nervenfunktion, spielt bei fast jeder chemischen Reaktion im Körper eine große Rolle
Beste Quellen:	Eier, Fisch, einschließlich Thunfisch, Lachs und Sardinen, Fleisch, Hühnchen, Kerne, Kichererbsen, Knoblauch, Nüsse, Vollkornprodukte
Toxizität:	Keine
	ETD 800 mg
	EEB 1100 mg

Selen

Wirksamkeit:	Starkes Antioxidans; beteiligt an Entgiftung des Körpers von Metallen und Chemikalien, begünstigt normales Körperwachstum und Fruchtbarkeit, beteiligt an Prostaglandinproduktion und gesunder Herzfunktion, produziert Energie, an vielen metabolischen Prozessen und der Schilddrüsenfunktion beteiligt, hemmt vorzeitige Alterung
Beste Quellen:	Bierhefe, Eier, Fisch, Fleisch, Knoblauch, Leber, Luzerne, Milchprodukte, Nierchen, Schalentiere, Vollkornprodukte
Toxizität:	Über 1100 mcg können zu Haar-, Nagel- und Zahnausfall, Arthritis, Dermatitis, Erschöpfung, Übelkeit, Beeinträchtigung des Darms, gereizten Augen und metallischem Geschmack führen.
	ETD 50–200 mcg
	EEB 200–500 mcg

Silizium

Wirksamkeit:	Gesundes Bindegewebe sowie Sehnen, Knorpel und Blutgefäße, gesunde Knochen, an Elastin- und Kollagenproduktion beteiligt
Beste Quellen:	Pflanzliche Ballaststoffe wie Gerste, Hafer, Wurzelgemüse und Vollkornprodukte, Schachtelhalmkraut
Toxizität:	Keine

ETD 9–14 mg
EEB 20–30 mg

Vanadium

Wirksamkeit:	Involviert in gesunde Entwicklung von Knochen, Knorpel und Zähnen, kann den Serum-Cholesterin-Spiegel senken und dadurch Durchblutung verbessern, kann eine Rolle in der Schilddrüsenfunktion spielen
Beste Quellen:	Dill, Fette, Leinsamen, Mais, Meeresfrüchte, inklusive Schalentiere, Pflanzenöle, Pilze, Petersilie, schwarzer Pfeffer, Sojabohnen, Vollkornprodukte
Toxizität:	Die übermäßige Zufuhr kann toxisch sein und manische Depression, neurotische Depression, Magenverstimmung und Grünfärbung der Zunge verursachen.

ETD 100–300 mcg (geschätzt)

Zink

Wirksamkeit:	Begünstigt gesunde Immunfunktion, ist an über 80 verschiedenen Enzymsystemen und über 350 enzymatischen Prozessen beteiligt, einschließlich Verdauung, Stoffwechsel und Absorption von Vitaminen und anderen Mineralien, DNA- und RNA-Synthese, sexuelle Entwicklung, Bestandteil von Insulin, normale Funktion der Prostata, unterstützt Wundheilung, essentiell für allgemeines Wachstum und Entwicklung der Fortpflanzungsorgane
Beste Quellen:	Austern, Bierhefe, Hering, Ingwer, Kürbiskerne, Leber, Milch, Rindfleisch, Sonnenblumenkerne, Vollkornprodukte, Weizenkleie, Weizenkeime
Toxizität:	Zink ist nur in sehr großen Mengen von über 1000 mg toxisch.
	ETD 15 mg
	EEB 10–100 mg

Aminosäuren

Alanin

Wirksamkeit:	Trägt zum Wachstum der Schilddrüse bei, hilft bei Stoffwechsel von Tryptophan und Vitamin B6, reguliert Glukosestoffwechsel und ist ein hemmender Neurotransmitter, hilft bei agitierter Depression, Diabetes, Hypoglykämie und hohem Cholesterin, unterstützt Sportler und beugt Ketose nach sportlicher Betätigung vor, beugt Nierensteinen vor und unterstützt Krebsbehandlung
Beste Quellen:	In den meisten eiweißhaltigen Nahrungsmitteln vorhanden, besonders aber in Hüttenkäse, Muskelfleisch, Schweinefleisch und Weizenkeimen

EEB 200–500 mg

Arginin

Wirksamkeit:	Regt Immunsystem und Schilddrüsenaktivität an, steuert Zuckerstoffwechsel, unterstützt Verdauung und Leberfunktion, fördert Wundheilung, Kollagen- und Elastinproduktion, entgiftet Ammoniak, reduziert die Wirkungen von Stress, senkt Blutdruck, ist heilsam bei Nieren- und Lebererkrankungen, niedriger Spermienzahl, männlicher Unfruchtbarkeit, Erektionsproblemen und begünstigt den Muskelaufbau
Beste Quellen:	Ginseng, Knoblauch, Nüsse wie Mandeln, Cashews, Erdnüsse und Pekannüsse, Schokolade und Vollkornweizen
Toxizität:	Über 2000 mg können reversible Hautverdickung und Appetitlosigkeit verursachen und das Wachstum von Herpesviren auslösen und fördern.

EEB 400–1000 mg

Asparaginsäure

Wirksamkeit:	Trägt zur Knochenbildung bei, hilft bei chronischer Erschöpfung, wirkt als stimulierende/exzitatorische Aminosäure in Gehirn und Nervensystem
Beste Quellen:	Avocado, Haferflocken, Spargel, Sprossen, Wild und Wurst
	Natürlich enthalten künstliche Süßstoffe viel Aspartat, aber wie Sie inzwischen wissen, würde ich eine solche Quelle nie empfehlen.
Toxizität:	Hat eine ähnlich toxische Wirkung wie der Geschmacksverstärker Mononatriumglutamat und künstliche Süßstoffe. Ein sehr hilfreicher Tipp für sensible Menschen: Zink und Magnesium senken die Toxizität sowohl von Mononatriumglutamat als auch von Aspartat (Asparaginsäure).
	EEB 1–1,5 g

Carnitin

Wirksamkeit:	Wichtig bei Genreplikation, steigert Energieproduktion, entfernt schlechtes Fett und verstärkt die Absorption guter Fette, unterstützt Herz- und Nierenfunktion, ist an Cholesterin- und Zuckerkontrolle beteiligt, unterstützt Atmungsorgane, Kreislauf und Gewichtsreduktion. (Nur etwa 60% bis 70% des Carnitins werden absorbiert.)
Beste Quellen:	Avocado, Fisch, Hühnchen, Milch und Rindfleisch
Toxizität:	Carnitintoxizität verursacht einen fischigen Geruch, Ketose, Lethargie, Durchfall und Reizbarkeit.
	ETD keine
	EEB 200–1000 mg

Cystein

Wirksamkeit:	Cystein ist ein Bestandteil von Insulin und daher sehr wichtig für die Zuckerkontrolle und die Vorbeugung von Diabetes, es ist auch ein Bestandteil von Haut und Haaren, entgiftet den Körper von Schwermetallen und Chemikalien, unterstützt die Leberfunktion und hat starke antioxidative Eigenschaften. (Wichtig: Um die Absorption von Cystein zu unterstützen, muss es zusammen mit Vitamin B6 und Vitamin C eingenommen werden.)
Beste Quellen:	Eier, Fisch, Hühnchen, Hüttenkäse, Leber, Milch und Rindfleisch
	ETD 500 mg
	EEB 500 mg

Glutamin und Glutaminsäure

Wirksamkeit:	Begünstigt Kalkeinlagerung in Knochen und gesundes Muskelgewebe, Entgiftung, verbessert Darmimmunität (trägt zur Linderung von pathologisch durchlässiger Darmwand bei), hält den pH-Wert aufrecht, fördert gesunde Darmschleimhäute und Lymphozyten, fördert Heilung, hält Nervensystem im Gleichgewicht, hilft daher gegen Stress und Depression. Glutamin ist für Menschen hilfreich, die sensibel auf Chemikalien reagieren.
Beste Quellen:	Die meisten Proteinquellen wie alle Fleischsorten, Hütten- und Ricottakäse, Schinken, aber auch Haferflocken
Toxizität:	Wird bei Mononatriumglutamat (Geschmacksverstärker E 651) beobachtet und kann ein brennendes Gefühl auf Lippen und Zunge sowie neurologische Störungen verursachen
	EEB 250–1500 mg (Glutamin)

Glutathion

Wirksamkeit:	Sehr stark antioxidativ und entgiftend (Chemikalien und Schwermetalle), reguliert das Immunsystem und schützt den Darm, hat alters- und entzündungshemmende Eigenschaften, unterstützt Leber und Herz. Glutathion ist auch großartig für Menschen, die sensibel auf Chemikalien reagieren.
Beste Quellen:	Tierisches Gewebe, pflanzliches Gewebe und Knoblauch
	EEB 50–250 mg

Glycin

Wirksamkeit:	Hat eine der wichtigsten biochemischen Funktionen aller Aminosäuren. Ist Bestandteil vieler Proteinhormone und von Kollagen, steigert die Ausschüttung menschlicher Wachstumshormone, ist an Ausscheidung von Harnsäure und Synthese von Gallensalzen, Kreatin, Hämoglobin und Serin beteiligt, unterstützt Leberentgiftung sowie Entgiftung des Körpers von Chemikalien und ist hilfreich für Menschen, die sensibel auf Chemikalien reagieren
Beste Quellen:	Die meisten Proteinquellen und Gelatine
	EEB 3–5 g

Histidin

Wirksamkeit:	Ein Vorläufer von Histamin und daher hilfreich gegen Allergien, ist beteiligt an der Synthese von Kollagen, Myelinscheide, Hämoglobin, anderen Hormonen, Magensekretion, Regulierung des Blutdrucks und Entgiftung von Schwermetallen
Beste Quellen:	Alle tierischen Eiweißquellen, wie Fleisch, Geflügel, Fisch, Eier, Hüttenkäse und Weizenkeime
Toxizität:	Die Ergänzung mit Histidin sollte nie über 4% der Ernährung ausmachen, andernfalls ergibt sich ein künstlicher Mangel an anderen Aminosäuren und Mineralstoffen, was zu gesundheitlichen Problemen führen kann.
	EEB 1–3 g

Isoleucin

Wirksamkeit: Eine glukogene und ketogene Aminosäure, fördert Leber- und Nierenfunktion, beugt Diabetes vor, ist Bestandteil von Hormonen, unterstützt Sportler und schwere sportliche Betätigung

Beste Quellen: Alle tierischen Eiweiße, aber die besten Quellen sind Rindfleisch, Geflügel und Fisch (tierisches Eiweiß enthält im Durchschnitt 40 mg Isoleucin pro Gramm Eiweiß), Eier, Kürbiskerne, Mandeln, Milch und Sojabohnen

ETD *Kleinkinder:* 80 mg/kg Körpergewicht. *Kinder:* 28 mg/kg Körpergewicht beziehungsweise 840 mg/Tag
Erwachsene: 12 mg/kg Körpergewicht
EEB 1–2 g

Leucin

Wirksamkeit: Fördert Wundheilung, reguliert Muskelproteinsynthese, stimuliert Insulinausschüttung, zügelt den Appetit, schützt Leber, Nieren und fördert Muskelwachstum bei Sportlern und Bodybuildern

Beste Quellen: Alle tierischen Eiweiße, aber die besten Quellen sind Rindfleisch, Geflügel, Fisch, Eier und Leber (tierisches Eiweiß enthält im Durchschnitt 70 mg Leucin pro Gramm Protein), Cashewnüsse, gebackene Bohnen, Linsen, Mais, Mandeln, Sojabohnen, Vollkornweizen

ETD *Kleinkinder:* 135 mg/kg Körpergewicht. *Kinder:* 42 mg/kg Körpergewicht
Erwachsene: 26 mg/kg Körpergewicht
EEB 150–800 mg

Lysin

Wirksamkeit:	Ein Bestandteil von Kollagen und Elastin, hat antivirale Wirkung, insbesondere gegen Herpesviren, trägt zur Absorption von Calcium bei und fördert Knochenwachstum, essentiell für die Heilung von Bänderschäden, verbessert Energie- und Fettsäurestoffwechsel, ist ein sehr wichtiger Bestandteil von Proteinhormonen und verbessert daher die Spermienbeweglichkeit und hilft gegen Unfruchtbarkeit, verbessert Immunsystem, entgiftet den Körper von Schwermetallen
Beste Quellen:	Bierhefe, Fisch, Haferflocken, Hühnchen, Lamm, Milch, Mungobohnensprossen (hochwertiges Eiweiß, wie in Fisch und Hühnerfleisch, enthält im Durchschnitt 50 mg Lysin pro Gramm Protein)
Toxizität:	Hohe Dosen können zu erhöhtem Triglycerid- und Cholesterinspiegel führen!

ETD *Kleinkinder:* 99 mg/kg Körpergewicht. *Kinder:* 44 mg/kg Körpergewicht
Erwachsene: 32 mg/kg Körpergewicht
EEB 300–1500 mg

Methionin

Wirksamkeit:	Sehr starkes Antioxidans, verbessert Antikörper, beteiligt an Kollagensynthese, Gallenblasen-, Leber- und Nierenfunktion, steigert Entgiftung des Körpers von Pestiziden, ist an Adrenalinproduktion beteiligt und senkt Cholesterin, unterstützend für Sportler und Menschen, die sensibel auf Chemikalien reagieren
Beste Quellen:	Bohnen, Knoblauch, Zwiebeln, tierische Eiweiße wie Rindfleisch, Sardinen, Eier, Joghurt und Leber (hochwertiges Eiweiß wie in Rind, Eiern und Sardinen enthält im Durchschnitt 26 mg Methionin pro Gramm Protein)
Toxizität:	Kann Vergrößerung der Milz und Gewichtszunahme von Nieren und Leber verursachen. Toxizität kann durch die ergänzende Einnahme von Vitamin B6, Folsäure, Glycin, Serin und Retinol reduziert werden.

ETD *Kleinkinder:* 49 mg/kg Körpergewicht. *Kinder:* 22 mg/kg Körpergewicht
Erwachsene: 10 mg/kg Körpergewicht
EEB 200–600 mg

Phenylalanin

Wirksamkeit:	Ein Vorläufer von Tyrosin, synthetisiert Dopamin, Noradrenalin, Thyroxin und Melanin, hilft gegen Depression, Nierenversagen, Fettleibigkeit, schwache Libido und Gedächtnisverlust und zur Appetitkontrolle, regt Schilddrüsenfunktion an
Beste Quellen:	Alle tierischen Eiweiße wie Fleisch, Fisch, Hüttenkäse, aber auch Linsen, Nüsse und Sojabohnen (hochwertige Eiweiße wie in Fleisch und Fisch enthalten im Durchschnitt 73 mg Tyrosin und Phenylalanin pro Gramm Protein)
Toxizität:	Kann Angst, Bluthochdruck und Kopfschmerzen verursachen und sollte von Schwangeren oder stillenden Frauen und bei Phenylketonurie gemieden werden.

ETD *Kleinkinder:* 41 mg/kg Körpergewicht. *Kinder:* 22 mg/kg Körpergewicht
Erwachsene: 16 mg/kg Körpergewicht
EEB 150–600 mg/Tag

Prolin

Wirksamkeit:	Ist die Hauptaminosäure von Bindegewebe, Kollagen, Elastin und Zahnschmelz, senkt Cholesterin, unterstützt die Herzfunktion, Heilung von Verletzungen weicher Gewebe und reduziert Überbeweglichkeit von Gelenken
Beste Quellen:	Vorrangig aus tierischem Eiweiß wie Schweinefleisch, Käse und Eiern, aber auch Weizenkeime enthalten Prolin.

EEB 250–500 mg

Serin

Wirksamkeit:	Beteiligt an Synthese von Fettsäureschutz um Nervenfasern, ist ein Nervenhemmer, hilft daher gegen Multiple Sklerose, zur Schmerzlinderung, gegen trockene Haut, da es ein natürlicher Feuchtigkeitsspender ist, und bei Wirbelsäulenverletzungen
Beste Quellen:	Tierische Eiweiße, wie Schweinefleisch, Eier, Ricottakäse, aber auch Weizenkeime

ETD keine
EEB keine

Taurin

Wirksamkeit: Ein starker Entgifter des Körpers von Chemikalien und Schwermetallen, begünstigt die Absorption und Balance von Calcium, Magnesium, Kalium und Natrium, beteiligt an der Synthese der Gallenflüssigkeit, reguliert die Immunität, synthetisiert Wachstumshormone, stimuliert die Ausschüttung von Prolaktin und Insulin, bringt Besserung bei unregelmäßigem Herzschlag, hilft gegen Asthma, Angst, Diabetes, verbessert die Funktion von Gallenblase und Leber, senkt hohen Blutdruck und Schilddrüsenüberfunktion und verbessert Spermienmotilität

Beste Quellen: Taurin kommt nur in tierischen Eiweißen vor, nicht in pflanzlichen. Organfleisch, Gehirn und wirbellose Meeresfrüchte

Toxizität: Taurin ist ungiftig, kann allerdings Magengeschwüre verschlimmern, Magenverstimmung und Darmträgheit verursachen.

ETD keine
EEB 250–2000 mg

Threonin

Wirksamkeit: Ein essentieller Vorläufer der Aminosäuren Glycin und Serin, regt das Immunsystem an, hält Unversehrtheit des Bindegewebes aufrecht, entgiftet, fördert Leber- und Nierenfunktion, heilt Wunden und Wirbelsäulenverletzungen, als Neurotransmitter wohltuend bei Depressionen

Beste Quellen: Alle tierischen Eiweiße wie Fleisch, Eier, Käse und Milch, wenig in Getreide enthalten (hochwertige Eiweiße wie in Fleisch enthalten im Durchschnitt 35 mg Threonin pro Gramm Protein)

ETD *Kleinkinder:* 68 mg/kg Körpergewicht. *Kinder:* 28 mg/kg Körpergewicht
Erwachsene: 8–20 mg/kg Körpergewicht
EEB 250–1000 mg

Tryptophan

Wirksamkeit:	Ein Vorläufer von Vitamin B3, Melatonin und Serotonin, stimuliert Leberproteinsynthese, hilft gegen Depression, Angst, Schlaflosigkeit, Konzentrationsschwäche, Fettleber, Fibromyalgie, Migräne, Bluthochdruck, Parkinson, PMS, reguliert Appetit, reduziert das Verlangen nach Zucker sowie Stress
Beste Quellen:	Erdnüsse, Fisch, Hüttenkäse, Kürbis- und Sesamkerne, Linsen, Rindfleisch, Sojabohnen und ungekochter Reis
Toxizität:	*Achtung:* Meiden Sie Tryptophan, wenn Sie an Nebenniereninsuffizienz oder Sklerodermie leiden oder Monoaminooxidase-Hemmer einnehmen!
	ETD 3 mg/kg Körpergewicht
	EEB 300–3000 mg

Tyrosin

Wirksamkeit:	Ist ein Vorläufer von Schilddrüsenhormonen und hilft daher gegen Schilddrüsenunterfunktion, ist ein Vorläufer von Nebennierenrindenhormonen, Dopamin, Noradrenalin, Adrenalin und Melanin, verbessert Konzentration, Pigmentierung der Haut, reguliert und normalisiert Blutdruck, stimuliert Prolaktinausschüttung, zügelt den Appetit und fördert Gewichtsreduktion, bringt Besserung bei Gehirnermüdung, hilft gegen Depression, Umweltstress, lindert PMS, schwache Libido, Restless-Legs-Syndrom
Beste Quellen:	Eier, Fisch, Geflügel, Käse, Mandeln, Rind, Sojabohnen und Wild
Toxizität:	Wenn Tyrosin über 3% der Ernährung ausmacht, kann es Augenprobleme, Hautläsionen, Abrieb an Handflächen und Fußsohlen bewirken.
	Wichtig: Nicht anwenden, wenn Sie Monoaminooxidase-Hemmer einnehmen!
	ETD 1120 mg
	EEB 400–3000 mg

Valin

Wirksamkeit:	Verbessert Nerven- und Muskelfunktion, unterstützt Bodybuilding, hilft gegen Diabetes und verbessert Leberfunktion, unterstützt Behandlung von Anorexia nervosa, Krebs und Muskelschwunderkrankungen
Beste Quellen:	Fisch, Hühnchen, Hüttenkäse, Kichererbsen, Lamm, Limabohnen, Nüsse, Pilze, Rind, Sojamehl
	ETD *Kleinkinder:* 92 mg/kg Körpergewicht. *Kinder:* 25 mg/kg Körpergewicht *Erwachsene:* 14 mg/kg Körpergewicht EEB 500 mg–3000 mg

264　DAS STREBEN NACH WOHLBEFINDEN

Enzyme
& andere nützliche wichtige Nährstoffe

Acidophilus/Lactobacillus

Wirksamkeit:	Regulieren Darmflora, verbessern Immunsystem des Darms, helfen bei Bekämpfung von Candidiasis, Kolonkrebs, reduzieren Blutcholesterin und verbessern Herzfunktion, helfen gegen Verstopfung, Durchfall und Divertikelprobleme
	Da Antibiotika diese sehr wichtigen Nährstoffe zerstören und weil mit Säuglingsnahrung gefütterte Babys diese nicht bekommen, ist es extrem wichtig, sie ergänzend einzunehmen.
Beste Quellen:	Joghurt und Sauerkraut
	EEB 15 bis 20 Milliarden dieser Bakterien werden täglich mindestens drei Wochen lang als Ergänzungsmittel nach der Einnahme von Antibiotika gebraucht.

Ballaststoffe

Wirksamkeit:	» Verbessern Gallenfunktion und helfen gegen Gallensteine
	» Tragen zur Vorbeugung und Reduktion von Hämorrhoiden bei
	» Beugen Hiatushernie vor
Beste Quellen:	Apfel- und Birnenpektin, Flohsamenschalen, Guarkernmehl, Kleie, rohe Salate und Gemüse, Sorghumhirse und Vollkornprodukte

Guarkernmehl und Pektin:

» Binden Cholesterin
» Geben Sättigungsgefühl
» Fördern gesunde Darmflora
» Regulieren Zuckerstoffwechsel im Darm

Flohsamenschalen und Kleie:

» Binden ebenfalls Cholesterin
» Tragen zur Reinigung und Entgiftung des Darms bei
» Fördern gesunden, festen Stuhl
» Verkürzen die Verweildauer im Darm
» Reduzieren Blähungen und Darmdruck

Alle Ballaststoffe:

» Helfen gegen Verstopfung
» Beugen Krebs vor
» Verbessern Herzfunktion
» Helfen, Zuckerstoffwechsel zu kontrollieren (Diabetes)
» Unterstützen Gewichtsreduktion
» Helfen gegen Durchfall
» Helfen gegen Divertikulitis
» Lindern Reizdarmsyndrom
» Verbessern Gallenfunktion und wirken gegen Gallensteine
» Helfen Hämorrhoiden vorzubeugen und zu reduzieren
» Beugen Hiatushernie vor

EEB mindestens 10 g, maximal 20 g

Industrielle Verarbeitung und Raffination von Getreidekörnern führen zu einem starken Verlust an Ballaststoffen.

Bromelain (Enzym)

Wirksamkeit: Entzündungshemmendes Enzym, das gegen Schmerzen wirkt und die Entzündung von Verletzungen, postoperativen Gewebeschmerz und Entzündungen des Muskel-Skelett-Systems, Artherosklerose und rheumatische Arthritis lindert

Vorsicht: Es kann Hautreaktionen, Übelkeit und Erbrechen bei Menschen, die sensibel auf Ananas reagieren, verursachen.

Beste Quellen: Bromelain wird aus der Ananaspflanze Ananas comosus (Bromeliengewächse) gewonnen.

EEB 100–300 mg/Tag

D-Glucarsäure (Enzym)

Wirksamkeit: Entgiftet Chemikalien, steigert den Östrogen-Stoffwechsel und senkt Östrogen-Überschuss (entfernt synthetische Östrogene), hilft gegen Darm- und Brustkrebs

Beste Quellen: Orangen (enthalten 4,5 mg/100 g), Brokkoli und Kartoffeln (enthalten 1,12–1,73 mg/100 g)

EEB 1–5 mg/Tag

Liponsäure

Wirksamkeit: Metabolisches Antioxidans, hilft Antioxidantien wie Vitamin C, E, Coenzym Q10 und Glutathion zu recyceln, verbessert ATP-Synthese (Energieproduktion), hilft bei Diabetes durch Senkung der Insulinresistenz und Verbesserung des Glukosestoffwechsels, fördert Mitochondrien-Funktion und hilft gegen viele Gesundheitsprobleme wie Funktionsstörungen von Lunge und Herz, Entzündungen, schlechtes Gedächtnis, Parkinson und Alzheimer, rheumatoide Arthritis, Strahlenschaden, Schlaganfall, wird für Sportlernahrung benötigt, unterstützt Gewichtskontrolle und die Entgiftung des Körpers von Schwermetallen, wie Cadmium, Blei und Quecksilber

Beste Quellen: Kartoffeln

EEB 100–200 mg

Mucopolysaccharide

Wirksamkeit:	Verleihen ALLEN Körpergeweben und -flüssigkeiten Struktur und Form. Benötigt zum Aufbau von Antikörpern, haben starke Anti-Tumor-Wirkung, stimulieren Wachstum, Wundheilung und Geweberegeneration, Schmierung und Polsterung von Gelenken, Stärke und Elastizität von Arterienwänden, helfen gegen entzündliche Erkrankungen und Hautprobleme, inklusive Akne und Warzen, notwendig für Knorpelheilung, helfen gegen Rückenschmerzen, Diabetes, Emphysem und Bluthochdruck
Beste Quellen:	Aloe vera, Beinwell, Ginseng, Haferflocken, Haiknorpel, rohe Austern, Rotulme, Schalentiere, Weizenkeime
	EEB 1000 mg–5 g

Phosphatidylserin

Wirksamkeit:	Wichtig für ordentliche Nervenzellfunktion, was gegen beschleunigte Alterung, Alzheimer und Parkinson, multiple Sklerose, Gedächtnisschwäche, Entzündung des Zentralnervensystems, kognitive Ausfälle und Demenz hilft
Beste Quellen:	Sojalecithin, Eilecithin
	EEB 50–100 mg

Teil 4

Körper und Geist gesund und fit halten

Unser Körper braucht nicht nur gesunde Nahrung, Luft und Wasser, sondern auch tägliche Pflege. Er bedarf unserer Fürsorge, pfleglichen Behandlung und Unterstützung.

Unsere tägliche Pflege sollte Folgendes umfassen:

» Körperliche Übungen
» Mentale Übungen, Meditation und Tiefatmung
» Bürstenmassage
» Dusche oder Vollbad
» Sonnenbaden

Körperliche Übungen

Ich muss gestehen, dass ich während meines Studiums der Naturheilkunde und westlicher Heilmethoden nie Zeit für sportliche Betätigung und Bewegung hatte – zumindest dachte ich das! Doch das lag nur daran, dass ich dem Ausgleichssport keine oberste Priorität einräumte. Und als ich zu massieren und zu arbeiten begann, dachte ich tatsächlich, dass ich – zusammen mit der Arbeit in Haushalt und Garten, mit den Kindern usw. – ausreichend körperliche Betätigung hatte.

Doch für diese Bequemlichkeit musste ich bezahlen! Eines Morgens im Jahr 2005 konnte ich nicht mehr aufstehen, weil mein Rücken stark schmerzte und steif war. Mein Mann Gino musste mir starke Schmerzmittel und eine Wärmflasche bringen. Etwa eine halbe Stunde später konnte ich aufstehen und musste natürlich zur Arbeit gehen und mich um meine Patienten kümmern.

Ich versuchte es mit einer chiropraktischen Behandlung, Physiotherapie und homöopathischen Injektionen in meine Gesäßmuskeln, aber nichts half wirklich, meine Schmerzen hundertprozentig zu beseitigen. Beim Röntgen konnte kein Problem an der Wirbelsäule festgestellt werden; mir wurde nur vorgehalten, ich hätte eine sehr schlechte Körperhaltung – was wohl kaum überrascht, wenn man sich vor Schmerzen krümmt!

Die Schmerzen am Morgen waren nach wie vor sehr stark. Also begann ich instinktiv, noch im Bett meinen Rücken zu strecken, und ließ mich dann langsam auf dem Bauch von der Matratze auf den Boden gleiten, um dort weitere sanfte Dehnungs- und Yogaübungen zu machen. Wenn ich dann stehen konnte, beendete ich die Übungen mit einer Yogastellung, die «der Krieger» heißt. Diese Übungen musste ich jeden Morgen machen, um überhaupt aus dem Bett zu kommen. Schließlich ging es meinem Rücken von Tag zu Tag besser.

Dann wurde mir bewusst, dass die Art, wie ich den ganzen Tag auf meinem Bürostuhl saß, mit den Beinen nach links, weil es aufgrund der Bauweise meines Schreibtischs nicht anders ging, und meinem Oberkörper nach rechts meinen Patienten zugewandt, der Grund meines Haltungsproblems und meiner Rückenschmerzen war. Nachdem ich neun Jahre lang so gesessen hatte, war mein Körper einfach verdreht! Darum ist es so wichtig für uns, gerade zu sitzen und zu stehen und unsere Übungen zu machen.

Körperliche Übungen sind ebenso wichtig wie gesunde, nährstoffreiche Nahrung, weil durch Bewegung Sauerstoff in die Zellen, die Lungen, das Gehirn und das Herz gelangt. Dabei werden die Arterien gereinigt und man fühlt sich voller Energie, munter und bereit für die Aufgaben des Tages. So werden genau all jene Bereiche des Körpers genährt und gereinigt, die zuerst in ihren Funktionen nachlassen.

Am besten ist es, die Übungen morgens vor dem Frühstück oder spätestens nach der Arbeit zu machen, auf keinen Fall nach einer Mahlzeit. Das ist wirklich ungesund und sogar gefährlich.

In Gesundheitsratgebern werden alle möglichen unterschiedlichen Übungen empfohlen. Am wichtigsten ist jedoch, dass Sie – egal, was Sie machen – so üben, dass es Ihnen Spaß macht.

Meine persönliche Erfahrung, die für mich und meinen Körper am besten funktioniert, ist eine Kombination aus Dehnung, Muskel- und Ausdauertraining. Durch diese Mischung wird mir nie langweilig, was immer mein größtes Problem war, welches viel Disziplin und Ausdauer meinerseits erforderte. Und ich bin sicher, dass dies auch der Hauptgrund ist, warum die meisten Menschen sich nicht zu Sport und Bewegung aufraffen können.

Die folgenden Übungen sind für jede und jeden leicht zu praktizieren, selbst wenn Sie Anfänger sind, Übergewicht haben oder an Schmerzen leiden. Diese Übungen habe ich gemacht, um wieder auf die Beine zu kommen und schmerzfrei zu werden.

Probieren Sie die folgenden Übungen und schauen Sie, ob sie Ihnen ebenfalls Spaß bereiten und Sie sich dadurch auch gut fühlen:

Beim Aufwachen können Sie es ruhig angehen und beginnen, Ihren Körper, Stoffwechsel und Geist entweder im Bett oder auf einer Yogamatte neben Ihrem Bett zu wecken.

Beginnen Sie mit 2×15 (Anfänger 2×10) Sit-ups, also Rumpfheben. Üben Sie langsam, sodass Sie Ihre Muskeln stärker beanspruchen. Atmen Sie vor dem Aufrichten ein und beim Aufrichten wieder aus. Atmen Sie auf dem Weg nach unten wieder ein. Versuchen Sie, mit den Fingern die Zehen zu erreichen. Anfänger können auch die Arme über der Brust kreuzen. Wenn Sie sich an die Übung gewöhnt haben, können Sie dabei auch die Hände hinter den Nacken legen.

Entspannen Sie einen Moment.

Weiter geht es mit 15× Beine heben (Anfänger 10×). Legen Sie sich mit ausgestreckten Beinen auf den Boden und heben Sie dann ein Bein bis zu etwa 90 Grad oder wo es sich für Sie gut anfühlt, dann bringen Sie es wieder nach unten, ohne die Matte, den Boden oder die Matratze zu berühren. Auch hier atmen Sie ein, bevor Sie das Bein heben, während des Hebens atmen Sie aus und beim Senken wieder ein. Nun dasselbe mit dem anderen Bein.

Entspannen Sie einen Moment

Nun folgt das Gleiche in der Seitlage: Beugen Sie das untere Bein und heben Sie das obere bis auf circa 90 Grad, senken und heben, ohne das andere Bein zu berühren. Atmen Sie beim Heben aus und beim Senken ein. Wiederholen Sie dies 15× pro Seite (Anfänger 10×).

Jetzt folgt eine Dehnung und Lockerung der Wirbelsäule: Legen Sie sich auf den Rücken und strecken Sie die Arme im 90-Grad-Winkel in Verlängerung der Schulterlinie zur Seite. Beugen Sie beide Beine, atmen Sie aus und legen Sie sie auf eine Seite ab, drehen Sie den Kopf in die Gegenrichtung und strecken Sie nun das obere Bein auf dem unteren aus, bis es gestreckt und im 90-Grad-Winkel ist. Entspannen Sie 10 Sekunden in dieser Haltung. Die beste Wirkung erzielen Sie, wenn Sie die Gesäßmuskeln entspannen. Bringen Sie bei einer Ausatmung die Beine wieder zurück in die Mitte, dann legen Sie sie auf der anderen Seite ab und wiederholen die Dehnungsübung. Ihr Kopf zeigt jetzt in die andere Richtung. Wiederholen Sie diese Übung insgesamt 3×.

Nun wenden wir uns wieder Bauch und Taille zu: Beugen Sie beide Beine mittig und lassen Sie sie dann auf die rechte Seite nach unten gleiten. Legen Sie den linken Arm hinter den Nacken und den rechten Arm in einen Winkel, so dass Sie Ihre Sit-ups unterstützen. Heben Sie Kopf und Oberkörper in Richtung des oberen Knies. Nun die andere Seite. Wiederholen Sie dies 10 bis 15× pro Seite. Atmen Sie beim Aufrichten aus.

Setzen Sie sich auf und grätschen Sie die Beine so weit, wie es möglich und bequem ist. Bringen Sie beim Einatmen beide Arme über den Kopf und beugen Sie beim Ausatmen Ihren Oberkörper nach vorn. Versuchen Sie dabei, mit beiden Händen die Zehen Ihres rechten Fußes zu erreichen. Bleiben Sie 5 Sekunden in der Position und versuchen Sie, beim Ausatmen weiter nach vorn und unten zu den Zehen zu kommen. Richten Sie sich schließlich ausatmend wieder mittig auf. Wiederholen Sie die Übung auf der anderen Seite. Insgesamt 3× pro Seite.

Bleiben Sie mit gestreckten Beinen sitzen und beugen Sie nun das rechte Bein. Legen Sie den rechten Fuß auf die andere Seite des ausgestreckten linken Beins, gleich über das Knie. Mit der linken Hand halten. Sie können sogar an ihrem gebeugten Knie ziehen. Beim Ausatmen langen Sie mit der rechten Hand so weit hinter Ihren Oberkörper, wie Sie können, drehen Sie den Oberkörper so weit zurück wie möglich und folgen Sie der Bewegung mit Kopf und Augen. Verweilen Sie 5 Sekunden, atmen Sie erneut aus und versuchen Sie, sich noch ein wenig weiter nach hinten zu drehen. Atmen Sie aus, dann drehen Sie sich in eine normale Sitzposition zurück und wiederholen das Ganze auf der anderen Seite.

Den Abschluss bilden Liegestütze – machen Sie so viele, dass Sie sich dabei noch wohlfühlen. Anfängern, schwereren und älteren Menschen sowie Frauen empfehle ich, diese Übung mit gebeugten Beinen auf den Knien auszuführen.

Es ist sehr wichtig, dass Sie ausatmen, wenn Sie sich strecken oder Kraft für eine Bewegung brauchen. Sie werden merken, dass es viel leichter geht, wenn Sie die richtige Atemtechnik anwenden.

Diese Übungen dauern etwa 20 Minuten. Jede oder jeder kann sie bis zu einem gewissen Grad ausführen.

Praktizieren Sie niemals Übungen, die Schmerzen verursachen.

Nun sind Sie munter, Ihre Muskeln sind erwärmt, Ihr Stoffwechsel ist in Fahrt und Sie sind bereit, den Tag zu genießen und ein wenig Ausdauertraining zu machen.

Ihre täglichen Übungen sind am wirkungsvollsten, wenn Sie sie vor dem Frühstück ausführen, doch bevor Sie damit anfangen, empfehle ich, den Saft einer halben Zitrone in ein Glas zu pressen und mit nicht kohlesäurehaltigem Mineralwasser aufzufüllen und dieses sowie ein bis zwei weitere Gläser zu trinken. Das ist das Beste für Ihre Leber und Ihr Körper braucht Flüssigkeit, um etwas zu leisten und ordentlich zu schwitzen.
Sie können auch ein Glas frisch gepressten Fruchtsaft trinken, den Sie langsam nippen oder gar kauen. Der Fruchtzucker gibt Ihnen die Energie, die Sie für das Ausdauertraining brauchen.
Machen Sie einen flotten Spaziergang, fahren Sie Rad, schwimmen Sie oder tun Sie für die Ausdauer, worauf Sie Lust haben. Mein Favorit ist der Hometrainer, auf dem ich 10 Minuten mit einem Widerstand, der sich für

mich gut anfühlt, zum Beispiel bei Nummer 3, rudere und abschließend 15 Minuten Rad fahre, zum Beispiel bei Nummer 6, oder ich nehme eines der vielen anderen Programme.

Die gesamte Übungsfolge sollte dreimal pro Woche oder jeden zweiten Tag praktiziert werden, die Dehnungs- und Kraftübungen hingegen täglich.

Mit diesem Übungsprogramm werden sich Ihr Muskeltonus, Ihre Sauerstoffaufnahme, Durchblutung, Herz-Kreislauf-Funktion, Ihre Lungen, Ausdauer usw. verbessern und gleichzeitig scheiden Sie Toxine aus und fördern ein strahlendes und vitales Aussehen.

Gehirntraining

Tägliches Gehirntraining ist ebenso wichtig wie unsere körperlichen Übungen. Wir müssen unser Gehirn fit halten, um geistigen Erkrankungen wie Demenz vorzubeugen. Ab Mitte zwanzig beginnen unsere Hirnfunktionen nachzulassen und es dauert lange, bis wir bestimmte Symptome, zum Beispiel Vergesslichkeit, feststellen. Wenn Sie aufgeweckt und aufmerksam bleiben möchten, müssen Sie Ihr Gehirn strecken, trainieren und stärken. Es ist nie zu spät!

Ich erinnere mich, wie empfindlich mein Gehirn reagierte, als ich mit 40 zu studieren begann. Mein Englisch war nicht das beste, aber ich musste es während des Studiums lernen. Etwa ein halbes Jahr lang konnte ich mein Gehirn wirklich spüren – es fühlte sich heiß und wund an, aber es waren keine Kopfschmerzen. Dann begriff ich im Anatomie- und Physiologieunterricht, dass mein Gehirn wuchs und die Verknüpfungen und Netzwerke ausbaute.

Egal wie schlecht Ihr Gedächtnis zurzeit ist, es wird sich durch mentale Übungen und mäßige körperliche Aktivität verbessern. Ihre Speicherfähigkeit und Ihr Denken werden schärfer.

Was können Sie tun, um Ihre Hirnfunktion zu verbessern?

- » Lösen Sie täglich ein Kreuzworträtsel oder Sudoku und versuchen Sie, es zu beenden!
- » Bilden Sie sich weiter; schreiben Sie sich für Kurse ein, die Sie interessieren.
- » Schließen Sie sich einem Lese- oder Gesprächskreis an.
- » Erlernen Sie eine Fremdsprache und besuchen Sie ein Land, in dem die gewählte Sprache gesprochen wird.
- » Widmen Sie sich einem neuen Hobby.
- » Beschäftigen Sie sich nicht mit einem Bereich oder einem Fach, das mit Ihrer Arbeit zu tun hat.

Meditieren Sie mindestens 10 Minuten pro Tag: Dadurch wird Ihre Hirnfunktion verbessert und gleichzeitig sinkt Ihr Stresslevel.

Legen Sie sich auf den Rücken, die Handflächen ruhen neben Ihrem Körper, und konzentrieren Sie sich auf Ihre Atmung. Füllen Sie beim Einatmen Ihre Lungen und atmen Sie weiter bis in den Bauch hinein. Atmen Sie zuerst aus den Lungen aus und dann aus dem Bauch. Drücken Sie die Luft richtig aus Ihrem Bauch heraus und wiederholen Sie dies 3- bis 5-mal. Vielleicht spüren Sie, dass Ihr Körper durch diese Atmung etwas benommen wird. Entspannen Sie nun Ihren gesamten Körper. Beginnen Sie bei den Füßen und sagen Sie sich, dass sie ganz entspannt und schwer sind. Lenken Sie Ihre Aufmerksamkeit auf die Knie und sagen Sie sich, dass sie ganz entspannt und schwer sind. Dann die Hüften, der obere Rücken, die Schultern, Arme, Hände, Hals und schließlich der Kopf und der Kiefer. Vergessen Sie nicht, Ihre Zunge loszulassen! Lassen Sie sich nicht von Gedanken oder anderen Dingen ablenken. Konzentrieren Sie sich ganz auf Ihre Atmung oder, noch schöner, wenn Sie können, hören Sie den Vögeln, dem Wind in den Blättern, einem fließenden Bach oder Fluss oder den Wellen des Ozeans zu – allem, was Sie sich glücklich fühlen lässt und Sie entspannt.

Kommen Sie nach 10 bis 30 Minuten langsam wieder zurück, nehmen Sie einen tiefen Atemzug und bewegen Sie Ihre Arme und Beine. Es kann sein, dass Sie sich einen Wecker stellen müssen!

Sobald Sie mit dieser Technik vertraut sind, können Sie sie überall anwenden. Selbst 5 Minuten im Bürostuhl, im Zug oder einem anderen öffentlichen Verkehrsmittel können Sie entspannen und Ihren Geist und Ihre Gedanken erfrischen.

Bürstenmassage

Wie bereits an anderer Stelle erwähnt, ist die Haut das größte Organ unseres Körpers und hat sehr wichtige Aufgaben. Die trockene Bürstenmassage wird Ihre Haut unterstützen und anderen Organen helfen, richtig zu funktionieren. Daher sollte sie Teil Ihrer täglichen Routine werden.

Die Bürstenmassage hat viele positive Wirkungen auf die Gesundheit. Sie verbessert und stimuliert die venöse Durchblutung und die Lymphdrainage, entfernt abgestorbene Hautpartikel, löst Toxine und vitalisiert den ganzen Körper. Sie kann auch bei Cellulite und arthritischen Erkrankungen helfen.

Die Bürstenmassage sollte täglich mit einer Massagebürste mit Naturfaserborsten mit einem langen Griff ausgeführt werden. Solche sind in vielen Bioläden oder Drogerien erhältlich.

Bürsten Sie nie über Hautstellen mit Entzündungen, Ausschlag, offenen Wunden, Krampfadern, geschwollenen oder vergrößerten Lymphknoten, Sonnenbrand oder während einer aktiven Krebserkrankung.

Die Bürstenmassage wird auf der trockenen Haut mit kräftigen, nach oben gerichteten Streichbewegungen, die etwa 5- bis 7-mal wiederholt werden, und immer direkt vor der täglichen Dusche oder dem Bad durchgeführt.

Beginnen Sie mit der linken Fußsohle, dann dem oberen linken Fuß und arbeiten Sie sich langsam das Bein hinauf bis zur Leiste. Gehen Sie weiter zum Gesäß und massieren Sie hier von oben nach unten bis zum Beinansatz und wieder zurück. Streichen vom unteren Gesäßende nach oben zur äußeren Hüfte. Beim Rücken setzen Sie am unteren Rücken an und massieren nach oben, von der Wirbelsäule zu den Körperseiten, von unten bis nach oben zu den Schultern.

Auf der rechten Seite wiederholen.

Mit der Vorderseite des Körpers beginnen Sie am unteren Bauch auf der linken Seite Ihres Nabels mit Streichbewegungen nach unten zur Leiste und dann vom Nabel nach außen zu Hüfte und Hüftgelenk, anschließend wiederholen Sie dies auf der rechten Seite.

Den oberen Bauch massieren Sie vom Nabel aus mit nach oben und außen gerichteten Bewegungen bis zum Brustansatz und wiederholen dies ebenfalls auf der rechten Seite.

Abschließend streichen Sie den ganzen Bauch mit Kreisbewegungen aus, am Nabel mit kleinen Kreisen im Uhrzeigersinn beginnend, lassen Sie die Kreise größer werden, bis Sie am äußeren Bauch ankommen. Ändern Sie nun die Richtung und lassen Sie die Kreise gegen den Uhrzeigersinn kleiner werden, bis Sie schließlich wieder am Nabel ankommen.

Bürsten Sie Hände und Arme. Beginnen Sie vom Handgelenk zu den Fingerspitzen, drehen Sie nun die Hand um und massieren Sie von den Fingerspitzen zum Handgelenk und von da aus weiter die Arme hinauf bis zu den Schultern. Arbeiten Sie sich immer vom inneren zum äußeren Arm vor und beginnen Sie auch hier wieder auf der linken Seite.

Streichen Sie die linke Seite Ihres Dekolletés vom Brusansatz nach oben zum Schlüsselbein und von der Mitte nach außen. Wiederholen Sie dies auf der rechten Seite.

Bürsten Sie nun die linke Halsseite zunächst mit kreisenden, sanften Bewegungen nach oben Richtung Kiefer und wieder nach unten zum Schlüsselbein. Wiederholen Sie dies auf der rechten Seite.

Massieren Sie das Gesicht mit kleinen, sanften Kreisbewegungen. Lassen Sie diese immer nach unten auslaufen. Beginnen Sie am Kinn, dann folgen die Lippen, Nasenflügel, Wangen, Schläfen und Stirn. *Sparen Sie den Bereich um die Augen aus!* Verwenden Sie für Gesicht, Hals und Dekolleté eine weiche Bürste.

Für den Körper nutzen Sie eine Bürste, mit der Sie sich wohlfühlen. Anfangs beginnen Sie mit einer weichen oder mittelharten Bürste und wenn Sie sich daran gewöhnt haben, können Sie auch ein härteres Modell wählen. *Für die Füße ist eine harte Bürste am besten geeignet.*

Die trockene Bürstenmassage verbessert Ihre Durchblutung, wodurch Ihre Haut natürlich gerötet wird.
Waschen Sie Ihre Massagebürste einmal pro Woche in Seifenwasser und lassen Sie diese mit den Borsten nach unten trocknen. Verwenden Sie die Bürste erst wieder, wenn sie ganz trocken ist.

Dusche oder Vollbad

Natürlich wissen Sie, wie man sich duscht oder badet, aber wussten Sie auch, dass der Abschluss von Bad oder Dusche mit kühlem bis kaltem Wasser sehr vorteilhaft und heilsam ist? Dabei werden die Poren der Haut verschlossen, die Haut geschützt und die Durchblutung angeregt.

Beginnen Sie immer mit dem linken Fuß und duschen Sie sich mit Aufwärtsbewegungen zunächst bis zum Knie, von da zur Hüftbeuge ab. Wiederholen Sie dies auf der rechten Seite.

Vom Bauch aus gehen Sie nun weiter nach oben bis zu den Schultern. Den Abschluss bildet der Rücken.

Sonnenbaden

Wir alle wissen, wie gefährlich Sonneneinstrahlung sein kann, und Hautkrebs ist nach wie vor auf dem Vormarsch. Andererseits ist Sonnenlicht sehr wichtig für unsere Gesundheit. Wenn Sonnenlicht auf unsere Haut gelangt, kann unser Körper Vitamin D produzieren, welches wiederum hilft, Calcium in die Knochen zu absorbieren. Sonnenlicht macht glücklich, regt viele Körperfunktionen und Hormone an, verbessert die Durchblutung und fördert einen guten Nachtschlaf.

Sonnenbaden ist wichtig, sollte jedoch von 10 bis 16 Uhr vermieden werden. In dieser Zeit sind die ultravioletten Strahlen extrem gefährlich und können die Haut schädigen. Sonnenbrand verursacht beschleunigte Hautalterung und Krebs. Zudem sind die Inhaltsstoffe von Sonnencremen gefährlich, weil sie voller Chemikalien sind, die durch die Haut absorbiert werden.

Ich empfehle meinen Patienten immer, nicht länger als eine Stunde und, wie bereits erwähnt, nicht zwischen 10 und 16 Uhr in die Sonne zu gehen. So brauchen Sie keinen Schutz. Ganz im Gegenteil kann das Sonnenlicht so Ihre Haut erreichen und Ihre Gesundheit fördern. Und falls Sie doch einmal zwischen 10 und 16 Uhr in die Sonne gehen müssen, schützen Sie sich mit einem breitkrempigen Hut und lassen Sie Ihre Haut bedeckt.

Nutzen Sie all diese täglichen Aktivitäten, um Krankheiten vorzubeugen und Gesundheit und Wohlbefinden zu fördern!

Teil 5

Die Schilddrüse

Die Schilddrüse

Langlebigkeit und gute Gesundheit
Dieser Drüse widme ich ein eigenes Kapitel, da sie für Gesundheit, Wohlbefinden und Langlebigkeit die wichtigste aller Drüsen ist!

Die Schilddrüse produziert neun Schilddrüsenhormone, die für die Regulierung aller Stoffwechselprozesse einschließlich der Entwicklung des Gehirns extrem wichtig sind. Jede Zelle des Körpers hängt hinsichtlich der Regulierung ihres Stoffwechsels und ihrer Homöostase, der Selbstregulierung, von den Schilddrüsenhormonen ab.

Die Schilddrüse produziert die Hormone T4, T3 und reverses T3, drei Arten von T2, T1, T0 und Calcitonin. Das Hormon Calcitonin wird von der Nebenschilddrüse produziert und entnimmt Calcium aus dem Blut, um es in den Knochen zu speichern, wo es am meisten gebraucht wird, damit diese stark und gesund bleiben. Eine Fehlfunktion der Nebenschilddrüse ist der Hauptgrund von Osteoporose.

Die Schilddrüse ist eine kleine, walnussgroße Drüse am unteren Hals und entscheidend für unseren Energiehaushalt. Wenn wir älter werden, können wir uns müder fühlen, Haare und Zähne verlieren, scheinbar grundlos an Gewicht zulegen, Verstopfung bekommen, erhöhte Cholesterinwerte haben, unseren Sexualtrieb verlieren, depressiv werden und mehr (siehe separate Liste). All dies sind Anzeichen einer nicht gut funktionierenden Schilddrüse, keine Zeichen des Alterns. Wenn wir die Schilddrüse gesund und funktionsfähig erhalten, können wir ohne Leiden oder Krankheiten 90 Jahre oder älter werden und irgendwann friedlich einschlafen. Das wünschen wir uns alle!

In den vorangegangenen Kapiteln haben Sie bereits viel über die wichtigsten Ursachen einer Fehlfunktion der Schilddrüse gelesen und erfahren. Hier sehen wir wieder, dass Umweltgifte, Chemikalien, falsche Ernährung, Nährstoffmangel und natürlich Störungen oder Fehlfunktionen des Stoffwechsels, die ebenfalls durch oben genannte Probleme verursacht werden, die Hauptursachen sind.

Umwelteinflüsse
Hier betrachten wir Infektionen, Allergien, chemische Toxine in der Luft, im Wasser und unserer Nahrung, die Metalle, Pharmazeutika wie Antibio-

tika oder Antibabypille und natürlich Weichmacher wie zum Beispiel polychlorierte Biphenyle (PCB), Dioxin usw. enthalten. PCB verursachen bereits bei Kindern Fehlfunktionen und Anomalien der Schilddrüse, können zu verminderter Intelligenz und Fehlfunktionen des Gehirns sowie zu Allergien, sexuellen Anomalitäten und anderen Problemen führen. (Siehe auch PCB unter «Interessante Studien», Seite 112, und das Kapitel über Xenoestrogene, Seite 89.)

Cadmium senkt den T3-Hormonspiegel (aktives Schilddrüsenhormon), doch medizinisch-diagnostische Test weisen normale Werte auf. Diese «falschen Werte» können durch Cadmium ebenso wie durch Aluminium und andere Metalle verursacht werden. Das bedeutet, dass es Ihnen gut geht, alles in Ordnung ist, aber Sie alle Symptome einer Schilddrüsenfehlfunktion aufweisen.

Ernährung

Wir schauen hier auf Sojaprodukte und die entsprechenden in Sojabohnen enthaltenen Isoflavone Genistein und Daidzein, welche die Peroxidasereaktionen der Schilddrüse, die für die Produktion der Schilddrüsenhormone notwendig sind, hemmen. Doch meistens ist Soja auch genetisch verändert und voller Glyphosat. Andererseits wird das meiste Soja in Form von gehärtetem Sojaöl oder Pflanzenölen angeboten, welche die Zellmembranen und Hormonrezeptoren schädigen, was zu vielen Krankheiten führt, darunter Krebs und Herzerkrankungen. Selen-, Zink-, Jod-, Magnesium-, Calcium- und andere Mineralstoffmängel sowie Fettsäuremangel sind Mängel, die durch Toxine verursacht werden, die unser Körper ausscheiden muss, wozu er diese spezifischen Nährstoffe verwendet, was in erster Linie den Mangel verursacht.

Wie Sie inzwischen wissen, verursachen Zink- und Selenmangel Fehlfunktionen und Schädigungen der Schilddrüse. Diese gehören zu den Nährstoffen, die unser Körper braucht, um zu heilen und um Alltagschemikalien zu entgiften. Andererseits sind viele Böden ausgezehrt und enthalten diese Mineralstoffe nicht mehr, weil zu viele Pestizide und Kunstdünger verwendet werden und weil sie zwischendurch keine Erholungspausen bekommen.

Stoffwechsel

Hefepilzinfektionen, Pharmazeutika wie Schmerzmittel, Antibiotika usw., aber auch chronische Allergien, zum Beispiel auf Weizen und Gluten, können zu Lecks im Darm führen, was wiederum unseren Körper veranlasst, Antikörper zu bilden, die dann unsere eigene Schilddrüse zerstören.

Eine Schilddrüsenentzündung kann nur durch bestimmte Bluttests festgestellt werden, die auf Schilddrüsen-Autoantikörper untersuchen, doch normalerweise wird der TSH-Spiegel (thyreoidstimulierende Hormone) geprüft, um das Vorliegen einer Anomalie der Schilddrüse festzustellen. Dies ist allerdings sowieso nur ein Überbegriff für eine Menge Symptome und diese Untersuchung verrät uns nicht die Ursache der Erkrankung. Die Behandlung der Schilddrüse mit Pharmazeutika riegelt nur die Wege der Fehlfunktion ab, statt die tatsächliche Ursache zu behandeln, was wiederum dazu führt, dass Gesundheit und das Entgiftungssystem des Körpers belastet werden.

Was die richtige Behandlung durch einen Arzt verhindert, ist die Tatsache, dass selbst wenn Sie alle Symptome einer Schilddrüsenfehlfunktion aufweisen wie Depression, Haarausfall, Gewichtszunahme, Gedächtnisschwierigkeiten, Antriebslosigkeit, Verlust des Sexualtriebs, hohes Cholesterin usw. (siehe Liste der Symptome einer subklinischen Schilddrüsenunterfunktion) die Untersuchungen und Labortests der Schilddrüsenfunktion ganz normale Werte ergeben.

Über die Hälfte der Bevölkerung in den Industriestaaten leidet an einer Schilddrüsenfehlfunktion. Bei den meisten dieser Menschen wurde nicht einmal eine Schilddrüsenunterfunktion diagnostiziert, entweder weil die Ergebnisse der Blutuntersuchung im normalen Bereich lagen oder weil sie nicht so krank sind, dass sie einen Arzt aufsuchen. Doch es geht ihnen auch nicht gut und sie leiden an einem oder mehreren der oben genannten Symptome.

Den exaktesten Test für Ihre Schilddrüse können Sie selbst durchführen. Es ist die auf Dr. Broda Barnes zurückgehende Basaltemperatur-Methode. Dr. Barnes war jahrzehntelang die Nummer eins der Forschung und die Autorität in Sachen Schilddrüse. Ärzte verwendeten diesen Test in Verbindung mit den von den Patienten berichteten Symptomen lange bevor die Blutuntersuchungen aufkamen.

So führen Sie den Test durch: Legen Sie Ihr Thermometer neben das Bett. Gleich wenn Sie morgens aufwachen, bevor Sie aufstehen, stecken Sie das Thermometer unter die Achsel. Lassen Sie es zehn Minuten da oder, wenn Sie ein digitales Gerät verwenden, warten Sie auf den Piepton.

Wiederholen Sie dies an fünf aufeinanderfolgenden Tagen und notieren Sie die Ergebnisse. Wenn Ihre Temperatur kontinuierlich bei 36,5 bis 36,9 Grad liegt, ist Ihre Schilddrüse gesund und funktioniert optimal. Wenn Ihre Temperatur unter 36,4 Grad liegt, haben Sie eine schlecht funktionierende, giftige Schilddrüse. Hinweis: Um die besten Ergebnisse zu erlangen, messen Sie Ihre Temperatur nicht während der Menstruation.

Die folgende Liste gibt Ihnen ebenfalls einige Hinweise auf die Funktion Ihrer Schilddrüse:

Wenn Sie mehr als 3 der folgenden Symptome mit Ja beantworten können, leiden Sie möglicherweise an einer subklinischen Schilddrüsenunterfunktion, d.h., dass die Fehlfunktion Ihrer Schilddrüse in Blutuntersuchungen nicht nachgewiesen werden kann:

- Äußeres Drittel der Augenbrauen ist dünn
- Depression
- Geringer Sexualtrieb/Impotenz
- Geschwollene Hände und Füße
- Langsame Denkprozesse
- Müdigkeit und Abgeschlagenheit
- Muskel- und/oder Gelenkschmerzen
- Neigung zu Gewichtszunahme
- Neigung zum Frieren
- Permanent kalte Finger
- Rauere und tiefere Stimme
- Raues Haar und Haarausfall
- Regelmäßige Muskelkrämpfe
- Schlechtes Gedächtnis
- Schwächere Muskeln
- Schwierigkeiten mit Mathematik
- Stärkere Menstruation
- Stärkeres Schlafbedürfnis als normal
- Trockene Haare und Haut
- Unregelmäßige Menstruation
- Unsicherer Gang
- Verquollenere Augen und Lider
- Verstopfung

Falls Sie an einem der folgenden Symptome leiden, könnte Ihre Schilddrüse überaktiv sein, was Schilddrüsenüberfunktion genannt wird:

- Appetitlosigkeit
- Herzklopfen (Aussetzen von Herzschlägen)
- Schlaflosigkeit
- Spröde Nägel
- Tachykardie (Herzrasen)
- Unsicheres, wackeliges Gefühl
- Vermehrte Schweißbildung

Ihre Schilddrüse ist mit hoher Sicherheit mit Metallen wie Amalgam, Aluminium, Cadmium, Kupfer oder Blei überlastet und Sie müssen dringend entgiften.

Behandlung der subklinischen Schilddrüsenunterfunktion nach der Entgiftung

Es gibt großartige natürliche Kräuter, die helfen können, Ihre Schilddrüse zu aktivieren. Doch auch hier empfehle ich wieder dringend, zunächst die Ursache – sprich Metalle, Kunststoffe und synthetische Hormone – zu beseitigen, bevor Sie die Schilddrüsenfunktion anregen.

Die Funktion der Schilddrüse anregende Heilpflanzen und Nährstoffe:

- Chrom
- Eisen
- Fischöl (EPA/DHA)
- Folsäure
- Homöopathisches Thyroxin, TSH und Thyreoidinum
- Kokosöl
- Kelp
- Liponsäure
- Lysin
- Maca (peruanisches Wurzelgemüse)
- Mangan
- Phenylalanin
- Selen
- Vitamin A
- Vitamin B12
- Vitamin-B-Komplex
- Vitamin C
- Vitamin D3
- Vitamin E
- Zink

Meiden Sie:

- Alle Sojaprodukte
- Blumenkohl
- Erdnüsse
- Kohl
- Körner
- Mehrfach ungesättigte Öle
- Östrogen (die «Pille» und Hormonersatztherapie)
- Rosenkohl
- Rüben
- Senf
- Walnüsse

DIE SCHILDDRÜSE 291

Teil 6

Richtig entgiften

Viele meiner Patientinnen und Patienten haben, wenn sie zu mir kommen, bereits verschiedene Fastenmethoden zur Entgiftung hinter sich. Sie aßen beispielsweise ein Wochenende lang nur Trauben oder verzichteten auf Kaffee, Alkohol und Milchprodukte. Sie hatten auch schon andere Heilpraktiker und Ärzte aufgesucht und litten weiterhin unter größeren gesundheitlichen Problemen. Nach umfassenden Tests kann ich meinen Patienten versichern, dass sie alles richtig gemacht haben und ihre Entgiftungskanäle geöffnet worden sind, aber dass sich in ihren Organen oder ihrem Fettgewebe noch immer Metalle beziehungsweise Xenoestrogene befinden.

Fastenkuren, spezielle Detox-Diäten oder Heilkräuterbehandlungen öffnen die Entgiftungskanäle. Dies ist die Phase I der Entgiftung. In dieser werden jedoch die Toxine, welche die Leber im Fettgewebe abgelagert hat, um den Körper vor durch schädliche Chemikalien und Metalle verursachten Schädigungen der Organe zu schützen, nicht ausgeschieden.

Was wir dann wirklich brauchen, können wir als Phase II der Entgiftung bezeichnen, in der die Chemikalien und Metalle aus den Fettgeweben herausgelöst und in die Kanäle der Phase I ausgeschwemmt werden. Es sind Hunderte von Büchern auf dem Markt, die Ihnen aufzeigen, wie Saftkuren, Fasten und Diäten zur Entgiftung der Leber beitragen können. Doch viele davon beschränken sich auf Detox-Phase I und so befinden sich nach all Ihrer Mühen immer noch Gifte im Körper. Derlei Detox-Programme können sogar Leiden verursachen, da man bei jeder Detox-Kur, der man sich unterzieht, dem Körper Nahrungsergänzungsmittel zuführen müsste, um Nebenwirkungen und Mangelerscheinungen vorzubeugen. Wie Sie bereits aus dem Kapitel «Toxische Metalle», Seite 70, wissen, haben Metalle eine Affinität für bestimmte Vitamine und Mineralien und werden in bestimmten Organen und Drüsen eingelagert. Während der Körper von diesen Metallen entgiftet wird, verliert man auch genau diese Nährstoffe, für welche die betreffenden Metalle eine Affinität haben, wodurch ein Defizit entsteht und die Symptome zunächst zunehmen. Wie Sie sehen können, funktioniert eine herkömmliche Entgiftung also nicht wirklich. Tatsächlich wirkt sie den natürlichen Entgiftungsmechanismen unseres Körpers sogar entgegen. Fasten oder Detox-Diäten sind eigentlich gefährlich und schädlich, da sie dem Körper Kalorien und Nährstoffe vorenthalten, wodurch wiederum der Stoffwechsel, der Energiepegel und die Fähigkeit des Körpers zur Selbstheilung reduziert werden. Meist führen Diäten und Fasten zu Verstopfungen und aufgrund des verlangsamten Stoffwechsels zu geringerer Schweißbildung, und das ist genau das Gegenteil von dem, was wir erreichen wollen, nämlich die Entgiftungskanäle zu öffnen und anzuregen.

Das Detox-Programm

In meiner Klinik wenden wir folgendes Detox-Programm mit großem Erfolg an. Es ist ein sehr umfangreiches und intensives Programm und die Ausscheidung aller Toxine erfordert Zeit. Schließlich brauchte der Körper auch eine ganze Weile, um all diese Giftstoffe anzusammeln!

Wenn Sie nach Abschluss dieses Programms immer noch gesundheitliche Probleme haben, müssen Sie es wiederholen, bis Sie sich rundum wohlfühlen. Sobald Sie symptomfrei sind, sich energiegeladen, gut und vital fühlen, empfehle ich zweimal jährlich eine Entgiftung, da die Welt, in der wir leben, leider nicht frei von Giften ist. Überall lauern chemische Stoffe und wir wollen ja nicht, dass diese sich erneut im Körper ansammeln und uns wieder krank machen.

Um die Entgiftung zu fördern, sollten Sie entsprechend den «Grundsätzen der gesunden Ernährung & Lebensführung» auf Seiten 218 und 219 dieses Buches leben, die «33 einfachen Regeln: Was soll ich essen und was nicht?» ab Seite 211 befolgen und auf basische Ernährung achten.

Detox-Phase I

In dieser Phase werden die Entgiftungskanäle wie Leber, Nieren und Lymphsystem geöffnet. Ich empfehle die Phase I für eine Dauer von zwei Wochen. Während dieser Phase sollten alle Heilkräuter und Nahrungsergänzungsmittel zweimal täglich eingenommen werden.

Heilkräuter

Vorzugsweise als Tinktur einnehmen. Tees sind weniger wirksam.

- » Chlorella
- » Ginkgo
- » Ingwer
- » Kanadische Orangenwurzel
- » Kletten-Labkraut
- » Löwenzahnblätter
- » Löwenzahnwurzel
- » Mariendistel
- » Wermut

All diese Kräuter in einer Tinktur regen Leber, Nieren, Lymphsystem und periphere Durchblutung an.

Unterstützung durch Nahrungsergänzungsmittel:

- » 2000 mg Vitamin C 2× täglich
- » Multivitamine und Mineralien 2× täglich
- » Probiotika (Acidophilus) 2× täglich
- » EPA/DHA (vorzugsweise auf pflanzlicher Basis, um Quecksilber zu vermeiden) 1000 mg 2× täglich

Unterstützen Sie die Entgiftung des Weiteren mit Detox-Körperwickeln (natürlich ohne Chemie), trinken Sie viel gefiltertes oder Quellwasser, vergessen Sie Ihre Übungen nicht und nehmen Sie Bio-Frucht- und -Gemüsesäfte zu sich, die ebenfalls zur Entgiftung beitragen und den Körper mit einer Vielzahl an Antioxidantien, Enzymen und Nährstoffen versorgen.

Die Entgiftung fördernde Gemüse- und Obstarten

Gemüse:

- » Algen (Algengemüse)
- » Gurke
- » Karotte
- » Kartoffel
- » Kohl
- » Kürbis
- » Rote Beete
- » Sellerie
- » Spinat
- » Tomate

Früchte:

- » Apfel
- » Ananas
- » Banane
- » Birne
- » Grapefruit
- » Melone
- » Orange
- » Papaya
- » Traube
- » Zitrone

Wenn Sie Saft selbst herstellen, ist es besonders wichtig, keinen Mixer, sondern einen Entsafter zu verwenden, da ein Mixer einige der Enzyme, Nährstoffe und Ballaststoffe zerstört.

Wenn Sie weder Entsafter noch Zeit haben, selbst Saft herzustellen, kann ich die Biosäfte von Biotta empfehlen. Dies sind gepresste Biosäfte, die in der Schweiz hergestellt werden, aber weltweit in Bioläden oder sogar in Supermärkten erhältlich sind. Sowohl der Gemüse- als auch der Fruchtcocktail sind ausgesprochen lecker.

Ganz wichtig: Ihre Ernährung sollte zu 75% aus Rohkost bestehen!

Unterstützung durch Detox-Nahrungsmittel

Ihre Ernährung sollte die folgenden nützlichen, entgiftenden Lebensmittel enthalten und natürlich frei von Junk Food, Alkohol, Koffein, Zucker und Salz sowie fettarm sein:

- Algen (Algengemüse)
- Ananas
- Apfel
- Artischocke
- Avocado
- Banane
- Birne
- Brokkoli
- Brunnenkresse
- Ei (nicht hart gekocht)
- Erdbeere
- Fenchel
- Gurke
- Ingwer
- Karotte
- Kichererbse
- Kiwi
- Kleie
- Knoblauch
- Kohl
- Luzerne
- Melone
- Orange
- Papaya
- Paranuss
- Petersilie
- Pfirsich
- Rote Beete
- Sellerie
- Spargel
- Tomate
- Weintrauben
- Zitrone
- Zwiebel

Detox-Phase II

In dieser Phase werden die Chemikalien, Metalle und Xenoestrogene aus dem Fettgewebe in die Ausscheidungsorgane entlassen. Da diese Organe nun viele Toxine aufnehmen, empfehle ich, die Detox-Phase I fortzusetzen, wobei die Kräutertinktur weiterhin zweimal täglich eingenommen werden muss.

Folgende Nährstoffe benötigen wir, um die Chemikalien, Metalle und Xenoestrogene zu binden:

- Cystein
- Glutathion
- Glycin
- L-Glutamin
- Liponsäure
- Taurin

Und nun brauchen wir zusätzliche Unterstützung durch die Einnahme von Vitaminen und Mineralien:

- » Eisen
- » Indol
- » Kalzium
- » Lysin
- » Magnesium
- » Selen
- » Vitamin-B-Komplex
- » Vitamin B12
- » Vitamin D3
- » Zink

Ersetzen Sie das Multivitamin- und Mineralpräparat durch Vitamin-B-Komplex. Nehmen Sie weiterhin Fischöl, Vitamin C und Probiotika ein.

Homöopathische Mittel sind in der Phase II des Detox-Programms Pflicht, da sie den Körper bei der Ausscheidung von Schwermetallen und Chemikalien unterstützen.

In meiner Klinik wandten wir schon immer Homöopathie an, weil wir damit die besten Ergebnisse für unsere Patienten erzielen und die homöopathischen Mittel gleichzeitig nicht teuer sind.

Wir benötigen folgende homöopathische Mittel:

- » 20 bis 25 ml homöopathische Nosoden zur Ausschwemmung von Metallen
- » 20 bis 25 ml homöopathische Nosoden zur Ausschwemmung von Chemikalien, inklusive Pestizide, Düngemittel usw.
- » 20 bis 25 ml eines homöopathischen Detox-Komplexes zur Unterstützung der Ausscheidungsorgane wie Leber, Nieren, Lymphsystem, einschließlich Immunsystem sowie Thymusdrüse und Milz

Auch ein Komplexpräparat aus allen genannten Mitteln ist möglich, wodurch allerdings die Wirksamkeit der einzelnen Inhaltsstoffe gemindert werden könnte.

Nehmen Sie in der ersten Woche zweimal täglich 5 Tropfen von jedem Mittel und erhöhen Sie die Dosis dann auf zweimal täglich 10 Tropfen, bis die Fläschchen aufgebraucht sind.

Sehr sensible Menschen, die normalerweise sehr viele Toxine und Metalle im Körper haben, beginnen mit zweimal täglich 1 oder 2 Tropfen und erhöhen die Dosis alle drei Tage um je einen Tropfen.

Sollten Sie sehr unangenehme Symptome aufweisen, setzen Sie die Mittel einen Tag lang aus und beginnen danach wieder mit der halben Dosis.

Symptome wie Kopfschmerzen, Schwindel oder sich verstärkende bereits vorhandene Symptome bedeuten nicht, dass diese Mittel Nebenwirkungen haben. Sie zeigen im Gegenteil, über welche Wirkkraft die homöopathischen Mittel verfügen, die aber vielleicht für Ihre derzeitige Verfassung etwas zu stark sind.

Herzlichen Glückwunsch! Sie haben Ihre gründliche Entgiftung abgeschlossen. Nun sind Sie giftfrei und sollten sich viel besser fühlen – eigentlich wie neu geboren!

Weiteres zur Unterstützung von Körper, Geist und Entgiftung

Aromatherapie

Ätherische Öle sind Extrakte aus bestimmten Gräsern, Blumen, Wurzeln, Bäumen, Früchten und Blättern und sie sind in der konzentriertesten und wirkungsvollsten Form, in der sie die Natur anbieten kann – deshalb sind sie eine unersetzliche Art von Arznei oder Zutat in Lebensmitteln und Kosmetika.

Ätherische Öle sind sehr stark, effektiv und schnell wirkend. Oral werden sie nicht sehr gut absorbiert, schneller geht es über die Haut und noch besser über das olfaktorische System durch Inhalation. Innerhalb weniger Sekunden stimulieren sie Aktivitäten auf zellulärer und physikalischer Ebene im Körper und auf intellektueller, emotionaler und spiritueller Ebene im Gehirn.

Jedes einzelne ätherische Öl kann zu verschiedensten Zwecken verwendet werden. So wirkt Römische oder Deutsche Kamille zur Beruhigung der Nerven, zur Linderung von Verbrennungen, Menstruationsbeschwerden und Hautkrankheiten.

Doch ätherische Öle können auch als Flohmittel für Haustiere, als Insektenschutz in Haus und Garten, zur Desinfektion und Reinigung, in Kosmetika und selbst beim Kochen Verwendung finden – hier sorgen sie für leckere und kreative Mahlzeiten und Desserts.

Durch die Wahl der richtigen Öle kann der Körper zu bestimmten Reaktionen veranlasst werden. Die Behandlung mit ätherischen Ölen wird bereits seit längst vergangenen Zeiten angewandt, hat sich aber auch in zahlreichen wissenschaftlichen Studien bewiesen.

Sie sind nicht invasiv, nicht verschmutzend oder belastend und im völligen biochemischen Gleichgewicht mit dem menschlichen Körper und der Natur im Allgemeinen.

Es gibt mehrere hundert verschiedene ätherische Öle, die heute Anwendung finden, und im Durchschnitt enthält jedes ätherische Öl einhundert Inhaltsstoffe, die an der Protein-, Hormon-, Energie- und Vitaminproduktion beteiligt sind. Doch das ist noch nicht alles: Eine sehr wichtige Wirkung ätherischer Öle vollzieht sich in den elektromagnetischen Feldern unseres Körpers, wo sie den natürlichen Heilungsprozess auf ganz ähnliche

Weise anregen können wie Farben. Darum werden sie auch sehr erfolgreich in der Farbtherapie eingesetzt.

Die heutige Aromatherapie hat ihren Ursprung in den 1920er Jahren in Frankreich mit folgender Begebenheit: Der Parfümeur und Chemiker René-Maurice Gattefosse stellte in seinem Labor Parfüm her, als er sich eine schwere Verbrennung des Armes zuzog. Das am nächsten stehende Gefäß mit kalter Flüssigkeit, in das er seinen Arm zum Kühlen halten konnte, war mit Lavendelöl gefüllt. Er war überrascht, als der Schmerz deutlich nachließ und die normalen Verbrennungsreaktionen wie Rötung, Blasenbildung, Entzündung und Schmerzen ausblieben. Seine Wunde verheilte sehr schnell und hinterließ keine Narben. In diesem Moment entschied er, den Rest seines Lebens der Erforschung der beachtlichen heilenden Eigenschaften ätherischer Öle zu widmen – was er Aromatherapie nannte.

Die Aromatherapie ist eine Wissenschaft, über die viele sehr lehrreiche Bücher veröffentlicht wurden. Und es gibt tatsächlich sehr viel darüber zu lernen und zu wissen: Zum Beispiel die Biochemie jedes einzelnen ätherischen Öls oder die Synergieeffekte, wenn man verschiedene Öle kombiniert und sie so noch wirksamer werden – vorausgesetzt, das Mischungsverhältnis stimmt, usw. Daher möchte ich an dieser Stelle nur ein paar grundlegende Einblicke in die Aromatherapie und ihre Anwendung bieten.

Sehr wichtig ist die Tatsache, dass ätherische Öle nur therapeutisch wirksam sind, wenn es sich um reine, natürliche Pflanzenessenzen handelt, die durch Wasserdampfdestillation, Flüssigextraktion, Aufquellen, Expression oder Enfleurage extrahiert wurden. Alle anderen Duftöle sind nutzlos, da sie nicht über heilende oder medizinische Eigenschaften verfügen; sie wurden nachgeahmt oder chemisch kopiert und sind auch als Duftstoffe bekannt. Darum ist es sehr wichtig, dass Sie nur reine ätherische Öle verwenden!

Für mich ist die Aromatherapie eine sehr wichtige Ressource für Prävention, Heilung und Wohlbefinden. Die Düfte ätherischer Öle sind nicht nur beruhigend und wohltuend, sondern auch heilend. Und es existieren viele verschiedene und angenehme Methoden, die in der Aromatherapie Anwendung finden:

Ätherische Öle können in eigens zu diesem Zweck entwickelten Duftschalen oder Zerstäubern verdampft werden. Es gibt elektrische Modelle und andere, die mit einem Teelicht funktionieren. Geben Sie dazu ein paar (3-4) Tropfen ins Wasser. Achten Sie jedoch darauf, dass das Wasser nicht vollständig verdampft – sonst klebt das Öl an der Schale und verbranntes Öl riecht nicht besonders gut.

Achtung
Wenden Sie ätherische Öle niemals unverdünnt auf der Haut an! Anwendungsmöglichkeiten und -hinweise zu ätherischen Ölen finden Sie im «Leitfaden zur Behandlung von Krankheiten von A bis Z».

» Eine Ganzkörpermassage ist eine sehr pflegende Art der Anwendung von Aromatherapie, wenn man eine Massage von einer professionellen Masseurin oder einem ebensolchen Masseur bekommt. Natürlich können Sie sich auch selbst massieren, vor allem wenn Sie Ihren Körper gezielt behandeln möchten wie zur Unterstützung und Anregung der Entgiftung. Geben Sie zu 25 ml Trägeröl, zum Beispiel Mandelöl (keine Bittermandel) oder Traubenkernöl, 12 Tropfen des ätherischen Öls beziehungsweise der Ölmischung hinzu.

» Ein Wannenbad ist ebenfalls eine einfache und entspannende Variante der Aromatherapie. Geben Sie einfach 4 bis 6 Tropfen in das zulaufende Wasser. Vermischen Sie das Wasser am Ende gründlich, um sicherzustellen, dass sich die Öle gut im Wasser verteilt haben, und genießen Sie Ihr Bad!

» Ein Handbad zur Verjüngung oder Heilung rauer, wunder Hände: Baden Sie Ihre Hände höchstens 10 Minuten lang in einer Schüssel mit warmem Wasser und 2 bis 4 Tropfen ätherischen Ölen.

» Ein Fußbad für wunde und müde Füße oder raue Haut: Baden Sie Ihre Füße etwa 20 Minuten lang in einer Schüssel mit warmem Wasser mit 2 bis 6 Tropfen ätherischen Ölen.

» Geben Sie einen Tropfen auf ein Taschentuch und inhalieren Sie bei Bedarf; zum Beispiel Eukalyptus gegen Erkältungen und Sinusitis.

» Nehmen Sie einen tiefen Atemzug und atmen Sie etwa eine Minute lang tief durch die Nase. Geben Sie heißes Wasser in eine Schüssel und fügen Sie 2 bis 3 Tropfen ätherisches Öl hinzu. Bedecken Sie Ihren Kopf mit einem Handtuch und beugen Sie sich mit dem Gesicht in etwa 25 cm Entfernung über die Schüssel – natürlich mit geschlossenen Augen.

» Stellen Sie Ihren eigenen Raumspray her, indem Sie 4 oder mehr Tropfen ätherisches Öl pro 150 ml warmem Wasser in eine unbenutzte Sprayflasche geben. Schütteln Sie die Mischung gut, bevor Sie sie verwenden.

Zur Verdünnung ätherischer Öle sind nur kaltgepresste Pflanzenöle zu verwenden wie Mandelöl, Aprikosenkernöl, Macadamiaöl, Nachtkerzenöl usw. Diese Öle sind für die Haut sehr pflegend und heilend, da sie viele Mineralien, Vitamine, essentielle Fettsäuren und Proteine enthalten!

Infrarotsauna (FIR)

Auch dies ist eine sehr wirksame und angenehme Anwendung. Die Temperatur ist hier nicht so hoch wie in einer herkömmlichen Sauna; sie liegt bei maximal 60 Grad. Es ist jedoch empfehlenswert, bei einer niedrigeren

Temperatur zu beginnen, um sich langsam daran zu gewöhnen. Die FIR-Sauna trägt nicht nur dazu bei, Toxine und Schwermetalle auszuscheiden. Sie lindert auch Schmerzen, wirkt als Lymphdrainage, stärkt das Immunsystem, wirkt positiv auf Neurotransmitter-Hormone wie Serotonin und führt zu einem Gefühl des Wohlbefindens, reduziert Stress und verbessert den Schlaf. Die FIR-Sauna hat viele weitere positive Wirkungen, weshalb wir diese Anwendung auch in unserem Swiss Wellness Day Spa in Adelaide anbieten.

Weitere Informationen finden Sie unter:
    www.swisswellness.com.au

Bioresonanztherapie

Mit der Bioresonanzmethode wird der Körper nicht nur gründlich und sehr wirksam entgiftet, sie wirkt auch stärkend und ausgleichend auf den Körper, wodurch Heilungsprozesse beschleunigt werden. Hier ist es sehr wichtig, einen für medizinische Bioresonanz (Global Diagnostic/Vitalfeld-Therapie) gut ausgebildeten Therapeuten zu finden.

Durch die Bioresonanztherapie werden auch Mikroorganismen wie Parasiten, Viren, Bakterien und Pilze sofort abgetötet, Organe und Drüsen werden behandelt, ins Gleichgewicht gebracht, gestärkt und vieles mehr.

Fast alle meiner Patientinnen und Patienten brauchten nur wenige Behandlungen, um Toxine oder Infektionen zu eliminieren, was die beeindruckende Kraft dieser Behandlungsmethode belegt. Dabei verzeichneten meine Patienten in den meisten Fällen keine negativen Reaktionen, es sei denn ihr Körper wies Mangelerscheinungen auf oder war zu erschöpft. In diesen Fällen war es notwendig, ihren Ernährungsstatus zu verbessern und ihre Ausscheidungsorgane zu stärken.

Ganzkörper-Lehmwickel

Lehmwickel sind eine weitere sehr wirksame Möglichkeit, Schwermetalle und Toxine auszuscheiden.

Es gibt hier viele Anwendungen. Die nach den Erfahrungen in meiner Klinik und in unserem Behandlungszentrum erfolgreichste ist der Ganzkörperwickel. Dabei werden Sie nicht nur Toxine los, sondern gleichzeitig auch noch ein paar Pfunde!

Weitere Informationen finden Sie unter:
    www.swisswellness.com.au

Teil 7

Leitfaden zur Behandlung von Krankheiten von A bis Z

Leitfaden zur Behandlung von Krankheiten von A bis Z

Selbsthilfe zur guten Gesundheit

Wie ich schon erwähnt habe, ist die Entgiftung Ihres Körpers das erste, das geschehen muss, damit seine Heilungsprozesse einsetzen können, aber es ist ebenso wichtig und entscheidend, dass Sie Ihrem Körper die benötigten Nährstoffe geben und ihn auch mit Mitteln der Pflanzenheilkunde und der Homöopathie unterstützen.

Wenn Sie ohne diese Unterstützung entgiften, werden Sie nur kranker werden und die negativen Symptome sich verstärken.

Wenn Sie sehr krank sind und an vielen Symptomen leiden, wäre es von Vorteil, einen Naturarzt oder Komplementärmediziner aufzusuchen, bevor Sie mit dem Entgiften beginnen. Präparate einzunehmen, sollte in den meisten Fällen helfen, entweder die Symptome zu lindern oder dafür zu sorgen, dass es Ihnen grundsätzlich besser geht.

Manchmal ist es nötig, ärztliche Behandlung zu akzeptieren, um Leben zu retten. Deshalb empfehle ich Ihnen hier dringend, dass Sie Ihre normale ärztliche Behandlung nicht abbrechen, sondern diese lediglich mit hochwertigen Nährstoffen, die Ihr Körper wohl ohnehin vermisst, unterstützen. Ihr Körper hat sein eigenes eingebautes Selbstheilsystem, und mit entsprechenden Ergänzungsstoffen geben Sie Ihrem Körper die Unterstützung, die er benötigt, um die eigene Heilfähigkeit zu verbessern.

Ergänzungsstoffe sind gewöhnlich sicher und haben keine Nebenwirkungen. Im Gegenteil – sie fördern gute Gesundheit, und eine gute Gesundheit bedeutet längeres Leben.

Gute Gesundheit ist Gold wert! In Ihre Gesundheit zu investieren, ist die klügste und lohnendste Investition, die Sie tätigen können! Denken Sie daran, dass Nahrungsmittelergänzungen konzentrierte Nahrung sind. Sie sollten zusammen mit den Mahlzeiten eingenommen werden und sind in Kombination wirksamer.

Ich bin um die Gesundheit der Menschen sehr besorgt und ich bin sehr begeistert davon, Menschen beim Erzielen von Wellness zu helfen. Deshalb ist es für mich wichtig, Ihnen nicht nur zu raten, was auf welche Art und Weise zu tun ist, sondern auch, wo Sie die besten Rezepte, Nahrungsmittelergänzungen, natürliche Körperpflegeprodukte sowie natürliche

Haushalt- und Gartenprodukte erhalten – um Sie, Ihre Familie und Ihre persönliche Umgebung gesund zu erhalten.

Im Shop in meiner Klinik in Adelaide hatte ich alle benötigten Alternativprodukte, die ich in meinem Buch erwähnt habe, angeboten. Das war für meine Patienten praktisch und sicher, und sie hatten volles Vertrauen in mich, weil ich ständig nach den besten erhältlichen Naturprodukten forschte und sie ausfindig machte.

Zu Ihrem Nutzen und für Ihre Sicherheit können alle alternativen Gesundheitsprodukte und Nahrungsergänzungsmittel, die ich in diesem Buch erwähnt habe, im Webshop meiner Webseite gekauft werden. Ich habe sie selbst ausprobiert und bezüglich Qualität, gesundheitlicher Aspekte und Umweltverträglichkeit getestet. Ich ergänze die Webseite fortlaufend mit neuen Forschungsergebnissen und Informationen über Naturmedizin.

www.global-healthandwellness.expert

www.eu.notari-health.expert

Kleines Begriffslexikon

Im folgenden Leitfaden wird jede Komponente stets mit demselben Begriff wiedergegeben. Doch gerade Kräuter sind unter verschiedenen Namen geläufig, und die Bezeichnung unterscheidet sich zum Teil auch noch je nach Land. Aus diesem Grund führe ich hier in einer kleinen Liste in der ersten Spalte die im Leitfaden verwendete Bezeichnung auf und in einer zweiten Spalte die bekanntesten alternativen Namen.

Meine Bezeichnung	Alternative Bezeichnungen
Alexandrinische Senna	Sennesblätter
Andorn	Schwarznessel
Celandine	Goldwurz, Schöllkraut, «Tüfelsmilch» (Schweiz)
Cranberry	Kranbeere, Kranichbeere, Preiselbeere
Dan shen	Rotwurzel-Salbei, Salvia miltiorrhiza
Dong quai	Chinesischer Engelwurz
Echinacea	Sonnenhut
Ephedrakraut	Ma-Huang
Fettblätter	Fettkräuter (Schweiz)
Gotu kola	Indischer Wassernabel
Hamamelis	Zaubernuss
Heidelbeere	Blaubeere
Helmkraut	Scheitelkäppchen
Indianische Blaubeere	Blauer Hahnenfuß, Frauenwurzel
Indigolupine	Färberhülse, Wilder Indigo
Indischer Schwalbenwurz	Gymnema, Wunderbeere

Meine Bezeichnung	Alternative Bezeichnungen
Kanadische Orangenwurzel	Blutwurz, Goldsiegelwurz, Kanadische Gelbwurz
Krauser Ampfer	Yellow Dock
Kreuzdorn	Cascara sagrada
Kurkumawurzel	Gelbwurz
Milchbusch	Gummihecke
Muskatellersalbei	Echter Salbei, Gartensalbei (Schweiz)
Pleuritiswurzel	Knollige Schwalbenwurzel, Knollige Seidenpflanze (Asclepias tuberosa)
Rehmannia	Chinesischer Fingerhut
Schöllkraut	Gelbkraut, «Nagel-Chrut» (Schweiz)
Schwarznuss	Schwarze Walnuss
Sichelblättriges Hasenohr	Wundkraut
Spearmint	Grüne Minze
Stacheliger Mäusedorn	Dornmyrte
Vogelmierenkraut	«Schnäbeli» (Schweiz)
Wasserdostkraut	Wasserdost
Weihrauch	Boswellia
Winterkirsche	Indischer Ginseng, Schlafbeere

Abschürfungen

Vitamine:	A, B-Komplex (hochdosiert), C, E
Mineralien:	Eisen, Kalzium, Zink
Aminosäuren:	Arginin, Ornithin, Aminosäuren-Komplex (Protein)
Weitere Ergänzungsstoffe:	Chlorophyll, Nachtkerzenöl
Kräuter und Gewürze:	Aloe vera, Echinacea, Kanadische Orangenwurzel, Wickel mit Hamamelis oder Hirtentäschel
Homöopathisch:	Calendula. *Wenn die Wunde sehr tief ist:* Ledum palustre
Schüßler Mineralsalze:	Ferrum phosphoricum
Ätherische Öle:	Lavendel oder Teebaum

Abszess

Vitamine:	A, B-Komplex (hochdosiert), C, E
Mineralien:	Eisen, Kieselsäure, Kaliumchlorid, Phosphat, Zink
Weitere Ergänzungsstoffe:	Antioxidantien, Knoblauch, Nährhefe
Kräuter und Gewürze:	Echinacea, Kanadische Orangenwurzel, Nachtkerze
Homöopathisch:	Calendula
Schüßler Mineralsalze:	Calcium sulfuricum, Silicea plus Calcium fluoratum und Silicea-Crème (1 & 11)
Ätherische Öle:	Zu gleichen Teilen Lavendel, Teebaum und Kamille. 1 Tropfen dieser Mixtur auf ein Wattestäbchen und direkt auf den Abszess auftragen. Diese Mixtur kann auch gegen Zahnabszess verwendet werden.

Aids (Acquired Immune Deficiency Syndrome)

Vitamine:	A (hochdosiert), Beta-Carotin, B-Komplex (hochdosiert), B12 (hochdosiert), C (sehr hohe Dosierung), Cholin, D, E, Folsäure
Mineralien:	Eisen, Germanium, Kalium, Mangan, Selen, Zink (hochdosiert)
Weitere Ergänzungsstoffe:	Acidophilus, Antioxidantien (hochdosiert), Bioflavonoide, Chondroitin, Coenzym Q10, Gamma, Glucosamin, Knoblauch, Phosphatidylserin
Kräuter und Gewürze:	Echinacea, Kanadische Orangenwurzel, Koreanischer Ginseng, Kreosotstrauch, Süßholz, Tragant
Homöopathisch:	Nosode
Schüßler Mineralsalze:	Calcium phosphoricum, Calcium sulphuricum, Natrium phosphoricum, Natrium sulphuricum, Silicea
Ätherische Öle:	Geranie und Lavendel oder Rosmarin und Teebaum, um das Immunsystem zu stimulieren

Akne

Vitamine:	A, B-Komplex (hochdosiert), B5, C, Cholin, E, Folsäure
Mineralien:	Chrom, Selen, Zink
Aminosäuren:	Lysin
Weitere Ergänzungsstoffe:	Acidophilus, Antioxidantien, Knoblauch, Nachtkerzenöl, Omega 3-6-9
Kräuter und Gewürze:	Echinacea, Kanadische Orangenwurzel, Klette, Krauser Ampfer, Kreosotstrauch, Löwenzahn, Mariendistel
Homöopathisch	*Generell auf der Haut und auf der Stirn:* Ledum palustre. *In der Jugend:* Hepar sulphuricum oder Pulsatilla. *Rot, fleckig:* Nux vomica
Schüßler Mineralsalze:	Calcium sulphuricum plus Natrium-Phosphoricum-Crème (9) und Calcium fluoratum plus Silicea-Crème (1 & 11)
Ätherische Öle:	Zu gleichen Teilen Kamille, Lavendel, Muskatellersalbei und Thymian. 2 Tropfen dieser Mixtur in einer Schale dampfenden Wassers verwenden, Gesicht über das Wasser halten, den Kopf bedecken und über dem Dampf etwa 5 Minuten verbleiben

Alkoholismus

Vitamine:	A, B-Komplex (hochdosiert), B1, B12 (hochdosiert), C-Komplex (hohe Dosierung), Cholin, D, E oder Multivitamin-Komplex (hochdosiert)
Mineralien:	Magnesium, Selen, Zink (hohe Dosierung) oder Multimineral-Komplex (hochdosiert)
Aminosäuren:	Carnitin, Glutamin, Taurin oder Aminosäuren-Komplex (Protein)
Weitere Ergänzungsstoffe:	Acidophilus, Antioxidantien, Nachtkerzenöl, Omega 3-6-9
Kräuter und Gewürze:	Helmkraut, Koreanischer und Sibirischer Ginseng, Löwenzahn, Mariendistel
Homöopathisch:	Nux vomica, Schwermetall-Detox-Komplex
Schüßler Mineralsalze:	Natrium phosphoricum, Natrium sulphuricum
Ätherische Öle:	Eukalyptus, Kamille, Oregano, Patchuli, Ringelblume, Schafgarbe, Teebaum, Thymian, Zimt, Zypresse. Eine Mixtur von 30 Tropfen aus 3 oder mehreren der erwähnten ätherischen Öle herstellen und 30 ml Pflanzenöl beimischen. Im Bereich der Leber (oberer Bauchbereich) einmassieren oder unverdünnt für ein Bad verwenden. Dies ist eine Mixtur zur Unterstützung der Leber.

Allergien

Vitamine:	A, B6, C (häufig hohe Dosierungen), E, Pantothensäure
Mineralien:	Kalzium, Mangan
Aminosäuren:	Histidin
Weitere Ergänzungsstoffe:	Acidophilus, Antioxidantien, Bromelain, Coenzym Q10, Knoblauch, Verdauungsenzyme
Kräuter und Gewürze:	Albizia, Bockshornklee, Löwenzahn, Meerrettich, Mutterkraut
Homöopathisch:	Histamin 6×, 200c, Schwermetall-Detox-Komplex
Schüßler Mineralsalze:	Natrium chloratum
Ätherische Öle:	Geranie oder Lavendel in 30 ml Pflanzenöl, um die Brust zu massieren. *Babys bis 2 Jahre:* 5 Tropfen. *2 bis 7 Jahre:* 10 Tropfen. *7 bis 12 Jahre:* 15 Tropfen. *Erwachsene:* 30 Tropfen der ätherischen Öle

Altern

Vitamine:	A, B-Komplex (hochdosiert), C, D, E
Mineralien:	Kalzium, Zink
Aminosäuren:	Glutamin, Methionin
Weitere Ergänzungsstoffe:	Acidophilus, Antioxidantien, Coenzym Q10, Gelée royale, Knoblauch, Lebertran, Lecithin, Nachtkerzenöl, Omega 3-6-9, Pollen, Rutin und Bioflavonoide, Verdauungsenzyme
Kräuter und Gewürze:	Fo-ti-tieng, Ginkgo, Gotu Kola, Kelp und Meeresspflanzen, Koreanischer Ginseng, Stechwinde, Wilder Yams
Schüßler Mineralsalze:	Calcium carbonicum, Calcium fluoratum, Calcium phosphoricum und Silicea
Ätherische Öle:	Fenchel, Geranie, Karotte, Lavendel, Muskatellersalbei, Neroli, Orange, Rose, Thymian. Sie können 2 oder mehrere davon mischen, genau so, wie es Ihren Bedürfnissen entspricht. Sie können Ihre Mixtur für ein Körperpeeling oder für ein Bad verwenden oder 70 Tropfen dieser Mixtur mit 30 bis 40 ml Haselnuss- und/oder Aprikosenkernöl mischen und zweimal täglich auf Ihr Gesicht, Ihren Nacken und Ihren Körper, wo benötigt, auftragen.

Altersflecken

Vitamine:	B-Komplex (hochdosiert), Cholin, E, Folsäure, Inositol
Mineralien:	Zink
Aminosäuren:	Methionin
Weitere Ergänzungsstoffe:	Acidophilus, Antioxidantien, Austernextrakt, Nachtkerzenöl, Nährhefe
Kräuter und Gewürze:	Celandine, Gotu Kola, Koreanischer Ginseng, Löwenzahn, Stechwinde, Süßholz
Homöopathisch:	Fungal-Nosode-Komplex, Schwermetall-Detox-Komplex
Schüßler Mineralsalze:	Natrium sulphuricum
Ätherische Öle:	Je 1 Tropfen Kampfer, Lavendel und Zitrone mit 6 Tropfen Nachtkerzenöl mischen und mit dieser Mixtur zweimal täglich die Stelle mit den Altersflecken massieren

Altersschwäche *(Senilität)*

Vitamine:	A, B-Komplex (hochdosiert), B3, B5, B12 (hochdosiert oder häufige Dosierungen), C-Komplex, D, E
Mineralien:	Magnesium, Zink
Aminosäuren:	Glutamin
Weitere Ergänzungsstoffe:	Acidophilus, Antioxidantien, EPA/DHA (Fischöl oder Pflanzenöl, hochdosiert), Nachtkerzenöl, Phosphatidylserin, Rutin und Bioflavonoide, Verdauungsenzyme
Kräuter und Gewürze:	Ginkgo, Gotu Kola, Koreanischer Ginseng, Weißdorn
Schüßler Mineralsalze:	Ferrum phosphoricum
Ätherische Öle:	Je 6 Tropfen Basilikum, Geranie, Lavendel, Rosmarin und Salbei, um eine Mixtur von 30 Tropfen herzustellen. Als Lufterfrischer oder in einer Aromalampe verwenden. 4 Tropfen unverdünnt in ein Bad geben oder zum Massieren 30 Tropfen mit 30 ml Pflanzenöl verdünnen

Alzheimer

Vitamine:	Beta-Carotin, B-Komplex (hochdosiert), B12 (hohe Dosierung), Bioflavonoide, C-Komplex (hohe Dosierung), Cholin, D, E
Mineralien:	Magnesium, Selen, Zink
Aminosäuren:	Carnitin, Glutamin, Glycin, Taurin, Threonin oder Aminosäuren-Komplex (Protein)
Weitere Ergänzungsstoffe:	Acidophilus, Antioxidantien, Glyko-Nährstoffe, Lebertran oder DHA oder EPA/DHA (häufig hohe Dosierungen), Liponsäure, Phosphatidylserin, Verdauungsenzyme
Kräuter und Gewürze:	Fettblätter, Ginkgo, Gotu Kola, Koreanischer Ginseng
Homöopathisch:	Nosode mit der Ursache (Aluminium-Detox). *Vergesslich:* Calcarea phosphorica. *Sehr vergesslich:* Schwefel
Schüßler Mineralsalze:	Ferrum phosphoricum, Kalium phosphoricum, Silicea
Ätherische Öle:	Basilikum, Geranie, Lavendel, Rosmarin. Zu gleichen Teilen als Lufterfrischer in einer Aromalampe, 4 Tropfen unverdünnt in ein Bad geben oder insgesamt 30 Tropfen mit 30 ml Pflanzenöl verdünnt zum Massieren

Analfissur

Vitamine:	A, B-Komplex, C-Komplex, E
Mineralien:	Kalzium, Kieselsäure
Weitere Ergänzungsstoffe:	Acidophilus, Antioxidantien
Kräuter und Gewürze:	Hamamelis, Kanadische Orangenwurzel
Homöopathisch:	Arsenicum album, Calcarea phosphorica
Schüßler Mineralsalze:	Calcium fluoratum, Silicea plus Calcium fluoratum und Silicea-Crème (1 & 11)
Ätherische Öle:	Geranie (1 Tropfen), Kamille (2 Tropfen) und Lavendel (3 Tropfen) mit 1 Teelöffel Pflanzenöl mischen und damit den Analbereich massieren

Angina Pectoris

Vitamine:	B-Komplex (hochdosiert), C-Komplex (häufig hohe Dosierung), Cholin, E, Pantothensäure
Mineralien:	Kalium, Magnesium (hochdosiert)
Aminosäuren:	Carnitin, Lysin, Prolin, Taurin
Weitere Ergänzungsstoffe:	Acidophilus, Antioxidantien, Coenzym Q10, Knoblauch, Lecithin (hochdosiert), Liponsäure
Kräuter und Gewürze:	Alant, Dan-Shen, Ingwer, Weißdorn
Homöopathisch:	Schwermetall-Detox-Komplex, Arnica montana, Arsenicum album, Magnesia phosphorica, Spongia tosta
Schüßler Mineralsalze:	Calcium fluoratum, Calcium phosphoricum, Ferrum phosphoricum, Magnesium phosphoricum
Ätherische Öle:	*Zur Vorbeugung von Angina Pectoris:* Je 1 Tropfen Bergamotte, Rosmarin und Ysop. Für ein Bad verwenden oder mit einem Teelöffel Pflanzenöl für Selbstmassage mischen

Ängstlichkeit

Vitamine:	B-Komplex (hochdosiert), B1, B3, B6, B12, C-Komplex, Pantothensäure
Mineralien:	Kalzium, Magnesium, Zink
Aminosäuren:	Taurin, Tryptophan, Tyrosin
Weitere Ergänzungsstoffe:	Antioxidantien, EPA/DHA (Fischöl oder Pflanzenöl)
Kräuter und Gewürze:	Baldrian, Helmkraut, Johanniskraut, Kamille, Passionsblume
Homöopathisch:	Argentum
Schüßler Mineralsalze:	Kalium bromatum, Kalium phosphoricum
Ätherische Öle:	Geranie, Lavendel, Palmarosa (Cymbopogon martinii). Zu gleichen Teilen oder nur ein einziges Öl. Zum Inhalieren, Baden, für Massage usw.

Appetit *(wenig oder Verlust von)*

Vitamine:	B-Komplex (hochdosiert), B1, C-Komplex
Mineralien:	Zink
Aminosäure:	Lysin
Weitere Ergänzungsstoffe:	Acidophilus, Antioxidantien, Verdauungsenzyme
Kräuter und Gewürze:	Enzian, Kamille, Löwenzahn, Mariendistel
Homöopathisch:	Aconitum napellus, Belladonna, Calcarea phosphorica, Rhus toxicodendron, Verdauungs-Komplex
Schüßler Mineralsalze:	Calcium phosphoricum
Ätherische Öle:	Ingwer und Orange. Zu gleichen Teilen 30 Tropfen herstellen und mit 30 ml Pflanzenöl zum Massieren verdünnen

Arteriosklerose *(sich verhärtende Arterien)*

Vitamine:	B-Komplex (hochdosiert), B3, B6, B12 (hochdosiert), C-Komplex (häufig hohe Dosierungen), Cholin, E, Folat
Mineralien:	Chrom, Kieselsäure, Magnesium, Zink
Aminosäuren:	Carnitin, Lysin, Taurin
Weitere Ergänzungsstoffe:	Acidophilus, Antioxidantien, Bioflavonoide, Bromelain, EPA/DHA (Fischöl oder Pflanzenöl), Glukosamin, Knoblauch, Lecithin, Liponsäure, Nachtkerzenöl, Sitosterin
Kräuter und Gewürze:	Koreanischer Ginseng, Luzerne, Weißdorn
Homöopathisch:	Schwermetall-Detox-Komplex
Schüßler Mineralsalze:	Calcium fluoratum
Ätherische Öle:	Birke, Ingwer, schwarzer Pfeffer, Rosmarin, Wacholder, Zitrone. Aus diesen ätherischen Ölen auswählen und eine Mixtur von 30 Tropfen herstellen. Mit 30 ml Pflanzenöl zum Massieren mischen

Arthritis

Vitamine:	B-Komplex (hochdosiert), B3, B6, C-Komplex, Pantothensäure
Mineralien:	Kalium, Kalzium, Magnesium, Mangan, Selen, Zink
Aminosäuren:	Aminosäuren-Komplex (Protein)
Weitere Ergänzungsstoffe:	Acidophilus, Antioxidantien, Chondroitin, Glucosamin, Lebertran, EPA/DHA (Fischöl oder Pflanzenöl), Leinsamenöl, Liponsäure, MSM (Methylsulfonylmethan), Nachtkerzenöl, Rutin und Bioflavonoide
Kräuter und Gewürze:	Katzenkralle, Kreosotstrauch, Kurkumawurzel, Luzerne, Mutterkraut, Sellerie, Silberweidenrinde (ein natürliches Aspirin), Teufelskralle, Wacholder, Weihrauch, Yucca
Homöopathisch:	Rhus toxicodendron, Schwermetall-Detox-Komplex
Schüßler Mineralsalze:	Kalium chloratum, Natrium sulphuricum
Ätherische Öle:	Fenchel, Wacholder, Zypresse. Als einzelnes Öl oder als Mixtur von 5 Tropfen aus 2 oder 3 dieser ätherischen Öle für ein Bad oder als Mixtur von 30 Tropfen in 30 ml Pflanzenöl zum Massieren

Arthrose

Vitamine:	A, B3, B5, B6, B12 oder B-Komplex (hochdosiert), C-Komplex, D, E
Mineralien:	Kalzium, Kieselsäure, Kupfer, Magnesium, Zink oder Multimineral-Komplex (hochdosiert)
Aminosäuren:	*Zur Schmerzlinderung:* Methionin, Phenylalanin
Weitere Ergänzungsstoffe:	Acidophilus, Antioxidantien, Bioflavonoide, Bromelain, Chondroitin, Glucosamin, Omega 3-6-9, Verdauungsenzyme
Kräuter und Gewürze:	Guajak, Heidelbeere, Ingwer, Katzenkralle, Kelp, Kurkumawurzel, Mutterkraut, Sellerie, Silberweidenrinde, Teufelskralle, Weißdorn, Yucca
Homöopathisch:	Schwermetall-Detox-Komplex
Schüßler Mineralsalze:	Natrium phosphoricum, Silicea
Ätherische Öle:	Ingwer, Kiefer, Lavendel, Petitgrain, Rosmarin, Sandelholz, Zedernholz, Zypresse. Aus diesen ätherischen Ölen auswählen und eine Mixtur von 30 Tropfen in 30 ml Pflanzenöl zum Massieren herstellen

Asthma

Vitamine:	A, Beta-Carotin, B3, B6, B12 oder B-Komplex (hochdosiert), C (hochdosiert), E, Pantothensäure
Mineralien:	Kalium, Kalzium, Magnesium, Selen, Zink
Aminosäuren:	Phenylalanin, Taurin, Tyrosin
Weitere Ergänzungsstoffe:	Acidophilus, Antioxidantien, Coenzym Q10, Knoblauch, Meerrettich, Nachtkerzenöl, Rutin und Bioflavonoide
Kräuter und Gewürze:	Albizia, Baikal-Helmkraut, Bockshornklee, Eibisch, Ginkgo, Grindelia, Helmkraut, Indianertabak, Mutterkraut, Süßholz
Homöopathie:	*Attacke erfolgt zwischen Mitternacht und 3 Uhr morgens, man fühlt sich ruhelos, ängstlich, kalt und schwach:* Histamin oder Atem-Komplex oder Arsenicum. *Äußerste Erregbarkeit, Wut; gut für Kinder:* Kamille. *Voller Schleim, der sich festsetzt, Hustenkrampf, der zu Übelkeit und Brechreiz führen kann:* Ipecac. *Sehr anhängliche, abhängige Person, hysterisch während Attacke:* Pulsatilla. *Attacke wird durch feuchtes oder nasses Wetter verursacht und erfolgt früh am Morgen oder auf Erkältungen oder Anstrengung:* Natrium sulphuricum
Schüßler Mineralsalze:	Kalium Phosphoricum
Ätherische Öle:	Geranie und Lavendel, wie gegen Allergien

Atemwegs- und Lungenerkrankungen *(Verstopfung und Entzündung)*

Vitamine:	Beta-Carotin, B-Komplex, C-Komplex (häufig hohe Dosierungen), E, Pantothensäure
Mineralien:	Zink (hochdosiert)
Weitere Ergänzungsstoffe:	Acidophilus, Antioxidantien, Knoblauch, Meerrettich, Omega 3-6-9, Rutin und Bioflavonoide
Kräuter und Gewürze:	Bockshornklee, Echinacea, Kanadische Orangenwurzel, Süßholz
Homöopathisch:	*Akute Bronchitis:* Gelsemium. *Später:* Ledum palustre. *Lungenentzündung:* Arnica montana, Ferrum phosphoricum, Phosphorus
Schüßler Mineralsalze:	Ferrum phosphoricum, Kalium chloratum
Ätherische Öle:	*Gegen Bronchitis:* Benzoe, Eukalyptus, Ingwer, Muskatnuss, Nelke, Thymian, Weihrauch, Zimt. 5 von diesen ätherischen Ölen auswählen und eine Mixtur von 30 Tropfen in 30 ml Pflanzenöl herstellen. Die Brust, den Rücken oder den ganzen Körper massieren. *Gegen Lungenentzündung:* Eukalyptus, Niaouli, Oregano, Teebaum, Thymian. Eine Mixtur aus je 6 Tropfen in 30 ml Pflanzenöl herstellen und damit den Körper massieren. Zum Inhalieren Niaouliöl und Teebaumöl verwenden

Atherosklerose *(Cholesterol in Arterien)*

Vitamine:	B-Komplex (hochdosiert), B3, B6, B12, C-Komplex (häufig hohe Dosierungen), Cholin, E, Folsäure
Mineralien:	Chrom, Kalium, Kalzium, Kupfer, Magnesium, Selen, Zink oder Multimineral-Komplex (hochdosiert)
Aminosäuren:	Carnitin, Lysin, Taurin
Weitere Ergänzungsstoffe:	Acidophilus, Antioxidantien, Bromelain, EPA/DHA (Fischöl oder Pflanzenöl), Flohsamenschalen, Glucosamin, Knoblauch, Leinsamenöl, Lecithin
Kräuter und Gewürze:	Alant, Dan Shen, Ingwer, Luzerne, Weißdorn
Homöopathisch:	Schwermetall-Detox-Komplex
Schüßler Mineralsalze:	Calcium fluoratum, Ferrum phosphoricum
Ätherische Öle:	Ingwer, Rosmarin, Zitrone. Eine Mixtur von 30 Tropfen in 30 ml Pflanzenöl zum Massieren herstellen

Augenbelastung *(oder Entzündung)*

Vitamine:	A, B-Komplex (hochdosiert), B2, Beta-Carotin, C-Komplex (häufige Dosierungen), E
Mineralien:	Eisen, Kalium, Magnesium, Zink
Aminosäuren:	Lysin
Weitere Ergänzungsstoffe:	Antioxidantien, Bioflavonoide, Omega 3-6-9
Kräuter und Gewürze:	Augentrost, Heidelbeere, Nachtkerze
Homöopathisch:	*Wenn sie heiß und trocken sind, Gefühl wie Sand in den Augen:* Aconite. *Wenn die Augenlider rot und geschwollen sind, mit Flüssigkeitsansammlung, und brennen:* Apis mellifica. *Wenn die Augen brennen, blutunterlaufen sind, sich trocken anfühlen, lichtempfindlich sind, mit vergrößerten Pupillen:* Belladonna. *Wenn die Augen brennen und stark tränen (kann auch lokal als Tinktur verwendet werden):* Euphrasia. *Wenn Augen und Lider schmerzhaft und geschwollen und die Lider klebrig sind:* Pulsatilla
Schüßler Mineralsalze:	Ferrum phosphoricum
Ätherische Öle:	Kamille (10 Tropfen). 1 Esslöffel Kognak oder Wodka hinzufügen und mit 150 ml Trinkwasser in Flasche verdünnen, gut schütteln und in den Kühlschrank stellen. Die Augen damit morgens und abends baden. Gegen Entzündung ein Wattebäuschchen in die Lösung tauchen und dieses auf das Auge legen

Beingeschwüre *(varikös)*

Vitamine:	A (hohe Dosierung), B-Komplex (hochdosiert), C-Komplex (hohe Dosierung), D, E (hohe Dosierung)
Mineralien:	Kalzium, Kieselsäure, Zink oder Multimineral-Komplex (hochdosiert)
Aminosäuren:	Arginin und Glycin (zusammen)
Weitere Ergänzungsstoffe:	Acidophilus, Antioxidantien, Bromelain, Fasern (Flohsamenschalen, Guargummi), Omega 3-6-9, Rutin und Bioflavonoide
Kräuter und Gewürze:	Heidelbeere, Gotu Kola, Rosskastanie, Stacheliger Mäusedorn, Weißdorn
Homöopathisch:	Carbo vegetabilis
Schüßler Mineralsalze:	Kalium-phosphoricum-Crème oder Calcium fluoratum und Silicea-Crème (1 & 11), Silicea
Ätherische Öle:	Eukalyptus, Geranie, Kamille, Lavendel, Teebaum, Thymian. 4 dieser ätherischen Öle auswählen und eine Mixtur von 30 Tropfen herstellen. 2 Tropfen einer Tasse Wasser beifügen und das ganze Bein waschen, die Stelle mit den Geschwüren mit einem Lappen oder Wattebausch am Ende waschen. Dann 4 Tropfen von einem der erwähnten ätherischen Öle auf ein großes Pflaster oder einen sterilen Verbandmull geben, um die Geschwüre zu bedecken. Den Verband täglich wechseln

Bindehautentzündung

Vitamine:	A, B2, B6, C-Komplex
Mineralien:	Eisen
Aminosäure:	Lysin
Weitere Ergänzungsstoffe:	Antioxidantien (Allergien, Candida oder Empfindlichkeit gegenüber Chemikalien beachten)
Kräuter und Gewürze:	Augentrost, Kamille, Kanadische Orangenwurzel, Augentrost- und Ringelblumen-Tee als Augenspülung (oder nur eines dieser Kräuter)
Homöopathisch:	Euphrasia (innerlich) oder homöopathische Augentropfen gegen Bindehautentzündung, Candida-Nosode, Histamin, wenn durch Allergie verursacht), Detox-Komplex
Schüßler Mineralsalze:	Kalium chloratum
Ätherische Öle:	1 Tropfen Kamille auf feuchtes Wattebäuschchen oder -rondelle (mit siedendem Wasser befeuchten und dann abkühlen lassen) als Augenspülung

Bisse und Insektenstiche

Vitamine:	C (häufig hohe Dosierungen), Pantothensäure
Mineralien:	Kalzium-Magnesium-Komplex
Aminosäure:	Histidin
Weitere Ergänzungsstoffe:	Antioxidantien, Knoblauch
Kräuter und Gewürze:	Baldrian, Kanadische Orangenwurzel
Homöopathisch:	*Wenn die Verletzung anschwillt sowie rot und entzündet aussieht:* Apis mellifica. *Wenn blaue Flecken entstehen oder bei Schmerzen:* Arnica. *Wenn brennender Schmerz das Hauptsymptom ist:* Cantharis. *Wenn die Verletzung in einer Gegend reich an Nerven ist wie Fingerspitzen, Zehen und Lippen:* Hypericum. *Wenn sich die Verletzung kalt anfühlt:* Ledum
Schüßler Mineralsalze:	Ferrum phosphoricum
Ätherische Öle:	Wenn nötig den Stachel entfernen und reines Lavendelöl oder reines Kamillenöl anwenden

Blähungen *(vorübergehende Erleichterung)*

Weitere Ergänzungsstoffe:	Acidophilus
Kräuter und Gewürze:	Fenchel- und/oder Pfefferminztee, Ingwer, Kamille, Löwenzahnwurzel, Mariendistel
Homöopathisch:	Calcarea phosphorica, Pulsatilla. *Starke Blähungen:* Ignatia
Schüßler Mineralsalze:	Calcium phosphoricum
Ätherische Öle:	Dill, Fenchel, Kardamom, Pfefferminz. 30 Tropfen von einem oder allen dieser ätherischen Öle herstellen und mit 30 ml Pflanzenöl mischen, um damit den Unterleib zu massieren

Blasenentzündung *(Zystitis)*

Vitamine:	A, Beta-Carotin, C (häufig hohe Dosierungen)
Mineralien:	Kieselsäure, Zink
Aminosäure:	Methionin
Weitere Ergänzungsstoffe:	Acidophilus, Antioxidantien, Bioflavonoide, Chlorophyll, Cranberry, Salzsäure
Kräuter und Gewürze:	Bärentraube, Kanadische Orangenwurzel, Knoblauch-Schnittlauch (Buchu), Kriech-Quecke, Schachtelhalmtee, Sellerie, Wacholder. *Wenn die Schmerzen kurz vor dem Urinieren am größten sind:* Stechwinde
Homöopathisch:	*Brennend:* Aconitum napellus. *Reizend:* Ferrum phosphoricum. *Akute Infektion:* Belladonna
Schüßler Mineralsalze:	Ferrum phosphoricum, Natrium phosphoricm, Silicea (häufig)
Ätherische Öle:	Eukalyptus, Lavendel, Nelke, Rosmarin und Zimt zu gleichen Teilen mischen, um 30 Tropfen zu erhalten. Mit 30 ml Pflanzenöl mischen. Unterleib, Rücken und Hüfte massieren

Blutarmut

Vitamine:	B6, B12, C, Folsäure
Mineralien:	Eisenchelat, Kalzium, Kupfer mit Molybdän
Aminosäuren:	Histidin, Lysin
Weitere Ergänzungsstoffe:	Acidophilus, Salzsäure
Kräuter und Gewürze:	Brennnessel (als Tee), Brunnenkresse, Enzian, Löwenzahn, Luzerne, Petersilie
Homöopathisch:	Nosode mit der Ursache (Aluminium- und Blei-Detox) und Ferrum phosphoricum
Schüßler Mineralsalze:	Ferrum phosphoricum

Blutdruck *(hoch)*

Vitamine:	A, B-Komplex (hochdosiert), B5, C-Komplex (häufig hohe Dosierungen), Cholin, E
Mineralien:	Kalium, Kalzium (hochdosiert), Kieselsäure, Magnesium (hochdosiert), Zink
Aminosäuren:	Carnitin, Tyrosin
Weitere Ergänzungsstoffe:	Acidophilus, Antioxidantien, Bioflavonoide, Bromelain, Coenzym Q10, EPA/DHA (Fischöl oder Pflanzenöl), Knoblauch, Nachtkerzenöl
Kräuter und Gewürze:	Helmkraut, Limette, Mariendistel, Mistel, Schafgarbe, Sibirischer Ginseng, Weißdorn
Homöopathisch:	Arnica montana, Schwermetall-Detox-Komplex
Schüßler Mineralsalze:	Calcium fluoratum
Ätherische Öle:	Lavendel, Majoran, Muskatellersalbei, Rosmarin, Zitrone, Zitronenmelisse. Je 5 Tropfen in 30 ml Pflanzenöl zum Massieren

Blutdruck *(tief)*

Vitamine:	A, B-Komplex, C-Komplex, E
Mineralien:	Chrom, Zink
Aminosäuren:	Tyrosin
Weitere Ergänzungsstoffe:	Acidophilus, Antioxidantien
Kräuter und Gewürze:	Koreanischer und Sibirischer Ginseng, Süßholz
Homöopathisch:	Schwermetall-Detox-Komplex
Schüßler Mineralsalze:	Kalium phosphoricum, Natrium phosphoricum
Ätherische Öle:	Gewürznelke, Thymian, Zimt. Eine Mixtur von 30 Tropfen in 30 ml Pflanzenöl zum Massieren herstellen

Blutreiniger

Vitamine:	B-Komplex, C-Komplex (häufig hohe Dosierungen) oder Multivitamin (hochdosiert)
Mineralien:	Kieselsäure
Aminosäuren:	Glutathion, Methionin, Taurin
Weitere Ergänzungsstoffe:	Acidophilus, Antioxidantien, Chlorophyll, Flohsamenschalen
Kräuter und Gewürze:	Echinacea, Kanadische Orangenwurzel, Löwenzahn, Mariendistel
Homöopathisch:	Schwermetall-Detox-Komplex
Schüßler Mineralsalze:	Calcium sulphuricum, Silicea
Ätherische Öle:	Lavendel, Rosmarin, schwarzer Pfeffer, Zitrone. Eine Mixtur von 30 Tropfen in 30 ml Pflanzenöl zum Massieren herstellen

Blutzirkulation *(schlechte)*

Vitamine:	B-Komplex, B1, B3, C-Komplex (häufig hohe Dosierungen), E
Mineralien:	Magnesium
Aminosäuren:	Arginin, Carnitin
Weitere Ergänzungsstoffe:	Acidophilus, Antioxidantien, Bioflavonoide, EPA/DHA (Fischöl) oder Omega 3-6-9, Knoblauch
Kräuter und Gewürze:	Ginkgo, Ingwer, Sibirischer Ginseng, Weißdorn
Homöopathisch:	Nosode
Schüßler Mineralsalze:	Calcium fluoratum
Ätherische Öle:	Geranie, Ingwer, Kardamom, Rose, Rosmarin, schwarzer Pfeffer. Eine Mixtur von 30 Tropfen in 30 ml Pflanzenöl zum Massieren herstellen und/oder 5 Tropfen der unverdünnten Mixtur ins Bad geben

Borreliose

Vitamine:	B-Komplex, C, D, K2
Mineralien:	Mineralien- und Spurenelemente-Komplex, Zink
Aminosäuren:	Lysin
Weitere Ergänzungsstoffe:	Acidophilus-Komplex, Chlorophyll, Curcumin, Hanföl, Humin, Macadamiaöl, Mandelöl, Spirulina
Kräuter und Gewürze:	Birke, Brennnesseln, Echinacea, Goldruten, Maitake, Mariendistel, Reishi, Shitake
Homöopathisch:	Nosode mit Rhus Tox, Arnika
Schüßler Mineralsalze:	Kalium chloratum, Kalium sulphuricum
Ätherische Öle:	Hanf, Mohn, Nelkenknospen, Zimt

Anwendungen und Dosierungen siehe Seite 153.

Bronchitis und Lungenentzündung

Vitamine:	A, C-Komplex (häufig hohe Dosierungen), E
Mineralien:	Zink (hochdosiert) und/oder Zinkpastillen
Weitere Ergänzungsstoffe:	Acidophilus, Antioxidantien, Honig (nicht pasteurisiert), Knoblauch, Meerrettich
Kräuter und Gewürze:	Alant, Andorn, Echinacea (alle 2 Stunden), Grindelia, Ingwer, Kanadische Orangenwurzel, Königskerze, Milchbusch, Süßholz, Tragant
Homöopathisch:	*Wenn trockener, rauer, schmerzhafter Husten, schlimmer während der Nacht:* Aconite. *Wenn hart, trocken, schmerzende Brust, schlimmer in einem warmen Raum, besser beim Aufrecht-Sitzen:* Bryonia. *Bei plötzlichem, bellendem Husten, Würgen bis zum Gefühl, fast ersticken zu müssen:* Drosera. *Bei schmerzhaftem, bellendem Husten, schlimmer bei kaltem Luftzug, Brust voller Schleim, rasselndes Geräusch:* Hepar sulphuricum. *Wenn frische Luft im Hals kitzelt und Dauerhusten verursacht, schäumender Auswurf:* Rumex. *Bei hohl klingendem, bellendem Husten, Geräusch wie beim Holzsägen, die Brust fühlt sich voll an, Erstickungsgefühl:* Spongia
Schüßler Mineralsalze:	Ferrum phosphoricum, Kalium chloratum
Ätherische Öle:	Eukalyptus, Lavendel, Römische Kamille, Teebaum, Thymian. Zu gleichen Teilen mischen, um für ein Bad zu verwenden, zum Inhalieren, um 1 oder 2 Tropfen auf ein Taschentuch zu geben oder um eine Massage-Mixtur herzustellen, um die Brust zu massieren

Brustspannen

Vitamine:	B6, C-Komplex, D, E
Mineralien:	Kalzium, Kieselsäure, Magnesium, Zink
Aminosäuren:	Taurin, Tyrosin
Weitere Ergänzungsstoffe:	Acidophilus, Antioxidantien, EPA/DHA (Pflanzenöl), Nachtkerzenöl
Kräuter und Gewürze:	Dong Quai, Wilder Yams
Homöopathisch:	Hormon-Balance-Komplex
Ätherische Öle:	Geranie (10 Tropfen), Karotten (5 Tropfen), Lavendel (10 Tropfen) und Römische Kamille (5 Tropfen) 30 ml Pflanzenöl hinzufügen und die Brust massieren. Unter der Achsel beginnen, unter der Brust und das Dekolleté hinauf weiterfahren, dann über die Brust in Richtung Achselhöhle

Cellulite

Vitamine:	B-Komplex (hochdosiert), B6, C (hohe Dosierung), E
Mineralien:	Selen, Zink
Aminosäuren:	Aminosäuren-Komplex (Protein)
Weitere Ergänzungsstoffe:	Acidophilus, Antioxidantien, Lecithin, Rutin und Bioflavonoide, gemahlener Kaffee, um damit die betroffenen Stellen vor dem Duschen zu massieren
Kräuter und Gewürze:	Gotu Kola, Kelp, Rosskastanie (oral und topisch), Sellerie, Vogelmierenkraut, Wacholder
Homöopathisch:	Schwermetall-Detox-Komplex
Schüßler Mineralsalze:	Kalium chloratum, Natrium chloratum
Ätherische Öle:	Basilikum, Fenchel, Grapefruit, Oregano, Patchuli, schwarzer Pfeffer, Rosmarin, Salbei, Sellerie, Thymian, Zedernholz, Zitrone, Zypresse. 3 bis 5 der gewünschten ätherischen Öle mischen, um eine Mixtur von 30 Tropfen herzustellen, und 30 ml Pflanzenöl beimischen. Damit die betroffenen Stellen massieren oder 8 Tropfen der unverdünnten Mixtur in ein Bad geben

Cholesterin *(hoch)*

Vitamine:	B-Komplex (hochdosiert), B6, C-Komplex (hohe Dosierung), Cholin, D, E, Inositol, Nikotinsäure (B_3)
Mineralien:	Chrom, Kalium, Magnesium, Selen, Zink
Aminosäuren:	Arginin, Carnitin, Lysin, Taurin, Tryptophan, Tyrosin oder Aminosäuren-Komplex (Protein)
Weitere Ergänzungsstoffe:	Acidophilus, Antioxidantien, Bioflavonoide, Coenzym Q10, EPA/DHA (Fischöl oder Pflanzenöl), Flohsamenschalen, Knoblauch, Nachtkerzenöl, Sitosterin (Phytosterin)
Kräuter und Gewürze:	Artischocke, Berberitze, Celandine, Lapacho, Löwenzahn, Mariendistel
Homöopathisch:	Schwermetall-Detox-Komplex
Schüßler Mineralsalze:	Natrium sulphuricum
Ätherische Öle:	Zu gleichen Teilen Lavendel und Zitrone mischen, 5 Tropfen einer Aromalampe beifügen oder zum Einreiben 30 Tropfen mit 30 ml Mandel-Borretschsamen-Öl mischen

Chronisches Erschöpfungssyndrom

Vitamine:	B-Komplex (hochdosiert), B12 (hohe Dosierung), C-Komplex (hohe Dosierung), D, E
Mineralien:	Eisen, Kalium, Magnesium, Selen, Zink (hohe Dosierung)
Aminosäuren:	Aminosäuren-Komplex (Protein)
Weitere Ergänzungsstoffe:	Acidophilus, Antioxidantien, Bioflavonoide, Coenzym Q10, EPA/DHA (Pflanzenöl), Nachtkerzenöl, NADH (Adrenal-Nährstoff), Verdauungsenzyme
Kräuter und Gewürze:	Echinacea, Helmkraut, Kanadische Orangenwurzel, Koreanischer und Sibirischer Ginseng, Süßholz, Tragant, Winterkirsche
Homöopathisch:	Antiviren-Komplex, Anti-Candida-Komplex, Schwermetall-Detox-Komplex
Schüßler Mineralsalze:	Potassium chloratum
Ätherische Öle:	Bergamotte, Geranie, Kamille, Lavendel, Muskatellersalbei, Rose, Sandelholz, Zitrone. Aus 5 der gewünschten ätherischen Öle 30 Tropfen herstellen und 5 Tropfen dieser Mixtur in einer Aromalampe verbrennen oder zum Massieren 30 Tropfen mit 30 ml Pflanzenöl mischen

Dehnungsstreifen

Vitamine:	Beta-Carotin, B-Komplex (hochdosiert), B6, C-Komplex (hohe Dosierung), E (oral und topisch)
Mineralien:	Kieselsäure, Zink
Weitere Ergänzungsstoffe:	Acidophilus, Antioxidantien, Lecithin, Nachtkerzenöl
Homöopathisch:	Arsenicum album
Schüßler Mineralsalze:	Calcium fluoratum mit Kieselsäurecrème (topisch), Silicea
Ätherische Öle:	Borretschsamen (10 Tropfen), Karotte (5 Tropfen), Mandel (30 ml) und Weizenkeim (15 ml), gut gemischt. Danach Bulgarische Rose (7 Tropfen), Lavendel (6 Tropfen) und Tangerine (5 Tropfen) hinzufügen, um die betroffenen Stellen zu massieren

Depression

Vitamine:	B-Komplex (hochdosiert), B12 (hohe Dosierung), Biotin, C-Komplex, E, Folsäure
Mineralien:	Kalium, Magnesium, Zink
Aminosäuren:	Phenylalanin, Tryptophan, Tyrosin
Weitere Ergänzungsstoffe:	Acidophilus, Antioxidantien, Lecithin
Kräuter und Gewürze:	Gotu Kola, Helmkraut, Johanniskraut, Koreanischer Ginseng, Verbena, Wilder Yams
Homöopathisch:	Aurum, Hypericum perforatum
Schüßler Mineralsalze:	Kalium phosphoricum
Ätherische Öle:	Je 6 Tropfen Bergamotte, Geranie, Lavendel, Muskatellersalbei und Neroli in 30 ml Pflanzenöl zum Massieren geben. 8 Tropfen der unverdünnten Mixtur für ein Bad oder 5 Tropfen in eine Aromalampe

Dermatitis

Vitamine:	A, Beta-Carotin, B-Komplex (hochdosiert), B6, Biotin, C-Komplex (hohe Dosierung), Cholin, D, E
Mineralien:	Magnesium, Mangan, Selen, Zink (hochdosiert)
Aminosäuren:	Lysin, Taurin
Weitere Ergänzungsstoffe:	Acidophilus, Antioxidantien, Bioflavonoide, EPA/DHA (Fischöl oder Pflanzenöl), Nachtkerzenöl
Kräuter und Gewürze:	Echinacea, Kletten-Labkraut, Löwenzahn, Mariendistel
Homöopathisch:	Cantharis
Schüßler Mineralsalze:	Kalium sulphuricum, Silicea
Ätherische Öle:	Je 10 Tropfen Eukalyptus, Kamille und Lavendel in 30 ml Mandelöl zum Massieren geben. 10 Tropfen Nachtkerzenöl können ebenfalls beigefügt werden, um die Mixtur anzureichern

Diabetes mellitus

Vitamine:	B-Komplex (hochdosiert), B6, B12, C-Komplex, E
Mineralien:	Chrom, Kalium, Kalzium, Kupfer, Magnesium, Mangan, Selen, Zink
Aminosäuren:	Carnitin, Taurin
Weitere Ergänzungsstoffe:	Acidophilus, Antioxidantien, Coenzym Q10, EPA/DHA (Fischöl oder Pflanzenöl), Fasern (wie Flohsamen, Guargummi und Pektin), Knoblauch, Lecithin, Nachtkerzenöl, Verdauungsenzyme
Kräuter und Gewürze:	Bockshornklee, Heidelbeere, Indischer Schwalbenwurz, Kanadische Orangenwurzel, Löwenzahnwurzel, Luzerne
Homöopathisch:	Insulin
Schüßler Mineralsalze:	Calcium fluoratum, Calcium phosphoricum
Ätherische Öle:	*Zur Verbesserung der Zirkulation:* Zum Massieren der Füße, Beine, Hände und Arme je 10 Tropfen Geranie, Ingwer und Rosmarin mit 30 ml Pflanzenöl mischen. *Um den ganzen Körper zu massieren:* Je 6 Tropfen Eukalyptus, Geranie, Ingwer, Lavendel und Rosmarin mit 30 ml Pflanzenöl mischen

Divertikulitis

Vitamine:	A, C-Komplex (mit Kalziumascorbat), E
Mineralien:	Eisen, Zink
Weitere Ergänzungsstoffe:	Acidophilus, Antioxidantien, Chlorophyll, Fasern (Guargummi), Knoblauch
Kräuter und Gewürze:	Baldrian, Echinacea, Ingwer, Kamille, Kanadische Orangenwurzel, Rosmarin, Rotulmenrinde
Ätherische Öle:	Kamille, Nelke, Pfefferminz, Rosmarin. Je 2 Tropfen mit 1 Dessertlöffel Pflanzenöl mischen und den Unterleib massieren. Ebenfalls 1 Tropfen Pfefferminz mit einem Teelöffel Honig mischen und in einer Tasse heißen Wassers verdünnen und trinken

Down-Syndrom

Vitamine:	A, Beta-Carotin, B-Komplex (hochdosiert), B6, B12, C-Komplex, E, Folsäure
Mineralien:	Kalium, Magnesium, Mangan, Selen, Zink oder Multimineral-Komplex (hochdosiert)
Aminosäuren:	Glutamin, Taurin
Weitere Ergänzungsstoffe:	Acidophilus, Antioxidantien (hochdosiert), EPH/DHA (Pflanzenöl), Nachtkerzenöl, Verdauungsenzyme. Die Behandlung der Schilddrüse in Betracht ziehen, siehe Schilddrüsen-Unterfunktion
Kräuter und Gewürze:	Fo-Ti-Tien, Ginkgo, Gotu Kola
Ätherische Öle:	Lavendel, Rose, Rosmarin (grundsätzlich lieben Kinder sowie Erwachsene mit dem Down-Syndrom sämtliche Düfte)

Durchfall

Vitamine:	B-Komplex
Mineralien:	Kalium, Magnesium
Weitere Ergänzungsstoffe:	Acidophilus (3x täglich), Holzkohle, Knoblauch
Kräuter und Gewürze:	Beinwell, Echinacea, Eibisch, Himbeerblätter, Indigolupine, Kanadische Orangenwurzel, Kermesbeerenwurzel, Rotulmenrinde
Homöopathisch:	*Durch Nahrungsmittelvergiftung verursacht:* Arsenicum. *Mit Magenkrämpfen:* Colocynthis. *Wenn sehr wässerig (schmerzlos):* Phosphorus. *Wenn mit gurgelnden Geräuschen, aber schmerzlos, übelriechend:* Podophyllum. *Notfallmittel:* Veratrum alb! (Schließt starkes Erbrechen, Schwitzen, Kälte und schmerzhafte Krämpfe mit ein)
Schüßler Mineralsalze:	Natrium chloratum
Ätherische Öle:	*Durch Nahrungsmittel verursacht:* Eukalyptus, Kamille, Pfefferminz, Thymian, Zimt. *Durch virale Infektion verursacht:* Lavendel, Teebaum, Thymian, Zimt, Zitrone. *Nervliche Ursache:* Geranie, Kamille, Lavendel, Pfefferminz, Zitrone

Dyspepsie

Vitamine:	B-Komplex, B1, B3, B6
Mineralien:	Kalium, Kalzium, Magnesium
Weitere Ergänzungsstoffe:	Acidophilus, Knoblauch, Papaya, Verdauungsenzyme
Kräuter und Gewürze:	Ingwer, Kamille, Kanadische Orangenwurzel, Pfefferminztee, Rotulmenrinde
Homöopathisch:	Calcarea phosphorica, Magnesia phosphorica, Pulsatilla
Schüßler Mineralsalze:	Calcium phosphoricum, Kalium phosphoricum, Magnesium phosphoricum
Ätherische Öle:	Dill, Kardamom, Koriander. 30 Tropfen von einem der hier erwähnten ätherischen Öle oder je 10 Tropfen von jedem in 30 ml Pflanzenöl geben und die Magengegend und den Unterleib massieren

Ekzem

Vitamine:	Beta-Carotin, B-Komplex (hochdosiert), B6, Biotin, C-Komplex (hohe Dosierung), E (hohe Dosierung)
Mineralien:	Magnesium, Mangan, Selen, Zink (hohe Dosierung; Zinksalbe lokal angewendet ist sehr lindernd), Multimineral-Komplex
Aminosäuren:	Lysin, Taurin
Weitere Ergänzungsstoffe:	Acidophilus, Antioxidantien, EPA/DHA (Fischöl oder Pflanzenöl), Leinsamenöl, Lecithin, Nachtkerzenöl, Rutin und Bioflavonoide, Verdauungsenzyme
Kräuter und Gewürze:	Echinacea, Klette, Kletten-Labkraut, Krauser Ampfer, Löwenzahn, Mariendistel, Stechwinde, Süßholz (auch lokal angewandt)
Homöopathisch:	Schwermetall-Detox-Komplex, Ekzem-Nosode. *Gesichtsekzem:* Ledum palustre. *Genitalekzem:* Cantharis. *Juckend:* Aconitum napellus, Arnica montana, Arsenicum album, Calcarea phosphorica, Ignatia, Spongia tosta
Schüßler Mineralsalze:	Kalium chloratum, Silicea
Ätherische Öle:	Kamille (30 Tropfen) in 30 ml Mandelöl geben. Jojoba-Öl (20 Tropfen) und Nachtkerzenöl (10 Tropfen) können beigefügt werden. *Kinder:* Die halbe Dosis des ätherischen Öls. *Babys:* Eine Viertel Dosis

Emphysem *(COPD)*

Vitamine:	A, B-Komplex (hochdosiert), C-Komplex (häufig hohe Dosierungen), Multivitamin (hochdosiert)
Mineralien:	Eisen, Zink, Multimineral-Komplex (hochdosiert)
Aminosäuren:	Aminosäuren-Komplex (Protein)
Weitere Ergänzungsstoffe:	Acidophilus, Antioxidantien, Coenzym Q10, Knoblauch, Omega 3-6-9
Kräuter und Gewürze:	Ingwer, Pleuritiswurzel, Sichelblättriges Hasenohr, Süßholz, Thymian, Tragant
Homöopathisch:	Antimonium tantaricum, Ledum palustre
Schüßler Mineralsalze:	Calcium fluoratum
Ätherische Öle:	Ingwer, Lavendel, Rosmarin, Thymian. Eine Mixtur aus 30 Tropfen in 30 ml Pflanzenöl herstellen. Zum Massieren der Brust oder des gesamten Körpers

Epilepsie

Vitamine:	A, B-Komplex (hochdosiert), B6, C-Komplex (hochdosiert)
Mineralien:	Kalzium, Magnesium (hochdosiert), Mangan, Selen, Zink oder Multimineral-Komplex (hochdosiert) plus zusätzlich Magnesium
Aminosäuren:	Glycin, Taurin
Weitere Ergänzungsstoffe:	Acidophilus, Adenosin, Antioxidantien, Bioflavonoide, EPA/DHA (Fischöl oder Pflanzenöl), Verdauungsenzyme
Kräuter und Gewürze:	Baldrian, Helmkraut, Passionsblume, Sibirischer Ginseng
Homöopathisch:	Schwermetall-Detox-Komplex
Schüßler Mineralsalze:	Magnesium phosphoricum (häufige Dosierungen)
Ätherische Öle:	Kamille und/oder Lavendel. Die Schläfe und die Stirn massieren, um das Nervensystem zu beruhigen

Erkältung *(gewöhnliche)*

Vitamine:	A, B-Komplex (hochdosiert), B6, C-Komplex (häufig hohe Dosierungen)
Mineralien:	Kieselsäure, Zink (häufig) oder Zinkpastillen
Weitere Ergänzungsstoffe:	Acidophilus, Antioxidantien, Bioflavonoide, Honig, Knoblauch, Meerrettich, Propolis, Zitrone
Kräuter und Gewürze:	Bockshornklee, Echinacea, Ingwer, Kanadische Orangenwurzel, Süßholz, Tragant
Homöopathisch:	Anti-Bakterium-Nosode
Schüßler Mineralsalze:	Ferrum phosphoricum, Kalium chloratum, Silicea
Ätherische Öle:	Eukalyptus, Nelke, Teebaum, Thymian, Zimt, Zitrone. 30 Tropfen zu gleichen Teilen der oben erwähnten ätherischen Öle herstellen. 8 Tropfen einem Bad zufügen oder 8 Tropfen mit einem Teelöffel Pflanzenöl mischen und damit die Brust massieren

Falten *(siehe unter Runzeln)*

Fettleibigkeit

Vitamine:	B-Komplex (hochdosiert), C-Komplex (hochdosiert), Cholin
Mineralien:	Chrom, Kalzium, Magnesium, Zink
Aminosäuren:	Carnitin, Methionin, Phenylalanin, Tryptophan
Weitere Ergänzungsstoffe:	Acidophilus, Antioxidantien, Fasern (Flohsamenschalen, Guargummi), Omega 3-6-9, Verdauungsenzyme. Auch die Behandlung der Schilddrüse in Betracht ziehen; siehe Schilddrüsen-Unterfunktion und/oder Hormonausgleich generell
Kräuter und Gewürze:	Löwenzahnwurzel, 1 Tasse Ephedrakraut (Ma-Huang) und 1 Tasse grüner Tee (Camellia sinensis) täglich
Homöopathisch:	Schwermetall-Detox-Komplex
Schüßler Mineralsalze:	Calcium phosphoricum, Natrium sulphuricum
Ätherische Öle:	Basilikum, Birke, Grapefruit, Lavendel, Limette, Orange, Petitgrain, Rosmarin, Salbei, Thymian, Zitronengras, Zypresse. Aus diesen ätherischen Ölen auswählen und eine Mixtur von 30 Tropfen in 30 ml Pflanzenöl zum Massieren herstellen. *Wichtig:* 1500 Kalorien und 20 Minuten Training pro Tag

Fibrositis

Vitamine:	B-Komplex (hochdosiert), B3, B5, C-Komplex (hohe Dosierung), E
Mineralien:	Kalium, Kieselsäure, Mangan
Aminosäuren:	Phenylalanin
Weitere Ergänzungsstoffe:	Acidophilus, Antioxidantien, Chondroitin, Glucosamin, MSM (Methylsulfonylmethan)
Kräuter und Gewürze:	Katzenkralle, Kreosotstrauch, Luzerne, Sellerie, Silberweidenrinde, Stechwinde, Teufelskralle, Weihrauch
Homöopathisch:	Schwermetall-Detox-Komplex
Schüßler Mineralsalze:	Natrium phosphoricum, Silicea
Ätherische Öle:	Je 1 Tropfen Lavendel, Nelke, Pfefferminz und Rosmarin mit einem Teelöffel Pflanzenöl mischen und damit die betroffene Stelle gut massieren. Für ein Bad die 4 Tropfen ätherischer Öle unverdünnt verwenden

Fibrozystische Mastopathie

Vitamine:	B-Komplex (sehr hohe Dosierungen), B6, Beta-Carotin, C-Komplex, E
Mineralien:	Zink
Aminosäuren:	Cholin, Glutathion, Methionin
Weitere Ergänzungsstoffe:	Acidophilus, Antioxidantien, EPA/DHA (Fischöl oder Pflanzenöl), Jod, Leinsamenöl
Kräuter und Gewürze:	Wilder Yams
Homöopathisch:	Xenoestrogen-Detox-Komplex
Schüßler Mineralsalze:	Silicea
Ätherische Öle:	Je 10 Tropfen Kamille, Lavendel und Zypresse mit 30 ml Pflanzenöl mischen und täglich die Brust massieren

Fieberbläschen *(siehe unter Herpes simplex)*

Fingernägel *(gespalten, langsames Wachstum, rissig)*

Vitamine:	B-Komplex (hochdosiert), C-Komplex, D
Mineralien:	Eisen, Kalzium, Kieselsäure, Zink
Aminosäuren:	Glycin
Weitere Ergänzungsstoffe:	Acidophilus, EPA/DHA (Fischöl oder Pflanzenöl)
Kräuter und Gewürze:	Kelp
Schüßler Mineralsalze:	Calcium fluoratum, Kalium sulphuricum, Silicea
Ätherische Öle:	Grapefruit, Karotte, Lavendel, Rosmarin, Zitrone, Zypresse. Eine Mixtur aus 3 dieser ätherischen Öle herstellen und 10 Tropfen bis 1 Teelöffel Avocadoöl oder Aprikosenkernöl hinzufügen, um die Finger- und/oder Fußnägel zu massieren. Um Mykose der Nägel zu behandeln, unverdünntes Teebaumöl auftragen

Frostbeulen – verbesserte Zirkulation *(siehe unter Zirkulation)*

Ätherische Öle:	2 Tage lang 1 Tropfen unverdünntes Geranienöl auf die betroffenen Finger und/oder Zehen auftragen. Danach 5 Tropfen Geranie und je 1 Tropfen Lavendel und Rosmarin mit einem Teelöffel Pflanzenöl mischen und damit die betroffenen Stellen massieren

Furunkel und Karbunkel

Vitamine:	A, B-Komplex, C-Komplex (hochdosiert), E
Mineralien:	Eisen, Kieselsäure, Zink
Weitere Ergänzungsstoffe:	Knoblauch, Nährhefe
Kräuter und Gewürze:	Echinacea, Kanadische Orangenwurzel
Homöopathisch:	*Wenn der Furunkel heiß und brennend ist:* Arsenicum. *Im Frühstadium, wenn der Furunkel rot und pochend ist:* Belladonna. *Wenn der Schmerz beißend und durchdringend ist, der Furunkel voll gelbgrünen Eiters:* Hepar sulphuricum. *Wenn der Furunkel sich hart anfühlt, von bläulicher Farbe ist und qualvolle, brennende Schmerzen verursacht:* Tarent cub
Schüßler Mineralsalze:	Calcium sulphuricum, Silicea
Ätherische Öle:	Je 2 Tropfen von Lavendel und Teebaum in kleiner Schale heißen Wassers verdünnen und die betroffene Stelle zweimal täglich darin baden. Wenn die Entzündung schwer ist, 1 Tropfen Kamille hinzufügen

Fußpilz

Vitamine:	C-Komplex
Weitere Ergänzungsstoffe:	Acidophilus, Antioxidantien
Kräuter und Gewürze:	Echinacea
Homöopathisch:	Pilzbefall-Nosode oder Phosphorus
Schüßler Mineralsalze:	Natrium sulphuricum und Natrium-Sulphuricum-Crème (10)
Ätherische Öle:	Teebaum (2 Tropfen) und Lavendel (1 Tropfen) mischen, ein Wattestäbchen hineintauchen und zwischen den Zehen und um die Zehennägel herum auftragen

Gallenblase

Vitamine:	A, B-Komplex (hochdosiert), C-Komplex, Cholin, E, Inositol
Mineralien:	Kieselsäure, Zink
Aminosäuren:	Methionin, Taurin
Weitere Ergänzungsstoffe:	Acidophilus, Antioxidantien, Lecithin, Verdauungsenzyme
Kräuter und Gewürze:	Artischocke, Celandine, Löwenzahn, Mariendistel, Schneeflockenstrauch
Homöopathisch:	Nux vomica. *Bei Kolik:* Magnesia phosphorica
Schüßler Mineralsalze:	Calcium phosphoricum, Natrium sulphuricum
Ätherische Öle:	Je 5 Tropfen Grapefruit, Lavendel, Limette, Orange, Rosmarin und Salbei mit 30 ml Distelöl mischen und damit den gesamten Unterleib massieren

Gallensteine

Vitamine:	Betain, B-Komplex (hochdosiert), B12, C-Komplex (hohe Dosierungen), Cholin, E, Folsäure
Mineralien:	Kieselsäure, Natrium phosphoricum
Aminosäuren:	Methionin, Taurin
Weitere Ergänzungsstoffe:	Acidophilus, Antioxidantien, Fasern (Guargummi, Flohsamenschalen), Lecithin (häufig), Verdauungsenzyme
Kräuter und Gewürze:	Artischocke, Celandine, Kurkuma, Löwenzahn, Mariendistel, Schneeflockenstrauch
Homöopathisch:	Calcarea phosphorica
Schüßler Mineralsalze:	Natrium phosphoricum
Ätherische Öle:	Wie bei Gallenblase

Gedächtnis

Vitamine:	B-Komplex (hochdosiert), B12, C-Komplex, Cholin, E, Folsäure
Mineralien:	Kalium, Selen, Zink oder Multimineral-Komplex (hochdosiert)
Weitere Ergänzungsstoffe:	Acidophilus, Adenosin, Antioxidantien, EPA/DHA (Fischöl oder Pflanzenöl), Knoblauch, Lecithin
Kräuter und Gewürze:	Fettblätter, Ginkgo, Gotu Kola, Sibirischer Ginseng
Homöopathisch:	Schwermetall-Detox-Komplex. *Gedächtnisverlust:* Phosphorus. *Schlechtes Gedächtnis:* Carbo vegetabilis. *Schwaches Gedächtnis:* Mercurius vivus
Schüßler Mineralsalze:	Calcium fluoratum, Ferrum phosphoricum
Ätherische Öle:	Je 6 Tropfen Basilikum, Ingwer, Kardamom, Salbei und schwarzer Pfeffer in 30 ml Pflanzenöl zum Massieren geben

Geisteskrankheit *(siehe unter Depression)*

Geistige Behinderung

Vitamine:	B1, B3, B6, B12 oder B-Komplex (hochdosiert) plus B12, C-Komplex (hohe Dosierung), Cholin, D, E, Folsäure
Mineralien:	Kalium, Kalzium, Magnesium, Mangan, Selen, Zink oder Multimineral-Komplex (hochdosiert)
Aminosäuren:	Glutamin, Methionin, Taurin
Weitere Ergänzungsstoffe:	Acidophilus, Adenosin, Antioxidantien, Bioflavonoide, DHA (Fischöl oder Pflanzenöl; häufig hohe Dosierungen), EPA, Nachtkerzenöl, Phosphatidylserin
Kräuter und Gewürze:	Fettblätter, Ginkgo, Gotu Kola, Kelp, Sibirischer Ginseng
Homöopathisch:	Schwermetall-Detox-Komplex
Schüßler Mineralsalze:	Calcium fluoratum, Ferrum phosphoricum
Ätherische Öle:	Je 10 Tropfen Basilikum, Lavendel und Salbei mit 30 ml Pflanzenöl zum Massieren mischen oder 4 Tropfen Lavendel in ein Bad geben

Gelenk- und Muskelsteife

Vitamine:	B-Komplex (hochdosiert), B12, C-Komplex, D
Mineralien:	Kalium, Kalzium, Magnesium
Aminosäure:	Taurin
Weitere Ergänzungsstoffe:	Acidophilus, Antioxidantien, Bromelain, Chondroitin, Glucosamin, Knoblauch, MSM (Methylsulfonylmethan), Omega 3-6-9
Kräuter und Gewürze:	Sellerie und Wacholder, Teufelskralle
Homöopathisch:	Arnica
Schüßler Mineralsalze:	Calcium phosphoricum, Magnesium phosphoricum
Ätherische Öle:	Eukalyptus, Lavendel, Nelke, Pfefferminze. Rosmarin, Thymian. Zu gleichen Teilen eine Mixtur aus 30 Tropfen mit 30 ml Pflanzenöl herstellen. Damit die betroffenen Gelenke und Muskeln massieren

Geschlechtskrankheiten

Vitamine:	A, B-Komplex (hochdosiert), C-Komplex (häufig hohe Dosierungen)
Mineralien:	Zink oder Multimineral-Komplex (hochdosiert)
Aminosäuren:	Lysin, Ornithin
Weitere Ergänzungsstoffe:	Acidophilus, Antioxidantien, Knoblauch
Kräuter und Gewürze:	Echinacea, Kanadische Orangenwurzel, Schwarznuss
Ätherische Öle:	Geranie, Karotte, Lavendel, Myrrhe, Nelke, Niaouli, Rose, Weihrauch, Zitrone, Zypresse. Eine Mixtur aus 30 Tropfen in 30 ml Pflanzenöl zum Massieren herstellen. 7 Tropfen der unverdünnten Mixtur in ein Bad geben

Gewichtsreduktion

Vitamine:	B6
Mineralien:	Zink
Aminosäuren:	Carnitin, Ornithin, Phenylalanin, Tyrosin
Weitere Ergänzungsstoffe:	Acidophilus, Antioxidantien, Apfelessig, Lecithin, Nachtkerzenöl, Spirulina
Kräuter und Gewürze:	Grüner Tee, Kelp, Vogelmierenkraut
Homöopathisch:	Schwermetall-Detox-Komplex oder, wenn benötigt, Insulin
Ätherische Öle:	Wie bei Fettleibigkeit

Gicht

Vitamine:	A, B-Komplex (hochdosiert), C-Komplex (hohe Dosierung), E, Folsäure, Pantothensäure
Mineralien:	Kalium, Kieselsäure
Aminosäuren:	Alanin, Aspartamsäure, Glutaminsäure, Glycin
Weitere Ergänzungsstoffe:	Acidophilus, Antioxidantien, Bromelain, Glucosamin, Nachtkerzenöl, Omega 3-6-9 (häufig hohe Dosierungen), Quercetin
Kräuter und Gewürze:	Brunnenkresse, Klette, Löwenzahn, Petersilie, Sellerie, Stechwinde, Teufelskralle, Wacholder
Homöopathisch:	Rhus toxicodendron
Schüßler Mineralsalze:	Natrium phosphoricum
Ätherische Öle:	Je 6 Tropfen Basilikum, Birke, Kiefer, Thymian und Wacholder in 30 ml Pflanzenöl geben und damit die betroffenen Stellen massieren

Glaukom *(grüner Star)*

Vitamine:	A, B-Komplex (hochdosiert), B1, B12, C-Komplex (sehr hohe Dosierungen), Cholin, E, Folsäure, Pantothensäure
Mineralien:	Kalium, Kalzium, Magnesium, Mangan, Zink oder Multimineral-Komplex (hochdosiert)
Aminosäure:	Taurin
Weitere Ergänzungsstoffe:	Antioxidantien, Nachtkerzenöl, Omega 3-6-9, Rutin und Bioflavonoide
Kräuter und Gewürze:	Echinacea, Heidelbeere, Kanadische Orangenwurzel, Süßholz
Homöopathisch:	*Akut:* Aconitum napellus, Belladonna. *Doppelsehen:* Gelsemium. *Für ältere Menschen:* Phosphorus. *Augeninnendruck:* Bryonia alba. *Schmerzhaft:* Phosphorus
Schüßler Mineralsalze:	Kalium chloratum
Ätherische Öle:	Wie bei Augenbelastung

Grippe

Vitamine:	A, B-Komplex (hochdosiert), C-Komplex (häufig hohe Dosierungen)
Mineralien:	Zink (hochdosiert) und Zinkpastillen
Weitere Ergänzungsstoffe:	Acidophilus, Antioxidantien, Bioflavonoide, Knoblauch, Meerrettich, Propolis
Kräuter und Gewürze:	Bockshornklee, Echinacea (häufig und hochdosiert), Ginkgo (Inhalation), Kanadische Orangenwurzel, Tragant
Homöopathisch:	Grippe-Nosode, Anas barbariae (Oscillococcinum). *Vorbeugung:* Arsenicum album. *Knochenschmerzen:* Rhus toxicodendron
Schüßler Mineralsalze:	Ferrum phosphoricum, Kalium chloratum
Ätherische Öle:	Lavendel (2 Tropfen), Teebaum (5 Tropfen) und Thymian (2 Tropfen) in ein warmes Bad geben. Zum Massieren eine Mixtur aus Teebaum (12 Tropfen) und Eukalyptus (18 Tropfen) in 30 ml Pflanzenöl herstellen

Gürtelrose

Vitamine:	A, B-Komplex (hochdosiert), B12, C-Komplex (häufig hohe Dosierungen), E
Mineralien:	Kalzium, Magnesium, Zink (hochdosiert)
Aminosäuren:	Lysin
Weitere Ergänzungsstoffe:	Acidophilus, Antioxidantien, Phosphatidylserin, Rutin und Bioflavonoide
Kräuter und Gewürze:	Echinacea, Kanadische Orangenwurzel, Schwarznuss
Homöopathisch:	Herpes-Komplex-Nosode (Simplex und Zoster), Hypericum perforatum
Schüßler Mineralsalze:	Calcium sulphuricum, Magnesium phosphoricum
Ätherische Öle:	Je 10 Tropfen Kamille, Lavendel und Nelke in 30 ml Pflanzenöl geben und auf der schmerzenden Gegend oder den Hautausschlag auftragen

Haar *(ungesund)*

Vitamine:	B-Komplex (hochdosiert), Biotin, C-Komplex (hohe Dosierung)
Mineralien:	Kieselsäure, Zink, Multimineral-Komplex
Aminosäuren:	Cystein, Lysin
Weitere Ergänzungsstoffe:	EPA/DHA (Fischöl oder Pflanzenöl)
Kräuter und Gewürze:	Kelp
Schüßler Mineralsalze:	Silicea
Ätherische Öle:	Eine Schlußspülung mit 2 Tropfen ätherischer Öle pro Esslöffel Essig herstellen. *Gegen trockenes Haar:* Birke, Geranie, Karotte, Lavendel. *Gegen fettiges Haar:* Lavendel, Ringelblume, Zitrone, Zypresse. *Gegen brüchiges Haar:* Kamille, Karotte, Lavendel, Ringelblume. *Gegen Haarausfall:* Lavendel, Muskatellersalbei, Palmarosa (Cymbopogon martinii), Rosmarin

Halsschmerzen und Heiserkeit

Vitamine:	Beta-Carotin, C-Komplex (häufig hohe Dosierungen)
Mineralien:	Zink (hochdosiert) und Zinkpastillen
Weitere Ergänzungsstoffe:	Acidophilus, Antioxidantien, Chlorophyll, Knoblauch, Meerrettich, Rutin und Bioflavonoide, auch Pastillen
Kräuter und Gewürze:	Bockshornklee, Echinacea (häufig hohe Dosierungen), Kanadische Orangenwurzel, Rotulmenrinde, Tragant
Homöopathisch:	*Halsschmerzen, tiefrot:* Apis mellifica. *Entzündet:* Ignatia. *Geschwollen:* Aconitum napellus, Apis mellifica, Calcarea phosphorica, Ferrum phosphoricum, Ignatia. *Stimmverlust:* Belladonna, Hepar sulphuricum. *Heiserkeit:* Allium cepa, Antimonium tartaricum, Belladonna, Chamomilla, Hepar sulphuricum, Spongia tosta
Schüßler Mineralsalze:	Ferrum phosphoricum, Natrium muriaticum. *Gegen trockene Kehle:* Kalium chloratum
Ätherische Öle:	Kamille, Kiefer, Lavendel, Salbei, Thymian. *Für Dampfinhalationen:* Je 1 Tropfen verwenden. *Um den gesamten Nacken und den Hals zu massieren:* Je 2 Tropfen einem Teelöffel Pflanzenöl beimischen

Hämorrhoiden

Vitamine:	B-Komplex (hochdosiert), B6, C-Komplex, D, E
Mineralien:	Multimineral-Komplex, Zink
Weitere Ergänzungsstoffe:	Acidophilus, Antioxidantien, Bioflavonoide, Fasern (Flohsamenschalen, Guargummi), Lecithin, Omega 3-6-9, Rutin
Kräuter und Gewürze:	Hamamelis, Kanadische Orangenwurzel, Rosskastanie. *Für topische Anwendung:* Hamameliswasser oder Hamamelissalbe, Kakaobutter, Perubalsam, Zinkoxydcrème
Homöopathisch:	Ferrum phosphoricum, Nux vomica, Sulphur. *Mit Rückenschmerzen:* Belladonna. *Blutend:* Hypericum perforatum, Phosphorus. *Brennend:* Arsenicum album, Carbo vegetabilis, Sulphur. *Juckend:* Nux vomica, Sulphur. *Stechender Schmerz:* Apis mellifica
Schüßler Mineralsalze:	Calcium fluoratum, Calcium phosphoricum
Ätherische Öle:	Je 2 Tropfen Geranie, Pfefferminz und Zypresse in 30 ml Pflanzenöl geben. Mehrmals täglich anwenden

Hautfalten *(siehe unter Runzeln)*

Hautkrankheiten *(allgemein)*

Vitamine:	Beta-Carotin, B-Komplex (hochdosiert), C-Komplex (häufige Dosierungen)
Mineralien:	Kieselsäure, Zink
Aminosäuren:	Lysin
Weitere Ergänzungsstoffe:	Acidophilus, Antioxidantien, Nachtkerzenöl, Omega 3-6-9
Kräuter und Gewürze:	Echinacea, Kanadische Orangenwurzel, Vogelmierenkraut
Homöopathisch:	Schwermetall-Detox-Komplex
Schüßler Mineralsalze:	Calcium fluoratum, Kalium chloratum, Kalium sulphuricum
Ätherische Öle:	Kamille, Karotte, Lavendel, Myrrhe, Palmarosa (Cymbopogon martinii), Schafgarbe. Eine Mixtur aus 30 Tropfen in 30 ml Mandelöl herstellen. Dieser Mixtur können auch 10 Tropfen Nachtkerzenöl gegen trockene Haut beigefügt werden

Hepatitis

Vitamine:	Beta-Karotin, B-Komplex (hochdosiert und hohe Dosierungen), B12, C-Komplex (hohe Dosierungen), Cholin, E, Folsäure
Mineralien:	Chrom, Multimineral-Komplex
Weitere Ergänzungsstoffe:	Acidophilus, Antioxidantien, Bioflavonoide, Lecithin, Omega 3-6-9, Verdauungsenzyme. *Bei Übelkeit:* Himbeerblätter- oder Ingwertee trinken!
Kräuter und Gewürze:	Artischocke, Celandine, Dan Shen, Echinacea, Kanadische Orangenwurzel, Löwenzahnwurzel, Mariendistel, Sichelblättriges Hasenohr, Süßholz
Homöopathisch:	Nux vomica. *Vergrößerte Leber:* Mercurius vivus. *Schmerzen in der Leber:* Sulphur
Schüßler Mineralsalze:	Natrium sulphuricum
Ätherische Öle:	Kamille (10 Tropfen), Teebaum (10 Tropfen), Thymian (4 Tropfen), Patchuli und Zimt (je 3 Tropfen) 30 ml Pflanzenöl hinzufügen und massieren

Herpes simpex *(Fieberbläschen)*

Vitamine:	Beta-Carotin, B-Komplex, C-Komplex (hochdosiert), E (oral und topisch)
Mineralien:	Kalzium, Zink (hohe Dosen und auch topisch als Zinksalbe)
Aminosäuren:	Lysin
Weitere Ergänzungsstoffe:	Acidophilus, Antioxidantien, Knoblauch, Manuka-Honig (topisch angewendet), Rutin und Bioflavonoide
Kräuter und Gewürze:	Echinacea, Kanadische Orangenwurzel, Schwarznuss, Süßholz (Süßholz kann auch auf die Bläschen aufgetragen werden)
Homöopathisch:	Herpes-simplex-Virus-Nosode, Hepar sulphuricum
Schüßler Mineralsalze:	Kalium sulphuricum. *Wenn unter Stress:* Kalium phosphoricum. Topisch Selensalbe und/oder Zinkchloridsalbe anwenden
Ätherische Öle:	Mit einem Wattestäbchen 1 Tropfen reines Geranienöl direkt auf die Wunde auftragen, sobald vermutet wird, dass sich die Bläschen bilden. Jeden Tag wiederholen

Herpes Zoster *(siehe unter Gürtelrose)*

Herz *(Vorbeugung)*

Vitamine:	B-Komplex (hochdosiert), B12, C-Komplex (hohe Dosierung), E
Mineralien:	Chrom, Kalium (hohe Dosierung), Kalzium, Magnesium
Aminosäuren:	Carnitin, Taurin
Weitere Ergänzungsstoffe:	Acidophilus, Antioxidantien, Coenzym Q10, EPA/DHA (Fischöl oder Pflanzenöl; häufig), Knoblauch, Lecithin, Nachtkerzenöl
Kräuter und Gewürze:	Kelp, Weißdorn
Homöopathisch:	Schwermetall-Detox-Komplex
Schüßler Mineralsalze:	Calcium fluoratum, Calcium phosphoricum
Ätherische Öle:	Bergamotte, Rosmarin und Ysop zu gleichen Teilen. 3 Tropfen dieser Mixtur in ein Bad geben oder 30 Tropfen mit 30 ml Pflanzenöl zum Massieren mischen

Herzklopfen

Vitamine:	B-Komplex (hochdosiert), B1, E
Mineralien:	Kalium, Magnesium
Aminosäuren:	Taurin oder Aminosäuren-Komplex (Protein)
Weitere Ergänzungsstoffe:	Coenzym Q10, Omega 3-6-9
Kräuter und Gewürze:	Baldrian, Weißdorn
Homöopathisch:	Schwermetall-Detox-Komplex. *Unterstützung der Nieren:* Arsenicum album, Ferrum phosphoricum
Schüßler Mineralsalze:	Ferrum phosphoricum
Ätherische Öle:	Gleiche Teile von Geranie, Kamille und Lavendel. 5 Tropfen dieser Mixtur auf ein Tuch träufeln und inhalieren

Heuschnupfen

Vitamine:	A, B5, C-Komplex (häufig hohe Dosierungen), E
Mineralien:	Mangan, Zink
Aminosäuren:	Histidin, Phenylalalin, Tyrosin
Weitere Ergänzungsstoffe:	Acidophilus, Antioxidantien, Bioflavonoide, Knoblauch, Meerrettich, Nachtkerzenöl, Verdauungsenzyme
Kräuter und Gewürze:	Albizia, Augentrost, Bockshornklee, Echinacea, Goldruten, Ingwer, Kanadische Orangenwurzel
Homöopathisch:	*Bei laufender, beißender Nase, wässrigen und brennenden Augen:* Allium cepa. *Wenn die Nasenschleimhaut und die Augen betroffen sind; dünner, wässriger Ausfluss, aber auch verstopft:* Arsenicum. *Besonders, wenn die Augen betroffen sind:* Euphrasia. *Um fortlaufendes, heftiges Niesen zu lindern; juckende und kitzelnde Nase:* Sabadilla
Schüßler Mineralsalze:	*Kopfschmerzen:* Calcium sulphuricum und Kalium phosphoricum. *Nasenverstopfung:* Kalium chloratum. *Asthma:* Kalium phosphoricum. *Schleimhäute:* Kalium sulphuricum. *Tränende Augen:* Natrium phosphoricum
Ätherische Öle:	Kamille, Lavendel, Zitrone. Eine Mixtur zu gleichen Teilen herstellen, dann 2 Tropfen unverdünnt auf das Taschentuch geben und inhalieren. 30 Tropfen mit 30 ml Pflanzenöl mischen und Nacken sowie Rücken massieren oder 6 Tropfen in ein Bad geben

Hitzewallungen

Vitamine:	B-Komplex (hochdosiert), B6, B12, C-Komplex (häufig hohe Dosierungen), D (hohe Dosierung), E, PABA, Pantothensäure
Mineralien:	Kalzium, Magnesium
Aminosäuren:	Phenylalanin, Tryptophan
Weitere Ergänzungsstoffe:	Acidophilus, Antioxidantien, EPA/DHA (Fischöl oder Pflanzenöl), Nachtkerzenöl
Kräuter und Gewürze:	Dong Quai, Koreanischer Ginseng, Salbei, Stechwinde, Wilder Yams
Schüßler Mineralsalze:	Kalium sulphuricum
Ätherische Öle:	Geranie (11 Tropfen), Muskatellersalbei (10 Tropfen), Salbei (2 Tropfen) und Zitrone (7 Tropfen) mit 30 ml Pflanzenöl mischen und damit massieren oder 5 Tropfen unverdünnt in ein Bad geben

Hormonausgleich generell *(Ausleitung von Mimikhormonen [synthetischen Hormonen])*

Vitamine:	B-Komplex (hochdosiert), B6, B12 (hochdosiert), C-Komplex (hohe Dosierung), D, E (hochdosiert), Folsäure
Mineralien:	Kalzium, Magnesium, Zink
Aminosäuren:	Glutathion, Taurin, Tyrosin, Tryptophan oder Proteinkomplex
Weitere Ergänzungsstoffe:	Acidophilus, Antioxidantien, Bioflavonoide, Indol-3-Carbinol (Kohlgemüse-Pulver), Nachtkerzenöl, Omega 3 (DHA/EPA), Rutin
Kräuter und Gewürze:	Dong Quai, Kelp, Mönchspfeffer, Stechwinde, Trauben-Silberkerze, Wilder Yams
Homöopathisch:	Hormon-Balance-Komplex und Xenoestrogene-Detox (Benzol, Herbizide, Insektizide, Pestizide, Plastik, synthetische Östrogene)
Schüßler Mineralsalze:	Kalium sulphuricum, Natrium phosphoricum, Natrium sulphuricum. Zur Unterstützung des Entgiftungsvorgangs werden alle drei benötigt, und sie können zusammen eingenommen werden.
Ätherische Öle:	Geranie, Lavendel, Marokkanische Rose, Muskatellersalbei, Salbei. Je 6 Tropfen in 30 ml Pflanzenöl zum Massieren oder 5 Tropfen unverdünnt in ein Bad geben

Husten

Vitamine:	A, C (Ascorbinsäure; häufig hohe Dosierungen)
Mineralien:	Zink oder Zinkpastillen
Weitere Ergänzungsstoffe:	Acidophilus, Honig, Knoblauch, Meerrettich, Zitrone
Kräuter und Gewürze:	Andorn, Bockshornklee, Echinacea (häufig hohe Dosierungen), Grindelia, Ingwer, Königskerze, Milchbusch, Rotulmenrinde, Süßholz, Thymian
Homöopathisch:	Für Behandlung siehe Bronchitis und Lungenentzündung
Schüßler Mineralsalze:	Natrium muriaticum (trockener Husten), Kalium chloratum
Ätherische Öle:	*Gegen trockenen Husten:* Eukalyptus (3 Tropfen) und Thymian (2 Tropfen) mit 1 Teelöffel Pflanzenöl mischen. Brust und Rücken massieren. *Gegen Husten mit Schleim:* Eukalyptus (2 Tropfen), Thymian (1 Tropfen) und Teebaum (1 Tropfen) mischen. Behandlung wie oben. *Hustengetränk:* Eukalyptus (2 Tropfen) und Zitronenöl (2 Tropfen) mit 2 Esslöffel Honig mischen. 1 Teelöffel dieser Mixtur einem Glas warmen Wassers hinzufügen und schluckweise langsam trinken

Hypertension *(siehe unter Blutdruck, hoch)*

Hypoglykämie *(siehe unter Unterzuckerung)*

Ischialgie *(Ischias)*

Vitamine:	B-Komplex (hochdosiert), B1, B3, C-Komplex, E
Mineralien:	Kalzium, Magnesium, Zink
Aminosäuren:	Phenylalanin
Weitere Ergänzungsstoffe:	Acidophilus, Antioxidantien, Omega 3-6-9
Kräuter und Gewürze:	Bockshornklee, Silberweidenrinde
Homöopathisch:	Schwermetall-Detox-Komplex, Herpes-Zoster-Nosode, Arsenicum album, Magnesia phosphorica, Rhus toxicodendron. *Wie elektrischer Blitz oder Stromschlag:* Veratrum album. *Schlimmer am Abend:* Ruta graveolens. *Schlimmer, wenn man sich hinlegt:* Ruta graveolens
Schüßler Mineralsalze:	Calcium sulphuricum, Magnesium phosphoricum
Ätherische Öle:	Je 10 Tropfen Majoran, Rosmarin und Salbei in 30 ml Pflanzenöl geben und damit den unteren Rücken, die Hüfte und die Beine massieren. Auch Eispackungen lindern bei Ischialgie Schmerzen

Kandidose

Vitamine:	B-Komplex (hochdosiert), C-Komplex (hochdosiert)
Mineralien:	Chrom, Eisen, Selen, Zink (alle in hohen Dosierungen)
Aminosäuren:	Lysin
Weitere Ergänzungsstoffe:	Acidophilus (3× täglich), Antioxidantien, EPA/DHA (Fischöl oder Pflanzenöl), Knoblauch
Kräuter und Gewürze:	Berberitze, Echinacea, Ingwer, Kamille, Kanadische Orangenwurzel, Lapacho, Rosmarin, Thymian, Zimt, Zitronenmelisse
Homöopathisch:	Candida-Nosode
Schüßler Mineralsalze:	Ferrum phosphoricum, Kalium chloratum
Ätherische Öle:	*Kandidose-Behandlung für Männer:* Je 5 Tropfen Teebaum und Zimt mischen und 1 Tropfen einer Schale warmen Wassers hinzufügen und die betroffene Stelle waschen. Die oben beschriebene Mixtur mit 30 ml Pflanzenöl mischen und auf die betroffene Stelle einmal täglich auftragen. *Kandidose-Behandlung für Frauen:* Je 5 Tropfen Kamille, Lavendel und Zimt mischen. 100 g Naturjoghurt hinzufügen und gut umrühren, vermischen, dann mit einem Applikator in die Vagina einführen. Wenn nötig einen Tampon einführen oder einfach eine Einlage verwenden

Karies

Vitamine:	C-Komplex (mit Kalziumascorbat), D
Mineralien:	Kalzium, Kieselsäure, Magnesium, Molybdän, Phosphor, Vanadium, Zink
Aminosäuren:	Prolin oder Aminosäuren-Komplex (Protein)
Weitere Ergänzungsstoffe:	Acidophilus, Lebertran
Kräuter und Gewürze:	Kelp
Schüßler Mineralsalze:	Calcium fluoratum
Ätherische Öle:	Myrrhe, Nelke oder Zimt. Nur 1 Tropfen von einem dieser ätherischen Öle in ein Glas warmen Wassers geben und den Mund spülen

Karpal-Tunnel-Syndrom

Vitamine:	B-Komplex (hochdosiert), B12, C-Komplex, Pyridoxin (100–200 mg täglich)
Mineralien:	Magnesium (hochdosiert)
Aminosäuren:	Aminosäuren-Komplex (Protein)
Weitere Ergänzungsstoffe:	Antioxidantien, Bromelain, EPH/DHA (Fischöl oder Pflanzenöl; hochdosiert; 3× 1000 mg)
Kräuter und Gewürze:	Johanniskraut, Kurkuma, Weihrauch
Homöopathisch:	Hypericum perforatum
Schüßler Mineralsalze:	Magnesium phosphoricum
Ätherische Öle:	Je 10 Tropfen Eukalyptus, Lavendel und Majoran in 30 ml Pflanzenöl geben und damit zweimal täglich Handgelenk und Arm massieren

Katarakt *(Star)*

Vitamine:	A, Beta-Carotin, B-Komplex, B2, C-Komplex (hochdosiert), E, Riboflavin
Mineralien:	Chrom, Kieselsäure, Selen, Zink
Aminosäuren:	Cystein, Glutamin, Glutathion, Glycin, Methionin, Taurin oder Aminosäuren-Komplex (Protein)
Weitere Ergänzungsstoffe:	Acidophilus, Antioxidantien, Rutin und Bioflavonoide. Die Behandlung der Schilddrüse ebenfalls in Betracht ziehen; siehe Schilddrüsen-Unterfunktion
Kräuter und Gewürze:	Ginkgo, Rehmannia
Homöopathisch:	Phosphorus, Schwermetall-Detox-Komplex
Schüßler Mineralsalze:	Calcium fluoratum, Natrium phosphoricum
Ätherische Öle:	Karotte, Lavendel, Rosmarin, Zimt. Zu gleichen Teilen mischen, 30 Tropfen in 30 ml Pflanzenöl geben und sehr kleine Mengen rund um die Augen auftragen und massieren

Katarrh

Vitamine:	A, C-Komplex (häufig hohe Dosierungen)
Mineralien:	Selen, Zink
Weitere Ergänzungsstoffe:	Acidophilus, Antioxidantien, Knoblauch, Meerrettich
Kräuter und Gewürze:	Augentrost, Bockshornklee, Echinacea, Kanadische Orangenwurzel, Milchbusch
Schüßler Mineralsalze:	Kalium chloratum
Ätherische Öle:	Eukalyptus, Rosmarin, Teebaum, Thymian. Je 1 Tropfen in eine Schale heißen Wassers geben und inhalieren. Je 2 Tropfen mit einem Dessertlöffel Pflanzenöl mischen und Brust massieren

Knochen (Fraktur)

Vitamine:	C-Komplex, D
Mineralien:	Kalzium, Magnesium, Mangan, Silikon, Zink
Aminosäuren:	Glutamin
Weitere Ergänzungsstoffe:	Acidophilus, Antioxidantien, Bromelain (wenn entzündet), EPA/DHA (Fischöl oder Pflanzenöl), Glucosamin
Kräuter und Gewürze:	Beinwell, Wasserdostkraut
Homöopathisch:	Arnica (6×), Comfrey (6×), Symphytum (Beinwell) während eines Monats oder zweier Monate täglich, bis der Knochen nach der Schienung wieder zusammengewachsen ist
Schüßler Mineralsalze:	Calcium fluoratum, Calcium phosphoricum
Ätherische Öle:	Geranie, Ingwer, Lavendel, Thymian. Zu gleichen Teilen 30 Tropfen mit 30 ml Mandelöl mischen und damit betroffene Stellen massieren

Koliken

Vitamine:	B-Komplex
Mineralien:	Kalium, Kalzium, Magnesium
Weitere Ergänzungsstoffe:	Acidophilus
Kräuter und Gewürze:	Dill, Enzian, Ingwer, Kamille, Pfefferminztee
Homöopathisch:	Chamomilla
Schüßler Mineralsalze:	Magnesium phosphoricum
Ätherische Öle:	Dill, Kamille, Pfefferminze. Mischen. *Für Babys:* Je 1 Tropfen in 30 ml Mandelöl geben und damit den Unterleib im Uhrzeigersinn massieren. *Für Erwachsene:* 30 Tropfen in 30 ml Pflanzenöl geben und damit den Unterleib im Uhrzeigersinn massieren

Kolitis

Vitamine:	A, B-Komplex, Calciumascorbat oder C-Komplex, E, Folsäure
Aminosäuren:	Aminosäuren-Komplex (Protein)
Weitere Ergänzungsstoffe:	Acidophilus, Antioxidantien, Glucosamin, Guargummi (Fasern), Molkenpulver, Omega 3-6-9, Verdauungsenzyme
Kräuter und Gewürze:	Aloe vera, Bockshornklee, Ingwer, Rotulmenrinde
Homöopathisch:	Schwermetall-Detox-Komplex
Schüßler Mineralsalze:	Calcium phosphoricum, Kalium chloratum
Ätherische Öle:	Kamille, Lavendel, Pfefferminze (zu gleichen Teilen). Zum Massieren 30 Tropfen mit 30 ml Pflanzenöl mischen

Kopfschmerzen

Vitamine:	B-Komplex (hochdosiert), B3, C-Komplex, E
Mineralien:	Kalium, Magnesium, Zink
Aminosäuren:	Phenylalanin, Taurin
Weitere Ergänzungsstoffe:	Acidophilus, Antioxidantien, Omega 3-6-9
Kräuter und Gewürze:	Baldrian, Ginkgo, Mutterkraut, Passionsblume, Pfefferminztee, Silberweidenrinde
Homöopathisch:	Nux vomica. *Rasende Kopfschmerzen:* Bryonia alba. *Überarbeitung:* Pulsatilla. *Pochend:* Belladonna. *Klopfend:* Apis mellifica, Ferrum phosphoricum
Schüßler Mineralsalze:	Calcium phosphoricum. *Wenn durch Stress verursacht:* Kalium phosphoricum
Ätherische Öle:	Lavendel (2 Tropfen) und Pfefferminze (1 Tropfen) mit 1 Tropfen Pflanzenöl mischen. Dann 1 Tropfen nehmen und rund um die Schläfen und die Schädelbasis (der Haarlinie entlang) massieren

Krampfadern

Vitamine:	A, B-Komplex (hochdosiert), C-Komplex (hohe Dosierung), E (hochdosiert)
Mineralien:	Kalzium, Magnesium, Zink
Aminosäuren:	Aminosäuren-Komplex (Protein)
Weitere Ergänzungsstoffe:	Acidophilus, Antioxidantien, Bioflavonoide, Bromelain, Glucosamin, Knoblauch, Omega 3-6-9, Paprika, Zwiebel
Kräuter und Gewürze:	Heidelbeere, Gotu Kola, Ingwer, Rosskastanie, Stacheliger Mäusedorn; topisch mit Hamamelissalbe
Homöopathisch:	Pulsatilla
Schüßler Mineralsalze:	Calcium fluoratum
Ätherische Öle:	Geranie (15 Tropfen) und Zypresse (5 Tropfen) in 30 ml Pflanzenöl geben und damit sehr behutsam vom Fußgelenk an aufwärts massieren

Krämpfe

Vitamine:	B6, D, E
Mineralien:	Kalium, Kalzium, Magnesium
Weitere Ergänzungsstoffe:	Bioflavonoide
Kräuter und Gewürze:	Gewöhnlicher Schneeball, Kamille, Rosmarin, Sellerie, Wacholder
Schüßler Mineralsalze:	Magnesium phosphoricum
Ätherische Öle:	Geranie, Ingwer, Lavendel, Rosmarin, Wacholder oder Zypresse. Aus gleichen Teilen eine Mixtur von 30 Tropfen herstellen, zum Massieren mit 30 ml Pflanzenöl mischen oder 15 Tropfen der unverdünnten Mixtur in eine Schale mit heißem Wasser für ein Fußbad geben

Krebs

Vitamine:	A, Beta-Carotin, B1, B3, B6 oder B-Komplex (hochdosiert), C (sehr hohe Dosierung), D, E (von allen hohe Dosierung)
Mineralien:	Germanium, Magnesium, Selen, Zink (hohe Dosierung)
Aminosäuren:	Arginin, Cystein, Ornithin oder Aminosäuren-Komplex (Protein)
Weitere Ergänzungsstoffe:	Acidophilus, Antioxidantien, Beta-Glucan, Coenzym Q10 (hochdosiert), Glucosmin, Omega 3-6-9, Verdauungsenzyme (mit jeder Mahlzeit)
Kräuter und Gewürze:	Berberitze, Echinacea, Ginkgo, Kanadische Orangenwurzel, Kreosotstrauch-Tee, Kurkuma, Lapacho, Mariendistel, Sibirischer Ginseng, Tragant (von allen hohe Dosierung)
Homöopathisch:	Antibakterial, Antifungal, Antiviral, Schwermetall-Detox-Komplex
Schüßler Mineralsalze:	Calcium phosphoricum, Calcium sulphuricum, Ferrum phosphoricum, Kalium chloratum, Natrium sulphuricum, Silicea
Ätherische Öle:	Geranie, Ingwer, Kamille, Lavendel, Rosmarin, Thymian, Zimt, Zitrone, Zitronenmelisse. 3 bis maximal 5 dieser Öle mischen und dann 4 Tropfen in ein Bad geben sowie zum Massieren 30 Tropfen mit 30 ml Pflanzenöl mischen

Laktation

Vitamine:	Multivitamin-Komplex (hochdosiert), B6, C-Komplex, D, E
Mineralien:	Eisen-Chelat, Kalzium, Multimineral-Komplex (hochdosiert)
Aminosäuren:	Aminosäuren-Komplex (Protein). *Bei Depression:* Tyrosin. *Bei Schlaflosigkeit:* Tryptophan
Weitere Ergänzungsstoffe:	Acidophilus, Antioxidantien, Chlorophyll, Nachtkerzenöl, Omega 3-6-9
Kräuter und Gewürze:	Brunnenkresse, Himbeerblätter, Kelp, Luzerne
Ätherische Öle:	Fenchel oder Geranie. 15 Tropfen in 30 ml Pflanzenöl geben. Die Brust mit Kreisbewegungen massieren, unter den Armen beginnen, dann unter der Brust gegen die Mitte zu und zwischen den Brüsten aufwärts. Wiederholen

Leber

Vitamine:	A, B-Komplex (hochdosiert), B3, B12, Cholin, C-Komplex (hohe Dosierung), E, Inositol
Mineralien:	Zink
Aminosäuren:	Carnitin, Glutamin, Methionin, Taurin oder Aminosäuren-Komplex (Protein)
Weitere Ergänzungsstoffe:	Acidophilus, Antioxidantien, Knoblauch, Lecithin, Omega 3-6-9
Kräuter und Gewürze:	Artischocke, Kanadische Orangenwurzel, Kurkuma, Löwenzahnwurzel, Mariendistel
Homöopathisch:	Nosode oder Nux vomica
Schüßler Mineralsalze:	Natrium phosphoricum
Ätherische Öle:	Dieselben ätherischen Öle wie bei Zirrhose verwenden

Leistenbruch *(Hernie)*

Vitamine:	B-Komplex, C-Komplex, E
Mineralien:	Kalzium
Aminosäuren:	Aminosäuren-Komplex (Protein)
Weitere Ergänzungsstoffe:	Acidophilus, Antioxidantien, Flohsamenschalen oder Guargummi, Salzsäure, Verdauungsenzyme
Kräuter und Gewürze:	Arnicacrème, um rund um die Hernie zu massieren, Rotulmenrinde
Homöopathisch:	Arnica (6×)
Schüßler Mineralsalze:	Calcium fluoratum
Ätherische Öle:	Basilikum, Geranie, Ingwer, Lavendel, Rosmarin, Zypresse. Eine Mixtur von 30 Tropfen aus 4 oder 5 der erwähnten ätherischen Öle herstellen und mit 30 ml Pflanzenöl mischen, um damit den Unterleib und rund um die Hernie zu massieren

Leukorrhoe *(Scheidenausfluss)*

Vitamine:	A, B-Komplex (hochdosiert), C-Komplex (hochdosiert), Biotin
Mineralien:	Zink (hochdosiert) oder Multimineral-Komplex (hochdosiert)
Weitere Ergänzungsstoffe:	Acidophilus, Antioxidantien, Knoblauch, Meerrettich, Omega 3-6-9
Kräuter und Gewürze:	Bockshornklee, Echinacea (hochdosiert), Kanadische Orangenwurzel, Wilder Yams
Homöopathisch:	Candida-Nosode
Schüßler Mineralsalze:	Silicea
Ätherische Öle:	Je 2 Tropfen Muskatellersalbei, Thymian und Wacholder in einen Teelöffel Glycerin geben, mit 600 ml Wasser verdünnen. Für ein Sitzbad oder eine Dusche oder zum täglichen Massieren der Scheide verwenden

Lupus erythematodes *(Schmetterlingsflechte)*

Vitamine:	Beta-Carotin, B-Komplex (hochdosiert), C-Komplex (hohe Dosierung), E, PABA, Pantothensäure
Mineralien:	Mangan
Aminosäuren:	Aminosäuren-Komplex (Protein)
Weitere Ergänzungsstoffe:	Acidophilus, Antioxidantien, Coenzym Q10, Leinsamenöl, Nachtkerzenöl, Omega 3-6-9, Rutin und Bioflavonoide
Kräuter und Gewürze:	Aloe vera, Schwarznuss, Weihrauch
Homöopathisch:	Schwermetall-Detox-Komplex
Schüßler Mineralsalze:	Calcium fluoratum, Silicea
Ätherische Öle:	Je 5 Tropfen Eukalyptus, Kamille, Lavendel, Rosmarin und Weihrauch mit 30 ml Pflanzenöl mischen und damit massieren oder 4 Tropfen der unverdünnten Mixtur in ein Bad geben

Magengeschwüre

Vitamine:	A, B-Komplex, B6, B12, C-Komplex, E
Mineralien:	Kalzium, Magnesium, Zink
Aminosäuren:	Lysin, Glutamin, Glycin, Prolin
Weitere Ergänzungsstoffe:	Acidophilus, Antioxidantien, Chlorophyll, Coenzym Q10, Omega 3-6-9, Propolis, Rotkohlsaft
Kräuter und Gewürze:	Echinacea, Eibisch, Kamille, Kanadische Orangenwurzel, Rotulmenrinde, Süßholz
Homöopathisch:	Helicobacter-pylori-Nosode
Schüßler Mineralsalze:	Calcium phosphoricum
Ätherische Öle:	Je 10 Tropfen Ingwer, Kamille und Lavendel in 30 ml Pflanzenöl geben und im Bereich der Magengegend massieren

Magenschleimhautentzündung *(Gastritis)*

Vitamine:	A, B-Komplex (hochdosiert), B12 (hochdosiert), E
Mineralien:	Eisen, Kalzium, Magnesium, Zink
Aminosäuren:	Glutamin oder Aminosäuren-Komplex (Protein)
Weitere Ergänzungsstoffe:	Acidophilus, Antioxidantien, EPA/DHA (Fischöl oder Pflanzenöl), Lebertran, Nachtkerzenöl, Verdauungsenzyme
Kräuter und Gewürze:	Echinacea, Kamille, Kanadische Orangenwurzel, Luzerne, Mädesüß, Pfefferminztee, Rotulmenrinde, Schwedenbitter, Süßholz, Vogelmierenkraut
Homöopathisch:	Ferrum phosphoricum
Schüßler Mineralsalze:	Calcium phosphoricum
Ätherische Öle:	Je 10 Tropfen Ingwer, Kamille und Pfefferminz in 30 ml Pflanzenöl geben und damit den Magenbereich massieren

Makulardegeneration des Auges

Vitamine:	Beta-Carotin (sehr hohe Dosierung), B-Komplex (hochdosiert), Vitamin-C-Komplex (sehr hohe Dosierung), E (hohe Dosierung), Folsäure
Mineralien:	Selen (hohe Dosierung), Zink (hochdosiert)
Aminosäuren:	Methionin, Taurin
Weitere Ergänzungsstoffe:	Acidophilus, Antioxidantien (hohe Dosierung), Bioflavonoide, EPA/DHA (Fischöl oder Pflanzenöl; häufig hohe Dosierungen), frische Heidelbeeren (100–200 g/Tag)
Kräuter und Gewürze:	Heidelbeere, Ginkgo
Ätherische Öle:	10 Tropfen Kamille einem Esslöffel Kognak oder Wodka hinzufügen und mit 150 ml Trinkwasser in Flasche verdünnen. Gut schütteln und in den Kühlschrank stellen. Das Auge jeweils morgens und abends damit waschen

Menopause

Vitamine:	B-Komplex (hochdosiert), B6, B12 (hochdosiert), C-Komplex (hohe Dosierungen), D, E (hochdosiert), Folsäure, Pantothensäure
Mineralien:	Kalzium, Magnesium, Zink
Aminosäuren:	Tyrosin, Tryptophan
Weitere Ergänzungsstoffe:	Acidophilus, Antioxidantien, Nachtkerzenöl, Omega 3-6-9, Rutin und Bioflavonoide
Kräuter und Gewürze:	Dong Quai, Falsches-Einhorn-Wurzel, Indianische Blaubeere, Kelp, Koreanischer Ginseng, Mönchspfeffer, Salbei, Stechwinde, Süßholz, Wilder Yams
Homöopathisch:	Hormon-Balance-Komplex
Schüßler Mineralsalze:	*Bei Schlaflosigkeit und/oder Depression:* Kalium phosphoricum. *Bei Hitzewallungen:* Kalium sulphuricum
Ätherische Öle:	*Bei Hitzewallungen:* Je 6 Tropfen Geranie, Lavendel, Muskatellersalbei, Salbei und Zitrone mit 30 ml Pflanzenöl mischen und damit massieren oder 5 Tropfen unverdünnt in ein Bad geben. *Bei Kreislaufschwierigkeiten:* Geranie, Lavendel, Marokkanische Rose, Patchuli, Pfefferminz. Behandlung wie oben

Menorrhagie

Vitamine:	A, B-Komplex (hochdosiert), B12, Bioflavonoide, C-Komplex, D, E
Mineralien:	Eisen
Aminosäuren:	Lysin, Methionin, Tyrosin
Weitere Ergänzungsstoffe:	Antioxidantien, Chlorophyll, EPA/DHA (Fischöl oder Pflanzenöl)
Kräuter und Gewürze:	Dong Quai, Falsches-Einhorn-Wurzel, Gewöhnliches Hirtentäschel, Indianische Blaubeere
Homöopathisch:	Arsenicum album, Calcarea phosphorica
Schüßler Mineralsalze:	Ferrum phosphoricum
Ätherische Öle:	Je 10 Tropfen Geranie, Kamille und Zitrone in 30 ml Pflanzenöl zum Massieren geben

Menstruation *(Unterstützung)*

Vitamine:	B-Komplex, B6, B12, C-Komplex, E
Mineralien:	Eisen, Kalium, Kalzium, Magnesium oder Multimineral-Komplex (hochdosiert)
Aminosäuren:	Taurin
Weitere Ergänzungsstoffe:	Acidophilus, Antioxidantien, EPA/DHA (Fischöl oder Pflanzenöl), Nachtkerze
Kräuter und Gewürze:	Dong Quai, Himbeere, Kanadische Orangenwurzel, Trauben-Silberkerze
Homöopathisch:	*Emotional und Stimmung:* Pulsatilla
Schüßler Mineralsalze:	*Amenorrhö (Fehlen der Menstruation):* Calcium phosphoricum und Ferrum phosphoricum. *Dysmenorrhö (Regelschmerzen):* Magnesium phosphoricum
Ätherische Öle:	*Amenorrhö (Fehlen der Menstruation):* Je 10 Tropfen Geranie, Kamille und Muskatellersalbei in 30 ml Pflanzenöl geben. *Dysmenorrhö (Regelschmerzen):* Je 6 Tropfen Geranie, Kamille, Lavendel, Muskatellersalbei und Salbei in 30 ml Pflanzenöl geben. *Menorrhagie (starke Menstruation):* Siehe unter Menorrhagie. *Prämenstruelles Syndrom (PMS):* Je 6 Tropfen Bergamotte, Geranie, Grapefruit, Muskatellersalbei und Rose in 30 ml Pflanzenöl zum Massieren geben

Migräne

Vitamine:	B-Komplex (hochdosiert), B3, C-Komplex, E
Mineralien:	Chrom, Magnesium (hohe Dosierung), Zink
Aminosäuren:	Phenylalanin, Taurin
Weitere Ergänzungsstoffe:	Acidophilus, Antioxidantien, Bioflavonoide, Omega 3-6-9, Verdauungsenzyme
Kräuter und Gewürze:	Baldrian, Ginkgo, Kanadische Orangenwurzel, Mutterkraut, Silberweidenrinde
Homöopathisch:	Siehe unter Kopfschmerzen
Schüßler Mineralsalze:	Calcium sulphuricum, Kalium phosphoricum, Magnesium phosphoricum
Ätherische Öle:	Je 6 Tropfen Grapefruit, Kamille, Lavendel, Pfefferminz und Rosmarin mit 30 ml Pflanzenöl zum Massieren mischen oder 4 Tropfen Grapefruit in ein Bad geben

Morbus Crohn und Colitis ulcerosa

Vitamine:	A, B-Komplex (hochdosiert), B12 (hochdosiert), C-Komplex (häufig hohe Dosierungen), D (hohe Dosierungen), E, Folsäure (hohe Dosierungen)
Mineralien:	Eisen, Kalium, Kalzium, Magnesium, Zink
Aminosäuren:	Glutathion
Weitere Ergänzungsstoffe:	Acidophilus, Antioxidantien, Glucosamin, Omega 3-6-9, Verdauungsenzyme
Kräuter und Gewürze:	Beinwell, Echinacea, Eibischwurzel, Ingwer, Kanadische Orangenwurzel, Kermesbeerenwurzel, Luzerne, Rotulmenrinde
Homöopathisch:	Schwermetall-Detox-Komplex
Schüßler Mineralsalze:	Calcium phosphoricum
Ätherische Öle:	Je 10 Tropfen Kamille, Lavendel und Patchuli mit 30 ml Mandelöl mischen und den Unterleib im Uhrzeigersinn massieren

Mundgeschwüre

Vitamine:	B-Komplex (hochdosiert), C-Komplex (häufig hohe Dosierungen)
Mineralien:	Zink (hochdosiert oder häufig niedrigere Dosierungen)
Aminosäuren:	Lysin
Weitere Ergänzungsstoffe:	Acidophilus, Antioxidantien, Bioflavonoide, Propolis
Kräuter und Gewürze:	Kanadische Orangenwurzel, Rotulmenrinde
Homöopathisch:	Herpes-simplex-Nosode, Arsenicum album, Mercurius vivus
Schüßler Mineralsalze:	Ferrum phosphoricum ganz am Anfang, Kalium phosphoricum, wenn durch Stress hervorgerufen, Natrium chloratum gegen Mundgeschwüre
Ätherische Öle:	*Mundwasser:* Je 2 Tropfen Geranie, Myrrhe, Pfefferminze, Thymian und Zitrone in einen Esslöffel Kognak geben. Im Mund hin und her schwenken, aber nicht schlucken. *Um auf Geschwür aufzutragen:* Je 2 Tropfen Kamille, Lavendel, Teebaum und Thymian in einen Esslöffel Aloe-vera-Gel oder -Flüssigkeit geben

Multiple Sclerose

Vitamine:	A, B-Komplex (hochdosiert), B1, B12 (hochdosiert), D, E (hochdosiert)
Mineralien:	Magnesium, Selen, Zink oder Multimineral-Komplex (hochdosiert)
Aminosäuren:	Serin
Weitere Ergänzungsstoffe:	Acidophilus, Antioxidantien, Coenzym Q10, Leinsamenöl, Nachtkerzenöl, Omega 3-6-9 (häufig hohe Dosierungen), Verdauungsenzyme, Weizenkeimöl
Kräuter und Gewürze:	Sibirischer Ginseng
Homöopathisch:	Schwermetall-Detox-Komplex, Herpes-zoster-Nosode, Cannabis sativa
Schüßler Mineralsalze:	Kalium phosphoricum
Ätherische Öle:	*Gegen Muskelermüdung:* Je 6 Tropfen Eukalyptus, Grapefruit, Rosmarin, Thymian und Zypresse in 30 ml Pflanzenöl zum Massieren geben. Für andere Symptome siehe unter den spezifischen Krankheiten. Immer auch gegen Virusinfektionen behandeln

Muskelaufbau und Fitness

Vitamine:	A, B-Komplex, C-Komplex, E oder Multivitamin-Komplex (hochdosiert)
Mineralien:	Eisen, Kalium, Kalzium, Magnesium, Mangan, Zink oder Multimineral-Komplex (hochdosiert) mit Phosphor
Aminosäuren:	Aminosäuren-Komplex (Protein) (Arginin, Carnitin, Glutamin, Isoleucin, Leucin, Lysin, Ornithin, Taurin, Valin)
Weitere Ergänzungsstoffe:	Acidophilus, Antioxidantien, Coenzym Q10, EPA/DHA (Fischöl oder Pflanzenöl)
Kräuter und Gewürze:	Koreanischer Ginseng, Sarsaparilla, Süßholz
Homöopathisch:	*Wenn übertrainiert oder bei Muskelschmerzen:* Arnica (6×)
Schüßler Mineralsalze:	Calcium fluoratum und Calcium phosphoricum
Ätherische Öle:	*Um Muskeln zu formen:* Basilikum, Birke, Grapefruit, Ingwer, Lavendel, Limette, Orange, Pfefferminze, Rosmarin, Wacholder, Zypresse. Eine Mixtur aus 30 Tropfen herstellen. 30 ml Pflanzenöl hinzufügen und die Muskeln vor dem Trainieren massieren. *Wenn übertrainiert:* Je 8 Tropfen Eukalyptus, Ingwer, Lavendel und Thymian in 30 ml Pflanzenöl zum Massieren geben. *Bei Muskelschmerzen:* Je 10 Tropfen Lavendel, Rosmarin und Zypresse in 30 ml Pflanzenöl zum Massieren geben

Muskeldystrophie

Vitamine:	A, B-Komplex (hochdosiert), C-Komplex (hohe Dosierung), Cholin, E
Mineralien:	Kalium oder Multimineral-Komplex (hochdosiert)
Aminosäuren:	Carnitin, Taurin
Weitere Ergänzungsstoffe:	Acidophilus, Antioxidantien, Coenzym Q10, Nachtkerzenöl, Omega 3-6-9, Verdauungsenzyme
Kräuter und Gewürze:	Gotu Kola, Kelp
Schüßler Mineralsalze:	Calcium fluoratum, Calcium phosphoricum, Kalium phosphoricum
Ätherische Öle:	*Entspannend:* Je 6 Tropfen Geranie, Lavendel, Orange, Palmarosa (Cymbopogon martinii) und Zitrone in 30 ml Pflanzenöl zum Massieren geben. *Stimulierend:* 30 Tropfen Basilikum, Eukalyptus, Ingwer und Rosmarin in 30 ml Pflanzenöl zum Massieren geben

Nahrungsmittelallergien

Vitamine:	A, B-Komplex (hochdosiert), C-Komplex (4× täglich hohe Dosierungen), E
Mineralien:	Magnesium, Selen, Zink
Aminosäuren:	Glutamin, Histidin, Methionin, Taurin
Weitere Ergänzungsstoffe:	Acidophilus (hohe Dosierung), Antioxidantien, Bromelain, Leinsamenöl, Omega 3-6-9, Quercetin und Rutin, Verdauungsenzyme
Kräuter und Gewürze:	Echinacea, Ginkgo, Kanadische Orangenwurzel, Rotulmenrinde
Homöopathisch:	Nahrungsmittelallergie-Nosode und Schwermetall-Detox-Komplex
Schüßler Mineralsalze:	Calcium phosphoricum
Ätherische Öle:	*Nahrungsmittelallergie-Reaktionen auf der Haut:* Siehe Behandlung gegen Ekzem. *Bei Asthma:* Siehe Behandlung gegen Asthma oder Allergien

Nervenentspannung

Vitamine:	B-Komplex, C-Komplex
Mineralien:	Kalzium, Magnesium (hohe Dosierung)
Aminosäuren:	Tryptophan
Weitere Ergänzungsstoffe:	Antioxidantien
Kräuter und Gewürze:	Baldrian, Kamille, Passionsblume
Homöopathisch:	Argentum nitricum
Schüßler Mineralsalze:	Kalium phosphoricum
Ätherische Öle:	Geranie, Kamille, Lavendel, Muskatellersalbei, Neroli, Rose, Sandelholz, Zitrone. Eine Mixtur aus 30 Tropfen mit 30 ml Pflanzenöl zum Massieren mischen oder 4 Tropfen dieser Mixtur unverdünnt in eine Aromalampe geben

Nervenstärkung

Vitamine:	B-Komplex (hochdosiert), C-Komplex (hohe Dosierung)
Mineralien:	Kalium
Aminosäuren:	Glutamin, Tyrosin
Weitere Ergänzungsstoffe:	Antioxidantien, EPA/DHA (Fischöl oder Pflanzenöl), Lecithin oder Phosphatidylserin
Kräuter und Gewürze:	Gotu Kola, Koreanischer Ginseng, Helmkraut
Homöopathisch:	Acid phosphate
Schüßler Mineralsalze:	Calcium phosphoricum, Kalium phosphoricum
Ätherische Öle:	Bergamotte, Geranie, Ingwer, Kardamom, Lavendel, Neroli, Palmarosa (Cymbopogon martinii), Zitrone, Zypresse. 5 von diesen ätherischen Ölen wählen und eine Mixtur aus 30 Tropfen in 30 ml Pflanzenöl zum Massieren herstellen oder 4 Tropfen in eine Aromalampe geben

Nesselausschlag

Vitamine:	A, B-Komplex (hochdosiert), B12, C-Komplex (hohe Dosierung), E, Pantothensäure
Mineralien:	Kalzium
Aminosäuren:	Histidin
Weitere Ergänzungsstoffe:	Acidophilus, Antioxidantien, EPA/DHA (Fischöl oder Pflanzenöl), Nachtkerzenöl
Kräuter und Gewürze:	Kanadische Orangenwurzel, Schwarznuss
Homöopathisch:	Arsenicum album, Histamin. *Chronisch:* Hepar sulphuricum
Schüßler Mineralsalze:	Ferrum phosphoricum, Silicea (auch topisch als Crème, wenn erhältlich)
Ätherische Öle:	Je 5 Tropfen Kamille und Lavendel in einen Esslöffel Aloe-vera-Gel geben. Sanft auf den Ausschlag auftragen

Nierenleiden

Vitamine:	A, B-Komplex, B5, C-Komplex (hohe Dosierung), Cholin
Mineralien:	Kalium
Aminosäuren:	Carnitin
Weitere Ergänzungsstoffe:	Acidophilus, Antioxidantien, Cranberry
Kräuter und Gewürze:	Echinacea, Fenchel, Kanadische Orangenwurzel, Kelp, Kriech-Quecke, Löwenzahnblätter, Sellerie, Wacholder
Homöopathisch:	Schwermetall-Detox-Komplex
Ätherische Öle:	Je 6 Tropfen Fenchel, Geranie, Grapefruit, Kiefer und Wacholder in 30 ml Pflanzenöl geben und damit den mittleren und den unteren Rücken massieren

Nierensteine

Vitamine:	A, B6, C-Komplex (hohe Dosierung)
Mineralien:	Kalium, Kieselsäure, Magnesium
Aminosäuren:	Glutamin
Weitere Ergänzungsstoffe:	Acidophilus, Antioxidantien, Fasern (Flohsamenschalen, Guargummi), Lecithin
Kräuter und Gewürze:	Aloe-vera-Saft, Bischofskraut, Kelp, Sellerie, Wacholder
Homöopathisch:	Nosode und Nierenunterstützung, Calcarea phosphorica
Schüßler Mineralsalze:	Natrium phosphoricum, Silicea
Ätherische Öle:	Je 10 Tropfen Fenchel, Geranie und Wacholder in 30 ml Pflanzenöl geben und damit den mittleren und unteren Rücken massieren

Ohnmacht *(um Vorbeugung zu unterstützen)*

Vitamine:	B-Komplex (hochdosiert), B1, B3, B12, E
Mineralien:	Chrom (wenn durch Unterzuckerung verursacht), Eisen, Kalium, Kalzium, Zink
Aminosäuren:	Glutamin
Weitere Ergänzungsstoffe:	Antioxidantien, EPA/DHA (3× täglich)
Kräuter und Gewürze:	Pfefferminztee

Ohreninfektion

Vitamine:	Beta-Carotin, C-Komplex (hohe Dosierung)
Mineralien:	Zink
Weitere Ergänzungsstoffe:	Acidophilus, Knoblauch, Meerrettich, Nachtkerzenöl, Wärmekissen, warmes Königskerzenöl ins Ohr
Kräuter und Gewürze:	Augentrost, Bockshornklee, Echinacea, Ginkgo, Kamille, Kanadische Orangenwurzel, Süßholz
Homöopathisch:	*Akute Ohrenschmerzen:* Aconitum napellus und/oder Bakterien- oder Candida-Nosode. *Rechtes Ohr:* Belladonna, Magnesia phosphorica. *Linkes Ohr:* Hepar sulphuricum. *Unerträglich:* Chamomilla. *Entzündet:* Apis mellifica, Pulsatilla, Sulphur
Ätherische Öle:	Eukalyptus (15 Tropfen), Kanadische-Orangenwurzel-Tinktur (15 Tropfen), Lavendel (15 Tropfen) und Myrrhe (5 Tropfen) in 30 ml Oliven- oder Mandelöl geben. 2 Tropfen dieser erwärmten Mixtur in jedes Ohr

Ohrensausen *(siehe unter Tinnitus)*

Osteoporose

Vitamine:	B-Komplex (hochdosiert), B12, C-Komplex (hohe Dosierung), D (hohe Dosierung), E, Folsäure
Mineralien:	Bor, Kalzium (hohe Dosierung), Kieselsäure, Magnesium (hohe Dosierung), Mangan, Zink oder Multimineral-Komplex (hochdosiert)
Aminosäuren:	Lysin, Glycin, Prolin
Weitere Ergänzungsstoffe:	Acidophilus, Antioxidantien, Bioflavonoide, Bromelain, Glucosamin, Omega 3-6-9, Verdauungsenzyme
Kräuter und Gewürze:	Brunnenkresse, Luzerne. *Bei Menopause und offensichtlichem Östrogenmangel oder nach Menopause werden Phytoöstrogene wie die folgenden benötigt:* Dong Quai, Falsches-Einhorn-Wurzel, Fenchel, Süßholz und Trauben-Silberkerze
Homöopathisch:	Schwermetall-Detox-Komplex
Schüßler Mineralsalze:	Calcium fluoratum, Calcium phosphoricum
Ätherische Öle:	Fenchel, Geranie, Ingwer, Kamille, Karotte, Kreuzkümmel, Muskatnuss, Nelke, Niaouli, Oregano, Pfefferminze, Rosmarin, Salbei, Schafgarbe, Thymian, Ysop, Zitrone. 5 aus diesen ätherischen Ölen auswählen und eine Mixtur von 30 Tropfen herstellen, mit 30 ml Pflanzenöl zum Massieren mischen oder 5 Tropfen in ein Bad geben

Parkinson-Krankheit

Vitamine:	B-Komplex (hochdosiert), B6, B12, C-Komplex (hohe Dosierung), E, Folsäure, Inositol
Mineralien:	Kalium, Kalzium, Magnesium, Selen
Aminosäuren:	Glutathion, Histidin, Leucin, Methionin, Tryptophan, Tyrosin
Weitere Ergänzungsstoffe:	Acidophilus, Adenosin, Antioxidantien, Bioflavonoide, Omega 3-6-9, Phosphatidylserin
Kräuter und Gewürze:	Ginkgo, Koreanischer Ginseng
Homöopathisch:	Schwermetall-Detox-Komplex
Schüßler Mineralsalze:	Kalium phosphoricum, Magnesium phosphoricum
Ätherische Öle:	Baldrian, Basilikum, Bergamotte, Geranie, Hopfen, Lavendel, Majoran, Muskatnuss, Orange, Rosmarin, Thymian. 5 aus diesen ätherischen Ölen auswählen und eine Mixtur aus 30 Tropfen in 30 ml Pflanzenöl zum Massieren herstellen oder 5 Tropfen in ein Bad geben

Polyarthritis, chronische *(siehe Rheumatoide Arthritis)*

Prämenstruelles Syndrom *(PMS)*

Vitamine:	B-Komplex (hochdosiert), B6, B12, C-Komplex (hohe Dosierung), E
Mineralien:	Jod, Magnesium, Zink oder Multimineral-Komplex
Aminosäuren:	Tryptophan, Tyrosin
Weitere Ergänzungsstoffe:	Acidophilus, Antioxidantien, Bromelain, Leinsamenöl, Nachtkerzenöl, Omega 3-6-9
Kräuter und Gewürze:	Falsches-Einhorn-Wurzel, Gewöhnlicher Schneeball, Indianische Blaubeere, Mariendistel, Süßholz, Trauben-Silberkerze, Wilder Yams
Homöopathisch:	*Emotionen:* Pulsatilla
Schüßler Mineralsalze:	Magnesium phosphoricum
Ätherische Öle:	*Dysmenorrhö (Regelschmerzen/Krämpfe):* Je 6 Tropfen Geranie, Kamille, Lavendel, Muskatellersalbei und Salbei in 30 ml Pflanzenöl geben und den Unterleib massieren. *PMS-Emotionen:* Je 6 Tropfen Bergamotte, Geranie, Grapefruit, Muskatellersalbei und Rose in 30 ml Pflanzenöl zum Massieren geben

Prellungen

Vitamine:	C-Komplex
Weitere Ergänzungsstoffe:	Bioflavonoide, Rutin
Homöopathisch:	*Gegen Weichteil-Prellungen:* Arnica. *Gegen Prellungen in Bereichen mit zahlreichen Nerven wie Finger, Zehen, Lippen:* Hypericum. *Wenn sich Knochen wie geprellt anfühlen:* Ruta
Schüßler Mineralsalze:	Ferrum phosphoricum
Ätherische Öle:	Geranie, Lavendel, Rosmarin. Zu gleichen Teilen mischen und 1 Tropfen auf die Prellung auftragen

Prostataentzündung und -vergrößerung

Vitamine:	B-Komplex (hochdosiert), B6, B12, C-Komplex (hohe Dosierung), D, E
Mineralien:	Magnesium, Selen, Zink
Aminosäuren:	Alanin, Arginin, Glycin, Glutamin, Histidin
Weitere Ergänzungsstoffe:	Acidophilus, Antioxidantien, Omega 3-6-9 (hohe Dosierung)
Kräuter und Gewürze:	Kelp, Koreanischer Ginseng, Sägepalme
Homöopathisch:	Schwermetall-Detox-Komplex
Ätherische Öle:	*Gegen Prostatitis (Entzündung der Prostata):* Eukalyptus (10 Tropfen), Zypresse (10 Tropfen), Lavendel (5 Tropfen) und Thymian (5 Tropfen) in 30 ml Pflanzenöl geben und damit den unteren Rücken, die unteren Partien des Unterleibs, das Becken und die Kreuzbeinregion massieren

Psoriasis *(siehe Schuppenflechte)*

Rauchen

Vitamine:	Beta-Carotin, B-Komplex (hochdosiert), C-Komplex (hohe Dosierung), D, E
Mineralien:	Multimineral-Komplex, Selen
Aminosäuren:	Cystein
Weitere Ergänzungsstoffe:	Acidophilus, Antioxidantien (hohe Dosierung), EPA/DHA (Fischöl oder Pflanzenöl)
Kräuter und Gewürze:	Echinacea, Helmkraut, Koreanischer und Sibirischer Ginseng
Homöopathisch:	Tabak-Detox-Komplex oder Schwermetall-Detox-Komplex, Sulphur
Ätherische Öle:	Geranie, Kamille, Rosmarin. 30 Tropfen mit 30 ml Pflanzenöl zum Massieren mischen

Reizdarm

Vitamine:	A, B-Komplex (hochdosiert), B5, B12, C-Komplex, E, Folsäure
Mineralien:	Zink
Aminosäuren:	Glutamin, Taurin
Weitere Ergänzungsstoffe:	Acidophilus, Antioxidantien, Betain, Bioflavonoide, Fasern (Flohsamenschalen, Guargummi, Pektin), Omega 3-6-9, Salzsäure, Verdauungsenzyme
Kräuter und Gewürze:	Baldrian, Ingwer, Kamille, Pfefferminz, Rosmarin, Rotulmenrinde
Homöopathisch:	Chamomilla
Schüßler Mineralsalze:	Magnesium phosphoricum
Ätherische Öle:	Baldrian, Kamille, Lavendel, Pfefferminze, Rosmarin. Eine Mixtur aus 30 Tropfen zu gleichen Teilen mit 30 ml Pflanzenöl herstellen. Damit täglich den Unterleib massieren

Rheumatoide Arthritis *(chronische Polyarthritis)*

Vitamine:	B-Komplex hochdosiert), B3, B5, C-Komplex (hohe Dosierung), D, E
Mineralien:	Kalium, Kieselsäure, Mangan, Selen, Zink
Aminosäuren:	Phenylalanin, Tryptophan
Weitere Ergänzungsstoffe:	Acidophilus, Antioxidantien, Bioflavonoide, Bromelain, Glucosamin, Omega 3-6-9, Quercetin, Verdauungsenzyme
Kräuter und Gewürze:	Heidelbeere, Helmkraut, Koreanischer und Sibirischer Ginseng, Kurkumawurzel, Löwenzahnwurzel, Mutterkraut, Sichelblättriges Hasenohr, Silberweidenrinde, Stechwinde, Süßholz, Teufelskralle
Homöopathisch:	Schwermetall-Detox-Komplex
Schüßler Mineralsalze:	Natrium phosphoricum
Ätherische Öle:	Engelwurz, Eukalyptus, Kamille, Lavendel, Niaouli, Pfefferminz, Ringelblume, Schafgarbe. Aus den vorangehenden ätherischen Ölen auswählen und eine Mixtur von 30 Tropfen in 30 ml Pflanzenöl zum Massieren herstellen. Oder 4 Tropfen der unverdünnten Mixtur in ein Bad geben

Rosacea

Vitamine:	B-Komplex (2× täglich hochdosiert)
Mineralien:	Chrom, Zink
Weitere Ergänzungsstoffe:	Acidophilus, Antioxidantien, Leinsamenöl, Salzsäure, Verdauungsenzyme
Kräuter und Gewürze:	Gotu Kola, Katzenkralle, Mutterkraut, Süßholz, Wiesenklee
Schüßler Mineralsalze:	Ferrum phosphoricum, Natrium sulphuricum
Ätherische Öle:	Geranie, Kamille, Karotte, Schafgarbe, Ysop, Zypresse. 5 aus diesen ätherischen Ölen auswählen und eine Mixtur von je 6 Tropfen in 30 ml Pflanzenöl herstellen. Auf dem Gesicht auftragen
Weiteres:	Alkohol, Kaffee und generell heiße Getränke sowie scharf gewürztes Essen meiden

Ross River Virus

Vitamine:	B-Komplex, C, D, K2
Mineralien:	Mineralien- und Spurenelemente-Komplex, Zink
Aminosäuren:	Lysin
Weitere Ergänzungsstoffe:	Acidophilus-Komplex, Chlorophyll, Curcumin, Hanföl, Humin, Macadamiaöl, Mandelöl, Spirulina
Kräuter und Gewürze:	Birke, Brennnesseln, Echinacea, Goldruten, Maitake, Mariendistel, Reishi, Shitake
Homöopathisch:	Nosode mit Rhus Tox, Arnika
Schüßler Mineralsalze:	Kalium chloratum, Kalium sulphuricum
Ätherische Öle:	Hanf, Mohn, Nelkenknospen, Zimt

Anwendung und Dosierungen gleich wie bei Borreliose; siehe Seite 153.

Rückenschmerzen

Vitamine:	B3, B5, C-Komplex, E
Mineralien:	Kalzium, Magnesium
Aminosäuren:	Phenylalanin
Weitere Ergänzungsstoffe:	Acidophilus, Antioxidantien, Chondroitin, Glucosamin, Lecithin, MSM (Methylsulfonylmethan), Omega 3-6-9
Kräuter und Gewürze:	Sellerie, Silberweidenrinde, Wacholder
Homöopathisch:	Arnica montana (6×)
Schüßler Mineralsalze:	Magnesium phosphoricum
Ätherische Öle:	Basilikum, Ingwer, Kamille, Kampfer, Lavendel, Oregano, Perubalsam, Pfefferminze, Rosmarin, Salbei, Thymian, Wacholder, Zypresse. 1 Tropfen pro Milliliter Basisöl. Nicht mehr als 5 dieser ätherischen Öle zusammen mischen

Runzeln

Vitamine:	A, B-Komplex (hochdosiert), C-Komplex (hohe Dosierungen), D, E (hochdosiert)
Mineralien:	Multimineral-Komplex (hochdosiert), einschließlich Kieselsäure und Zink
Aminosäuren:	Aminosäuren-Komplex (Protein)
Weitere Ergänzungsstoffe:	Acidophilus, Antioxidantien, Omega 3-6-9
Kräuter und Gewürze:	Koreanischer Ginseng, Stechwinde
Homöopathisch:	Arsenicum album
Schüßler Mineralsalze:	Silicea
Ätherische Öle:	Je 10 Tropfen Borretschsamen, Fenchel, Karotte, Lavendel, Nachtkerze, Neroli, Rose, Rosmarin, Weihrauch und Zitrone in 30 ml Haselnuss- und Aprikosenkernöl geben. Nachts auf Gesicht, Nacken und Brust auftragen

Scheidenausfluss *(siehe Leukorrhoe)*

Schilddrüsen-Unterfunktion

Vitamine:	A, B-Komplex (hochdosiert), C-Komplex (hohe Dosierung), D, E
Mineralien:	Jod, Kalzium, Magnesium oder Multimineral-Komplex (hochdosiert), Mangan, Selen, Zink
Aminosäuren:	Lysin, Phenylalanin, Tyrosin
Weitere Ergänzungsstoffe:	Acidophilus, Antioxidantien, EPA/DHA (Fischöl oder Pflanzenöl), Nachtkerzenöl
Kräuter und Gewürze:	Kanadische Orangenwurzel, Kelp, Koreanischer Ginseng, Wilder Yams
Homöopathisch:	Nosode, Schilddrüsen-Unterstützung
Ätherische Öle:	Geranie, Lavendel, Marokkanische Rose, Neroli, Rosmarin, Veilchenblätter, Ylang-Ylang. Eine Mixtur von 30 Tropfen aus gleichen Teilen von 5 dieser ätherischen Öle herstellen (Lavendel und Rosmarin muss immer dabei sein) und mit 30 ml Pflanzenöl zum Massieren mischen

Schizophrenie

Vitamine:	B-Komplex (hochdosiert), B3, B6, B12, C-Komplex, E, Folsäure
Mineralien:	Chrom, Magnesium, Mangan, Zink
Aminosäuren:	Phenylalanin, Tryptophan
Weitere Ergänzungsstoffe:	Acidophilus, Antioxidantien, Coenzym Q10, Omega 3-6-9 (DHA/EPA)
Kräuter und Gewürze:	Basilikumblätter, Johanniskraut, Kamille, Sibirischer Ginseng, Süßholz

Schlafstörungen

Vitamine:	B3, B6, B12, C-Komplex (eine halbe Stunde vor dem Zubettgehen), Inositol
Mineralien:	Kalzium, Magnesium, Zink
Aminosäuren:	Tryptophan
Weitere Ergänzungsstoffe:	Acidophilus, Antioxidantien, EPA/DHA (Fischöl oder Pflanzenöl)
Kräuter und Gewürze:	Baldrian, Hafer, Helmkraut, Kamille, Passionsblume
Homöopathisch:	*Ältere Personen:* Aconitum napellus, Phosphorus. *Bei Erschöpfung:* Gelsemium. *Als Folge von Kummer:* Ignatia. *Als Folge vom Rauchen:* Gelsemium. *Denken:* Gelsemium
Schüßler Mineralsalze:	Kalium phosphoricum
Ätherische Öle:	Baldrian, Kamille, Majoran, Muskatellersalbei, Sandelholz, Zitrone. Eine Mixtur von 30 Tropfen aus gleichen Teilen und 30 ml Pflanzenöl herstellen. Damit den ganzen Körper vor einem Bad, dem man 4 Tropfen des gewünschten ätherischen Öls beifügen kann, massieren. Jeden Abend wiederholen

Schlechter Atem *(Halitosis)*

Vitamine:	B-Komplex (hochdosiert), C-Komplex
Mineralien:	Magnesium
Weitere Ergänzungsstoffe:	Acidophilus, Chlorophyll, Propolis, Verdauungsenzyme
Kräuter und Gewürze:	Enzian, Kanadische Orangenwurzel, Löwenzahn, Petersilie, Rotulmenrinde
Homöopathisch:	*Übelriechend:* Arnica montana. *Aasig:* Mercurius vivus. *Unangenehm:* Pulsatilla
Schüßler Mineralsalze:	Calcium phosphoricum, Natrium sulphuricum
Ätherische Öle:	*Durch Verdauungsprobleme verursacht:* Je 2 Tropfen Pfefferminze und Zitrone. *Zahnfleischerkrankung:* Je 2 Tropfen Teebaum und Thymian. Die 4 Tropfen einem Teelöffel Kognak beigeben. Dann einem Glas lauwarmen Wassers hinzufügen und als Mundwasser verwenden. Nicht schlucken

Schmerzlinderung *(grundsätzlich)*

Vitamine:	B-Komplex (hochdosiert), C-Komplex (hohe Dosierung)
Mineralien:	Kalium, Kalzium, Magnesium, Natrium
Aminosäuren:	Phenylalanin, Tryptophan
Weitere Ergänzungsstoffe:	Antioxidantien, Omega 3-6-9
Kräuter und Gewürze:	Mutterkraut, Silberweidenrinde
Homöopathisch:	Arnica
Schüßler Mineralsalze:	*Kopfschmerzen, Nervenschmerzen:* Calcium sulphuricum. *Rheumatische Schmerzen, Entzündungen:* Kalium chloratum. *Krampfhafter Schmerz:* Magnesium phosphoricum
Ätherische Öle:	Ingwer (10 Tropfen) und Lavendel (20 Tropfen) in 30 ml Pflanzenöl zum Massieren

Schuppen

Vitamine:	A, B-Komplex, B6, Biotin, PABA
Mineralien:	Zink
Weitere Ergänzungsstoffe:	Acidophilus, Lecithin, Nachtkerzenöl
Kräuter und Gewürze:	Löwenzahn
Schüßler Mineralsalze:	Kalium sulphuricum
Ätherische Öle:	Je 5 Tropfen Karotte und Zypresse mit je 15 Tropfen Jojoba- und Nachtkerzenöl mischen und die Kopfhaut massieren. Ein paar Stunden einziehen lassen. Sooft wie nötig wiederholen

Schuppenflechte

Vitamine:	Beta-Carotin, B-Komplex (hochdosiert), C-Komplex (hohe Dosierung), D, E, Folsäure
Mineralien:	Chrom, Kalzium, Magnesium, Selen, Zink
Aminosäuren:	Glutathion, Lysin
Weitere Ergänzungsstoffe:	Acidophilus, Antioxidantien, Glucosamin, Lecithin, Leinsamenöl, Omega 3-6-9, Verdauungsenzyme
Kräuter und Gewürze:	Kanadische Orangenwurzel, Kelp, Löwenzahnwurzel, Mariendistel, Stechwinde, Vogelmierenkraut
Homöopathisch:	Schwermetall-Detox-Komplex
Schüßler Mineralsalze:	Kalium sulphuricum
Ätherische Öle:	Je 5 Tropfen Kamille und Lavendel mit 10 ml Nachtkerzenöl mischen und mit 30 ml Pflanzenöl verdünnen. Auf die Stellen mit Flechten auftragen

Schwangerschaft

Vitamine:	B-Komplex (hochdosiert), B6, B12, C-Komplex, D, E, Folsäure (hochdosiert)
Mineralien:	Eisen, Kalzium, Magnesium, Zink oder Multimineral-Komplex (hochdosiert)
Aminosäuren:	Taurin (für Veganerinnen)
Weitere Ergänzungsstoffe:	Acidophilus, Antioxidantien, EPA/DHA (Fischöl oder Pflanzenöl), Nachtkerzenöl, Rutin und Bioflavonoide
Kräuter und Gewürze:	Himbeerblätter (gegen Schwangerschaftsübelkeit Pfefferminztee mit Ingwer), Kelp
Schüßler Mineralsalze:	Calcium fluoratum, Calcium phosphoricum
Ätherische Öle:	Geranie, Grapefruit, Jasmin, Lavendel, Mandarine, Römische Kamille, Rose, Ylang-Ylang. Aus diesen ätherischen Ölen eine Mixtur herstellen und 30 Tropfen mit 30 ml Pflanzenöl zum Massieren mischen oder um 4 Tropfen der ätherischen Öle in ein Bad zu geben. *Gegen Schwangerschaftsübelkeit:* 1 Tropfen Spearmint auf das Kissen oder ein Tuch neben dem Kissen oder 5 Tropfen Spearmint in eine Schale heißen Wassers und über Nacht in der Nähe des Bettes platzieren

Seborrhoisches Ekzem

Vitamine:	B-Komplex (hochdosiert), B6, B12, Biotin, C-Komplex, D
Mineralien:	Zink
Weitere Ergänzungsstoffe:	Acidophilus, Antioxidantien, Leinsamenöl, Pyridoxin-Salbe in einem wasserlöslichen Grundstoff, Verdauungsenzyme
Homöopathisch:	Bryonia alba
Schüßler Mineralsalze:	Kombination von 1 bis 12
Ätherische Öle:	Grapefruit, Muskatellersalbei, Thymian, Wacholder. Eine Mixtur zu gleichen Teilen aus diesen ätherischen Ölen herstellen und 2 Tropfen dieser Mixtur einer Schale mit kochendem Wasser beigeben. Den Kopf über die Schale halten und mit einem Tuch zudecken

Sehnen- und Schleimbeutelentzündung

Vitamine:	Beta-Carotin, B12, C-Komplex (häufig hohe Dosierungen), E
Mineralien:	Kieselsäure, Magnesium, Mangan, Selen, Zink oder Multimineral-Komplex (hochdosiert)
Aminosäuren:	Aminosäuren-Komplex (Protein)
Weitere Ergänzungsstoffe:	Antioxidantien, Bioflavonoide, Bromelain, Omega 3-6-9, Quercetin
Kräuter und Gewürze:	Kurkuma
Homöopathisch:	Rhus toxicodendron
Schüßler Mineralsalze:	Ferrum phosphoricum, Kalium chloratum
Ätherische Öle:	Je 10 Tropfen Lavendel, Pfefferminz und Rosmarin in 30 ml Pflanzenöl geben und in die betroffenen Gelenke einreiben. In akuter Phase Eis auflegen

Sinusitis *(Nasennebenhöhlenentzündung)*

Vitamine:	Beta-Carotin, C-Komplex (häufig hohe Dosierungen)
Mineralien:	Zink (hochdosiert) und Zinkpastillen
Weitere Ergänzungsstoffe:	Acidophilus, Antioxidantien, Bioflavonoide
Kräuter und Gewürze:	Bockshornklee, Echinacea, Ginkgo, Kanadische Orangenwurzel
Homöopathisch:	Sinus-Komplex. *Sinusitis, hochempfindlich:* Hepar sulphuricum. *Stirnschmerzen:* Belladonna. *Schmerzen oberhalb der Augen:* Pulsatilla
Schüßler Mineralsalze:	Ferrum phosphoricum, Kalium chloratum
Ätherische Öle:	Eine Mixtur aus je 1 Tropfen Eukalyptus, Geranie, Pfefferminz, Rosmarin und Thymian herstellen. Für eine Dampfinhalation die gesamte Mixtur verwenden. Oder 1 Tropfen dieser Mixtur auf ein Taschentuch zum Einatmen geben. Oder die gesamte Mixtur (5 Tropfen) mit einem Teelöffel Pflanzenöl verdünnen und damit Nase, Stirn, Wangenknochen, die Partien hinter und vor den Ohren und den Nacken massieren

Sport

Vitamine:	E und Multivitamin-Komplex (hochdosiert)
Mineralien:	Eisen, Kalium, Kalzium, Mangan, Zink oder Multimineral-Komplex (hochdosiert)
Aminosäuren:	Carnitin, Isoleucin, Leucin, Valin oder Aminosäuren-Komplex (Protein)
Weitere Ergänzungsstoffe:	Antioxidantien, Coenzym Q10, Ferulasäure, Inosin, Liponsäure, Pollen, Weizenkeim
Kräuter und Gewürze:	Koreanischer Ginseng, Stechwinde, Süßholz
Homöopathisch:	Arnica montana. 6× nach der Sportsleistung
Schüßler Mineralsalze:	Calcium phosphoricum
Ätherische Öle:	*Vor der Leistung:* Eine Mixtur aus je 5 Tropfen Bergamotte und Basilikum tief inhalieren und dann mit 20 ml Pflanzenöl verdünnt damit den gesamten Körper einreiben. *Nach der Leistung:* Birke, Eukalyptus, Rosmarin, Wintergrün. Eine Mixtur von 30 Tropfen in 30 ml Pflanzenöl herstellen und den Körper massieren

Spröde Lippen

Vitamine:	A, B-Komplex, B2, C-Komplex (hochdosiert), E (topisch)
Mineralien:	Kieselsäure
Aminosäuren:	Glutamat, Glycin, Leucin, Lysin, Prolin oder Aminosäuren-Komplex (Protein)
Weitere Ergänzungsstoffe:	Acidophilus, Antioxidantien, EPA/DHA (Pflanzenöl)
Kräuter und Gewürze:	Kanadische Orangenwurzel
Schüßler Mineralsalze:	Calcium fluoratum, Silicea
Ätherische Öle:	Je 2 Tropfen Geranie und Kamille und mit einem Dessertlöffel Aloe vera mischen und auf die Lippen auftragen

Thrombosen

Vitamine:	B-Komplex (hochpotenziert), C-Komplex (häufig hohe Dosierungen), E (hohe Dosierung)
Mineralien:	Multimineral-Komplex (hochdosiert)
Weitere Ergänzungsstoffe:	Antioxidantien, Bioflavonoide, Bromelain, EPA/DHA (Fischöl oder Pflanzenöl; häufig hohe Dosierungen), Knoblauch, Nachtkerzenöl
Kräuter und Gewürze:	Cayennepfeffer, Ginkgo, Helmkraut, Ingwer, Rosmarin, Schachtelhalm, Silberweidenrinde, Stacheliger Mäusedorn, Weißdorn. Zur Schmerzlinderung kann Cayennepfeffer auch direkt auf die betroffene Stelle der Beine aufgetragen werden
Schüßler Mineralsalze:	Kalium chloratum

Tiefe Widerstandsfähigkeit

Vitamine:	A, B-Komplex (hochdosiert), B5, Bioflavonoide, C-Komplex (hohe Dosierung), D
Mineralien:	Eisen
Aminosäuren:	Ornithin
Weitere Ergänzungsstoffe:	Acidophilus, Antioxidantien, EPA/DHA (Fischöl oder Pflanzenöl), Knoblauch
Kräuter und Gewürze:	Echinacea, Kanadische Orangenwurzel, Koreanischer Ginseng, Süßholz, Tragant
Homöopathisch:	Immun-Unterstützung
Schüßler Mineralsalze:	Calcium phosphoricum
Ätherische Öle:	Eine Mixtur aus je 10 Tropfen Geranie, Lavendel und Vetiver herstellen und mit 30 ml Pflanzenöl zum Massieren mischen oder 5 Tropfen der unverdünnten Mixtur in ein Bad geben

Tinnitus

Vitamine:	A, B-Komplex (hochdosiert), B1, B3, B6, B12, C-Komplex (häufig hohe Dosierungen), E
Mineralien:	Magnesium, Mangan, Zink
Aminosäuren:	Glycin, Leucin, Taurin, Valin
Weitere Ergänzungsstoffe:	Acidophilus, Antioxidantien, Bioflavonoide, Coenzym Q10, EPA/DHA (Fischöl oder Pflanzenöl; häufig hohe Dosierungen), Knoblauch, Nachtkerzenöl
Kräuter und Gewürze:	Ginkgo
Homöopathisch:	Schwermetall-Detox-Komplex, Arnica montana, Ferrum phosphoricum. *Brummend:* Bryonia alba. *Klingelnd:* Kamille. *Sausend:* Arsenicum album, Bryonia alba. *Zischend:* Sulphur
Schüßler Mineralsalze:	Kalium chloratum
Ätherische Öle:	Je 10 Tropfen Geranie, Kamille, Lavendel, Rosmarin und Zimt in 30 ml Pflanzenöl zum Massieren geben

Übelkeit

Vitamine:	B6
Mineralien:	Kalzium, Magnesium
Weitere Ergänzungsstoffe:	Acidophilus, Verdauungsenzyme
Kräuter und Gewürze:	Himbeerblätter, Ingwer, Löwenzahnwurzel, Mariendistel, Pfefferminztee
Homöopathisch:	Nux vomica
Schüßler Mineralsalze:	Natrium sulphuricum
Ätherische Öle:	Fenchel (sollte ein Drittel der Gesamtmixtur ausmachen), Kardamom, Koriander, Lavendel. Wie unter «Verdauung, Ätherische Öle, Gegen Magenverstimmung» fortfahren

Übersäuerung

Vitamine:	B-Komplex (hochdosiert)
Mineralien:	Kalium, Kalzium, Magnesium, Natriumphosphat
Weitere Ergänzungsstoffe:	Acidophilus, Antioxidantien, Verdauungsenzyme
Kräuter und Gewürze:	Kreosotstrauch, Luzerne, Sellerie, Wacholder
Schüßler Mineralsalze:	Natrium phosphoricum

Unterleibschmerzen

Vitamine:	B-Komplex (hochdosiert), C
Mineralien:	Magnesium, Zink
Weitere Ergänzungsstoffe:	Acidophilus, Bromelain, Chlorophyll, Knoblauch, Salzsäure, Verdauungsenzyme
Kräuter und Gewürze:	Dill, Enzian, Ingwer, Kamillentee, Kanadische Orangenwurzel, Löwenzahnwurzel, Mariendistel, Pfefferminztee
Homöopathisch:	Chamomilla
Schüßler Mineralsalze:	Calcium phosphoricum, Kalium phosphoricum, Magnesium phosphoricum
Ätherische Öle:	Aus Kamille, Nelke, Pfefferminze und Thymian eine Mixtur aus 30 Tropfen herstellen und mit 30 ml Pflanzenöl mischen. Auf der schmerzhaften Stelle im Uhrzeigersinn auftragen

Unterzuckerung

Vitamine:	B-Komplex (hochdosiert), B5, B12, C-Komplex (hohe Dosierung), E, Folsäure
Mineralien:	Chrom, Kalium, Mangan, Zink
Aminosäuren:	Carnitin, Cystein, Glutamin, Taurin oder Aminosäuren-Komplex (Protein)
Weitere Ergänzungsstoffe:	Acidophilus, Antioxidantien, EPA/DHA (Fischöl oder Pflanzenöl), Fasern (Flohsamenschalen, Guargummi), Verdauungsenzyme
Kräuter und Gewürze:	Artischocke, Süßholz
Homöopathisch:	Insulin
Ätherische Öle:	Je 10 Tropfen Lavendel, Zimt und Zitrone mit 30 ml Pflanzenöl zum Massieren mischen oder 2, 3 Tropfen auf ein Tuch zum Inhalieren geben

Vaginitis

Vitamine:	Beta-Carotin, B3, B5, B6 oder B-Komplex (hochdosiert), C-Komplex (häufig hohe Dosierungen), E
Mineralien:	Zink
Aminosäuren:	Lysin
Weitere Ergänzungsstoffe:	Acidophilus (oral und als Dusche), Antioxidantien, EPA/DHA (Fischöl oder Pflanzenöl), Knoblauch
Kräuter und Gewürze:	Echinacea, Kanadische Orangenwurzel, Süßholz. *Wenn hormonell bedingt:* Anis, Dong Quai, Fenchel, Koreanischer Ginseng, Wiesenklee
Homöopathisch:	Xenoestrogen-Detox, Candida-Nosode. *Bei brennenden Schmerzen:* Sulphur. *Trocken:* Belladonna. *Entzündet:* Magnesia phosphorica
Schüßler Mineralsalze:	Ferrum phosphoricum, Natrium chloratum
Ätherische Öle:	Je 10 Tropfen Kamille, Lavendel, Muskatellersalbei und 1 Tropfen Teebaum in 30 ml Distel- oder Mandelöl geben. Täglich ein Teelöffel zum Massieren oder zur Anwendung mit einem Tampon verwenden
Weiteres:	Mit Lactobacillus gegärter natürlicher Joghurt täglich in die Vagina einführen

Verbrennungen

Vitamine:	A, C-Komplex, E (A und E auch topisch angewendet)
Mineralien:	Kalium, Zink (Zinkcrème auch topisch angewendet)
Aminosäuren:	Cystein, Methionin oder Aminosäurenkomplex (Protein)
Weitere Ergänzungsstoffe:	Acidophilus, Antioxidantien, Chlorophyll
Kräuter und Gewürze:	Aloe vera (auch topisch angewendet)
Homöopathisch:	Homöopathische Ringelblume, Brennnessel-Crème anwenden. *Wenn die Verbrennung ernsthafter ist und sich eine Blase bildet:* Cantharis (stündlich). *Wenn die Verbrennung großflächig ist:* Causticum alle 15 Minuten, bis medizinische Hilfe eintrifft
Schüßler Mineralsalze:	Ferrum phosphoricum, Kalium sulphuricum
Ätherische Öle:	Unverdünntes Lavendelöl direkt auf die Verbrennung, nachdem diese mit Eis oder kaltem Wasser gekühlt wurde

Verdauung

Vitamine:	B-Komplex, B1
Mineralien:	Zink
Aminosäuren:	Leucin, Taurin, Threonin
Weitere Ergänzungsstoffe:	Acidophilus, Bromelain, Knoblauch, Papaya-Enzyme, Salzsäure, Verdauungsenzyme
Kräuter und Gewürze:	Ingwer, Kanadische Orangenwurzel, Löwenzahn, Luzerne, Pfefferminz
Homöopathisch:	Nux vomica
Schüßler Mineralsalze:	Calcium phosphoricum, Kalium phosphoricum, Magnesium phosphoricum
Ätherische Öle:	*Gegen Magenverstimmung:* Dill, Kardamom, Koriander. Eines dieser ätherischen Öle oder eine Mischung von 10 Tropfen von jedem mit 30 ml Pflanzenöl mischen und den Magenbereich sowie den Unterleib massieren. *Gegen Übelkeit:* Fenchel (Fenchel sollte ein Drittel der Gesamtmixtur ausmachen), Kardamom, Koriander, Lavendel. Wie bei Magenverstimmung weiterfahren

Verjüngung der Frau

Vitamine:	B-Komplex (hochdosiert), B12, C-Komplex (hochdosiert), D, E (auch topisch zur Verjüngung der Haut)
Mineralien:	Eisen, Kalzium, Magnesium, Mangan, Zink
Aminosäuren:	Aminosäuren-Komplex (Protein)
Weitere Ergänzungsstoffe:	Acidophilus, Antioxidantien, Gelée royale, Nachtkerzen-Öl
Kräuter und Gewürze:	Dong Quai, Fo-ti-tieng, Kelp, Stechwinde, Süßholz, Trauben-Silberkerze, Wilder Yams
Homöopathisch:	Schwermetall-Detox-Komplex, Xenoestrogen-Detox-Komplex
Schüßler Mineralsalze:	Calcium fluoratum, Calcium phosphoricum, Calcium sulphuricum, Silicea
Ätherische Öle:	Geranie, Kamille, Karotte, Lavendel, Muskatellersalbei, Myrrhe, Neroli, Orange, Oregano, Palmarosa (Cymbopogon martinii), Patchuli, Rose, Rosmarin, Thymian, Verbena, Zitrone. Eine Mixtur aus den bevorzugten ätherischen Ölen herstellen. 60 Tropfen in 30 ml Mandelöl für das Gesicht und 30 Tropfen in 30 ml, um den Körper einzureiben

Verjüngung des Mannes

Vitamine:	B-Komplex (hochdosiert), C-Komplex (hohe Dosierung), D, E, PABA
Mineralien:	Mangan, Zink oder Multimineral-Komplex (hochdosiert)
Aminosäuren:	Arginin, Histidin, Taurin oder Aminosäuren-Komplex (Protein)
Weitere Ergänzungsstoffe:	Acidophilus, Antioxidantien, Nachtkerzenöl, Omega 3-6-9
Kräuter und Gewürze:	Gotu Kola, Koreanischer Ginseng, Stechwinde, Wilder Yams (niedrige Dosierung)
Homöopathisch:	Schwermetall-Detox-Komplex
Ätherische Öle:	Bulgarische Rose, Grapefruit, Lavendel, Neroli, Orange, Palmarosa (Cymbopogon martinii), Rosenholz, Rosmarin, Weihrauch, Ylang-Ylang, Zitronengras, Zitronenmelisse. 5 dieser ätherischen Öle auswählen (es muss immer Lavendel dabei sein) und eine Mixtur aus 30 Tropfen herstellen. 30 ml Pflanzenöl zum Massieren hinzufügen oder 5 Tropfen unverdünnt in ein Bad geben

Verstauchungen

Vitamine:	C-Komplex (häufig hohe Dosierungen)
Mineralien:	Eisen, Kalzium, Mangan oder Multimineral-Komplex
Aminosäuren:	Phenylalanin oder Aminosäuren-Komplex (Protein)
Weitere Ergänzungsstoffe:	Antioxidantien, Bromelain, Omega 3-6-9, Rutin und Bioflavonoide
Kräuter und Gewürze:	Arnikacrème, Beinwellcrème, Boswelliacrème, Eukalyptuscrème, Kamillencrème
Homöopathisch:	Arnica, Comfrey, Ferrum phosphoricum, Ledum palustre
Schüßler Mineralsalze:	Calcium fluoratum, Ferrum phosphoricum
Ätherische Öle:	Ingwer (5 Tropfen), Kamille (5 Tropfen), Lavendel (10 Tropfen) und Thymian (10 Tropfen) in 30 ml Pflanzenöl und damit die betroffene Stelle einreiben. Zum Zeitpunkt der Verletzung Eis auflegen

Verstopfung

Vitamine:	B-Komplex, C-Komplex, Cholin, Folsäure, Inositol
Mineralien:	Kalzium, Magnesium, Zink
Aminosäuren:	Methionin
Weitere Ergänzungsstoffe:	Acidophilus, Antioxidantien, EPA/DHA (Fischöl oder Pflanzenöl), Flohsamenschalen und weitere Fasern, Leinsamenöl
Kräuter und Gewürze:	Alexandrinische Senna, Aloe vera, Krauser Ampfer, Kreuzdorn (Cascara sagrada), Löwenzahn, Schneeflockenstrauch, Süßholz
Homöopathisch:	Nux vomica, Sulphur
Schüßler Mineralsalze:	Calcium fluoratum, Calcium phosphoricum
Ätherische Öle:	30 Tropfen Patchuli mit 30 ml Pflanzenöl mischen und damit den Unterleib im Uhrzeigersinn massieren

Warzen *(um Prävention zu unterstützen)*

Vitamine:	A (hohe Dosierung), E
Mineralien:	Kalzium, Zink
Aminosäuren:	Lysin
Weitere Ergänzungsstoffe:	Acidophilus, Antioxidantien, Knoblauch
Kräuter und Gewürze:	Echinacea, Kreosotstrauch
Homöopathisch:	Warzen- und Herpes-Nosode, Antimonium tartaricum

Wasseransammlungen *(Ödeme)*

Vitamine:	B6, C-Komplex
Mineralien:	Kalium, Kieselsäure
Kräuter und Gewürze:	Brunnenkresse, Fenchel, Löwenzahn, Sellerie, Vogelmierenkraut, Wacholder
Schüßler Mineralsalze:	Natrium sulphuricum
Ätherische Öle:	Fenchel, Grapefruit, Sellerie, Wacholder, Zitrone, Zypresse. Eine Mixtur von 30 Tropfen aus 3 oder 4 der erwähnten ätherischen Öle herstellen, mit 30 ml Pflanzenöl mischen und damit die Beine massieren

Wunden

Vitamine:	A, B-Komplex (hochdosiert), C-Komplex, E (oral und topisch)
Mineralien:	Eisen, Kalzium, Zink
Aminosäuren:	Arginin, Ornithin oder Aminosäuren-Komplex (Protein)
Weitere Ergänzungsstoffe:	Antioxidantien, EPH/DHA (Fischöl oder Pflanzenöl), Nachtkerzenöl
Kräuter und Gewürze:	Echinacea, Kanadische Orangenwurzel
Homöopathisch:	*Risswunde:* Hypericum perforatum
Schüßler Mineralsalze:	Ferrum phosphoricum. *Wenn die Wunde wieder geschlossen ist:* Silicea
Ätherische Öle:	Die Wunde mit Lavendel (5 Tropfen) und Teebaum (5 Tropfen) in 500 ml warmem Wasser baden. Dann zweimal täglich Lavendel (3 Tropfen) auf Verbandmull oder Lavendel (1 Tropfen) auf ein Heftpflaster geben. Bei Infektion Kamille (5 Tropfen) und Lavendel (5 Tropfen) sowie Nelke (2 Tropfen) oder Zimt (2 Tropfen) mit 15 ml Pflanzenöl mischen und auf die Wunde auftragen (nur dann, wenn sie nicht blutet)

Wundliegen (Dekubitus)

Vitamine:	B3, B5, C-Komplex, E
Mineralien:	Chrom, Kalzium, Zink
Aminosäuren:	Arginin und Glycin (zusammen), Prolin
Weitere Ergänzungsstoffe:	Antioxidantien
Kräuter und Gewürze:	Chlorophyll, Echinacea, Kanadische Orangenwurzel
Homöopathisch:	Arnica montana
Schüßler Mineralsalze:	Calcium fluoratum, Silicea
Ätherische Öle:	*Zur Vorbeugung:* 30 Tropfen Ringelblume mit 30 ml Pflanzenöl mischen und einmal oder zweimal die Woche die potentiellen Druckstellen einreiben. *Zur Behandlung:* 10 Tropfen Geranie oder Lavendel 600 ml warmem Wasser hinzufügen und den gesamten Bereich baden, dann 5 Tropfen des gewählten ätherischen Öls mit einem sterilen Tuch oder Baumwollstoff einmal täglich auf die Wunde auftragen

Würmer

Vitamine:	A, B-Komplex, C-Komplex (häufig hohe Dosierungen)
Mineralien:	Kalzium, Magnesium, Zink oder Multimineral-Komplex (hochdosiert)
Aminosäuren:	Arginin, Ornithin oder Aminosäuren-Komplex (Protein)
Weitere Ergänzungsstoffe:	Acidophilus, Antioxidantien, Chlorophyll, EPA/DHA (Fischöl oder Pflanzenöl), Knoblauch (hohe Dosierung)
Kräuter und Gewürze:	Echinacea, Wermut (3 Wochen lang nehmen, dann für 1 Woche absetzen und danach wiederholen)
Homöopathisch:	Parasiten-Detox-Komplex
Schüßler Mineralsalze:	Natrium chloratum, Natrium phosphoricum
Ätherische Öle:	Je 5 Tropfen Breitblättriger Thymian, Fenchel und Zimt in 30 ml Pflanzenöl geben und den Unterleib massieren (3 Wochen lang, dann eine Woche Pause und danach wiederholen)

Zahn- und Zahnfleischbeschwerden

Vitamine:	A, B-Komplex, C-Komplex, D
Mineralien:	Kalzium, Kieselsäure, Magnesium, Zink
Weitere Ergänzungsstoffe:	Acidophilus, Antioxidantien, Coenzym Q10, Rutin und Bioflavonoide, Verdauungsenzyme
Kräuter und Gewürze:	Kanadische Orangenwurzel
Homöopathisch:	*Zahnfäulnis:* Calcarea phosphorica. *Zahnzerfall, besonders Kronen:* Mercurius vivus. *Lockere Zähne:* Mercurius vivus, Rhus toxidendron. *Zahnschmerzen:* Mercurius vivus, Nux vomica
Schüßler Mineralsalze:	Calcium fluoratum
Ätherische Öle:	Zu gleichen Teilen Kamille, Lavendel, Myrrhe und Ringelblume mischen und 1 Tropfen in ein Glas warmen Wassers geben, um damit den Mund zu spülen (nicht schlucken)

Zahnfleischerkrankung

Vitamine:	Beta-Carotin, B-Komplex (hochdosiert), B3, C-Komplex (hohe Dosierung), D, E
Mineralien:	Kalzium, Kieselsäure, Magnesium, Selen, Zink
Aminosäuren:	Aminosäuren-Komplex (Protein)
Weitere Ergänzungsstoffe:	Acidophilus, Antioxidantien, Coenzym Q10, Fasern (Flohsamenschalen, Guargummi), Rutin und Bioflavonoide
Kräuter und Gewürze:	Echinacea, Kanadische Orangenwurzel, Myrrhe (topisch aufs Zahnfleisch)
Homöopathisch:	Amalgam-Detox-Komplex
Schüßler Mineralsalze:	Calcium fluoratum, Calcium phosphoricum
Ätherische Öle:	1 Tropfen Myrrhenöl in 15 Tropfen Myrrhetinktur. Vor dem Zubettgehen ins Zahnfleisch einmassieren. Auch ein Mundwasser mit 2 Tropfen Myrrhenöl in 1 Esslöffel Wodka herstellen. Gut mischen und nur 2 Tropfen dieser Mixtur in ein Glas Wasser geben, um den Mund am Morgen auszuwaschen

Zirkulation

Vitamine:	B-Komplex (hochdosiert), B1, B3, C-Komplex (hohe Dosierung), E
Mineralien:	Magnesium
Aminosäuren:	Carnitin
Weitere Ergänzungsstoffe:	Acidophilus, Antioxidantien, Bioflavonoide, Coenzym Q10, EPA/DHA (Fischöl oder Pflanzenöl), Knoblauch
Kräuter und Gewürze:	Ginkgo, Ingwer, Weißdorn
Homöopathisch:	Zirkulations-Komplex
Schüßler Mineralsalze:	Calcium fluoratum
Ätherische Öle:	Geranie, Lavendel, schwarzer Pfeffer, Rosmarin, Zitrone. Zum Massieren je 6 Tropfen mit 30 ml Pflanzenöl mischen

Zirrhose *(Leber)*

Vitamine:	B-Komplex (hochdosiert), B12, C-Komplex, Cholin, E, Folsäure, Inositol
Mineralien:	Chrom, Mangan, Selen, Zink oder Mineral-Komplex (hochdosiert)
Aminosäuren:	Carnitin, Glutamin, Isoleucin, Leucin, Methionin, Taurin, Valin oder Aminosäuren-Komplex (Protein)
Weitere Ergänzungsstoffe:	Acidophilus, Antioxidantien, EPA/DHA (Pflanzenöl), Verdauungsenzyme
Kräuter und Gewürze:	Artischocke, Berberitze, Dan Shen, Kanadische Orangenwurzel, Lapacho, Löwenzahn, Mariendistel
Homöopathisch:	Schwermetall-Detox-Komplex. *Vergrößerte Leber:* Mercurius vivus, Nux vomica. *Schmerzen in der Leber:* Sulphur
Schüßler Mineralsalze:	Natrium sulphuricum
Ätherische Öle:	Je 5 Tropfen Kamille, Lavendel und Rose plus je 2 Tropfen Ringelblume und Weihrauch. Zum Massieren des Körpers mit 95 ml Mandel- oder Borretschsamenöl mischen

Zölikalie

Vitamine:	A, B-Komplex (hochdosiert), B12, C-Komplex, Cholin, D (hohe Dosierungen), E, Folsäure
Mineralien:	Eisen, Kalium, Kalzium, Magnesium
Aminosäuren:	Protein-Komplex (glutenfrei)
Weitere Ergänzungsstoffe:	Acidophilus (3× täglich), Antioxidantien, Nachtkerzenöl, Omega 3-6-9, Verdauungsenzyme (mit jeder Mahlzeit). Auch die Behandlung der Schilddrüse (siehe Schilddrüse-Unterfunktion) und die Vermeidung von Gluten ist ein Muss
Kräuter und Gewürze:	Echinacea, Kamille, Luzerne, Mariendistel, Rotulmenrinde
Homöopathisch:	Schwermetall-Detox-Komplex
Schüßler Mineralsalze:	Calcium phosphoricum, Ferrum phosphoricum, Kalium chloratum
Ätherische Öle:	Kamille und Nelke (je 1 Tropfen), Pfefferminz (2 Tropfen) und Rosmarin (3 Tropfen) mit einem Esslöffel Pflanzenöl mischen und damit den Unterleib massieren

Zystische Fibrose

Vitamine:	A, Beta-Carotin, B-Komplex (hochdosiert), B5, B6, C-Komplex (hohe Dosierung), E
Mineralien:	Selen, Zink, Multimineral
Aminosäuren:	Aminosäuren-Komplex (Protein)
Weitere Ergänzungsstoffe:	Acidophilus, Antioxidantien, EPA/DHA (Fischöl oder Pflanzenöl), Nachtkerzenöl, Knoblauch, Lecithin, Verdauungsenzyme
Kräuter und Gewürze:	Bockshornklee, Wilder Yams
Homöopathisch:	Schwermetall-Detox-Komplex
Schüßler Mineralsalze:	Natrium phosphoricum
Ätherische Öle:	Je 10 Tropfen Kamille, Lavendel und Nachtkerze mischen und in 30 ml Pflanzenöl zum Massieren geben

LEITFADEN ZUR BEHANDLUNG VON KRANKHEITEN VON A BIS Z

Quellenverzeichnis

Davies, S. & Stewart, A. (1987). *Nutritional Medicine.* [Ernährungsmedizin] Pan Books, London.

Foster, H. (2003). *Detox solutions.* [Lösungen zur Entgiftung] Hamlyn, London.

Hayfield, R. (2000). *Homeopathy for Health and Well-Being.* [Homöopathie für Gesundheit und Wohlbefinden] Sandstone, NSW.

Hayfield, R. (1993). *Homeopathy for Common Ailments.* [Homöopathie für häufige Leiden] Harper Collins Publishers, Pymble, NSW.

Hemmes, H. (1995). *Herbs with Hilde Hemmes.* [Hilde Hemmes' Heilkräuterbuch] South Australian School of Herbal Medicine, Ridgehaven, S.A.

Kiontke, S. (2012). *Farbe: Ein Lebenselixier.* VITATEC, Münsing, D.

Lake, R. (2000). *Liver Cleansing Handbook.* [Handbuch zur Leberreinigung] Alive Books, Vancouver, B.C.

Lawless, J. (1992). *The Encyclopedia of Essential Oils.* [Die Enzyklopadie der ätherischen Öle] Harper Collins, London.

Lust, J. (1974). *The Herb Book.* [Das Kräuter-Buch] Bantam Books, N.Y.

Marriott, S. (2007). *1001 Ways to Stay Young Naturally.* [1001 Möglichkeiten, natürlich jung zu bleiben] Dorling Kindersley, London.

McIntyre, A. (1996). *The Complete Floral Healer.* [Der vollständige florale Heiler] Hodder Headline, Rydalmere, NSW.

McIntyre A. (1992). *The Herbal for Mother and Child.* [Heilkräuter für Mutter und Kind] Element Books, Milton, Brisbane.

Murray M. & Pizzorno J. (1990). *Encyclopaedia of Natural Medicine.* [Enzyklopadie der Naturmedizin] Macdonald Optima, U.K.

Nixon, D. (2000). *Practical Aromatherapy.* [Praktische Aromatherapie] Lansdowne, Sydney.

Odermatt, C. & Späni, A. (1996). *Homöopathie: Das richtige Arzneimittel - rasch gewählt.* GREMAG, Jonen, CH.

Osiecki, H. (2000). *The Nutrient Bible.* [Die Nährstoff-Bibel] AG Publishing, Ireland.

Osiecki, H. (1995). *The Physicians Handbook of Clinical Nutrition.* [Medizinerhandbuch der klinischen Ernährung] Bioconcepts Publishing. Kelvin Grove, QLD.

Papon, R.D. (1999). *Homeopathy Made Simple.* [Homöopathie leicht gemacht] Hampton Roads, Charlottesville, VA.

Price, S. (1994). *Practical Aromatherapy.* [Praktische Aromatherapie] Thorsons, London.

Reuben, A. (1983). *Color therapy.* [Farbtherapie] Aurora, Santa Fe.

Rippin, J. (1997). *Aromatherapy for Health, Relaxation and Well-Being.* [Aromatherapie für Gesundheit, Entspannung und Wohlbefinden] Anness, London.

Rogers, S.A. (2002). *Detoxify or Die.* [Entgiften oder Sterben] Sand Key Company, Sarasota, FL.

Scott, J. (1996). *Natural Medicine for Children.* [Naturmedizin für Kinder] Gaia Books, U.K.

Taubert, P.M. (2001). *Silent Killers.* [Geräuschlose Killer] CompSafe, Murray Bridge, S.A.

Taubert, P.M. (2000). *Your Health and Food Additives.* [Ihre Gesundheit und Nahrungsmittelzusätze] CompSafe, Murray Bridge, S.A.

Van Straten, M. (2000). *Superherbs.* [Superkräuter] Octopus, London.

Wade, C. (1987). *Nutritional Healers.* [Heilsame Nahrung] Parker Publishing, N.Y.

Weiss, R.F. (1998). *Herbal Medicine.* [Pflanzenheilkunde] Beaconsfield, England.

Werbach, M.R. (1996). *Nutritional Influences on Illness.* [Ernährungseinflüsse auf Krankheiten] Third Line Press, Tarzana, CA.

Werbach, M.R. & Murray, M.T. (1994). *Botanical Influences on Illness.* [Botanische Einflüsse auf Krankheit] Third Line Press, Tarzana, CA.

White, J. & Day, K. (1992). *Aromatherapy for Scentual Awareness.* [Aromatherapie für achtsames Riechen] Nacson and Sons, Brighton, NSW.

Wichtl, M. (1984). *Teedrogen.* Wissenschaftliche Verlagsgesellschaft, Stuttgart.

Worwood, V.A. (1991). *The Fragrant Pharmacy.* [Die Duftapotheke] Random House, Sydney.

Mineralien nach Schüssler – Auszug aus der Homepage www.schuessler-mineralstoffe.at

Mineralien nach Schüssler – Auszug aus der Homepage www.schuessler-salze-verzeichnis.de